贾兰坡院士（1908～2001）

努力工作，不断学习；
日有成绩，永无止境

贾兰坡　1992年6月14日于北京

搞学问就像滚雪球，越滚越大，
不滚就化

——贾兰坡语录之一

做学问要敢于突破，更要敢于突
破自己过去的研究成果，改正自
己错了的东西

——贾兰坡语录之二

科学先驱
松高影长

敬颂贾兰坡院士
九十华诞

宋健
一九九八年十一月

衷心祝賀賈蘭坡院士九十華誕

自學成材勤爲徑，
學富五車貫中西。
牛刀初試周口店，
史前考古君奠基。
大江南北豐碩田，
五湖四海滿桃李。
三冠院士傲世界，
九十老驥仍伏櫪！

盧嘉錫謹賀

一九九八年十一月廿三日

1933年贾兰坡(右)与卞美年
在周口店 北京猿人遗址发掘现场

1935年10月31日杨钟健(左1)、卞美年(左2)、贾兰坡(左5)接待北平研究院副院长李书华(左3)等到周口店参观

1936年9月17日开始发掘第2水平层前贾兰坡与发掘人员合影

1936年11月2日贾兰坡在周口店第1地点

1936年11月26日贾兰坡发现发掘L3号头盖骨场景

1936年11月26日贾兰坡发现L3号头盖骨时的工作场景

1936年11月26日发现L3号头盖骨后贾兰坡与发掘人员留影

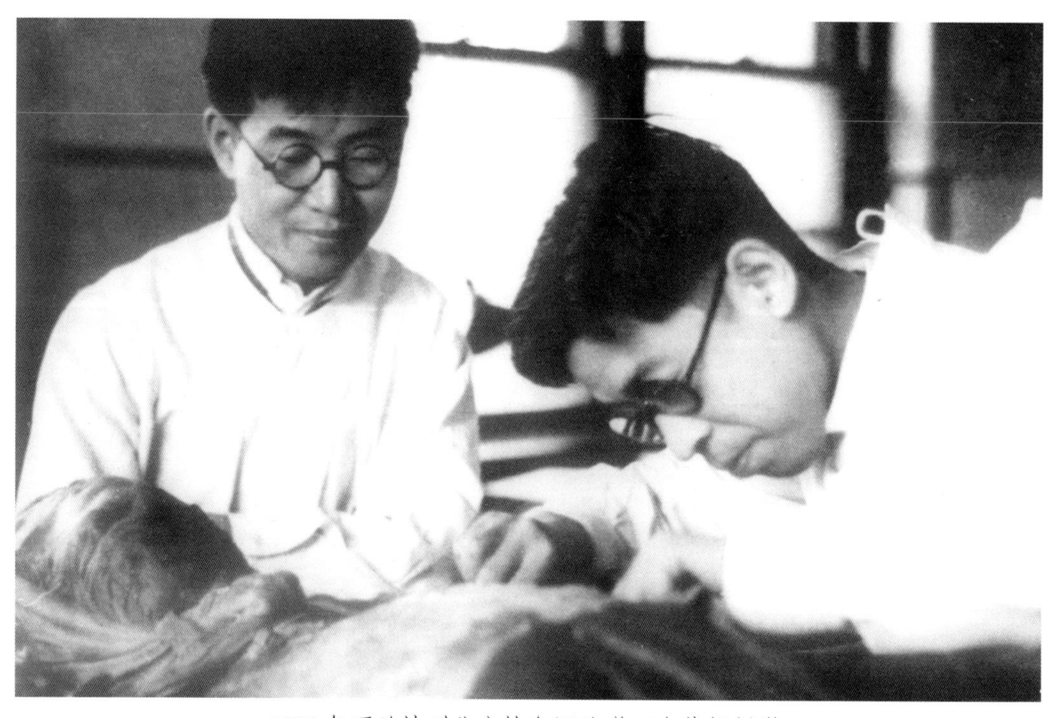

1939年贾兰坡到北京协和医院学习人体解剖学

1974年贾兰坡考察宁夏灵武水洞沟遗址

1974年9月贾兰坡考察宁夏灵武水洞沟遗址

1974年8月贾兰坡等考察内蒙古二连浩特

1974年8月贾兰坡

考察内蒙古大窑遗址四道沟地点

1974年9月贾兰坡等考察山西怀仁鹅毛口石器制造场

1976年贾兰坡和同事们研究许家窑遗址的文化遗物

1976年贾兰坡主持许家窑遗址发掘时合影

1976年贾兰坡指导许家窑遗址发掘

1978年贾兰坡在周口店给培训班学员讲课

1978年贾兰坡在周口店给培训班学员讲课

1979年6月贾兰坡考察河北阳原小长梁遗址

1980年5月贾兰坡等
考察北京上方山国家森林公园

1981年贾兰坡考察辽宁海城小孤山遗址

1984年贾兰坡考察
辽宁本溪庙后山遗址

1984贾兰坡考察
辽宁本溪庙后山遗址

1984 年贾兰坡在云南观察石器标本

1984 年 2 月贾兰坡
在云南富民县去往河上洞的路上

1984年贾兰坡观察与鉴定石器标本

1987年贾兰坡考察元谋小河古猿化石产地

1989年贾兰坡与国际友人欢聚

1992年贾兰坡与美国考古学者在泥河湾东谷坨聚会

1992年贾兰坡等与美国学者在泥河湾大田洼实验室观察石器

1992年贾兰坡与美国考古学者考察泥河湾遗址

1993年贾兰坡在周口店为全国第七届运动会点燃文明之火

1994年贾兰坡在“丁村文化与晋文化考古学术研讨会”上发言

1994年九三学社社员祝贺贾兰坡成为美国科学院外籍院士

1995年4月贾兰坡参加美国科学院院士大会并在院士名册上签名

1995年7月1日贾兰坡重返周口店山顶洞

1995年北京汇文中学成立“贾兰坡班”

1997年4月贾兰坡与刘东生、侯仁之院士等在北京王府井东方广场遗址

1998年贾兰坡接受北大附小学生的采访

1998年“贾兰坡院士九十华诞庆贺会暨学术讨论会”在北京举行

1999年贾兰坡在人民大会堂举行的北京猿人第一头盖骨发现70周年纪念会上讲话

2001年7月8日，贾兰坡因病在北京去逝，学生和家人在贾老灵堂前追思

贾兰坡骨灰安葬在周口店北京猿人遗址旁

天道酬勤桃李香

——贾兰坡院士百年诞辰纪念文集

高　星　石金鸣　冯兴无　主编

科学出版社

北　京

内 容 简 介

本书是纪念我国著名的古人类学家、旧石器时代考古学家、第四纪地质学家、中国史前考古学的主要开拓者贾兰坡院士百年诞辰的论文集，通过三个部分、近五十篇文章，从不同角度论述了贾兰坡先生的学术成果，回忆了许多贾兰坡先生的工作和生活情景，反映了这位学者的科学业绩和人格魅力，同时发表了旧石器考古学科研究的若干新成果。

本书可供从事旧石器时代考古学、古人类学、第四纪哺乳动物学和地层学研究的学者及高校相关专业的师生参考、阅读。

图书在版编目(CIP)数据

天道酬勤桃李香：贾兰坡院士百年诞辰纪念文集／高星，石金鸣，冯兴无主编．—北京：科学出版社，2008

ISBN 978-7-03-022627-3

Ⅰ．天…　Ⅱ．①高…②石…③冯…　Ⅲ．贾兰坡（1908～2001）—纪念文集　Ⅳ．K825.81-53

中国版本图书馆CIP数据核字（2008）第123482号

责任编辑：曹明明／责任校对：朱光光

责任印制：赵德静／封面设计：王　浩

科学出版社 出版

北京东黄城根北街16号

邮政编码:100717

http://www.sciencep.com

中国科学院印刷厂 印刷

科学出版社发行　各地新华书店经销

*

2008年9月第　一　版　　开本：787×1092　1/16

2008年9月第一次印刷　　印张：21 1/4　插页：13

印数：1—1 400　　字数：500 000

定价：120.00元

（如有印装质量问题，我社负责调换〈科印〉）

序

贾兰坡先生是我的老师，是中国旧石器考古事业的奠基人和开拓者之一。他在系统发掘周口店遗址，深化旧石器田野发掘技术和类型学研究，开创旧石器文化体系建设和理论探讨，普及旧石器考古学和古人类学知识等方面做了大量卓有成效的工作。从1931年参加周口店发掘算起，在贾老70年的考古生涯中，怀着对事业无限热爱和执著追求的精神，通过艰辛努力，从一个中学生成为拥有三个院士头衔的考古学巨擘。毋庸讳言，贾老对中国旧石器考古事业的发展与成熟起到了至关重要的作用。

一、奠基周口店

周口店是中国旧石器考古事业的发祥地。中国的旧石器时代考古在这里奠基，从这里起航，造就了裴文中、贾兰坡等我国第一代旧石器考古学大家。

1921年，瑞典地质学家安特生以古生物化石为线索发现了周口店——拉开了中国科学史上一个惊人大发现的序幕。1929年，裴文中先生在这里发现了“北京猿人”第一个完整头盖骨。这一发现轰动了全世界，许多世界著名的古人类学家和考古学家纷至沓来。周口店从一个默默无闻的小山村一下子变成了中国乃至世界人类起源研究的中心和旧石器考古研究的圣地。在此后的几十年中，杨钟健、裴文中、贾兰坡等中国科学家，以周口店为起点开创了中国古脊椎动物学、第四纪地质学、旧石器时代考古学和古人类学之先河。

1931年，23岁的贾兰坡来到这里，从最基础的考古发掘、动物化石和石器的辨识学起，跟随裴文中参加了周口店第1地点、第15地点和山顶洞人遗址的发掘。他勤奋好学、刻苦钻研，得到了杨钟健、裴文中和外国同行的赏识和赞誉，成为能够独当一面的发掘主力。从1935年起他接替赴法留学的裴文中先生，负责周口店的发掘工作，发掘出大量动物化石和石制品。1936年11月，贾老连续发现三个完整的“北京人”头盖骨，为研究“北京人”提供了极为珍贵的科学资料。在那段日子里，他与当时世界上顶尖的古人类学家、旧石器考古学家直接对话，接受了良好的考古训练，在地质、古脊椎动物化石和石器研究方面打下了坚实基础。贾老为人非常谦和，将自己的书房称作“半成斋”，他说：“我没有上过大学，也没到国外留过学，但是在周口店什么都能学得到。”他时常指着小客厅墙上挂着的老照片讲起当年德日进、步达生和魏敦瑞在周口店工作的故事。客厅还有一张写着“中国第四纪地质科学的先行者”的照片，包括裴文中、李四光、德日进、卞美年、杨钟健、巴尔博等人。其实贾老自己也是为中国的第四纪地质、考古学做出过重大贡献的人，但却把自己放得很低，从不宣扬。他说：“他们都是我的老师，特别是裴老和杨老，是他们将我引入这科学殿堂的。”“没有老一代科学家的支持和帮助，一个人的成功是不可能的。”

新中国成立后，贾兰坡继续负责周口店的工作，在遗址的研究、保护、展示和人才培养上投入了大量精力。期间多次主持周口店遗址的发掘，并在“北京猿人展览馆”建设和布展陈列中发挥了很大的作用，他对“北京人”的体质特征、文化性质、地质时代、生活环境、动物化石、石器和骨器等方面的独特见解，大大丰富了“北京人”遗址的内涵。他在对“北京人”遗址研究的基础上，提出的“泥河湾期的地层才是最早人类的脚踏地”的论断，为寻找比北京人更早的人类文化遗存奠定了理论基础。

二、走出周口店

丁村遗址是中国旧石器考古学的第二个里程碑。它的发现标志着中国旧石器考古学黄金时代的来临。

1953 年底，山西省襄汾县丁村发现了旧石器，这是继北京人、河套人和山顶洞人遗址之后的又一重大发现。贾老力排众议主张发掘，在杨钟健所长的支持下担任队长，组织了新中国成立以来第一次大型旧石器时代考古发掘，发现旧石器地点 11 处，发掘 2005 件石制品、3 枚人类牙齿化石和 28 种哺乳动物化石。随后贾老又与裴老等合作完成了我国第一部旧石器考古专著《山西襄汾县丁村旧石器时代遗址发掘报告》，为中国旧石器考古跨出周口店、走向全国，提供了一个很好的范本。

在以后的 20 余年里，贾老先后主持和参与了匼河、西侯度、许家窑、峙峪等一系列重要的旧石器遗址的发掘和研究。20 世纪 60 年代初，贾老领衔整理出版了《山西旧石器》和《匼河》两本专著。《山西旧石器》记录了山西省（包括河南、陕西的部分地区）发现的 173 处旧石器地点，是我国第一本系统介绍单个省份旧石器考古发现的专著。然而，贾老却认为它只不过是一个账本：“我们过去写过一本《山西旧石器》，就是怕把地点丢了，千万不敢把地点丢掉。《山西旧石器》没有什么用，就起了这么个作用。”1964 年，贾老参加了蓝田会战并出任蓝田考察队队长。在蓝田人遗址发掘过程中，凭着丰富的田野发掘经验，果断决定将动物化石十分密集的部位整体套箱取回，在随后进行的化石修理中，将一个完整的蓝田人头盖骨展现在世人面前。这是我国继北京人头盖骨发现以后的又一个重要直立人化石。

贾老只讲工作，从不摆功，也从不计较个人得失。贾老的可贵之处还在于甘愿做配角，甘愿奉献自己的材料供他人研究。他一贯把事业放在首位，只要是对中国旧石器考古有利，只要能把事情做好，谁做都一样。蓝田猿人发现以后本可自己做研究，但他将材料和机会让给了别人。他常讲：“事情要靠大家做，而且只要你愿意，永远都做不完，有人愿意做就让他们去做，你再找新事情做嘛！”这就是贾老的胸怀。

贾老还有一个特点，只要他认准是对的，不管你是谁，哪怕是老师也不能阻止。贾老常说：“裴老是我的老师，是他把我引进门的。”但是在学术研究产生分歧的时候，他决不让步。1954 年丁村遗址发掘如此，1956 年关于中国猿人的骨器的研究如此，西侯度石制品及有关“曙石器”的争论亦如此。

三、理论探索

贾老是一个善于发现问题并努力求索的学者。从《泥河湾期的地层才是最早人类的脚踏地》到“到上更新世地层中寻找最古老人类”的假说；从华北两大旧石器文化传统到细石器起源。贾老在旧石器、古人类和第四纪等方面都有不少理论探索和建树，他所提出的许多问题和假设，至今仍然有待学术界追索和深入探讨。

《泥河湾期的地层才是最早人类的脚踏地》是中国旧石器考古学史上一次非常重要的理论探索。1957 年我与贾老合作的《泥河湾期的地层才是最早人类的脚踏地》发表后，对周口店北京人的“始祖地位”产生了很大的冲击。1959 年，由贾老带领的考古队在山西省芮城县匼河遗址发掘期间，在距匼河 3.5 公里远的西侯度村发现“几件极有可能是人工打击的石块”。由于西侯度石制品发现于与“泥河湾期”同一阶段的“三门系”早更新世地层中，并带有比较严重的磨蚀痕迹，他与裴老在石制品问题上产生了严重分歧。1961～1962 年，裴老围绕北京人及其文化遗物的“原始性”、欧洲近百年来有关“曙石器”争论、真假石器辨认等问题进行了多方论述；而贾老在讨论中摆事实、讲道理，全面系统地阐述自己的观点。这场争论一直持续了近两年，可谓中国旧石器考古学史上的一场大变革，一次意义深远的大辩论，对我国旧石器考古知识的普及和发展方向产生了积极的影响。

1990 年，贾老在《人类的历史越来越延长》一文中提出：“根据目前的发现，必将在上新世距今 400 多万年前地层中找到最早人类遗骸和最早的工具，能制造工具的历史已有 400 多万年了。”作为一个年过 80 的耄耋老人能够提出这样的看法，足见他的思想还非常年轻，还在努力进取。

贾老在石器的观察和类型学研究方面也有过人的见识。在西侯度石制品的研究中，贾老提出了三项鉴定人工石片的标准：①通用的鉴定人工制品的标准，例如石片的要素等；②打击痕迹的规律性和重复性以及与人工制品的可对比性；③第二步加工的石器和它的加工特性等，系统归纳了石片人工特征鉴定的方法。1976 年，他在许家窑遗址发掘报告中首次以台面特征作为区分石片类型的标准。在随后的 20 多年里，石片台面的分类问题备受我国旧石器学者的关注，相关的研究探讨论文多达十数篇。

贾老的华北“两大传统”是根据华北旧石器的大小特征提出来的，其雏形初就于匼河遗址研究阶段；经过十余年的材料积累和潜心思考，最终在峙峪、许家窑遗址的研究报告中得以完善。他指出：华北旧石器时代文化的发展至少有两个系统，其中之一是以大石片、砍砸器、三棱大尖状器为特征的“匼河—丁村系”；另一个系统是以不规则小石片制造的各种刮削器、雕刻器为特征的“周口店第 1 地点（北京人遗址）—峙峪系”（简称“第 1 地点—峙峪系”）。与此同时，贾老对华南旧石器也十分关心，他说：

“我们现在把华北分了两个大的系统，华南怎么办？看来跟华北不是一回事。是不是黄河以南还有系统，这很可能。”

“两大传统”理论的推出是中国旧石器时代考古学从描述走向阐释的开端，至今“南北石器工业”和“华北大小石器传统”仍然是学界探讨旧石器文化遗存性质的主要模式。因此，这一理论被认为是中国旧石器考古学进入一个新阶段的重要标志。它突破了过去材料罗列和器物分类描述的研究模式，引发了包括：① 石制品大小及其标准的讨论；②华北地区小石器文化传统向细石器过渡以及细石器的起源；③石制品小型化和精致性的进步性和原始性的讨论，对我国旧石器文化传统、细石器文化起源、石制品大小等问题的理论研究起了很大的推动作用。

1978 年，贾老在《中国细石器的特征和它的传统、起源与分布》一文中，对中国细石器的特征、起源等问题进行了深刻的讨论。对世界范围内的细石器文化进行了深入的分析，认为全世界的细石器有两个系统，一个是以地中海为中心的几何形细石器，另一个是分布范围包括中国、东北亚和北美在内的细石器文化。提出细石器文化起源于华北地区的旧石器时代晚期的论断，修正了细石器文化起源于西伯利亚的传统认识，得到了包括日本在内的国内外学者的认可。

贾老还提出用古人类学和考古学成果建立起我国第四纪的标准剖面，他也对我国第四纪哺乳动物和气候环境研究多有涉猎，为我国第四纪冰川、古动物学、古植物学、地貌学的研究做出了独特的贡献。贾老是我国旧石器考古理论创新和实践的一面旗帜。他常说:“做学问要敢于突破，更要敢于突破自己过去的研究成果，改正自己错了的东西。”

四、科普大家

贾老很注重科普工作，他深知仅靠几个专家无法将中国的旧石器考古事业发展壮大起来。20 世纪 50 年代以来，贾老一直致力于旧石器考古知识的普及，在繁重的发掘和研究工作之外，时刻关注旧石器考古知识的宣传和普及。可以说他既是一个考古学家、科学家，又是一个科普大家。

贾老曾为北京人遗址展览馆和中国历史博物馆的史前陈列出谋划策，做了大量工作。在贾老一生发表的450 多篇（部）学术著作和文章中，有将近二分之一的著作和文章涉及考古学、古人类学知识的普及。贾老特别会讲故事，他写的科普读物深入浅出，饶有趣味。他写的《中国猿人》、《周口店——北京人之家》、《中国大陆上的远古居民》、《人类的黎明》、《悠长的岁月》、《贾兰坡说中国古人类大发现》、《中国史前的人类和文化》等著作在国内外备受欢迎，甚至成为畅销书，有的还被译成英、日、德和西班牙等文种出版。

贾老十分关心周口店北京人遗址的保护，再三呼吁要保护好世界文化遗产——“北京人”遗址。对北京人头盖骨的守望更是令人感动。他念念不忘 1941 年在太平洋战争中遗失的北京人头盖骨化石。改革开放以后，他利用出访国外的机会四处打听北京人头盖骨化石的下落。1999 年，91 岁高龄的贾老还发起了“寻找丢失的北京猿人头盖骨化石”的倡议。

今年是贾兰坡先生诞辰 100 周年，恰逢“中国古脊椎动物学会第 11 次学术年会、中国第四纪古人类—旧石器专业委员会第 3 次年会暨纪念贾兰坡先生百年诞辰会议”在山西召开。学界同仁，少长咸集，齐聚太原，追思先生生平，研讨学问，共同缅怀他对中国旧石器考古事业作出的贡献，实为学界的一桩盛事。我应高星和石金鸣两位主编之邀，特为《天道酬勤桃李香——贾兰坡院士百年诞辰纪念文集》作序。

王　建

2008 年 7 月 1 日

目　　录

学 术 篇

评　述　篇

贾兰坡先生的学术贡献

黄慰文

（中国科学院古脊椎动物与古人类研究所）

2001 年 7 月 8 日，93 岁高龄的贾兰坡先生走完他不平凡的一生（1908～2001）。这位土生土长的考古学家在给他为之奋斗终生的科学事业做出重大奉献的同时，也给后人留下一笔宝贵的精神财富。

贾先生祖籍河北，1931 年春进入中国地质调查所新生代研究室周口店办事处，成为工作站一名负责管理账目、参加发掘、整理和登记出土标本等日常事务的普通雇员。那时，周口店正在执行从 1927 年开始的北京人遗址发掘和华北新生代考察中外合作项目，加拿大解剖学家步达生、中国古脊椎动物学家杨钟健、法国古生物学家德日进、英国地理学家巴尔博、法国史前考古学家步日耶、德国人类学家魏敦瑞和荷兰人类学家孔尼华等一批世界著名学者，还有刚在地质学和古生物学领域崭露头角的青年学者李捷、步林、卞美年和裴文中等，都先后聚集到龙骨山这个兴起中的世界古人类学研究中心来。面对这个专家学者群体，贾兰坡并不气馁自卑，而是充分利用这种极其难得的机遇和环境提高自己，刻苦学习，奋发向上。一面认真负责地做好分内工作，一面如饥似渴地吸取地质学、古生物学、考古学、人类学等一切有用知识，使自己迅速由一名普通中学毕业生成长为古人类学新兵。

1935 年裴文中先生赴法留学，贾兰坡接替主持周口店发掘事务的重任。他在努力保持裴先生开创的良好局面的同时，又创纪录地在不到一个月内接连发现 3 个完整的北京人头盖骨化石，为周口店事业走向辉煌做出重要贡献。1937 年日本帝国主义在离周口店不远的卢沟桥制造“七・七”事变，挑起全面侵华战争，周口店发掘被迫中断。1949 年春北京和平解放，贾先生受命到满目疮痍的龙骨山主持恢复中断 12 年之久的周口店发掘。在杨钟健、裴文中的领导和指导之下，他在主持发掘工作的同时，还先后在龙骨山上成立周口店田野工作站并担任站长，创建遗址陈列馆，举办多届全国考古、古生物工作干部培训班等活动，使周口店这个国际知名人类进化研究中心很快恢复生机。

新中国成立后，裴先生因为在中央政府文化部社会文化事业管理局担任博物馆处处长，无暇顾及研究所的工作。于是，领导中国旧石器考古实现“走出周口店”重大战略调整的具体责任落到贾先生肩上。从 20 世纪 50 年代起，在全国开展大规模经济建设的大好形势下，贾先生先后主持或指导了山西丁村、匼河、西侯度、峙峪、鹅毛口，陕西蓝田，河北泥河湾，河南三门峡，甘肃庆阳，内蒙古萨拉乌苏，宁夏水洞沟，青海小柴旦以及辽宁庙后山、小孤山等一系列重要遗址的发掘与研究工作。上述工作成果为构建中国北方旧石器考古文化序列基本框架打下坚实基础。中国旧石器考古研究由此提升到一个新的台阶。贾先生的足迹遍及全国各地区，他以极大的热情指导、鼓励和支持各地开展旧石器考古工作，并与地方的同行们结下深厚的情谊。

贾先生一生朴实无华，勤奋好学但从不囿于传统。他崇尚实践，强调考古学必须跟上时代。他笔耕不辍，著述丰富，饮誉海内外。他的不少著作以多种文字出版，有些成为国外大学人类学专业指定参考书。他对中国旧石器考古学的卓越贡献赢得国内外同行的认可与尊重。他于1980年当选中国科学院院士，1994年当选美国科学院外籍院士，1996年当选第三世界科学院院士，为中国考古学赢得巨大荣誉。

回顾贾先生70年的学术生涯，他在以下几个方面的研究工作对推动中国旧石器考古学发展的贡献尤为突出。

第一，关于北京人石器研究。

周口店北京人遗址是世界上同期遗址中材料最为系统和最为完整的一个，对复原直立人阶段历史有重要意义。在出土的各种材料中，石制品的数量尤为巨大，所含的关于直立人智力发展水平、在不断变化的环境面前所显示的适应能力以及在东西方文化交流、发展中的地位与作用等多方面的信息非常丰富。然而，由于种种原因，除了早年几篇初步报告之外，直到20世纪60年代之前并未作系统研究。考古界对这个工业的性质、技术与类型，特别是它在旧大陆（欧洲、非洲和亚洲）早期人类文化发展中的地位等基本问题认识分歧。

20世纪50年代，贾先生陆续在一些文章里对北京人石器性质提出看法。例如，他在一篇合作文章里提出：

“中国猿人的石器，从全面来看，它是具有一定的进步性质的。我们从打击石片来看，中国猿人至少已能运用三种方法，即‘摔击法’（或碰砧法）、砸击法和直接打击法。从第二步加工来看，中国猿人已能将石片修整成较精致的石器。从类型上看，中国猿人的石器已有相当的分化，即锤状器、砍伐器、盘状器、尖状器和刮削器。这种打击石片的多样性和石器用途上的较繁的分工，无疑是标志着中国猿人的石器已有一定的进步性质的……”[1]

裴先生不赞同贾兰坡上述看法，于1961年在《新建设》第7期发表题为《“曙石器”问题回顾——并论中国猿人文化的一些问题》的文章，里面写道：

“有人认为在旧石器时代的初期，人类制造的石器，如欧洲阿布维利的手斧和中国的中国猿人的石器，已经相当的进步了，人类从不会使用和不会制造石器到制造出这样进步的石器，一定经过了一个相当长的酝酿或过渡的时期，就是使用半天然半人工的‘石器’。在这个过渡时期以前，还应当有一个人类只知使用而不能制造石器的阶段。这个说法看来似乎很合乎事物发展的规律，但实际上却不然。这是一个如何划分人和动物的界限的问题。”

“中国猿人制作的石器，可以有几种‘类型’，如尖状器、刮削器、砍砸器、石锤、石砧等，实际上都是适合上述人类使用石器最基本要求（即尖、刃、重）的工具。如果不能满足这三种基本要求，就不成为‘石器’，就成了所谓‘曙石器’（在裴文中的文章里，‘曙石器’是‘假石器’的同义词，即指那些外表与人类有意识打制、但实质上与人类无关的天然石块——本文作者）。所以在我看来，中国猿人制作的石器的类型正是具有原始性质，而不代表进步性质。”

从周口店研究史看，对北京人石器评价的分歧由来已久。1931 年 10 月，法国著名史前学家步日耶应邀来华指导考古学研究。11 月 3 日，他在中国地质学会的学术交流会上简要地谈到他的初步观感，后来又在 1935 年法国《人类学》杂志上发表《我们所了解的周口店旧石器工业的状况》[2]一文里详细介绍他对北京人石器技术与类型的看法。他总结说：

“周口店的工业就是这样，有许多特点在法国只是在旧石器时代晚期才有。虽然从地质学的观点看来，周口店的工业是比较古老的。劣质原料使得周口店石器制作者发现了两极打击法。这种方法在西方仅在很特殊的条件下和很有限的地方使用。这种特殊方法的发现可以得到通常是小的石叶和薄石片。而这种石叶工业在法国说来是旧石器晚期的东西。”

步日耶上述看法与德日进、裴文中两人的看法明显不同。后两人在 1933 年发表的由步达生、德日进、杨钟健与裴文中四人合著的《中国原人史要》[3]一书中考古学部分关于北京人石器工业的研究结论中提到：

（1）未发现手斧；

（2）不加挑选地使用卵石（或石块）和石片打制工具；

（3）用普通的锤击法或砸击法从石核上产生石片；

（4）总的来说缺乏或基本上没有“预制”工具，标本上的修整痕迹显然是使用的结果而非预制。然而，一些砍斫器的柄部和个别石器的两侧凹缺则是或很可能是修整出来的。大部分“尖状器”则可以用使用结果来解释；

（5）由于几乎完全缺乏火石原料，难以评估在相同原料条件下周口店文化所能达到的确切水平。法国一些莫斯特文化洞穴遗址也采集到石英制品，而且其中的主要部分似乎无法与周口店第 1 地点大多数石英标本区别开来。但是，值得注意的事实是，第 1 地点下部层位里则完全缺乏真正精致的和类型明确的石器……

裴、贾牵头的那场争论不久告一段落。因为 1985 年发表的裴文中和张森水合著的《中国猿人石器研究》（科学出版社出版）一书已经承认了北京人石器确实存在许多进步性质。例如，该报告提到：锤击法石片中有些“与欧洲典型的修理台面石片相比是很相像的，因之，可以作为修理台面存在的证据”；有一些石片形态比较规整，“至少有 30 件标本类似后期的长石片，有几件可与石叶媲美”。报告也承认北京人石器可划分出刮削器、尖状器、石锥、雕刻器、砍砸器、球状器等大类，每个类型都有一定数量和层位分布，“各类型间有相当稳定的界线”。报告还批评一些外国学者片面地从欧洲旧石器类型学的概念出发来分析北京人文化，结果“看不到其发展性，从而夸大了它的原始性”。

第二，关于在中国寻找最古老人类遗迹。

中国旧石器考古学的历史已经证明，北京人石器是进步还是原始并不是一个普通学术命题的争论，而是一个关系到是否应冲破思想禁锢去发展中国旧石器考古的重大问题。如前面所述，贾先生在这场争论中勇敢地站在推动历史前进的前列。他从参与周口店发掘的长期实践出发，认真观察和分析北京人制作石器的技术水平和用火能力，于1957年第1期《科学通报》上发表的一篇合作文章里明确提出“泥河湾期的地层才是最早人类的脚踏地”的假说，把人类历史从以北京人、爪哇人等当时已知最古老的人类化石所代表的中更新世提前到早更新世（“泥河湾期”为中国早更新世的同义词。按今天中国流行的地质年表，早更新世从距今260万年起至79万年，中更新世从距今78万年至12.8万年）。这是中国旧石器考古学研究史的一个里程碑。

在当时，敢于大胆提出如此有预见性的科学推断实属不易。事实上他当时在研究所内招来不少质疑和批评。不过，就在这个假说提出不久，包括山西西侯度（1959年发现，古地磁测定为距今127万年）、陕西蓝田公王岭（1964年发现，古地磁测定为距今115万年或更早）、云南元谋（1965年发现，古地磁测定为距今170万年）和河北小长梁（1978年发现，古地磁测定为距今136万年）[4]等一系列泥河湾期人类化石和文化遗址相继发现，完全证实了上述假说的科学预见性。顺便指出，上述遗址中的西侯度遗址与改写世界史前史的东非奥杜韦遗址的人类化石与石器共生的突破性发现竟发生在同一年。令人遗憾的是，西侯度报告因研究所内学者之间意见的分歧而直到1978年才得以发表。

1993年，年事已高、但学术上仍进取不止的贾先生在接受由中国科学院主办的《科学报》（现改称《科学时报》）记者采访时，根据当时国内外古人类学和旧石器研究的新进展，修正自己以前的看法，大胆提出人类历史可能还要追溯到第三纪上新世，达到或超过距今400万年的假说。这个假说正式出现在随后出版的《中国古人类大发现》（香港商务印书馆，1994年出版）一书里。记得《科学报》的报道当时一经披露，立即在研究所内引起轩然大波。个别从事人类进化研究的专家批评贾兰坡推论轻率、缺乏根据。然而，曾几何时，今天这些学者中也有人开始大谈人类历史“已达到600万年”了。

第三，关于人类起源中心。

自从19世纪中叶英国生物学家达尔文提出从猿到人的理论和德国人类学家海卡尔提出猿与人之间的“缺环”假说之后，考古学家们开始了在世界各地的寻根之旅的同时，也展开了一场人类起源中心之争。按达尔文的看法，非洲的黑猩猩和大猩猩与人的血缘关系最为密切，人类起源中心应该在非洲。但是，海卡尔则认为今天仍生活在亚洲热带的猩猩才是人类的近亲，亚洲是人类的发祥地。两种假说都有各自的理论根据。由于截至20世纪50年代，代表已知最古老人类的直立人化石只见于印尼的爪哇和中国的周口店（如果不算当时分类地位尚未明确的德国海德堡人的话）。于是，“亚洲起源论”占了上风。然而，此后随着来自非洲不断出现的新材料，特别是1959年坦桑尼亚奥杜韦峡谷距今175万年产南方古猿化石的地层里发现了确定无疑的石器之后，从1925年开始困扰南方古猿是“猿”是“人”的争论终于画上句号，它取代直立人的从猿到人的“缺环”位置。奥杜韦遗址与石器共生的南方古猿被命名为“能人”。它的年代比直立人提早了100万年。目前，非洲最早的人类化石大约为距今220万年，而石器则达到大约距今250万或260万年。于是，“人类摇篮”摆荡到了西边，“走出非洲”成为当今人类学界的主流观点。

贾先生一向拥护“亚洲起源论”，并不为上述非洲新发现所动。他在前面提到过的《中国古人类大发现》一书中指出：“由于过去在非洲发现的材料较多，学者们多认为人类起源于非洲。但我相信在亚洲南部，即巴基斯坦以东和中国的广大西南部，如云南高原地区会找到人类的根。当然也不要忘记西藏地区，因为当上新世的猿类演变为人的时候，那里原属潮湿的亚热带气候，还是一片葱郁的土地，年平均气温达10℃左右，适于各种生物生长，”“我之所以认为人类很可能起源于上述地区，是这个地区不断有与人类接近的古猿化石发现。”

今天，尽管科学界还不能为上述两种假说谁是谁非作出判决。但是，近年第四纪地质学家们在东亚季风起源、青藏高原隆起和第三纪中新世以来亚洲环境变化研究的新进展，证明东亚在从猿到人过程中具有与非洲相同的环境背景。有学者甚至提出，亚洲是晚新生代气候转型的核心，而非洲只是外围；从环境变迁对早期人类形成的压力来说，亚洲要大于非洲。这些成果无疑会对人类“亚洲起源论”有利。事实上，亚洲在沉默多年之后出现了重新崛起的势头。例如，位于高加索地区欧亚分界线亚洲一侧的格鲁吉亚，1991年从一处名叫德玛尼西（Dmanisi）的露天遗址首先发现一件直立人下颌骨化石。2000年以来，又接连出土5个完整的头骨和一些其他部位的化石。遗址的年代经反复测定，为距今175万年，与奥杜韦出土的能人化石同时。而且，5个头骨中最小的一个的脑量只有600毫升，大大低于其他直立人，而与非洲的能人一样。如此说来，最古老的人不仅出现在非洲，同时也出现在亚洲。就目前的化石材料而言，很难说最早的人类是“走出”还是“走入”非洲。

更为振奋人心的消息来自中国。近年，在位于温带的河北省泥河湾盆地发现的旧石器，从距今110万年的东谷坨遗址，到距今136万年的小长梁遗址，又到距今170万年左右的马圈沟遗址，其强劲势头直迫东非奥杜韦遗址。在中国南方，产人类化石和石器的重庆巫山龙骨坡遗址的古地磁年代为距今200万年。而位于长江中下游的安徽繁昌人字洞出土的石器和骨器，其共生哺乳动物群的性质比巫山动物群古老，一些古生物学家认为它的时代处于第三纪上新世与第四纪早更新世的界限上，或者已进入上新世。

总之，作为一个科学家，像贾先生一贯倡导并身体力行的勇于探索的科学精神是值得提倡的。记得1994年贾先生应邀赴美接受美国科学院授予外籍院士荣誉时，与美国人类学家怀特（Tim White）有过一次面谈。怀特是力主“非洲起源论”的，近年一直在埃塞俄比亚东北部主持一项探索人类起源的考察计划。他知道贾老在人类起源问题上与他“针锋相对”。但是，见面时他由衷地对贾先生说：“说老实话，我现在对人类起源问题有点越弄越糊涂了。贾老，我衷心希望你不要轻易放弃自己的主张。”

第四，关于华北旧石器文化的技术传统。

一个国家或一个地区的旧石器研究，在建立起文化序列的基本框架之后，就会讨论文化的技术传统。这是研究工作深化的必然步骤和表现。在我国，裴文中、贾兰坡在1958年发表的丁村遗址报告的旧石器部分结束语里曾提到“丁村文化是我国新发现的一个新的旧石器时代晚期的文化，无论在中国和欧洲从前都没有发现过类似的文化”[5]，可惜未展开深入讨论。后来，贾兰坡等在匼河遗址报告里提出匼河、丁村石器工业与周口店第13地点、第1地点和第15地点石器工业在技术、类型上的显著差异可能代表两个不同渊源的文化[6]。这大概是我们最早知道的贾先生对华北存在不同渊源旧石器文化的表述。

贾先生的上述见解在他和盖培、尤玉柱于1972年在《考古学报》第1期上合作发表的《山西峙峪旧石器时代遗址发掘报告》里作了进一步系统和深入的阐述。这份报告在总结了半个世纪的中国旧石器考古工作的基础上，正式提出“华北旧石器时代文化的发展至少有两个系统，其中之一是‘匼河—丁村系’，或称为‘大石片砍砸器—三棱大尖状器传统’；…… 另一个系统是‘周口店第1地点（北京人遗址）—峙峪系’（简称第1地点—峙峪系），或称为‘船头状刮削器—雕刻器传统’”。他们解释说，匼河—丁村系的基本特征是“利用宽大石片制造各类型的大砍砸器，富有代表性的石器是三棱大尖状器，在石器的成分中有时含有小石器，但数量有限，类型也很少。属于这个文化系统的石器地点有匼河、豫西三门峡地区、大同鹅毛口”；第1地点—峙峪系的基本特征是“利用不规则小石片制造细石器，在石器成分中细石器的比例大、类型多、加工痕迹细小。第1地点—峙峪系包括以下一些地点：周口店第1地点、周口店第15地点、朔县后屹塔峰、萨拉乌苏河、峙峪、小南海等遗址”。

对于贾先生和他的合作者提出的上述见解，同行中有不同的评价。一些研究者尤其不同意将不同的“系统”等同于拥有不同文化的人群。我们认为：技术传统是旧石器考古研究中一个深层次的问题，尤其当把“传统”与“人群”还是与生态环境导致的“行为”联系时就显得非常复杂，也难以把握。在这一点上，与其说是贾先生等“不妥”还不如说是他们的“不足”。他们毕竟打破“北京人文化”一统天下的禁锢，第一次从技术传统角度比较全面和深入分析华北旧石器文化、尤其是周口店第1地点和第15地点工业的特点。而且，不管形成不同技术传统的原因是什么，但不同技术传统并存却是不容否认的事实。一统天下的框架并不符合中国旧石器文化的实际。顺便指出的是：不同技术传统同时存在并非中国旧石器文化的特有现象，同时也存在于非洲和欧洲。例如，非洲和欧洲的旧石器早期文化就同时存在所谓“阿修尔工业”（Acheulean industry）和“小工具工业”（small-tools industry）两个不同的技术传统。

第五，关于中国细石器文化的起源与分布。

细石器工业是流行于旧石器晚期和新石器时代的石器文化。学术界对它的起源与扩散一向看法不一。贾先生在前面引述的1972年的合作文章里分析了北京人石器工业的特点时已表明了他的看法。该文指出：

“对于周口店第1地点的北京人文化，可以从不同的角度来概括它的性质。然而，与世界上其他地区的同时期的文化相比较，北京人文化的最明显的特点是石器组成成分中有大量的细小石器。过去的研究者把这种细小石器称为‘几乎细石器工业’（almost microlithic industry）、‘细小工业’（micro-industry），这种细石器也被认为类似‘细石器的中石器’（mesolithique mocrolithique）。周口店第15地点在时代上可能与北京人遗址的上层相当。第15地点的细小石器，被鉴定为‘细石器’（microliths）。对于更新世中期和晚期的细小石器，我们曾设想予以新的名称，可是原研究者早已使用了‘细石器’一词，似乎可以不必改动。但是，为了避免混淆，本文把第1地点—峙峪系的细小石器称为细石器，即广义的细石器，把新石器时代的细石器称为发达的细石器，即通常所谓的细石器文化（这里所说的‘过去的研究者’和‘原研究者’分别指德日进和步日耶——本文作者）。”

1978年，贾先生著文专门讨论了这个问题[7]，认为全世界的细石器有两个体系，一个以地中海周围地区为中心，以几何形细石器为特色，分布范围包括欧、非、西亚以至澳大利亚；另一个的分布范围包括中国、东北亚和北美，以两侧平行的细石叶和棱柱状、锥状、楔状细石核为特征。贾先生根据华北从北京人时代起已经存在一个与后来的细石器文化关系密切的“船头刮削器—雕刻器传统”，认为东亚、北美体系的发源地可能在华北，而不是一些学者所主张的西伯利亚。上述观点发表后受到国际同行的重视。十多年后，我国考古学家在距今110万年的泥河湾东谷坨石器工业中鉴别出可以充当旧石器晚期和新石器时代流行的楔状石核的母型“东谷坨定型石核”[8]。这一事实为贾先生上述预见提供了有力的佐证。

注释

[1] 贾兰坡，王建．泥河湾期的地层才是最早人类的脚踏地．科学通报，1957（1）．

[2] l’etat actuel de nos connaissances sur les industries paleolithiques de Choukoutien. *L’Anthropologie*, 45：740－743．

[3] FOSSIL MAN IN CHINA，*Geological Memoirs*，Series A，No. 11．

[4] 上述遗址的古地磁测定结果可参考 Rixiang Zhu *et al*. Magnetostratigraphic dating of early humans in China. *Earth-Science Reasearch* 61，2003：341－359．

[5] 裴文中主编．山西襄汾县丁村旧石器时代遗址发掘报告．北京：科学出版社，1958：109．

[6] 贾兰坡，王建，王择义．匼河——山西西南部旧石器时代初期遗址．北京：科学出版社，1962．

[7] 中国细石器的特征和它的传统、起源与分布，古脊椎动物与古人类，1978，16（2）．

[8] 侯亚梅，卫奇，冯兴无，等．泥河湾盆地东谷坨遗址再发掘．第四纪研究，1999（2）．

起点：是这位老人止步的地方

——深切回忆贾老

张忠培

（故宫博物院）

7 月 8 日下午，贾彧彰同志打来电话，从沙哑的嗓子中挤出了低微的声音：我的父亲已于上午 11 时 44 分逝世了。我辨别不出是谁的声音，问，您是谁呀？他说：我是贾彧彰，贾兰坡的儿子啊！听到贾老的名字，我几乎说不出话来，断断续续地回答说：前不久不是转过来了吗！怎么又出现了这样的事啊！贾老的逝世，不仅是旧石器时代考古，也是整个中国考古学界和中国文物保护事业不可挽回的巨大损失，丧事一定要料理好，让贾老的弟子和朋友有一个寄托哀思的机会。我放下电话，顿感天翻地覆似的。西边的太阳迅速地落了下来，天渐渐黑了。在这氛围中，49 年前，先是裴文中先生，后是贾兰坡先生给我们讲授旧石器时代考古时的音容笑貌，又一次进入了我的眼帘。通过这两位先生的讲授，我们不但掌握了中国旧石器时代考古学，也对世界，尤其是欧洲的旧石器时代，有了较为深入的了解。在听课过程中，我认真阅读了贾兰坡先生著的《中国猿人》、《河套人》及《山顶洞人》这三部著作，和裴文中先生著的《中国史前时期之研究》。同学们对先生都很敬佩，底下议论，将贾先生这三部著作称之为贾氏中国旧石器时代考古三部曲。学完旧石器时代考古课程之后，出于对旧石器时代考古的兴趣和追踪这一学科发展的需要，我们还不时地阅读贾先生的著作，诸如《从猿人脑发展到现代人脑》、《骨骼人类学纲要》、《山西襄汾县丁村旧石器时代遗址发掘报告》、《山西旧石器》、《匼河》和《中国人类化石的发现与研究》。总之，我们这一代人，是在贾老耳提面命和读着他的著作中成长起来的。

我们这一代人，确实长大了，从年龄上看，还进入了老年，但是，作横向比较，我们所做的还没有超过贾老那一代人的业绩。是他们那一代人，把中国旧石器时代考古和商周考古领进世界一流水平，在这两个领域中掌握了发言权，使中国考古学在当时世界考古学中成了一颗璀璨明珠。我深刻地感到要向贾老那一代人学习。自 1987 年我受命到故宫博物院任职以来，便不时地到贾老府上求助、求教，他还是那样平易近人地和我谈心。我受到的教育、指点和帮助，真是太多太多，包括做学问、保护好故宫以及如何保护好中国西部及长城地带的地下地上的文物，使我受到了很多很多的教益。他是一位立足旧石器时代考古，关爱整个中国文物考古事业的学者。

中国考古学是在 20 世纪 20 年代诞生的，至今已经历了 80 多个春秋。在二三十年代那批学者的亲自耕耘和带领下，由于日本帝国主义的侵略和以阶级斗争为纲路线的干扰，几经停滞，走过曲折的道路，这个学科终于进入了黄金时代，成为西方人眼中的中国人文学科里最有成就的学科。贾老在这个学科中辛勤劳动了70余年，不仅参与了这个学科的奠基，也为这个学科进入黄金时代做出了杰出的贡献。他在这个学科的贡献，已被他等身的著作和授予他的三个院士称号所肯定。贾老立足于旧石器时代考古，从在周口店发现三个头盖骨开始，走到了丁村，走到了匼河、西侯度、蓝田、许家窑、萨拉乌苏和峙峪，越过了长江，进入了广西，钻过300多洞穴，踏遍了大江南北与长城内外，所到之处，无不从他认真的观察中见到了新的发现，从他苦思中产生出新的研究成果。贾老在大量个案研究基础上，终于在20世纪70年代提出华北地区旧石器时代存在着不同文化传统的理论和将世界旧石器文化划分为两大类型的新认识。这两大理论的提出，将中国旧石器文化和世界旧石器文化，尤其将前者的研究推入到了一个新的阶段，也是贾老继周口店、丁村的研究之后，步入了一个新的里程碑。这两大理论的提出，不仅在中国及世界的同行中产生了广泛的影响，而且对中国史观乃至思想界的影响也是深远的。

这两大理论互有联系，说的是一件事，即考古学文化的区系类型问题。所谓华北旧石器时代存在着不同文化传统，是破天荒地提出了旧石器时代文化多谱系说；世界旧石器文化不同类型论，即是旧石器时代文化多谱系说的延伸。前一学说是在1972年提出来的，后一认识提出的时间是在1978年。在这两个年代之间的1975年，苏秉琦提出了考古学文化多元一体论。稍后一些时间，费孝通将他已于20世纪50年代思考成熟的中国民族多元一体说，明确地提了出来。这三位从20世纪30年代开始研究工作的学者，终于殊途同归，于80年代汇成一股巨大的思想浪潮，向传统思想进行了有力的冲击，从而使中国学术界出现了新的局面，这是一个思想活跃的时代，这三位大师作出的贡献，产生了深远的学术影响，并推进了这个时代学术界的思想解放！

贾老不仅写了大量的深入浅出的专门研究旧石器时代文化的论著，还写了科普性的读物。正如他所说的："我为这门科学奉献了近70年，我很爱这个事业，我希望后继有人，希望这门科学不断地前进和发展，所以除写了一些学术论文外，在科普文章中，我也用了很多精力。"可见，为所从事的学科培植前进与发展的支撑点，是他写科普性读物所追求的目标，为了实现这个目标，正如他说："科普作品也许不被算作成绩，不算成绩就不算吧，反正我不是为个人成绩而活着。"

这句话掷地千金。为什么活着是人生第一要旨，同时，作为一个学者，除此之外，还有个尊师重道的问题。如何认识与实践科普读物写作方面，贾老为我们树立了人为什么活着的榜样，同时，在尊师重道上，他也是我们的典范。他说，"我的机遇非常好。我一进地质调查所就能在一些国内外著名学者像步达生、魏敦瑞、德日进、杨钟健、裴文中等手下工作，还遇到了像翁文灏这样的领导，""看着挂在我家小客厅里的这些老一辈的中国地质科学的奠基人和开拓者的照片，尽管他们多已不在人间了，却常常勾起我对他们的怀念。每逢遇到难题，看看照片，回想起他们在世时的音容笑貌，仍对我是一个很大的鼓舞，""想到今天能有一点所得，就会想起我的先师杨钟健、裴文中、德日进、魏敦瑞等人对我的教育和鼓励，就会想到他们对我的严格要求……我向这些人深深地鞠上一躬。”从这些简朴的文字，看到了贾老对他的师长的深切情感和感恩之情。

大家知道，20 世纪 50 年代末和 60 年代初，贾兰坡和裴文中先生在关于北京人是否是最原始的人这一问题上，出现了争鸣。当时，我见到两位先生这方面大作之时，惊吓不已，不知出现了什么事，他们怎么会打起仗来呢？不由自主地为我所尊敬的这两位先生之间出现的不和而忧心忡忡。

近年来，我读了贾老送给我的《悠长的岁月》后，才明白了其中的道理。贾老这本小册子中说，“我有我的一定之规：要叫自己的头脑围着事实转，不能叫事实围着自己的头脑转”，“这才算得上‘维护科学的尊严’”。又说，“我与裴先生的争鸣纯粹是一场学术上的争鸣，这场争鸣不但没有影响我俩之间的感情和关系，反而带动和促进了我们这门学科的发展。我对裴先生也更加尊敬了”。

这是多么高尚的情操啊！我们深知这两位前辈有着数十年的情谊，亲眼见过贾老对裴老尊敬之情。这还是裴文中先生给我们讲授旧石器时代考古的时候，那时贾先生已是年过四旬的老副研究员了，还为裴先生授课准备石器标本，担当起这门课程的“助教”，那种对裴老的尊敬和谦逊的态度，我至今仍历历在目，难以释怀。“要叫自己的头脑围着事实转”这种实事求是的态度，使两老为各自认定的事实和真理而展开了争鸣，可见，在两老个人情谊之上，他们认为还应该有一种更高尚的情操，即卫道，即实事求是的精神和对真理的无我的追求。

贾老竭力主张，我们这一代人不要再挖周口店了，后来者居上，将周口店切实地保护下来留给下几代人去研究吧！这一主张的出发点，不仅是他对他所处时代科学局限性的深切认识，也是出于他的高尚的科学道德。我们做考古工作的人，就要像贾老这样，为保护文物鼓与呼，要下大力气做好文物保护，尤其是地下文物保护工作。

科学研究是一项无限的事业，人的生命是有限的。不能以有限的生命去完成无限的事业，在这有限与无限之间，应该有个适当的定位。贾老已经将中国旧石器时代研究推进到了一个高峰，他做到的已超越了他生命的负荷。在他这次入院之后，还惦记着周口店的保护工作，惦记着寻找北京人，惦记着中国旧石器时代的进一步发展，唯独没有想到卧在病床上的自己和家人，忠诚于科学事业，一片赤子之心，感人肺腑。

贾老，您的逝世使我深感惋惜，悲伤和震惊，但我还是要说，先生，您累了，安息吧！

我们送别贾老，也是送别 20 世纪 20 至 30 年代投身考古事业并始终在中国内地做考古工作的最后一位前辈。在中国考古事业中，这是最光辉的一代人。随着贾老的逝世这一代人最终离开了我们。他们创造的业绩永存，他们永远活在人们心中，我想中国旧石器时代考古的进步，只能从这位老人止步的地方向前走去。

（此文发表于《中国文物报》2001 年 7 月 29 日第 5 版上。为纪念贾老诞辰一百周年，再以此文来表达深切追忆和怀念之情）

风范永存——怀念贾兰坡院士

甄朔南

（北京自然博物馆）

2006年7月8日是贾兰坡院士（1908～2001）逝世五周年，这一年也是他继1929年裴文中先生（1904～1982）首次在周口店发现北京猿人的第1号头盖骨后于1936年又连续发现第2、3、4号完整的北京猿人头盖骨70周年。我从20世纪40年代初直到他逝世前一直与他交往不断。随着我自己知识面的拓宽以及人生阅历的增长，我对他在学术上取得的杰出贡献和人格魅力的认识也在不断地深化，使我与他的关系早已超出了世俗的亲戚关系，他在我的心目中是一位德高望重、高山仰止的中国考古学的一代宗师。每到他的忌辰，都会有思绪万千的怀念。《中国文物报》的朋友去年就曾约我在今年写些纪念文章，于是写下了下面的片断。

一、“唯君慧眼识沧桑，人猿揖别小儿家”

20世纪80年代，在贾兰坡院士（以下简称贾老）的会客室内挂着书法家魏传统书写的一个条幅，上面写的是诗人天海送给贾老的一首七言绝句，内容是：“周口店前万里沙，龙骨山上烟雨斜。唯君慧眼识沧桑，人猿揖别小儿家。”这是诗人对贾老一生都在通过地球的沧桑、生物的演化探讨人类黎明时期人猿揖别足迹的概括与赞美。周口店正是培养他独具慧眼识沧桑的出发点。他是怎样走进名震中外的北京猿人之家的？这与他从童年时代就热爱大自然以及他所处的时代有关。1908年11月25日，贾老出生于距北京120公里的河北省玉田县名叫邢家坞的一个小山村。走出家门就是燕山余脉，在村后的东山有两个山洞，他经常与小朋友一起去探洞，有时把石头打成圆球从山上往下滚动，为他后来研究石球的打制过程和用途起了很大作用。他特别喜爱到野外去捉蜻蜓、蝈蝈和野鸟。每当他爬山时，在他幼小的心灵中总会产生一连串的问号：这些连绵的高山是怎样形成的？为什么每到春天去年在家里住过的燕子又回来筑巢？他有时也会问他妈妈，他是怎么来的？探求自然之谜的种子已经在他幼小的心田里萌芽。他在当地念过两年小学后便随父母来到北京，1929年毕业于汇文中学。这一年正逢国共第一次合作已经破裂，祖国大地满目疮痍。他父亲只是烟草公司的一位小职员，没钱供给他念大学，所以他高中毕业后根本找不到工作。但他并不消极，从1930年起每天都到位于府右街的北京图书馆阅览各种书刊，对当时发行的《科学》、《禹贡》、《旅行杂志》等自然科学方面的内容越来越感兴趣，还认真地做了笔记。两年的自学使他强烈地希望有一天能像徐霞客一样踏遍祖国的青山绿水去揭示大自然的奥秘。

生活是严酷的，但有时也会给有心人带来意想不到的机遇，那就是1929年4月农商部所属的地质调查所内成立了一个新的机构即新生代研究室。它的成立绝不是偶然的，这是中国丰富的新生代古脊椎动物化石不断被发现以及中国地质学界的先驱们要求发展古脊椎动物学、旧石器时代考古学的必然结果。由于1921年已在周口店发现了后来被称为周口店第1地点或“北京人之家”的化石堆积，1927年还找到了一颗保存完好的原始人类的牙齿，经在北京协和医学院任解剖科主任的人类学家步达生（D. Black）研究后命名为“北京中国猿人”（俗名“北京人”），于是决定由新生代研究室与协和医学院解剖科联合组队在周口店进行发掘。最大的收获就是1929年12月2日裴文中发现的一个完整的“北京人”的头盖骨，它的发现成为震动全球的头等新闻，于是决心扩大发掘，因此在1931年决定招聘一名练习生，以便处理一些杂事并从实践中培养他学习专业知识。当招聘广告见报后，正在人生道路上彷徨的青年贾兰坡欣喜若狂，因为这正是他梦寐以求的职业。经过考试后他被录取了。这是一次重大的人生命运的转折。1935年，裴文中先生去法国攻读博士学位，由贾兰坡主持发掘工作，1936年11月5日至26日连续发现三个完整的“北京人”头盖骨，受到了中外科学家的赞美和另眼看待，从此开始了他与中国旧石器时代考古学同步发展的传奇的一生。

贾老会客室内的门框上还挂着一幅黑底绿字——“觅迹”两个大形篆字，这两个字最简练而形象地说明贾老一生都在寻找古人类的发展轨迹。他不仅一生都守护着周口店这片精神家园，并把觅迹的脚步走到了丁村、匼河、西侯度、峙峪、许家窑、萨拉乌苏、水洞沟、泥河湾等地的发掘和研究工作。他一生著作等身，共发表过400多篇（册）著作和文章。国内外学术界公认他在三个方面的学术研究成果最为杰出：即北京猿人的文化性质不是最原始的文化；他提出的我国华北旧石器时代存在两大传统的理论奠定了华北旧石器时代文化发展序列的基础；他提出了全世界的细石器有两大体系的理论。此外他还提出人类历史已有400多万年并建议修改全世界通用的地质年代表，建立“人生代”。在90岁高龄时联合中科院13名院士发起继续寻找“北京人”的活动。正是由于他在学术研究上震惊中外的突出成果，才先后获得中国科学院院士、美国科学院外籍院士、第三世界科学院院士的称号。1998年11月，贾老90华诞之际，时任国务院副总理的温家宝同志，亲笔写了一封贺信，其中有几句话是这样说的：“几十年来，您踏遍祖国的山山水水，探索科学真理，为建立和发展中国的古脊椎动物学和古人类学，做出了杰出的贡献。”这几句话代表党、国家和人民对贾老最崇高的敬意与评价。

二、治学与做人的人格风范

每当思念贾老时，我就经常思考这样的一个问题：像贾老这样的学术大师，在他传奇的一生中除了为我们留下丰硕的学术成果，让我们踏在他那样“巨人”的肩膀上继续攀登科学的高峰外，还有哪些在治学与操守方面的人格风范供我们继承与发扬呢？当然这需要科学史专家做细致的研究或经常与他接触的人有知人的感悟。能认识别人的灵魂深处是一种心智与智慧，所以老子说“知人者智”（《道德经》三十三章）。我才疏学浅，不是智者，但在多年的接触中也有一些粗浅的体会。在我每次与他晤谈时，他总是谈学问或人生，既谈学问中的人生，也谈人生中的学问。他是一个把做学问与处世做人融为一体的人，因为他从事的旧石器时代考古学的目的就是为人类寻找文化认同，而治学也是人生态度或价值观的组成部分。我每次与他交谈，不仅学到许多知识，更重要的是受到心灵的洗礼。他在治学上是立志永恒，勇于进取，既博采众说，又独立思考。他在做人上是热爱祖国，注重民族大义，坚守良知，诚信待人，尊师重道，感恩图报。对晚辈总是爱护备至，倾心言传身教，又严格要求。举例来说，通过媒体的报道，谁都知道他在周口店刚参加工作时，为了学习哺乳动物的骨骼知识，他特地制作了一条野狗的骨架，以便与出土的狼的骨骼对比，他还把野狗身上每块骨头的拉丁文的名称写成纸条贴在骨头上面。当时地质调查所仅有的一本英文版的《哺乳动物骨骼入门》为了系统地学习，他自费买了这本书的复印本，还自己动手制作书皮。此外他还用占他工资三分之一的钱买了一本纽约自然史博物馆的专家奥斯朋写的一本《旧石器时代人类》。他所以这样“天行健，君子以自强不息”，就因为他到了周口店这所培养人才的“大学校”后，立志也要像他崇拜的领导人杨钟健（1897～1979）、裴文中以及无私帮助他的卞美年那样成为学有专长的人。正如杨、裴两位先生主张的那样：在周口店工作需要有旧石器时代考古学、古人类学、古哺乳动物学和地层学的知识，所以他才锲而不舍地做到终生都在学习，写了许多大本《泛读漫记》的读书笔记。他经常说：“搞学问就像滚雪球，越滚越大，不滚就化。”他经常谈到：做学问写文章，一定要像古人说的“文贵己出”，要有自己的独立见解，要学会独立思考，不迷信权威。但是，要坚持严谨、严密和严格的“三严”作风。写论文或一篇很短的文章都要根据物证和事实，做到言之成理，持之有故。要尊重前人的劳动成果，写论文时要先把前人的成果写出来，因为科研就是几代或多少代人接力赛跑。真正内行的专家只要先看你论文后面所列的参考书就知道你的论文水平。搞科研不是功利性的，要有愿为科学真理而奋斗终生的“傻子”精神。这些话看起来好像是治学的方法，实际上也是一个学者的道德操守。他的至理名言使我终身受用不尽。

在做人方面，他首先坚持民族大义。日寇侵占北平后，父子双双失业，家庭生活十分困难，但贾老绝不为敌伪政权服务。1941 年曾计划去找搬到重庆的地质调查所，但乘车到南京后，正赶上日军发动了“珍珠港事件”，只好回到北平，但新生代研究室已经解散。为了生计，他于 1942 年与协和医学院一位同事开办了名为“卉园”的商行，经营西药与化妆品，我曾亲眼看见他们自己制作肥皂。

贾老的会客室内一直挂着帮助他成才的杨钟健、裴文中、卞美年、丁文江、德日进等人的照片，每当提到他们总是充满感恩之情。20 世纪 50 年代由于对北京猿人的文化性质认识不同，他曾与裴文中先生公开展开讨论，但丝毫不影响他对裴先生的崇敬。两人得到稿费时还互相宴请，有时也邀请杨钟健先生参加一时传为科学界的佳话。

贾老一生安于清贫与孤寂，淡泊名利。他从来不向组织提出他个人或子女问题的要求，但他对有志于科学的青年学子则无限关怀，为他们讲课，找资料，甚至为一些人的出国留学、工作调动、回国后的工作安排奔走求援。他的会客室内，不仅“谈笑有鸿儒”（即中外著名的科学家），也有来自本村的乡亲以及昔日的街坊或一起工作过的老工人，他都平等相待，共话家常。有时还要提供接待或资助，所以有的人得知他逝世的消息后，不禁失声痛哭。正是由于他一直保持平民院士的本色，所以在医院里与病魔搏斗的117天的日子里，我国以及一些国外媒体对他的治学与做人和他的病情做了大量的报道。

贾老为什么能有如此的人格风范？这与他所受的教育、工作的环境以及个人的性格分不开。贾老那个时代的知识分子都或多或少地接受过中国传统文化中儒家思想的熏陶，注重个人的学识与人格的修炼，不仅要独善其身，还要兼济天下。做人要讲究“以心比心”的忠恕之道，在对待不同观点时则坚持“和而不同”的求同存异。贾老还在北大地质学系进修过地层学，在协和医学院进修过人体解剖学，在上述两个单位使他接触了更多的国内外知名的品学兼优的科学家，所以贾老身上体现了中西文化的融合与包容。2005年北京猿人遗址博物馆编辑出版了《贾兰坡手迹》一书，我在为这本书写的序言中曾指出，我非常同意刘东生院士2005年在《北京人》杂志第1期发表的《试从“裴文中现象”谈早期中国古脊椎动物学的学术思想》一文所说的：“从新生代研究室到古脊椎动物与古人类研究所，工作在其中的工作人员是一个立志、勤学、创新、育人的优秀群体。贾先生是在这个学术群体中成长起来的，他也把这些优良的传统传承给后起之秀。”

三、贾老遗愿正开始实现

贾老带着未了的遗愿长眠在他的第二故乡周口店。他可能没有料到在他逝世后的五年里，他的遗愿已开始实现。据我所知，2002年北京市政府与中科院签署了共建协议，保护权移交北京市房山区政府。2003年出版了《北京人》杂志，影响日益扩大。2003年7月，在龙骨山的田园洞发现了距今2.5万年山顶洞时期的古人类化石与26种哺乳动物化石，这是市院共建后的重大发现。2005年7月2日，房山区政府正式宣布寻找“北京人”头盖骨化石工作委员会的政委、主任和专家顾问名单，委员会下设办公室和寻找工作队。2006年6月10日正式发布从2005年至2025年的《周口店遗址保护规划》，12家企业和300户居民将迁出。更重要的是，从2006年起，我国已设立文化遗产日，贾老一生致力的文物保护工作将进一步加强，他可以含笑九泉了。他也永远不会有“千秋万岁名，寂寞身后事”，因为其风范永存！

（原刊于《中国文物报》2006年6月30日）

生命不息　探索不止

——纪念贾兰坡教授诞辰100周年

刘景芝

（中国社会科学院考古研究所）

在周口店遗址博物馆后坡上，贾兰坡（1908～2001）静静地安息在青松翠柏间。从1931年春就职于中国地质调查所新生代研究室，做周口店的发掘管理工作开始，到成为中国科学院资深院士、美国国家科学院外籍院士、第三世界科学院院士，贾老整整在学科的道路上走过了70个春秋，他用自己毕生的心血照亮了中国的古人类和旧石器考古事业。虽然没有科班出身，但他是名副其实、享誉中外的科学泰斗。无论是在艰苦的挖掘现场，还是在重要的学术会堂；无论是400余篇论著笔耕不辍，还是对晚辈鼓励奋进的题字，贾老一直搏击在第一线。从贾彧彰那里得知，93岁高龄的贾老，在他入院的那天还在伏案写作。他那勤奋好学的治学精神、实事求是的科学态度、尊师爱生的良好风范清晰地留在我们心间。他在科学的道路上生命不息、探索不止的精神，将永远鼓舞和激励着我们。

翻开贾老送给我的扉页上有他亲笔签字的旧石器时代考古论文选，我的思绪万千，这本文选汇集了这位令人尊敬的科学前辈在古人类、旧石器时代考古、第四纪地质等学科领域几十年的成果，记录了他在科学探索的征途上永不懈怠的追求。为了追忆贾老，为了能从贾老的身上学到更多的东西，归根结底为了追求一种精神，我仔细认真地阅读了贾老近90岁时写成的《悠长的岁月》这本书，从中获益匪浅。

一、勤奋——攀登科学高峰必备的特质

贾老从小对科学书籍感兴趣，经常去图书馆、书摊看书。在他高中毕业后没有找到工作的那段时间里，他一有空儿就去北京图书馆看书学习。那时北京图书馆无偿地供给白开水，贾老有时带着馒头咸菜一去就是一天。一开始只是漫无边际地看，后来对《科学》、《旅行杂志》等自然科学方面的杂志和书籍越来越感兴趣，有时还把感兴趣的地方抄录下来。因此，贾老在1931年报考中国地质调查所的练习生时，自学的知识竟派上了用场，并以优异的成绩被录取。

进入古人类、旧石器考古行业，贾老勤奋实干，挖掘、背化石、做杂活从不叫苦叫累。为了多学点东西，主动刷洗标本、参与分类收集、学习绘剖面图、用拉丁文编号、记录、照相、填日报、采购物资、做工人工资表，什么都干，还抓紧时间读书。贾老初

到周口店时专业知识一窍不通，那时的他如饥似渴地同周围的中外专家学习古人类学和古脊椎动物学，由于他勤奋好学，很快地就掌握了有关的专业知识和科学技能。在周口店工作仅仅四年的他，1935 年就开始主持周口店的工作。1936 年，在他主持工作的第二年就连续发现三具“北京人”头盖骨。有人说他运气好，实际上是离不开他的勤奋努力。因为成绩突出，他破例被晋升为技士（相当于副研究员）。当时的所长翁文灏对他的评价是“近来在周口店成绩甚佳，虽并非大学毕业，而数年追求很具根基，故应特别待遇，而特奖励”。

1939 年，贾老到协和医学院解剖科正式学习全部课程。当时对人体骨骼部分，贾老是免考的，有时还要为其他学员讲解和指导。就这样，贾老毫不放松仍然一丝不苟地观察学习。贾老用自创的方法，通过勤学苦练甚至能辨认出人手腕骨上骨骼的左右。真是功夫不负有心人。用贾老自己的话说：干我们考古这行的，特别是史前考古的人，要有丰富的想象力，想象力来源于知识，而知识的来源就是学习，随时随地向别人请教和实践。贾老不仅这样说，更是这样做的。他始终牢记着他的老师杨钟健先生的一句话：“搞学问就像滚雪球，越滚越大”，以后贾老又加上了四个字“不滚就化”。也就是靠着他的一种坚韧不拔的勤奋精神，他能够从一名没有大学文凭的人，成为一名三院院士。贾老深有感触地说：“我自己的努力，也是我成功的关键。”

二、唯物——开启中国古人类学的金钥匙

20 世纪初期，五四新文化运动的兴起，大大促进了近代自然科学在中国的发展。地质学、考古学、古生物学在中国的传播，促生了“北京直立人”的发现。但是，奠定“中国古人类学”的基础，不能不提及贾老唯物主义的研究。

贾老十分赞赏历史上那些敢于冲破宗教迷信和传统观念束缚，敢于倡言生物进化的唯物主义先驱。数十年来，贾老始终坚持着自己的一定之规，就是“要叫自己的头脑围着事实转，不能叫事实围着自己的头脑转”。他不拘泥已有的结论，而是依实判断，敢于创新。

他工作仅四年，就能主持周口店的挖掘工作。并在第二年就连续发现三具“北京人”头盖骨。这不仅强化了裴文中教授第一个北京人头盖骨的发现成果，而且，进一步确立了“直立人”在人类进化史的位置。

早在五六十年代，关于中国猿人的骨器和中国猿人是否是最早的人等问题上的争议，贾老从世界是由低级向高级发展的科学思维方法出发，大胆设想严谨求证，敢于坚持自己的看法。

贾老凭着多年的周口店中国猿人遗址的工作经验，同王建一起于《科学通报》杂志上独具慧眼地提出了《泥河湾期的地层才是最早人类的脚踏地》，他们根据周口店与泥河湾地层及地层中的哺乳动物化石的对比；根据中国猿人的石器具有一定的进步性质；根据中国猿人能够用火，并能把火控制起来的事实；以及根据中国猿人的体质特征

等明确地提出“在中国猿人之前的泥河湾期还应有更原始的人类和文化的存在”。正如前辈们所预见的，由于考古工作者的努力，70 年代以来，在泥河湾盆地先后发现了分布于早更新世地层中，距今 150 万～100 万年以前的半山、东谷坨、小长梁、马圈沟旧石器时代早期的文化遗址。更为可喜的是，马圈沟遗址下文化层的发现，依据古地磁年代测定资料和岩层对比判断，其年龄可能在 200 万年前后。贾老提出的“中国猿人不是最原始的人”的推论不断得以验证。

贾老在《科学画报》1992 年第 5 期“21 世纪科学展望专栏”中提到，人类的起源和演化研究中的三大问题是 21 世纪我们这门学科的研究课题。在这些方面贾老有着自己的见解。在人类起源地问题上，贾老根据云南元谋盆地发现的元谋直立人牙齿化石，云南开远和禄丰发现的古猿化石，以及近年来云南元谋班果盆地又接连不断地发现人型超科化石等，进一步认为人类起源于亚洲南部。

关于人类起源的时间，贾老在《大自然探索》1990 年 1 期杂志上发表的《人类的历史越来越延长》一文中提出：根据目前的发现，必将在上新世距今 400 多万年前地层中找到最早的人类遗骸和最早的工具。此外，1989 年，贾老在美国西雅图举行的“太平洋史前学术会议”上提议，把上新世到现代划为“人生代”。

关于人类在演化过程中的重叠现象，贾老认为是一个复杂而棘手的问题，人在演化过程中不是呈直线上升的，而是原始和进步同时并存的。这些思想从理论上，与近年来通过 DNA 研究现代人的起源提出的一些问题并不相悖。

特别是对周口店一带自然环境、气候、年代的比较分析，在诸多国内外专家彼此说法大相径庭的情况下，贾老结合整个地层剖面的层次采样和孢粉分析、古地磁测定等方法综合研究，客观准确反映了漫长历史变迁中气候、自然环境的变化和堆积遗存中物种化石的依存关系。这种做学问的正确方法，这种从实践求真知，从客观实际寻求中国古人类生态科学结论的方法，是经得起检验的。贾老对周口店古人类生态科学的研究同时也给今日环境保护提供了参考。

三、唯实——奠定中国古人类文化发展脉络的坚实基础

实事求是的科学态度，是贾老到达科学顶峰的重要特质。在学术上出现不同观点和不同认识的争鸣是正常的，唯实是健康的。

贾老很早就曾说过：“关于在我国早更新世地层中探索远古人类活动的遗迹和遗物，在我们的思想上从来没有放松过。”正是在这一思想的指导下，1959 年，中国科学院古脊椎动物与古人类研究所继续调查匼河遗址时，在离匼河村不远的西侯度发现了距今 100 多万年前的早更新世的轴鹿鹿角化石。于是第二年，即 1960 年，在对匼河遗址发掘的同时，就对西侯度进行了试掘，发现了“几件极有可能是人工打击的石块”。1961 年和 1962 年继续进行了两次发掘，贾老也曾两度来到这个地点进行观察和研究。通过发掘就在发现哺乳动物化石的早更新世交错砂砾层中，又发现了人工石制品、带有切痕的

鹿角和燃烧过的骨、角、马牙等。西侯度的文化遗存由贾老和王建进行了研究。西侯度石制品的性质虽然一直存有争议，但不少的学者给予了肯定。

贾老在1954年主持调查和发掘了山西丁村遗址，发现化石地点14处，其中含动物化石和石器的地点有11处，发现有人类遗骨的地点1处，人类化石虽仅为3颗牙齿，但在那时它们代表了我国在人类演化过程中的一个阶段。这就是学术界所熟知的被称为的“丁村人”。丁村人所创造的石器最初是由裴文中和贾兰坡共同研究的。1978年，贾老在他所著的《中国大陆上的远古居民》一书中提到：“丁村的11个地点并非同时期的，可能从里士—武木间冰期一直延续到武木冰期的开始阶段。”这个时间大致在10万~6万年。他进一步提出：“丁村遗址的石器，代表着我国原始文化发展过程中非常重要的一个环节，它往前可以和匼河文化相接，往后可以和内蒙古呼和浩特市东郊大窑文化与山西怀仁县鹅毛口文化相连，初步搞清了‘匼河—丁村’文化传统的来龙去脉。”

在中国旧石器时代考古学中具有重要地位的许家窑遗址是贾老1974年调查发现的。那时贾老已经60多岁了，他与卫奇一起为寻找细石器从华北向蒙古的分布路线，到内蒙调查又转向山西大同盆地时发现了这处遗址。贾老主持了许家窑遗址的发掘和研究工作，它的发现首先证明“泥河湾层”上部还包括了晚更新世的沉积物，同时研究结果表明，许家窑文化在细石器技术传统上是北京人文化和峙峪文化之间的重要环节。

1972年，贾老同盖培、尤玉柱共同对峙峪遗址的研究，提出：“周口店第1地点—峙峪系的华北旧石器时代晚期文化是产生华北发达的细石器文化的基础。”这里不仅见到“石镞、拇指盖状刮削器等，还有扇形石核”，“还见到代表细石器文化特征的长石叶”，同时这一石器组合中还有许多类型，如两极石核和石片、各种小型尖状器、各式各样小刮削器和雕刻器等”。因此，贾老认为细石器可追溯到北京人文化。

关于中国细石器文化的起源与分布，1978年，贾老有了专门的论述。贾老根据周口店第1地点—峙峪系这个传统的古老地点都集中在华北地带，因此，他提出我国的细石器文化起源与华北地区。并认为全世界的细石器可分为两大传统，一个是分布于欧、非、西亚以及澳大利亚的以地中海周围地区为中心的几何形细石器传统；一个是分布于中国、东北亚和北美的长薄石叶细石器传统。

贾老以他最初研究的北京人文化为研究起点，不仅向它的早期探索，发现了早于北京人文化的西侯度文化，并引发了泥河湾盆地的一系列的重大发现。另一方面，他对旧石器时代中、晚期的研究，特别是对旧石器时代晚期之末出现的细石器的探讨和研究，用他那唯实的精神为我们梳理出中国旧石器时代文化的发展脉络。

四、唯精——获得中国古人类和旧石器考古事业成功的秘诀

考古是一门必须多学科综合研究才能有所成就的事业。尤其是搞史前考古，一定要古人类学、古哺乳动物学、旧石器考古学和地层学四条腿走路。要成为行家里手，不下苦功是难以有所作为的。

业精于勤，贾老一生成就正是与他精益求精练就一身绝活分不开。他为了掌握好哺乳动物解剖学知识，自己动手制作狗骨架。他采用自创方法，口袋里触摸人骨头，练就了一套硬功夫。而且贾老还有一个习惯，无论多忙都坚持看书和阅读专家文章，并认真做笔记。

贾老在刚开始工作时，经常帮助裴文中、杨钟健打英文稿件，遇到一些拉丁文名称，不但做了记录，也还背熟了许多。贾老是早年参加和主持周口店发掘为数不多的学者之一，更是在周口店工作时间最长的人。有关北京人的材料他都一一摸过。不仅如此，贾老的考古足迹遍及全国。在工作中他有股犟劲，认为对的总要坚持，发现错了马上就改。后来，在年纪越来越大的日子里，虽然体力不支，仍然每天坚持工作六小时以上。而且，不断学习以丰富自己的知识，保有旺盛的想象力，始终站在学术前沿。

五、尊师重教——悉心培养后继人才

贾老在尊师爱生方面堪称一代楷模。他深深地知道“没有自己的努力，没有老一代科学家的支持和帮助，一个人的成功是不可能的”。因此，他对他的老师无比尊敬，把他们的名字刻在自己的心间。1934 年，加拿大人类学家布达生之死，给贾老很大的震动。当时，布达生任中国地质调查所新生代研究室的名誉主任，患有先天性心脏病，他工作起来把病抛在脑后，常常熬夜甚至通宵工作。他是趴在办公桌上，手里捧着人头骨去世的，从此贾老下决心努力学习和工作，一定要做出成绩。

贾老永远不能忘记的另外两位前辈是裴文中和杨钟健。贾老概括他的老师裴文中，在工作中有“三勤”，即口勤、手勤、腿勤。认为他最大的优点是对人和蔼，从不“拿大”，吃苦耐劳，乐于助人。贾老一直记取着，在裴老的言传身教中，他学到了很多宝贵的东西。贾老知道，在周口店发掘期间，裴文中付出了心血，他从早忙到晚，没有休息日。在管理方面抓得很严。不管发掘几个点，他都东奔西走到处查看。并严格地执行着填写“日报”和“月报”制度。在这种影响下，当裴文中不在时，贾老对周口店的工作从不松懈，除了跑地点，查看发掘情况、作记录、照相、填日报外，还要采购发掘物品、做工资表、发工资等。就这样他还给自己加码，每天读几页美国人类学家奥斯朋的《旧石器时代人类》。正是这样的功底，才造就了一代杰出的科学家。

贾老牢记着他的老师杨钟健在他刚到周口店时就告诫他的，搞我们这行，要古人类学、古哺乳动物学、旧石器考古学和地层学“四条腿走路”。贾老在以后的学习和工作中始终以此为方向，以至后来成为这四个方面的专家。贾老十分崇尚他的老师杨钟健为人厚道，善于育人的高尚品德，时时作为榜样，他像杨老一样一生中培养了很多人才。

贾老为了帮助后辈认识人类进化科学，很多文章是为青少年、为《十万个为什么》写的。对于从事考古工作的年青人言传身教，贾老更是谆谆善诱。贾老培养过许多研究生，而跟贾老学习过的学生不计其数，遍布许多省份。他殷切期望留学国外的学生能学成回国，现任复旦大学教授的原贾老的研究生陈淳就是从加拿大回来的。“既然要搞这门科学，就应当开创新路，走出老框框，使这门学科为之一新。”这是贾老1997年11月写给陈淳的信中说过的一句话，这是他对我们的谆谆教导，也是对我们寄予的无限希望。现任中国科学院古脊椎动物与古人类研究所副所长的高星也是在贾老的倡导下从美国回来的。高星在请贾老做《中国科学院古脊椎动物与古人类研究所20世纪旧石器时代考古学研究》一书的主编时，贾老推辞说：“你们年轻的一代已经成熟，唱起主角吧。”这是多么语重心长啊。贾老仅为湖北省就培养了数名旧石器考古与古人类学人才，发现和研究郧县人的李天元就是其中的一个。1990年5月，贾老在为他编撰《古人类研究》一书写题词“我殷切地希望您把这本书写好”，并鼓励他“小心谨慎是必要的，但不能却步，应大踏步地前进，任何工作都是如此，没有一股冲劲是不行的”。贾老是如此关心和爱护着他的后辈。

进入90年代，贾老为了鼓励和支持青年人，常为青年人写的著作作序。不管贾老认识不认识，当有求于他时，一般他都不拒绝。贾老除了写学术论文外，在科普文章中也花费了很多精力，目的是希望能有更多的青年人投身到这门学科的队伍中来，使这门科学后继有人。1993年，贾老在周口店亲手为七运会点燃“文明之火”，并将火种传递给青年人。他期望着，这“文明之火 ”与“进步之火”的火种将燃起熊熊的科技之光，照亮祖国神州大地。贾老的精神火焰，永远照亮着我们的心。

六、学习贾老——追求一种精神

贾老的名字最初我是在上小学时书上见到的，那时，我正巧在周口店生活学习。当我们一群群周口店小学的学生上、下学时，在马路上常常可以见到疾驶而过的外宾车辆，当我们一群孩子站下来看他们时，他们总是向我们招招手。从那时起，我就知道了周口店龙骨山北京中国猿人遗址的重要。没想到，命运的安排，以后我从事的工作正是研究这段早期人类的历史。

我第一次与贾老面对面地交谈是在1979年，在北京友谊宾馆召开的北京中国猿人发现五十周年纪念大会上。那时，我正在宁夏博物馆工作，撰写了一篇有关宁夏水洞沟文化遗址的文章，参加了这次会议，并有幸在大会的旧石器分组会场上宣读了我的文章。贾老聚精会神地听着我的宣讲，下来后，贾老微笑着对我说：讲得好，水洞沟遗址的工作你们年轻人就应该继续深入做下去。贾老先后来宁夏三次，第一次是1963年和裴老一起主持对水洞沟个复查和发掘；第二次是在1974年，为寻找细石器的起源从内蒙到山西又到宁夏。这次来宁夏考察了两处细石器地点和一处新石器地点，并参观考察了水洞沟遗址。第三次是在1980年。也就是贾老第三次来宁夏后，在贾老的关心和指导之下，我们对水洞沟遗址进行了第四次发掘。

1980年的春天，我还有幸参加了由贾老指导、黄慰文和卫奇直接参与的内蒙古萨拉乌苏遗址的调查和发掘工作。这一年对萨拉乌苏和水洞沟遗址的工作都是在贾老的关心和指导下进行的。这两次的工作收获都很大。这时的贾老已经70多岁了，然而他仍然坚持去实地考察。

1983 年，我从宁夏博物馆考上了北京大学的硕士研究生，在吕遵谔教授指导下攻读旧石器时代考古。这样，我与贾老接触的机会就更多了。每次去贾老处都见到贾老在扶案工作，见到我来了后，他一边放下笔一边对我说，我每天要坚持工作八小时，同时又语重心长地对我说，你们年轻人年富力强更应努力呀。他的话他的治学精神一直在激励和鼓舞着我对事业的追求和进取。

1988 年，贾老检查出肠上长了东西，我曾同贾师母一起陪贾老到人民医院检查治疗，化验结果好像是恶性，决定手术切除。开刀的那天，医生由于失误刀口开在了与病灶相反的方向，害得贾老又多挨了一刀。没想到由于输血，贾老又感染上了肝炎，在中日友好医院又治疗了好长一段时间。贾老对待疾病和不幸从来是很乐观的，从来不抱怨。也正是由于他的这种乐观精神，使他能够战胜病魔和各种不幸。

1995 年，我第三次接受了《中国考古年鉴》撰写旧石器时代考古综述文章的任务。贾老在 1994 年发表了他的一本《中国古人类大发现》大型画册，为了能更深入地了解其中的思想和论点，我又一次登门拜访贾老。这时贾老已经 87 岁了，见到我非常高兴，虽年事已高，身体还可以，精神还那么好，我不住地赞叹着。贾老拿出他新出版的画册，侃侃而谈好一阵子，一点儿都不觉得疲倦。根据国内外不断的新发现，贾老在他的画册里提出了人类诞生在 400 万年的理论，并建议在地质学上划分出一个人生代。贾老他的思想很超前，在许多理论上有自己的建树。

今天，我们缅怀贾老在古人类学、旧石器时代考古学和第四纪地质学等方面的重要贡献时，他那种勤奋治学，在探索科学的道路上永不止步的精神，将激励着我们在攀登学科领域高峰中不断进取、永不停步！

心向群众　还知于民

——纪念贾兰坡院士百年诞辰

潘云唐

（中国科学院研究生院）

今年是中国科学院院士贾兰坡先生诞辰100周年。贾老不仅是古人类学、第四纪地质学、旧石器时代考古学等领域卓越的科学大师，而且是一位杰出的科普作家。

贾兰坡先生出生于河北玉田县的贫苦农民家庭，自幼跟着父亲到北京谋生。1929年，他高中毕业后，因家中无力供他上大学，就刻苦自修，并等待时机寻找适当的工作。他最常去的地方是北京图书馆，他在那里喝着白开水、啃着夹咸菜丝的馒头一呆就是一天。他最爱读的书是中、高级科普杂志如《旅行家》、《禹贡》、《科学》等。他正是通过这些面向大众的、深入浅出的书刊，如饥似渴的阅读而走近科学殿堂的，他深深体会到科普著作的宣传教化功能。

1931年贾兰坡先生考入实业部地质调查所，被派到周口店发掘现场工作，他勤奋地与发掘工人一起劳动，又孜孜不倦地向现场的中外科学家学习，进步极快。1936年他主持现场发掘工作时，在11月份内连续发现北京猿人的三块头盖骨化石，享誉中外学术界。他在1931～1937年的六年间，从练习生到练习员，再到技佐，直至技士，连升三级（平均每两年升一级），成为自学成才之路上的迅跑冠军。

新中国成立初期，贾老已是成就卓越的古人类学家、旧石器时代考古专家，学术成果累累。然而，他却永远心系广大群众，时刻想到还知于民。为了向全社会介绍他所从事的科研工作方面的成就，他在1951年撰写出版了科普书籍《中国猿人》、《我们的祖先》、《河套人》、《山顶洞人》，等等。

1964年，贾老撰写出版了篇幅较长的高级科普著作《中国猿人及其文化》一书。

在“文化大革命”后期，业务工作逐渐恢复，贾老积极热情地为刚恢复对外展出的古脊椎动物与古人类展览馆撰写展览说明词。

1975～1978年，他先后撰写出版了高级科普巨著《周口店——北京人之家》和《中国大陆上的远古居民》，受到国内外学术界充分重视，分别被译为英、日、德和西班牙等文种出版。

1982年，香港三联书店与上海科学技术出版社出版了贾老的高级科普巨著——《人类的黎明》（作为《科普全书》之一种）。该书图文并茂，内容生动丰富，深受广大读者喜爱。

1994年，《贾兰坡说中国古人类大发现》一书由香港商务印书馆出版。1995年，台湾幼狮文化事业公司又出版了贾老与考古学家杜耀西、李作智合著的《中国史前的人类与文化》一书。这两部书都深受台湾同胞欢迎。差不多同时，贾老在日本出版的《北京猿人来去匆匆》也成了那里的畅销书，该书内容还被日本电视工作者拍成了电视片，发挥了更好的宣传效果。

1999 年，上海科学技术出版社出版了贾老编纂的大型画册——《周口店纪事》，这是周口店早期发掘工作的珍贵照片集锦，很多都是首次发表，贾老写上了详尽的说明，确属极有价值的重要史料。

1998 年初，《化石》（科普季刊）原主编尤玉柱教授退休，主编一职由所长邱铸鼎教授兼任。

5 月 12 日，所务委员会研究决定聘请我为客座副主编，实际主持日常编务工作。当年是贾老的九旬华诞。我们在该刊 1998 年第 2 期上发表了连环画——《自学成才的院士——贾兰坡》，由美编徐晓平先生画图，我写文字说明。我把文字说明稿交贾老审阅时，他谦虚地删掉了一些溢美的形容词，并说："讲清楚事实就行了，不必过分拔高！"这份作品发表后，影响很好，当年的《中国国土资源报·地矿版》还摘编转载。该期还编发了"化石新闻热线"栏目稿——《温家宝、宋健给贾兰坡院士拜年》，还配了照片。贾老在审阅校样时，也认真仔细地修改。此文充分体现了党对科学家的尊重与关怀。

我以后常就此刊编辑事务请教贾老，贾老对我们的工作极为关心与支持，积极为本刊撰稿。我们先后编发了他的如下文稿：《退休之后的佟柱臣先生》（1999 年第 2 期）、《我所知道的德日进》（1999 年第 3 期）、《我的挚友卡美年先生》（2000 年第 1 期）、《我所知道的魏敦瑞教授》（2000 年第 2 期）。这些难得的回忆文章极富史料价值。

更令人难忘的是，我们在 1998 年 8 月 31 日举行了"《化石》京区作者笔会暨工作研讨会"，90 岁高龄的贾老在儿子贾彧彰陪同下来到会场，受到所长兼主编邱铸鼎教授、副所长叶捷教授、我们编辑部全体同志及到会作者、新闻媒体记者等的热烈欢迎。贾老语重心长地说道："应当登广告，所里三个刊物《古脊椎动物学报》、《人类学学报》和《化石》都应互登广告，彼此宣传。我访问美国时参观过《National Geographic》编辑部，他们把南方古猿头骨放在封面，销路很广。我们刊物既要大致保持原貌，又要考虑改版，考古的期刊改版后很有吸引力。一些科学家会搞科研，但文学功夫不够，写的文章不受看，应多努力。过去吴晗先生编三套小丛书时，为修改一个标点找我去谈过一次，真是'一字之师'啊！编者、作者与读者应平起平坐，打成一片。要使广大读者在轻松愉快的休息中，读到感兴趣的东西，学到您传播给他们的知识。"我们深深感激贾老的谆谆教导。

贾老离开我们七年了，他的音容笑貌永远萦绕在我们脑际。他执著科普创作、关心科普事业的崇高精神永远鼓舞我们前进！

贾兰坡院士与河北文物考古工作

谢　飞

（河北省文物局）

贾兰坡先生是中国科学院资深院士、美国科学院外籍院士、第三世界科学院院士，是国内外著名的第四纪地质学家、古人类学家和旧石器考古学家，他在持之以恒的学术耕耘中，凭借“搞学问就像滚雪球，越滚越大，不滚就化”朴实无华的信念，从一个普通的中学生变为世界知名学者，他那颇具传奇色彩的经历令人向往、迷醉；他在学术上，尤其在旧石器时代考古学领域的杰出贡献，已经影响了几代人。就是在晚年，贾兰坡先生也仍不知疲倦地伏案工作，在学术的原野遨游。卢嘉锡院士赋诗赞誉贾老：

自学成材勤为径，学富五车贯中西。牛刀初试周口店，史前考古君奠基。
大江南北累硕果，五湖四海满桃李。三冠院士傲世界，九十老骥仍伏枥。

贾兰坡先生祖籍河北，1908 年 11 月 25 日出生于玉田县邢家坞村，在家乡度过了自己的童年。13 岁时，他被父亲接到北京读书，1929 年在汇文学校完成高中学业。幸运拥向他的怀抱是在 1931 年，这一年，他被中国地质调查所录用为新生代研究室练习生，牵线搭桥人是他的同乡、师友、北京猿人第一个头盖骨发现者、中国旧石器考古学奠基人、蜚声中外的裴文中先生。同年春季，他便跟随裴先生到周口店，参加北京猿人遗址的发掘工作。由于勤奋好学，又得众师真传，当 1935 年裴文中先生赴法留学后，他成为周口店发掘工作的主持人。1936 年 11 月，他在 11 天内连续发现了三个北京猿人头盖骨和一个下颌骨，伟大的科学发现再次震惊了整个世界。在新中国诞生以前近 20 年的生涯中，贾兰坡先生以勤勤恳恳、兢兢业业的工作，凭孜孜不倦、如饥似渴的学风，使自己从一无所知而一举成为学者名流，为日后佩带科学英雄的光环充足了能量。50 年代初，贾老在龙门联合书局出版的《中国猿人》、《河套人》和《山顶洞人》构成了他当时著名的三部曲。之后的几十年中，专著、论文和报告等科研成果均获得极大丰收。

贾兰坡先生治学有道，思想敏锐，视野宽阔，勇于探索，敢于坚持，在一些重大学术问题上往往有独到的见解。在 20 世纪五六十年代，国内学术界的传统思想认为，北京猿人是最原始的人类，北京猿人所创立的文化是最原始的文化。这种认识在某种程度上束缚了学科的正常发展。贾兰坡先生从主持周口店发掘时就开始对北京猿人及其文化的“最原始性”产生了疑问，因此，在发掘、观察和研究中十分注意北京猿人体质特征和文化特征的分析和认定，并注重国内其他重要地区的科学考察。1957 年，他和王建先生发表了以《泥河湾期的地层才是最早人类的脚踏地》为题的重要论文，实事求是地分析了北京猿人的体质特征、用火遗迹和石器进步性质，明确指出："我们可以肯定地说：泥河湾期已有人类及其文化的存在。但我们无法说明泥河湾期的人类及其文化究竟是个什么样子，而只能笼统地说：泥河湾期的人类化石和石器比中国猿人的化石和石器更要原始的多。""随着我国的地质、古生物、考古等事业的发展，只要大家缜密地注意，我们相信关于泥河湾期已有人类及其文化的存在的推论是会得到证实的。"这一旗帜鲜明的观点，科学大胆的推测，如石入水，反响强烈，立即在学术界引起较长时期的热烈争鸣，不少知名学者参加了这场火辣辣的学术论战。尽管当时这场学术之争并无明确的结论，伯仲难辨，但是，鸣放的学术气氛无疑解放了人们的思想，拓宽了人们的视野，为学科的发展注入了新鲜血液，增添了活力，为科学工作者们继续探索人类的奥秘敞开了大门。之后，伴随着科学工作者辛勤的劳动，诸如元谋人及其文化、蓝田人及其文化、泥河湾盆地的小长梁遗址、东谷坨遗址和马圈沟遗址等应运而生。越来越多的科学资料表明，贾兰坡先生的科学论断是符合客观实际的。1982 年，贾老和王建先生又隆重推出他们的新预见：《上新世地层中应有最早的人类遗骸及文化遗存》，号召文物考古工作者们到上新世地层中寻找更加原始的古人类及其文化。根据国内外新近公布的科学资料，不少科学新发现越来越向这一目标靠近。在我国及有关省区编制的考古学科工作规划中，已将这一课题的探索列入显要位置，人们相信更加古老、原始的人类或最初的旧石器文化遗存，正向敢于攀登的科学工作者们招手，等待着不畏险阻的科学家们叩开这一神圣而诡秘的门庭。

贾兰坡先生在第四纪地质学、古人类学和旧石器考古学等学科的建树颇多，举不胜举，仅从他撰写专著 23 部，发表论文报告 400 篇就让人悦服。1972 年，贾老和他的同事们在研究山西峙峪旧石器时代晚期遗址的科学报告中，首次明确提出：华北旧石器时代文化的发展至少有两个系统，其中之一是"匼河—丁村系"，或称为"大石片砍砸器—三棱大尖状器传统"；另一个系统是"周口店第 1 地点（北京人遗址）—峙峪系"（简称第 1 地点峙峪系），或称为"船头刮削器—雕刻器传统"。从而揭开了旧石器考古区系类型学研究的序幕。因为，他列举的实例在华北范围内是成片的，文化传统的命名寓意着早晚关系。诚然，这只是区系类型学的雏形。70 年代，我国旧石器考古区系类型方面的比较研究多限于华北地区南部和北部客观存在、性质不同的大、小石器文化传统、类型的剖析。80 年代以来，随着旧石器考古材料，尤其是中国南方地区考古材料的积累，人们已越来越清楚地认识到，在中国大地，自旧石器时代早期开始，就存在不同区域、不同源流的旧石器文化。遗憾的是，使用区系类型学的理论与方法，研究旧石器时代考古学文化，阐释旧石器考古学的相关问题，用区系的观点探讨旧石器文化的发生及发展进程，也只是最近几年的事。相比之下，自从 80 年代初苏秉琦先生正式提出考古学区系类型问题以来，新石器时代以后的考古学研究如虎添翼，迅猛发展，多年统治中国考古学研究的桎梏被粉碎，彻底改变了中国考古的格局，认识到"超百万年的根系，上万年的文明起步，五千年的古国，两千年的中华一统实体，这是我国的基本国情”。并开始“把区系的观点扩大为‘世界的’观点，从世界的角度认识中国”。我想，中国旧石器考古工作者们，一旦真正掌握了区系类型这一理论武器，遵循贾老早年曾指明的道路，借鉴新石器时代以后考古区系类型学研究成功的理论与实践，在短期内，中国旧石器时代考古学研究定能获重大突破，并保持强劲的发展势头。

贾兰坡先生对河北省的文物考古工作，特别是旧石器时代考古研究十分重视，为家乡旧石器考古事业倾注了极大的心血。1984 年春，我省文物考古学会成立时，贾老应邀莅临盛会，在开幕式上，对河北旧石器时代考古调查研究工作，提出了指导性的意见。这是我第一次目睹贾老的风采。当时，我刚刚跨入旧石器考古领域不足半步，只跟卫奇先生出过一次野外，发掘过一次旧石器遗址，因此，对旧石器考古还格外陌生。会下，他多次耐心细致地给我讲解了中国和河北旧石器考古的成就、问题和今后工作的努力方向。同年秋天，为解除地方政府对古脊椎动物与古人类研究所工作上的误解，加强北京与河北间的合作，我陪同贾老到张家口市、阳原县进行访问，同时，到泥河湾考察了著名的东谷坨遗址。从此以后，不仅在单位之间，而且在个人之间也进一步加深了感情，和贾老交往的机会越来越多，几乎成了他家的常客，贾老也自然成为对我的一生影响最大的人。

1990 年，古脊椎动物与古人类研究所和河北省文物研究所共同发掘了贾老家乡的河北玉田县石庄村北的孟家泉遗址。发掘工作结束之前，我们特邀贾老回故乡参观并视察发掘工地，因为，他对孟家泉遗址有着极为特殊的感情。贾老告诉我们，孟家泉原来是由许多泉水涌出地面而形成的清澈池塘，涓涓清水由沟洫汇入附近的小河。孩提时期，他走亲戚至此，常和他的表兄弟们光着屁股在泉水中洗澡戏耍，至今，他还记得哪里是“黑泉”，哪里是“粘泉”等泉眼的名称。孟家泉遗址的文化内涵极为丰厚，含有晚期智人化石、庞杂的动物群和数以万计的精美石制品，是燕山南麓旧石器时代晚期最重要的文化遗存之一，被命名为孟家泉文化。上述两方面的因素可能是贾老对孟家泉遗址倍加青睐的因缘。

1990～1992 年，中国考古学界正沐浴着改革开放的春风，科学工作者们热切期盼接触、了解世界考古学及其发展态势，因此，国际学术交流势不可当。在这样的大气候环境下，贾老和他的同事们毅然举起旗帜，申请到改革开放以来国务院批准的第一个中外合作考古发掘研究项目，组成了中美泥河湾联合考古队，在河北泥河湾盆地展开了科学研究工作。作为中方合作单位的一员，我有幸自始至终地参加了整个发掘研究工作。考古队的中方队长是贾兰坡，美方队长是柯德曼（J. Desmond Clarck），他们都是世界重量级、领导新潮流的知名学者。考古队具体的田野和室内研究工作则由经验丰富的卫奇先生主持。1991 年秋，83 岁高龄的贾兰坡先生亲临发掘基地阳原县大田洼乡政府所在地，检查了发掘资料和成果，考察了发掘工地及相关遗址。因泥河湾盆地第四纪新构造运动强烈，抬升和剥蚀作用表现突出，从而形成了今天沟壑纵横的自然地理景观，80 多岁的老人是很难跋涉到遗址现场的。为了安全起见，我们用沙发改制成轿子，抬着贾老饶有兴致地考察了东谷坨、岑家湾等遗址。在贾老的带领下，考古队的工作取得了极大的成绩，我也学到不少真本事，汲取到许多新鲜营养，研究视野得以拓宽，理论思维得以完善，终于跳出了禁锢我多年的传统思维方式，达到另一个新的境地，日后发表了几篇自己较为满意的文章。尽管泥河湾联合考古队的整体科研报告因人为的缘故还没有公布于世，但我所承担的项目研究结果，已交给美方并在国内发表。多年的接触使我感到，贾老平易近人，热心助人，以诚待人，以德服人，提携后人，作为受敬仰的老前辈，著名的学者，具有如此的美德和胸怀，难能可贵，可圈可点。

为庆贺贾兰坡先生对中国第四纪地质学、第四纪哺乳动物学、古人类学和旧石器考古学的卓越贡献，中国科学院古脊椎动物与古人类研究所、九三学社北京市委员会、河北省文物局、山西省文物局和韩国忠北大学于1998年11月25日至26日在北京联合主办了“贾兰坡院士九十华诞庆贺会暨旧石器考古学和古人类学学术讨论会”。20多位科学院院士、资深院士，40多个单位，7所外国大学、博物馆，10多家新闻单位协助并出席了庆贺会。有近20名中外学者在学术讨论会上报告了国内外有关的古人类、旧石器考古的新发现或新的研究成果。宋健先生为贾老九十华诞的题词“科学先驱，松高影长”是对贾老的真实写照。

河北省文物界之所以参与主办贾兰坡院士九十华诞庆贺会暨旧石器考古学和古人类学学术讨论会，有多方面的含义。首先贾老是河北人士，是在第四纪地质学、古人类学和旧石器考古学学科的探索研究中取得瞩目成就、作出卓越贡献的大师，这是河北的荣幸，是河北的骄傲。其次，河北是文物大省，在中华大地的考古发掘研究上具有得天独厚的客观优势，也有许多莘莘学子在这块土地上辛勤耕耘，有的已经献出了毕生的精力，有的仍奋战在第一线，更有一批血气方刚的年轻学者投入这一神圣的领地。伴随科学工作者的辛勤劳动，时光在悄然逝去，成果也默默积累，有些学术问题得到解决，有些学术问题初露端倪。泥河湾盆地早期人类及其文化的探索，燕山南北、太行山东麓新旧石器文化的过渡研究，燕山南北有关黄帝部族文化及其交流征战史实的确立，源远流长的燕文化的深层次发掘，环渤海地域陶业、旱作农业起源研究的进展，冀南商族及其文化的起源和商都邢墟的认定，赵王城及王陵的勘察，河北第四大名窑井陉窑的崛起，河北北部商周时期以来真正的游牧文化遗存的揭示等，这些重大学术课题的立项或实施，在中国考古学研究中都占有举足轻重、不可摇撼的地位。这些问题的解决，对于提高河北文物大省的声誉至关重要，更能为我省由文物大省向文物强省的迈进添砖加瓦。贾兰坡先生在考古学领域摸爬滚打70载，走遍了祖国上下、大江南北，平均不到三年出一本专著，一年发表六篇文章。因此，以科学英雄贾兰坡院士治学精神为鉴，鼓励、激发河北文物考古学界的同仁甘于奉献、奋发向上、励精图治是我们的另一初衷。作为中国旧石器考古学奠基人之一、世界知名考古学家的贾兰坡先生，冠有三院士头衔，可谓声名显赫，地位崇高。但是，他却有既普通、又非凡的经历，体验过类似于从奴隶到将军的曲折历程，是富有传奇色彩的科学家。借此机会，我们建议文博界的青年朋友们拜读一下贾兰坡先生为中国青少年而写的《悠长的岁月》一书（湖南少年儿童出版社，

1997 年出版）。当您如饥似渴地读完这本传记后，您至少会有如下体会：科学的真理是永恒的，也是无穷尽的；人生的道路就在你脚下，任你选择；时间是无情的，又是最珍贵的；前途是光明的，是血和汗的结晶。

我衷心祝愿贾兰坡先生精神永存，影响常在！衷心祝愿河北文博界的朋友们在各自的工作岗位上，开拓进取，硕果累累，为河北文物事业的发展谱写新的篇章！

（原刊于《文物春秋》1991 年第 1 期，题为《参加科学英雄贾兰坡院士九十华诞庆贺会随笔》。此次以此文纪念贾老百年诞辰，其中有所改动）

贾兰坡与中国旧石器考古学

李明可

（中共临潼区委）

一、引　　言

中国旧石器时代考古学是在20世纪初叶，在中国处于国运多舛、民不聊生、强敌环伺、科学园地一片荒芜的情形下，由外国的个别传教士和科学家而渐趋引入的。到20世纪二三十年代，随着北京周口店中国猿人化石的发现与研究，中国的旧石器考古学才逐渐确立起来。

从1920年法国古生物学家桑志华（E. Licent）在甘肃庆阳的黄土和黄土底砾层中发现的3件打制石器算起到如今[1]，中国旧石器考古学已经走过了80多年的艰难历程。最初中国旧石器考古学是在外国人完全掌握的条件下发展进行的。1927年以前只在华北以水洞沟、萨拉乌苏遗址为代表的个别地方的零星发现与研究为主要内容。从1927年开始，随着北京周口店中国猿人化石的持续发现与研究，才正式拉开了中国旧石器考古学研究的序幕。正是这一契机，开创了有中国人自己直接参与中国旧石器考古学研究的先河；也正是这一契机才真正诞生了中国第一代旧石器考古学研究人员。贾兰坡先生就是这第一代学人中卓有成就的一员。

贾兰坡先生于1908年11月25日出生。1929年毕业于北平汇文中学，1931年考入中国地质调查所当练习生，并去周口店工作，帮助裴文中先生管理账目和发掘杂务。在周口店工作期间，他勤奋好学，边干边学，善于请教，在德日进、杨钟健和裴文中诸先生的指导下，学问竞进，在短时间里较好掌握了业务，成为裴老工作的好帮手之一。1935年，贾兰坡先生与卞美年先生开始共同主持周口店的发掘工作。正是周口店中国猿人遗址的发掘研究这一历史机遇，才确立了贾兰坡先生在中国古人类及旧石器考古中的真正地位。因此，学术界至今流传着这样一句口语“没有周口店就没有贾兰坡”。也正是这样，贾兰坡先生成为中国旧石器考古学中当之无愧的第一代学人之一[2]。

按其不同发展阶段的指导理论、方法运用及其文化研究状况表现，把中国旧石器时代考古学80多年的发展历程，从总体上可划分为三个不同的发展阶段。从20世纪初到20世纪70年代为第一阶段，这是中国旧石器时代考古学研究的描述阶段；从20世纪70年代到20世纪90年代为第二阶段，这是中国旧石器时代考古学研究的阐述阶段；从20世纪90年代至今为第三阶段，这是中国旧石器时代考古学研究的论述阶段。第一阶段是在以贾兰坡和裴文中二老为代表的中国旧石器时代考古学研究的第一代学人来完成的；第二阶段是在以裴文中、贾兰坡两位先生和裴老所带领的以张森水、黄慰文、林圣龙等为代表的中国第二代学人共同完成的；第三阶段是第二代学人带领在改革开放年代所成长起来的第三代学人的条件下，正在持续进行着。

二、中国旧石器时代考古学研究的描述阶段

中国旧石器时代考古学研究一开始就是在浓厚的地质学、古生物学的学术氛围中成长起来的，带有极强的法国旧石器研究的文化气息。这一时期突出表现在，以地质学和古生物学理论为指导，以典型器物分类类比研究为具体方法，来探究中国旧石器文化的特征表现。在此期间，以20世纪50年代围绕着中国猿人石器文化的“原始性”与“进步性”之争论为主要内容的研究事件最为著名。在中国猿人石器文化研究中，贾兰坡先生以其独有的视角与研究方法，对中国猿人石器研究有了自成一家的看法。通过他的《对中国猿人石器新看法》一文，提出了自己的中国猿人石器文化进步性的观点的陈述[3]。这也就是贾兰坡先生对中国旧石器文化研究描述阶段成就最为集中的表现。

三、中国旧石器时代考古学研究的阐述阶段

20世纪70年代，随着中国“文革”动荡年代的即将结束和中国科学春天的即将到来，在局势稍微好转的条件下，贾兰坡先生又重新开始了对中国旧石器文化的研究。期间，贾兰坡先生在对山西峙峪遗址旧石器文化的整理研究中，结合在中国华北地区已发现的其他旧石器文化的类比研究，提出了中国华北旧石器的“两大传统”的理论学说，即华北旧石器文化的发展至少有两个系统，一个是以大石片砍砸器、大三棱尖状器为特征的“匼河—丁村系”或“大石片—大三棱尖状器传统”；另一个是以不规则小石片制造的多种刮削器、雕刻器为特征的“周口店第1地点（北京人遗址）—峙峪系”（简称“第1地点—峙峪系”）或“船底形刮削器—雕刻器传统”[4]。贾兰坡先生这一理论的提出，标志着中国旧石器时代考古学研究，从以典型器物分类类比研究为核心内容的中国旧石器时代考古学研究的描述阶段，已进入到了以区域石器文化与技术传统综合研究的中国旧石器时代考古学研究的阐述阶段了。以此为契机，从而引发了中国旧石器时代考古学研究方法上的繁荣和一系列新的变化。在此期间以20世纪70年代末关于中国猿人石器文化的系统研究和90年代对中国旧石器时代文化全面整合研究为其主要成就。其中对中国猿人石器文化的系统研究，总体上结束了长期以来关于中国猿人石器文化的“原始性”与“进步性”之争，从而得出“中国猿人文化显示出统一性，又有发展性。在其发展过程中还可看到一定的发展阶段性”（张森水，1996）的结论。90年代对中国旧石器时代的全面整合研究，得出了中国“北、南方各存在一个主工业，同时并存若干区域性工业”（张森水，2002）的结论。所有这些成就从整体上阐述了中国旧石器时代文化的全貌。

四、中国旧石器时代考古学研究的论述阶段

人类文化既是人类活动与环境演化相互耦合的产物，又是人类体质、意识、观念（智能）进化的产物。尤其是在以旧石器文化为代表的人类文化初期，环境的演化对人类文化的发展演变起着极大的制导作用。正是这一理由，所以要全面彻底地研究清楚中国古人类在旧石器时代的文化全貌，不能仅仅只是停留在对典型器物的分类和文化遗物的研究层面上，而应该在包括涉及环境相关的沉积学、埋藏学及其他环境科学和包括人类体质、意识、观念（智能）进化的一系列相关科学理论的指导下，对人类文化遗址进行来自于环境的，人类体质、智能及文化遗物的全方位信息的提取研究，才能揭示人类文化的全部文化特征表现。

从20世纪90年代至今，随着中国改革开放的全面持续进行，中国的旧石器考古学也开始与国外进行全面接轨。也正是在这一环境背景下，对国外的旧石器考古学新理论、方法的引入、消化、吸收，为中国旧石器时代考古学研究注入了更新、更多的内容。其中以古环境研究，实验、微痕和残渍研究，石器拼合研究，动态类型学理论等在中国旧石器时代考古学研究中的运用[5]，标志着中国旧石器时代考古学研究已开始进入到了全面论述阶段。这其中以20世纪80年代初关于中国猿人遗址的综合研究为良好开端。到了90年代对安徽毛竹山遗址、湖北鸡公山遗址、黑龙江阎家岗遗址和福建船帆洞遗址的研究[6]，使中国旧石器时代考古学研究开始走向全面论述阶段了。这期间以器物为中心的阐述阶段开始转入到以遗址为中心，采用更加细密和大面积揭露方法，全方位揭示人类行为活动研究，为全面高层次探究人类文化全貌提供了坚实的基础。

五、展望中国旧石器时代考古学研究的未来

如今中国旧石器时代考古学正在加快吸收运用国外最为先进的理论、方法，逐渐形成借鉴其他相关学科的成就，走向多学科整合研究的新道路。随着中国旧石器时代考古学研究持续进行，已经形成了新的三大热点研究地区，即华北的泥河湾地区，长江中、下游—淮河流域及长江三峡地区。相信随着中国旧石器时代论述阶段的全面到来，在全社会支持和相关学人的共同努力下，一个清晰全面的中国古人类文化全貌即将以丰富的内涵和优美的论述而呈现在国人面前。使中国人民在发展的道路上，以借鉴过去、总结现在、科学预测未来的强大优势，使我们前进的步伐更加坚实有力。

如今正当我们站在中国旧石器时代考古学研究已渐入论述阶段的历史制高点上，回顾中国旧石器研究所走过80多年的艰难历程，我们不难发现，贾兰坡先生及其第一代学人用他们的毕生精力、敏锐的智慧和博大的情怀实现了中国旧石器考古研究描述阶段的完成，并在此基础上又开创了中国旧石器考古研究阐述阶段基础地位的确立。当今在改革开放大潮中成长起来的中国旧石器考古研究的第三代学人，正在接过贾兰坡先生及

先辈们的接力棒，把中国的旧石器考古研究推向一个新的高潮。

2008年适逢贾兰坡先生百年诞辰之际，我怀着对贾兰坡先生的崇敬而写了这一点东西。对旧石器考古学我几乎是一个门外汉，只不过平时喜欢翻阅这方面的文献罢了，并且我未曾与贾兰坡先生谋过面，仅仅曾经在陕西省社会科学院陈恩志先生和河北阳原文物保护管理所成胜泉先生那儿听到过一些关于贾兰坡先生的感人事迹。因此我只能通过翻阅文献资料，了解和认识这位中国旧石器考古学研究的北斗。在这一过程中，我深刻了解了贾兰坡先生对中国旧石器考古研究的卓越贡献，不禁百感交集，思绪万千，才提笔写出此文以纪念贾兰坡先生百年诞辰。

注　释

[1] 高星．中国旧石器时代考古学的昨天、今天与明天．见高星，侯亚梅主编：中国科学院古脊椎动物与古人类研究所20世纪旧石器时代考古学研究．北京：文物出版社，2002：3-9.

[2] 北京市地方志编纂委员会．北京志·世界文化遗产卷·周口店遗址志．北京：北京出版社，2003：405-407.

[3] 贾兰坡．对中国猿人石器的新看法．见高星，侯亚梅主编：中国科学院古脊椎动物与古人类研究所20世纪旧石器时代考古学研究．北京：文物出版社，2002：50-54.

[4] 贾兰坡，盖培，尤玉柱．山西峙峪旧石器时代遗址发掘报告．见高星，侯亚梅主编：中国科学院古脊椎动物与古人类研究所20世纪旧石器时代考古学研究．北京：文物出版社，2002：79-90.

[5] 陈淳．旧石器时代考古学的昨天与明天．第四纪研究，1999（1）：148-154.

[6] 张森水．近20年来中国旧石器考古学的进展与思考．第四纪研究，2002（1）：11-19.

您的业绩已凝成永远

——纪念贾老百年诞辰

祁国琴

（中国科学院古脊椎动物与古人类研究所）

在这天高气爽的秋日，
我们相聚在古城太原。
争相汇报两年来的科研成果，
隆重祭奠您的诞辰百年。

三晋大地孕藏了太多的古老文明，
它是您心中的另一个周口店。
汾河上下、桑干两岸……
洒下您辛勤的汗水，留下了您足迹斑斑。

从丁村到西侯度，从峙峪到许家窑……
您一步一个脚印、一次次向科学高峰登攀。
如今，您虽驾鹤飘然西行了，
您的业绩却凝成永远、永远……

追 忆 篇

追忆我师

王　建

（山西省考古研究所）

1953年底，因发现丁村遗址，我被派往北京师从裴文中、贾兰坡先生学习旧石器。1954年，随队参加了丁村遗址的发掘，贾老任队长统筹整个工地各个地点的调查发掘，我负责整个工地每日发掘日志的纪录，邱中郎在54∶98地点、吕遵谔在54∶99地点进行发掘。经过一段时间田野工作的锻炼，贾老安排我带几个人在54∶100地点进行发掘。没想到这里发现了完整的犀牛化石和人类牙齿化石，成为丁村遗址中最重要的地点。这次发掘中我学会了辨识石器、野外考古方法和地质、动物化石等方面的一些初步知识。回京后，贾老指导我和吕遵谔、邱中郎等对丁村遗址的发掘标本进行编号、分类和初步整理，裴老指导我们做石器打制实验。从此开始了我的旧石器考古生涯。

进修期间的业务学习是从丁村遗址发掘回京后开始的，裴老和贾老都是我仰慕的大家，他们对年轻人的学习都很关心。那时的古脊椎动物研究室（1957年更名为中国科学院古脊椎动物与古人类研究所）在地安门附近的二道桥，裴文中和贾兰坡等老先生们在正房办公，我和吕遵谔、邱中郎等年轻人在另一个办公室。贾老大我19岁，正值壮年，业务上的事情他管的多一些。进修期间我的业务学习多数情况下由贾老指导。

贾老没有进过大学，1931年考入中国地质调查所新生代研究室当练习生，由于勤奋好学、刻苦钻研，只有中学学历的他得到了杨钟健、裴文中先生和外国同行的赏识和赞誉，成为周口店北京人遗址发掘独当一面的主力。那段日子里，他接受了良好的考古训练，在地质、古脊椎动物化石和石器研究方面打下了坚实基础。1935年接替裴文中先生主持周口店遗址的发掘，发掘出三个“北京人”头盖骨以及大量石器和脊椎动物化石。新中国成立以后他长期担任周口店遗址工作站站长，在周口店遗址的发掘、保护和“北京猿人展览馆”的陈列和展示都付出了极大心血。晚年贾老又为寻找二战期间丢失的“北京人头盖骨”化石奔走呼号，可以说贾老把一生都献给了周口店，献给了中国的旧石器考古事业。贾老做学问很严谨，对我们的要求也很高。然而，已经成为中国旧石器考古领军人物之一的贾先生，没有架子，也没有条条框框。对新观点、新发现和新问题很敏感，一旦他认准的事情就一定要坚持到底。两件事情让我终生难忘。

1956年，经过两年多的学习，我已掌握了一定的旧石器考古学知识。春夏之交，贾老要到周口店去工作，给我布置“功课”，让我写有关周口店北京人遗址的学习心得。一个礼拜后贾老从周口店回来，我怀着忐忑的心情去“交差”，以为贾老会狠批我一通，没想到贾老看了一拍大腿连连说好。他接着说：“你的观察很有道理，不过还差些火候，这个问题我们可以好好研究一下。”接下来我与贾老从石器工艺、人类用火和体质特征等方面对北京人遗址进行分析，认为：“中国猿人已经能够控制、管理和使用火，能够用三种方法打制石片，打制的石器已有了相当的分化和分工。中国猿人的体质特征虽然原始，但已经能直立行走并制造和使用工具。”“中国猿人不是最早的，在他之前的泥河湾期的地层中应有人类及其文化存在。”[1]这篇稿子送到《科学通报》杂志社，遇到了很大阻力，退了回来。我们也知道这回是惹了大麻烦了，但贾老坚定地说：“科学研究认准了不能回头，学术问题可以讨论，杂志社嫌长，可以压缩一下，但观点不能改。我们可以在标题中再添一个字，添一个‘才’字。”在贾老的不懈坚持和努力下，《泥河湾期的地层才是最早人类的脚踏地》一文在 1957 年第 1 期《科学通报》以短论形式发表了。

我们清楚《泥河湾期的地层才是最早人类的脚踏地》仅仅是一种理论推断，还必须在实践中找到才能站得住脚。1957、1959 年，王择义等在三门峡水库库区调查中，在芮城县风陵渡附近发现了几个石器地点。贾老很是兴奋，因为这一带有与泥河湾同期的“三门系”地层。1960 年由贾老带队进行了一个半月的调查发掘，在这一带发现旧石器地点 16 处，统称匼河遗址[2]。同时还发现了后来被称之为西侯度遗址的 6053 地点。1961～1962 年我又跟随贾老参加了匼河遗址的发掘，并很快整理出版了专门的发掘报告。

说到西侯度遗址，有很多故事。发掘和研究都很费周折，最初的发现石器的性质得不到承认。说实话我们也不太敢确定，毕竟时代太早了。当时世界上其他地方都没有这么早的人类发现的报道，谁也不知道最早人类的工具是什么样子。因此，我们很慎重地把这几件标本称之为“极有可能是人工打击的石块”[2]。由此引发了一场长达两年多关于“中国猿人”是不是人类最早祖先的争论，学术界也称其为“曙石器”的大讨论。这场大讨论虽然没有指明是针对西侯度的，但实际上一多半与西侯度遗址的发现有关。1961、1962 年，贾老的主要精力放在了“曙石器”的大讨论上。我负责西侯度遗址的野外发掘，发现了很多动物化石和石制品。贾老虽然很忙，但还是抽时间来工地指导，对西侯度一带的地质地貌进行详细考察。石制品和烧骨等的发现使贾老很激动，因为它提供了比最初发现的那几件标本更多的人类行为特点，使我们有理由相信西侯度的的确确是一处人类文化遗址。1963 年我们进行了初步研究，石制品的人工特征和水流冲磨蚀我们研究的主要难题，我们提出了三条辨别的标准，并选取了 32 件标本作为研究对象。但初稿完成之后因为“四清”和“文化大革命”停了下来，西侯度材料的公开也因此耽误了十几年。1973 年贾老要我到北京，再度整理西侯度遗址的材料。然而，我由于“文革”的冲击身心俱疲，况且西侯度的初稿在“文革”初期被毁，使我几乎不能释怀，很难静下心来投入其中。在贾老的一再鼓励和循循善诱之下，我终于从痛苦中摆脱出来，与贾老合力于 1975 年完成了西侯度的研究。1978 年《西侯度》[3]一书出版以后，引起了国外学者注意，纷纷来访进行观察研究。虽然有学者持怀疑态度，但这并不影响西侯度作为全国重点文物保护单位和我国主要旧石器文化遗址的地位。

贾老为人正直谦和，坚持真理，做事认真，而且认准了的事情一定要干到底。他对旧石器的执著与热爱贯穿一生。众所周知，他参与了周口店北京人遗址发掘研究，在周口店北京人遗址发掘、保护、展示等各个方面倾注了毕生精力。他力主并主持了丁村遗址发掘，打开了周口店这道门，为中国的旧石器考古从周口店走向全国树立了标杆。从此，山西成了他最为关注的地区之一，主持和参与了匼河、西侯度、蓝田人、许家窑人、峙峪等一系列重要的旧石器遗址的发掘和研究。为中国旧石器文化序列的研究和中国的旧石器考古事业做出了非常巨大的贡献。20世纪七八十年代他提出并逐步完善了“华北两大旧石器文化传统”的理论体系[4]。在细石器研究上，他站在世界范围的高度，对细石器的传统、起源和分布等理论性问题进行了深入探讨[5]，引起了学术界广泛反应。贾老特别勤奋，从50年代以来一直致力于旧石器考古知识的普及，可以说他既是一个考古学家、科学家，又是一个科普大家。

我从1953年开始，在近半个世纪时间了，跟随贾兰坡先生学习。在与贾老学习、工作和合作中有很多东西值得回顾。可惜我现在年龄大了，写东西费劲，谨撰短文纪念贾兰坡先生诞辰一百周年。

注　释

[1] 贾兰坡，王建．泥河湾期的地层才是最早人类的脚踏地．科学通报，1957，2（1）：30－31.

[2] 贾兰坡，王择义，王建．匼河——山西西南部旧石器时代初期文化遗址．中国科学院古脊椎动物与古人类研究所甲种专刊第五号．北京：科学出版社．1962：1－40.

[3] 贾兰坡，王建．西侯度——山西更新世早期古文化遗址．北京：文物出版社．1978：1－85.

[4] 贾兰坡，盖培，尤玉柱．山西峙峪旧石器时代遗址发掘报告．考古学报，1972（1）：39－58；贾兰坡，卫奇．阳高许家窑旧石器时代文化遗址．考古学报，1976（2）：97－114.

[5] 贾兰坡．中国细石器的特征和它的传统、起源与分布．古脊椎动物与古人类，1978，16（2）：137－143.

酣战蓝田

——记贾老在蓝田野外考察

尤玉柱

（中国科学院古脊椎动物与古人类研究所）

黄土高原是中华民族文明的发祥地，是研究远古文化的重要地区。我国北方黄土的研究早在19世纪后期就已开始，外国学者庞培来、李希藿芬和奥布鲁切夫等曾对其进行过调查。20世纪20年代，我国学者杨钟健、李清学等也对黄土的成因、物质组成做了大量研究工作。20世纪50年代后期起，刘东生院士根据长期的调查和研究，将我国北方的黄土划分为四个基本单元，即更新世早期的午城黄土，更新世中期的离石黄土，更新世晚期的马兰黄土和全新世的次生黄土，初步奠定了我国黄土研究的基础。近十几年来，中国的黄土研究取得了重大成果，这在国际上已是公认的事实，与黄土相关联的旧石器时代文化的调查和研究也同样取得令人鼓舞的成绩。

我国最早发现的第一件具明显人工打击痕迹的石制品便是出自马兰黄土底部砂砾石层中；最早发现的远古时代文化遗址——山西西侯度遗址和匼河遗址，也均出自黄土地区。多年来，黄土地区已经出土的人类化石包括猿人阶段的“蓝田猿人”、早期智人阶段的“大荔人”、“丁村人”和“许家窑人”，以及数十个晚期智人阶段的遗址和地点，涵盖了所有黄土分布区，大大丰富了我国旧石器时代人类及其文化的资料。这一切不能不令我们联想到：黄土地区对于探讨人类进化和我国北方地区旧石器时代文化发展无疑是极其重要的，广大北方地区与黄土有密切关系的旧石器时代文化构成了相互关联的“黄土文化带”。因此，对黄土的形成过程、岩石性质、沉积环境以及地层划分等的了解，将有助于探讨人类及其文化发展的历程。

刘东生院士曾经提出：“黄土是一个跟随人类发展脚步而形成的地质体。黄土地层像一部日记，记载了250万年以来的地质变化，其中包括人类的生活和生产劳动的历史。如果把旧石器文化和黄土地质生态环境包括古气候、古生态、古环境以及埋藏学等方面的研究结果相配合，就能够建立黄土地区旧石器工业的形态和序列。”

陕西蓝田地区对黄土研究、人类及其文化的研究具有不可忽视的重要性。蓝田县，位于西安市以东40公里，境内黄土广布，源于秦岭终南山的灞河，蜿蜒曲折由东南向西北穿过全境注入渭河。蓝田县全境被周围中、高山所环抱，南有秦岭，东有华山，北有骊山，区内气候温和，物产丰富，秦、汉、唐各代都把这里当作军需重地。从蓝田向西进入西安，著名的灞桥是必经之地，诗人李白曾写下脍炙人口的词——《忆秦娥》，词中所写“年年柳色，灞陵伤别”句，就是描绘唐人在垂柳成荫的灞河岸边送客时以折柳表示别离之意。

由于蓝田县北侧骊山的不断抬升隆起，推动着灞河渐渐向南移动，使灞河的右岸从北而南形成依次降低的四级宽阔而且平坦的河流阶地。灞河的南面、长安以东有一个尚未遭到严重破坏的小型黄土塬，塬的顶面微微向南倾斜，据记载，这里是唐代宫廷的专用猎场，因常有“白鹿”出没，遂称其为白鹿塬。史料记载白鹿塬周围草丛繁茂，森林密布，野兽出没，汉武时期抗击匈奴名将李广一次失败被贬为庶民后就常在白鹿塬上打猎度日。

白鹿塬的北坡，在灞河强烈地向南侧蚀下，形成了一个高达120米的巨大陡坡，坡度30～60度，部分地段可达80度，断面之上晚新生代地层裸露，发育齐全，是研究新生代地层最为理想的地点之一。20世纪60年代初，刘东生院士在蓝田地区考察时，于县城西南15公里、白鹿塬北坡西段的陡坎上，发现出露完好的且连续的新生代地层剖面，根据岩性、构造和古生物化石，建立了从始新世白鹿塬组到更新世晚期马兰黄土的系列剖面。

鉴于蓝田地区新生代地层发育良好，中国科学院古脊椎动物与古人类研究所老所长杨钟健院士遂提出新的构想，欲将该地区作为新生代地层、哺乳动物化石研究以及培养年青一代学者的实践基地，这是一个远见卓识的计划，是“春栽一棵树，秋蔽一片林”的计划。在杨老的指导下，由时任新生代研究室主任贾兰坡院士领衔实施该项工程。在贾老的精心筹划下，抽调精兵强将，对蓝田地区新生代地层开展大规模考察和规范性研究。

1963年夏，由张玉萍任队长、黄万波任副队长的第一支野外考察队奔赴蓝田。考察队的先期任务是：在全区进行地质踏勘，选择并确立几个地层较全、化石丰富的地点，以便作为区域性对比的标尺，然后再进行详细地层划分，最后填制新生代地质与构造图。

初夏的阳光明媚迷人，蓝田县境内到处草青青，树成林。在贾老亲自指挥下野外工作自始至终紧张而又顺利地进行着。这个刚刚被开垦的处女地每天都传来令人惊喜的收获。1963年6月29日，黄万波、汤英俊和张宏三人，在泄湖镇以西的一条冲沟中进行路线调查。这个冲沟切刻很深，冲沟两岸植被稀少，露头良好，剖面清晰，但沟底芦苇、杂草丛生，密不透风。黄万波等人沿着两岸观察地层，在两岸陡壁上接二连三发现了许多化石地点。大约下午3时许，他们在路过陈家窝子村西北方向、冲沟左岸的第四级阶地时，又发现一处化石地点。长烟落日，天色已晚，他们只好暂时收队，急忙忙返回驻地泄湖镇。

转眼已是7月17日，黄万波、汤英俊和张宏三人，再次来到陈家窝子化石地点，经过一个上午的短暂发掘，化石渐渐多了起来，第二天继续发掘，收获越来越大。7月19日又发掘一整天，约摸下午4时许，当黄万波敲开一块大结核时，里面有一枚虎的犬齿化石，就顺手放在一边，待到快要收队时，黄万波再次仔细看看那块结核，让他兴奋的是，结核里似乎还有其他化石，当他用钢针剔开表土后，暴露出的隐隐约约是一件大型灵长类的下牙床！返回驻地后的当天晚上，张宏连夜进行精细修理，谁也没有料到，就在这时，摆在他们面前的竟是一具“蓝田猿人”下颌骨。

陈家窝子地点是一个大约有60度的斜坡，属灞河右岸的第四级阶地的靠前缘，高出临近的冲沟底部大约30米，剖面明晰，可分为9个小层，主要由黄土和古土壤的互层组成，偶夹细砂层；阶地最底部为砂砾石层，按照当时的划分，第四级阶地属中更新世早期，阶地的基座是上新世晚期三趾马红土“蓝田组”。剖面上有三条醒目的红色古土壤，每条古土壤厚度为50厘米，简称“红三条”，“蓝田猿人”下颌骨则出自这三条红色古土壤的底部，“红三条”在蓝田地区甚至大部分黄土地区分布广泛，可作为重要的标志层，相当于黄土地区古土壤系列中的S_5，年代约距今50万年。

1964年的正规发掘，陈家窝子地点出土了石制品10件，哺乳动物化石14种。根据对哺乳动物群和孢粉分析判断，陈家窝子“蓝田猿人”生活时期的环境是温凉的草原景观。吴汝康、吴新智的研究表明，陈家窝子“蓝田猿人”下颌骨的颌体比较粗壮，有许多特征与北京猿人相似；该下颌骨代表一老年个体，年龄约在50～60岁之间，但两侧的第三臼齿尚未萌出，这是直立人先天性缺失的首例。

延绵起伏的秦岭，卧伏在蓝田的南面，在冥濛的晨曦中，那环绕着山间银灰色的云团逐渐散去，太阳从东面的山头跳出，天空骤然变得蓝蓝的。蓝田县正东25千米处，有一个远近闻名的集镇——许庙镇，街道狭窄，但十分繁华。从那里遥望公王岭，背后的几个山头轮廓清晰可辨。1963年7月5日，考察队兵分两路，张玉萍等向北进发；黄万波和张宏从许庙往南行进，越过灞河和小村庄，为了更清楚观察周围地形地貌，他们爬上公王岭的黄土高坡。公王村的背后是公王岭，它坐落在白鹿塬的最东端，距离县城东南方向24千米，岭下被密密树丛包围的公王村住有数十户人家，破旧不堪的房屋透出山村那时的贫困。灞河由村的北侧流过，河面宽阔，水流湍急，河上有用石板铺就的便桥，公路可沿河而上到达商县，是通往河南西峡和湖北十堰的门户。

连续几天阴雨的突然放晴，给了考察队极好的机会。古生物工作者在野外调查时都知道，久雨后的晴天，往往是寻找化石的极好时光，尤其是黄土地区遇到雨水之后更容易坍塌，常常会把地层中埋藏的化石冲刷出来。

公王岭的南侧，有一条近期形成的深深切开的小沟，沟底分布着早上新世灞河组，地面散布着大量由溪水冲刷或沟壁塌陷下来的化石，黄万波和张宏除收集这些出自上新世地层的化石外，还从一些大块钙质结核中发现更多的骨骼。从钙质结核所黏附的黄土判断，结核和化石并不属于附近的地层，显然是另一个层位的，于是向上搜索顺藤摸瓜，在第四级阶地黄土底部的钙质结核层中找到了富含第四纪化石的层位，这就是后来发现“蓝田猿人”头盖骨的地点。

1964年春末，中国第四纪研究委员会学术讨论会在西安召开，贾老详细介绍蓝田地区新生代地层概况和首次考察的初步成果，引起与会代表的极大兴趣；会议期间全体代表兴致勃勃地参观了陈家窝子“蓝田猿人”下颌骨出土地点、公王岭第四纪化石地点、水家嘴第三纪化石地点以及另外几个具有代表性的新生代地层剖面。代表们惊讶地发现：陕西蓝田地区新生代地层出露的完整性、哺乳动物化石的丰富程度实在出乎他们的想象，这是其他地方很难见得到的，为此，许多代表建议，有必要在该区建立我国北方新生代地层系列标准剖面，并提议开展一次综合性学科的大会战。这两个建议得到与会代表的一致赞同，经过会议代表的再三商讨，最终把主攻研究蓝田新生代地层的任务委托给了古脊椎动物与古人类研究所，具体落实到新生代研究室主任贾老的身上。

1964 年盛夏，蓝田新生代地层多学科综合研究大会战徐徐拉开序幕，包括科研单位、大学高校和生产部门共 18 个单位 78 人参加，学科涉及地质、地貌、构造、脊椎动物、无脊椎动物、植物、孢粉、年代和水文地质等学科，称得上是新中国成立以来新生代地层工作的首次大兵团作战。

肩负会战总指挥的贾老，耗费大量时间对整个计划进行周密安排，认真协调兄弟单位；在所里，正式成立以张玉萍为首、黄万坡为副的地层考察队，具体任务是：除对蓝田、西安、长安、临潼、华县继续进行考察外，还要完成大约 2600 平方公里范围内的 1/50000 比例尺地质填图。另外，还组建了四个发掘队，同时在四个不同化石地点进行发掘。由赵资奎、韩德芬、黄慰文、盖培领衔的发掘队，分别在陈家窝子“蓝田猿人”下颌骨地点、白鹿塬北坡水家嘴上新世哺乳动物化石地点、公王岭第四纪哺乳动物化石地点和华山西南麓涝池河第四纪化石地点发掘。

论工作条件，四个发掘队中以公王岭地点的发掘最为艰难，所以贾老定期前往公王岭出主意解难题。到 5 月中旬，公王岭地点化石层上面的大量堆积物基本清理完毕，近百平方米的化石层面全部暴露了出来。5 月 23 日中午，武文杰和工人在清理一块大结核时，发现从里面掉下许多碎骨茬，凭着多年的经验，他预感到这些碎骨茬可能很重要，于是便把它们包了起来，急忙回到驻地。驻地是临时租用的农家小屋，房里十分灰暗，他点起灯来，在昏暗的灯光下细心整理那包碎骨茬，并用胶水逐个粘接，这时，一颗人牙化石带着一小部分上颌骨跃然出现在他的眼前。那天下午，公王岭发掘队就是在兴奋中度过的，队长黄慰文决定立即进城向总指挥贾老汇报这个重要发现。

时值盛夏的关中，迎来真正的雨季，天空阴晴不定。那天午后，公王岭天气忽而晴朗忽而乌云飘动，而蓝田县城却是暴雨一阵紧接着一阵，可谓“东边虽晴西边却雨”。我们地层考察队成员正在驻地蓝田中学的教室里整理资料。大约下午 4 时许，一阵急促的脚步声打破了教室的寂静，黄慰文和武文杰喘着粗气跑了进来，浑身上下湿漉漉酷似落汤鸡。正在忙着看剖面图的贾老抬起头来望着他们，笑着说：“二位冒雨到来，想必有重大发现。”黄慰文抿笑不语，武文杰不慌不忙从口袋里掏出一包东西，贾老打开一看，忽然拍案叫绝：“没错，就是人类牙齿化石，这又是一个突破！”贾老连忙招呼大家来看。鉴于公王岭化石的层位要比陈家窝子的早，所以大家倍加兴奋，此时阵阵爽朗的笑声在教室里久久回荡。

当天晚饭，地层考察队设宴款待黄、武二人，由郑家坚主厨烧就一桌地道的沪菜，贾老还掏腰包买了陕西名牌西凤酒为他们洗尘和祝贺。大雨终于停息了，老天爷露出了笑脸，如钩的明月高高挂在如洗的夜空中。贾老详细地交代了黄、武二人下一步工作必须注意的事项，他俩马不停蹄连夜返回公王岭，准备投入新一轮战斗。

蓝田猿人头盖骨化石地点位于公王岭西北坡的陡坎上。公王岭，其实是一个已经遭受严重破坏了的黄土梁，地貌上隶属灞河左岸的第四级阶地，阶地顶部距灞河水面70米，其基岩是上新世“灞河组”棕红色砂质泥岩；“灞河组”和黄土系列之间还有一层厚厚的砾岩。据研究，这层砾岩是早更新世早期冰积物。

由于雨季，加上黄土具有很强的吸水性，因而公王岭化石地点的发掘相当困难，欲取出的化石往往会遭到严重损坏，发掘队不得不根据贾老的指示，尽量采用套箱的办法。有一块巨大的钙质结核，表面上能够看见许多化石，但胶结紧密，一时很难把化石取出，他们便套了一个大箱子运回北京。在修理室里，大套箱交由李功卓师傅修理。1964年10月12日一具人类头盖骨从大结核露了出来，李功卓师傅急忙请来裴老。裴老抚摸着化石，肯定地说：“猿人的头盖骨！”这是继北京猿人之后的最重要发现，但时代显然要比周口店的早得多，一时间媒体竞相报道。值得注意的是，公王岭人类化石出自早更新世地层中，四十几年前我国境内从早更新世地层里发现人类化石尚属首次。根据中国科学院西安黄土研究室后来的重新测定，公王岭“蓝田猿人”的年代为距今115万～110万年；哺乳动物化石显示出南北混合的性质，表明当时的生态环境为森林—草原景观。

1965年2月，即春节过后不久，中国科学院在中关村举办“科学成果展览汇报会”，“蓝田猿人”头盖骨化石成了展会中最耀眼的成果之一。为了此次展览会，贾老耗费许多时间亲自撰写解说词，并作了反复修改，段雨霞在展会上的讲解博得许多中央领导的赞许；郭沫若院长还专门为这一重要发现挥毫题词。

遥想当年陕西蓝田的野外工作，一切条件与现今相比大相径庭，那时的蓝田尽管与西安近在咫尺，但还是相当闭塞，交通不便，生活条件十分艰苦，但物价相当便宜。贾老自始至终陪伴地层考察队，东征西战，同甘共苦。我们考察队没有配备汽车，所里特意为考察队买了三辆自行车，除路远可用外一般都是靠两条腿走路，经常随身携带干粮和水，每天爬山越岭，少则十几公里；多则数十公里，走到那里住在那里，真是“以天为帐，以地为庐”。作为总指挥的贾老如此长时间和地层考察队一起，年已花甲的他实属不易，既要爬山越岭，还要及时调度四个相距很远的发掘队，了解各个分队的工作和生活，甚至还要协调其他17个兄弟单位，繁忙和辛苦可见一斑。

有一次，考察队在蓝田城东12千米的高坡村附近一条叫天河沟的中新世地层里，发现一具较大的、基本完整的铲齿象头骨化石。象头出露的位置是在一个孤丘的顶部，四壁如削，距离地面约有20余米，欲将百余斤的化石取下谈何容易，为了稳妥起见，贾老亲临现场指挥，待到将偌大的象头取出后才罢休。然而天公不作美，小雨沥沥拉拉下个不停，时伴有雷声，从高坡滑落的黄土，在雨水的掺和下满地被搅成烂泥，一走路鞋就会被拔掉，贾老索性脱了鞋，光着脚丫一瘸一拐地返回驻地。

在蓝田考察期间，贾老每天晚上都要将我们的野外记录和图件仔细阅读和汇总，敦促大家及时把所有确定了的地层界线全部转绘到总图中。在生活上贾老和我们一样，不分彼此，不拘小节，有说有笑，把考察队当作自己的家，还经常解囊犒劳我们。地层考察队和蓝田中学举行的篮球友谊赛，贾老早早就到操场，兴致勃勃地在场外呐喊助威。尽管我们每天考察回来都滚了一身泥，但谁都心甘情愿自己的付出，在蓝田考察的日子里大家始终过得舒畅，欢快的歌声时时与我们同在。

我在日记本中曾赋词一首《卜算子》，权当贾老在蓝田考察时的留念：

水自山涧出，
岭是黄土聚。
却问来客欲何往？
专觅化石处。

才从塬上归，
又向沟豁去，
不辞劳苦顶烈日，
何惧汗如注。

难忘的良师益友

陆庆五

（中国科学院古脊椎动物与古人类研究所）

1963 年秋，我们十余名大学生分配到所，不久接受杨钟健所长和裴文中、贾兰坡、吴汝康、周明镇等老先生对我们所做的“入所教育”。老先生大多讲到我国蕴藏丰富的古脊椎动物和古人类化石，期望我们好好从事这门研究工作。他们又叙述了自己的治学态度，其中贾先生讲述的内容尤其给我们留下深刻的印象。他讲到自己如何由一个失业的高中毕业生，经裴文中先生介绍考进中国地质调查所新生代研究室，成为一名练习生，不久他去周口店协助杨、裴发掘化石。他摆脱了就业困境，得到满意的职业，工作劲头十足，他说：“受苦受累的活都是我的事。”当翁文灏所长问他为何要干这事，他抑制不住内心的喜悦，脱口而答“为了吃饭”。不料所长给予这样的勉励：“说实话好，好好干吧。”从此，贾先生开始了他有声有色的学业：自感底子薄，就去北大、协和进修地质古生物学和人体解剖学；在周口店他挖到不懂的化石，向杨、裴先生虚心请教，向工人不耻下问；外国学者扔在废纸篓里的英语手稿，晚上他捡起、展平，学习专业英语；抱着英汉字典“硬啃”英语原版《哺乳动物骨骼入门》，词典上查不到解释，他就“边读边向裴、卞（美年）请教”；为了提高鉴别动物骨骼的本领，他与工人打了一条野狗，剥制了一付骨架，在骨头上注明骨骼学名，放在口袋里，空闲时，掏出来观看和辨认骨骼的形态和学名，他觉得从实践中学知识“记得更清楚，学得也更扎实”。

我们经过“入所教育”后，不到半年，全国掀起革命化运动，开始倡导学习毛主席著作和参加体力劳动，这将成为干部教育的必修课。1964 年初，中科院规定新分配到研究所的大学生必须参加一年结合业务的体力劳动。当时我们首先参加了科学院组织的“北郊义务劳动队”，提出“为民造福”的口号，为中科院北郊地区生活环境的绿化、美化而劳动。接着，我所又组织新大学生参加研究室的野外发掘和室内的化石修理，以资作为“结合业务”的体力劳动。人类室、新生代研究室和哺乳动物研究室的新大学生参加了由贾兰坡先生领导的陕西蓝田考察队，分别参与三个发掘点的发掘工作。我与潘悦容作为人类室的新大学生，分配到三个发掘点之一的陈家窝，即蓝田猿人下颌骨产地。这发掘点由赵资奎任队长，另有队员老技师柴凤歧及其弟子范贵忠。

野外发掘前，所业务处组织了一系列地质古生物学知识讲座，贾先生作了第一讲“野外发掘基本知识”。他开篇提出什么叫化石，依次讲到：如何寻找化石；如何揭去化石的围岩并作必要的记录；然后，才可取出化石；取出的化石用什么方式包裹最妥当，运输最安全；化石带回实验室后需作进一步的修理，才可进行研究。贾先生将上述全过程概括为六个字：找、挖、运、修、研、展（览）。这些野外发掘知识对首次参加发掘的新大学生，特别是非地学专业者来说十分新鲜、有用，简直被看做金科玉律。我聆听贾先生讲座时，用中学生练习本，择其关键词语不停地记录，满满写成两整页。

贾先生在讲述如何寻找化石和挖取化石等言谈中字字句句无不包含着一定的科学内涵，非常实用。今天重温这40余年前的笔记，篇幅不长，但确是贾先生几十年野外考察中积累下来的、行之有效的经验之谈，只是他用了再直截了当不过的语言表达出来而已。譬如，他说过“找化石时一定要细找，不放过一切东西，特别在第四纪中，晚期化石旁边的每块石头都得研究一下；砂层和砾石层中很可能保存石器；河底看到一小片化石，可向上游找；陡岩下有化石，向上找”；贾先生非常推崇杨老的主张“见沟就钻”，“因为沟易暴露地层结构”；“观察悬崖陡壁，地层有变化特别要注意，哪层结构最乱，那层的化石可能较多；如土层有红色，可能有墓葬；遇到旧石器时代晚期的地层非细心不可，如发现用牙制成的项链，它如果有五颗牙排成环形的，其位置一定要记录下来；不要放过地层中的结核（球形或糖块状），它们由可溶解性的岩石，如方解石与化石胶结而成的，山西的很多结核中有鱼化石，安徽晚更新世的结核中还含有四不像鹿化石”。此外，他特别强调发掘化石时每一步骤都马虎不得，“见化石不要急于马上动手！一定要给化石做了编号、照相、绘图等记录后才可挖出，就连掉下的小片化石的位置及号码也要拍摄（画）下来，这样才易于复原；不能见头挖头，见尾挖尾，这会使完整个体分家；遇大动物化石重叠在一起，可分段挖出，但相断处要完整，有记录”。此外，他还提及周口店发掘所用的方法和心得：“发掘山顶洞人遗址时采用分仓法，即一米见方的水平打格，南北、东西壁上都有剖面图，由上到下分层面（Ⅰ层面、Ⅱ层面……）地挖；重要的发现物记录在工作日志上，日志上可记‘顺年月日’（发掘天数的编号）。”贾先生的发掘知识讲座，看似简单，其实很重要，它对野外工作的成败极为关键。在这讲座的最后，他用“数学公式”式的语句，语重心长地说：“地层编号+记录是发掘最重要的资料。”难怪贾先生在日本人占领协和医学院后，当日军严禁任何人离开医学院大楼时携带任何东西的情况下，他背着日本人，用半透明的棉纸，描绘下1:50的北京人遗址和第15地点的发掘平面图，偷偷带回家。他说，“有时我还偷偷地把周口店发掘的底片夹在书里带出来”，“那些日子我天天这样做”。正因为有贾先生这样冒险的有心人，这些重要资料才得以保存至今，分享于后人。

地质古生物学讲座结束不久，我们这个蓝田发掘小分队来到陈家窝，发掘初期我们情绪尚好，跟着赵队长学习测量、打格，规划发掘地块；大量去表土时，我们跟柴师傅学爆破；当发掘一段日子后，工地显出较大的剖面时，我们又跟队长学习画剖面图。发掘的日子一天天过去，不见猿人化石出土，队长似乎察觉出我们情绪有所低落，说：“猿人化石能否挖到由不得我们，但这地点发现过猿人材料，很重要。我们只要细心地挖，即使没挖到新的猿人材料，能挖到较好的标准化石也是有成绩的，假如能挖到鼢鼠类化石，就能较好地说明该地层的年代。”我查找地质古生物学讲座的笔记，翻阅到周口店啮齿类部分的摘录，得知鼢鼠属在上新世中期（Q_2）后才开始出现，其中的丁氏鼢鼠到中更新世初期绝灭，而翁氏鼢鼠到中更新世中期还能生存。它们形态各异，年代各不相同，确能指示不同的时段。赵资奎说，这类动物生存力强、个体数多，其化石有时被包裹在结核里，我们多加注意，发现的可能性还是有的。听了这席话，我心里踏实多了。我想为了掌握鼢鼠知识，不妨先对现生鼠的骨骼有所了解。我萌生剥制老鼠骨架的想法，使用竹棍支撑脸盆扣鼠，逮到了一只小老鼠，学贾先生剥制狗骨架的方法，制成了一副鼠骨架。此举虽属模仿，但当时，贾先生求实的学习精神已深印我脑海，不时激励着我。贾先生所做的“入所教育”和“发掘知识讲座”实际上成了我入行的钥匙，使我少走很多弯路。他的发掘经验之谈我一直挥之不去，十余年后的禄丰发掘中，他点点滴滴的教诲，仍不经意地指点着我。

禄丰发掘初期我们也用过打格发掘法。不久我们觉得晚中新世地层中没有人类的遗存，有的都是动物遗骸，它们分布于什么方位意义不大，然而分布在什么层位却意味着生存于什么生态环境，由此可推断其生活习性。于是我们将原来的发掘方法改为“按自然层面推进发掘法”，强调同层面成群化石的暴露。并且坚持包裹化石时，标签必须注明：化石名、层位和野外编号。此外，根据禄丰古猿遗址化石地层湿度大、化石酥脆的特点，我们强调化石暴露后反复晾干和淋透稀胶，待化石坚硬后才挖出。当发掘面积扩大、雇工增多时，我们关照民工，发现重要化石需立即报告发掘主持人，由其处置，确保化石的完整性。譬如，第一个禄丰古猿颅骨，最先由民工发现一个上颌中门齿的齿冠埋在煤层，我得知，马上去现场继续暴露此化石，慢慢露出侧门齿—犬齿—梨状孔……矢状脊……一个完整的古猿颅骨安然被发现！禄丰古猿遗址能获得一大批完好的化石，显然与我们务实的发掘方法和守则有关，细想起来，我们的重大成绩确实与贾先生的谆谆教导有关。

20 世纪 80 年代中后期我为贾先生作日语翻译的工作渐渐多起来，有时，贾先生与日本学者交谈学术问题时他邀我作即席翻译，事先他会给我几则有关的简报或一两篇论文，让我作些“功课”。“功课”做多了，我积累起一批日汉的旧石器名词，以后阅读同类文章省事多了。几年后，我了解到日本旧石器研究领域中不同学派的争论很普遍。80 年代初，日本各地旧石器发现甚多，不断有新记录发现，伴随的学术争论也日益激烈。我翻阅了若干综合性的日本学术刊物，一下子目睹两学派间明朗的对峙观点。我顿时闪出一个灵感：何不归纳一下两派学者的基本观点，厘清他们的分歧之所在，向中国读者作一介绍，这将是很有意义的事情。我将此想法告诉贾先生，他非常高兴，鼓励我干，并深情地教导我：做学问，有什么看法，经深思熟虑后，觉得很有道理，就可写成文，只有通过不断写文章，你的观点和看法才可提炼、成熟。贾先生的这番热忱鼓励，我仿佛感到他老人家在向晚辈倾吐肺腑之言，又似诉说着他成才之道。我想贾先生年轻时，不受浅学历之包袱的影响，勤于思考，敢于发表自己的见解、与人争论；加之，他谦虚求教、知错改错，争论之后反倒增进学者间的友谊。这样，他的文章自然多起来，学术建树颇丰。感慨之余，我马上动手，不久一篇介绍《日本旧石器文化研究的进展与争论》的初稿完成。我深知自己是外行，不可能很深、很广地去撰写这类稿子，我只是翻译了一些科普文章，作点“争论概况”介绍罢了。我对中国读者而言，只是个“二传手”。这初稿须请懂专业、懂日语的先生修改，后又请到日本专家审查。我只望自己是个不误传的“二传手”而已。此文发表了，我似乎感到对贾先生的热情勉励作了一次应有的反馈。

几年后，我开始研究禄丰古猿幼年下颌材料时，又想起贾先生的此番教导。我面对手中丰富的幼年下颌材料，觉得应该让它充分“说话”。我想，此文必须阐明禄丰古猿幼年下颌与同种成年者相同的特征，使整文既突出禄丰标本的特征，又全面地与同类外国的和现代的幼猿标本作比较，以飨读者丰富的信息。此论文在1995年发表于《人类学学报》，第二年被选入中国1978年以来优秀科技文集《中国科学技术文库》（朱光亚、周光召主编，1997年出版）。几乎同时，意大利《Human Evolution》杂志社也希望此文以英语，转载于此刊，2004年终于刊出。当时，对禄丰古猿幼年材料的研究刚起步，如何深入下去？贾先生常说的搞学问要有“滚雪球”的精神激励着我，我又思索起新的切入点——探索禄丰古猿下颌齿的萌出顺序。我与赵凌霞共同研究此问题，终于圆满地探索出它的萌序，滚出了学术上的“新雪球”。近几年，我与徐庆华共写《禄丰古猿》专著，又将“由下颌齿萌序定年”之“雪球”滚向同类成年颌骨，给成年材料作了广泛的年龄鉴定，此科研成果之“雪球越滚越大”。

今天我在古人类学领域里，能独立完成一些工作、做出一些成果，与贾先生这样的热忱领路人的谆谆教导与鼓励分不开。在纪念贾先生百年诞辰之际，抚今追昔，我们将以何等美词颂扬这位先导的美德呢？一天早上，晨梦初醒，脑海里突然流淌出一股清泉般的感言，恰似对贾先生光辉一生的真实写照——前辈之奋发努力的精神、真诚合作的作风，再加上给后辈的一点指导和鼓励，那么所谓的传、帮、带就在其中。

追寻华北细石器向北分布的路线

——记1974年夏秋跟随贾兰坡先生的内蒙古、雁北、宁夏、甘肃之行

谢骏义

（甘肃省文物考古研究所）

一、缘　　起

1973年8月底，我奉甘肃省博物馆派遣，来到北京中国科学院古脊椎动物与古人类研究所，参加黄河古象化石的修复和研究工作。另外，我还有一个重要任务，就是在贾兰坡先生指导下，进修旧石器时代考古学。

1973年9月3日（星期一）上午，当我在北郊办公室第一次拜见贾兰坡先生时，他就指出进修后期需要到野外实习的必要性。他说："时间争取长一些，先熟悉，再深入搞，出去一下（到野外），不致回去丢掉。""出去一下，就是花几个路费嘛。"他要我们认识要到野外去进行旧石器考古实践的重要性。

为了了解细石器向北分布的路线，那时贾兰坡先生正准备到华北、西北做一次野外考察。1974年1月15日贾老在祁家豁子家里谈论我的进修和实习计划时，向我讲明了开春后夏秋之际到野外做调查的安排，打算从山西大同附近峙峪等地到内蒙古，再到宁夏、甘肃一带，最后的落脚地是甘肃东部的陇东地区，以帮助甘肃开展旧石器时代考古工作。于是在1974年7月31日，我们就开始了将近三个月的四省区野外考察。

在古脊椎动物与古人类研究所的一年半时间里，我养成了随时求教、晚上摘记白天学习工作中点滴收获的习惯。这样日积月累有两小本，我叫它《学习札记》，其中就有1974年7月31日至10月18日跟随贾兰坡先生到内蒙古、雁北、宁夏、甘肃四省区之行的相关记载。今逢先生百年诞辰，翻阅出来，按行程日期，摘要登录于后，如能对于研究先生的学术思想和学术作风提供一点帮助，就是对先生的最好纪念了。

二、行　　程

1974年7月31日晚，北京连日阴雨后天空初放晴朗，首都空气格外清新，我们踏上北京开往包头的63次列车，开始了议定中的内蒙古、雁北、宁夏、甘肃的野外考察之路。这一年贾兰坡先生已66岁，陪同贾老考察的是卫奇先生。离开北京的前一天，师母夏景修为贾老饯行，特地请卫奇和我到前门外老字号餐馆，吃了一顿地地道道的京味小吃——褡裢火烧；卫奇笑着说："这是贾老的一贯作风。"那古朴的房舍、地道的京味，给我留下了深刻印象，以至后来我每到北京，总要约上同伴去前门外品尝一次；

虽然房舍已被拆建，但总能回忆起当年的美好情景。

（一）内蒙古

8月1日中午到呼和浩特市。当晚原内蒙古大学校长、自治区政治部俞伯成副主任来访，贾老在交谈中有一句话发人深省："科学上的一件成就，往往是一辈只开个头，开花结果要到下一代上，甚至第三代上。"

8月2日，我们参观自治区博物馆。对着陈列展出的石器标本，贾老解释了"鼻状刮削器"、"指甲盖状刮削器"、"楔形石核"等细石器名称。他从东非发现镶嵌在鹿角上作为镰刀刃口的细石器工具，说到一些器物的名称时说："古代各种器物都有它专门的名称，应该读一读《考工记》之类的书。"看到一件从新石器时代遗址中采集到的形似石钉的四棱柱状石针，贾老请陪同的博物馆工作人员特地从陈列柜里取出来，兴致勃勃地仔细观察，推想可能是新石器时代的人作为针砭治病用的石针。他说："如果确实是这样，是一件了不起的事，可以把我们国家针灸的历史推到几千年前。"

8月3～4日，考察呼和浩特市大窑遗址。大窑遗址是汪宇平先生下乡为自治区博物馆收购文物时偶然发现的。这里制作石器的火石原料非常丰富，在微红色砂层里和满山头的地面上都有石器和石片分布。据村中老人讲，直到最近还有人在这一带开采火石出售。这是一个面积广阔的缓坡山冈地带，地层比较复杂，需要较长时间详细调查才能搞清。贾老指点说："如果一个地点分层一时划不清楚时，可先不管'层'，先划出'套'来，然后进一步再分层。"他强调说："地层划分，特别要注意剥蚀面的存在。"

8月5日，考察呼和浩特市前莫乃板石灰窑下地层。这里的山冈由大理石岩组成，中间夹有用来制作石器的火石原料，附近有石灰窑和采石场。在石灰窑下靠南部有第三纪红土和第四纪含水平层状分布的钙质结核层（古土壤）的红色土。贾老在现场讲了红色土的特征和简单的时代划分。

8月6日，在自治区博物馆座谈。贾老一开始就说："学杨钟健先生的办法，每做完一项工作，大家一起座谈小结一下，各抒己见，相互补充，就是一个很好的提高。"他针对这三天看过的大窑和乃木板遗址说："这里是石器制造场。它的特点是有打击痕迹的碎石片很多，但好的典型石器却很少，因为人们大都把好的带走了。"接着他对我国发现的两处石器制造场——广东南海西樵山和山西怀仁鹅毛口的基本情况作了介绍后说："大窑遗址就是我国发现的第三处石器制造场了。"谈到大窑遗址的时代问题，引来了贾老关于"用石锈来判断时代"的话题。他说："在苏联，旧石器时代的石器此前几乎全由地表捡得，但根据石器的特征和上面石锈的薄厚，可以大致确定它的时代。用石锈判断时代，在欧洲很多地方都用。在我国，至少在大窑这个点上，有有石锈的，有没有石锈的，说明这个石器制造场包含了好几个时代的东西。"当谈到地层研究时，贾老说："应当采集和保存主要地点地层的岩石标本，其目的便于对比新地点的地层关系。关于岩性对比，一般可以从颜色、硬度、颗粒大小、组成成分等岩石学特征来确定。他举杨老所说的华北的红色土为例，是指颜色微红、稍硬、含结核、湿后色深等特征来确定。并联系这两天的观察实际说：这次在乃木板发现的有些类似。贾老特别强调："如果在一个地点有不同时代的地层，其中包含的文化遗物，应该分层研究，万不可混在一起，以致时代不明，眉目不清。"

8 月 9 日，离开呼和浩特到达包头市。下午 4 时，在包头市文教办刘主任、文化局老田陪同下，到旧市区东门外考察了转龙藏遗址。该遗址发现有单刃直刮器。对照着一件修整疤痕细小整齐，刃口陡，刃缘前（外）缘和后（内）缘都十分平齐、完全在一条直线上的单刃直刮器，贾老解释说，像这样修整刃口的技术称为"几乎细石器工艺"。贾老还就砸击石核的特征，牛、鹿、羊前臼齿的区别作了现场指点。

8 月 10 日，上午参观包头市南古墓及汉代古城遗址。下午参观河东区举办的《劳动创造人展览》。按照陪同人员的提问，贾老现场解释了地球的年龄、生物发展简史、现代猿为什么变不成人以及人类股骨前后左右的辨认等问题。

8 月 12 日，在百灵庙周边考察。据达茂旗地质干部介绍，该旗有矿点 100 多处，矿种 20 余种，以萤石矿最有名气。上午，我们参观了百灵庙秦达木萤石矿点和 102 工场特级萤石矿区，并在百灵庙西北约 60 多公里陶来图与红旗牧场间发现有黑色火石打制的直刃刮削器。

8 月 14 日，由百灵庙到查干哈达。清晨由百灵庙东北行，中午至查干哈达。下午前往查干哈达西北 10 余公里处发现一石器地点。

8 月 15 日，自查干哈达往腾格淖尔（天池）。上午途中发现有细石器遗址，此地属四子王旗白音敖包公社，西北距腾格淖尔牧场约 15 公里。这个遗址实际上被分割为两处，中间有溪流隔断，相距约 0.5 公里。大家在此采集到柱状石核、楔形石核等，石英小石片则更多，并有许多小型刮削器。如何鉴别这类遗址（地点）的时代，贾老在现场有一番讲述：内蒙沙漠草原上的石器地点多在地表；这里一般石器地点的时代鉴定，是从地面捡回的各种文化遗物进行综合性分析而得出的结论；有时也可以作小型的试掘，不过一般地面之下比较少。

8 月 16 日，上午与腾格淖尔牧场同志座谈。贾老通俗的由地球史、生物史、人类发展史引出史前考古研究，点出内蒙古高原是被世界各国学术界十分关注的地方。谈到我们这次考察时说：现在大家都在找文化传播路线。昨天发现的（尕少细石器）这个地点，可以把山西峙峪与内蒙的沙巴拉克联系起来，说明细石器是由南往北传播的。

8 月 17 日，上午到脑木更西南 20 余公里的萨拉木伦河畔，采到厚河蚌及两栖犀类肢骨化石。下午到脑木更南 20 多公里的脑干袋梁，见有新生代地层受冰期气候影响形成的"表层构造"（融冻褶皱）。贾老现场讲解了"表层构造"的形成并拍摄照片。

8 月 18 日，根据群众提供的线索，上午去脑木更西南发现一处细石器地点，见有楔形石核、石叶、小石片等，十分细小，必须蹲下来仔细寻找才能采得。下午到脑木更东面的天青石矿。"天青石"即碳酸锶的矿石，呈结核状产于该地红色黏土中。在结核中，往往含有古生物化石，初步观察有恐角类牙齿、骨骼及爬行类化石。这里第三纪早期的化石丰富，是很值得注意的地方。贾老讲“可做一个推想剖面，作为短期观察的基础”。

8月19日，由脑木更赶到二连浩特。通过几天考察，贾老及时提醒我们：“野外工作每一段落（隔几天）需要有一个小结。达尔文说：‘不要相信自己的记忆力！’因此，有了发现，必须用文字记下来，才不致忘记和记乱。”

8月20日，上午去二连盐池。“二连”按蒙语是五花色彩的意思，估计当地可能有火石出产。在二连盐池（大湖）之东，发现细石器地点两处：一处离二连浩特市20公里正东偏北，地名布达拉哈；另一处在二连盐池东岸，是1959年中苏古生物考察队发掘地点之一。下午车向二连浩特市东南约30公里的有一个古生物化石地点——伊尔丁曼哈，采得楔形石核一件以及有人工痕迹的石片、刮削器数件。此地属苏尼特右旗额林诺尔公社额尔登高地（伊尔丁曼哈）大队。

8月21日，上午火车站寄送脑木更采集的标本。下午整理标本，进行小结。贾老再次强调及时总结的重要性。他说：“野外记录下来的东西只有你观察到的十分之一，而回去后整理又只是你当时能记录下来的十分之一。”

8月22日，由二连浩特到苏尼特左旗（贝勒庙）。清晨离二连浩特市东行。车进赛汗高毕，奔驰在高原草地上，忽见一大群羊对车观望，约有千余只，初识是放牧的羊群。忽有人喊：“看！黄羊。”可不是吗！如果不是亲眼所见，谁能想到草原上近日还有这样上千只的野生羊群呢！由此推想，原是人类生活时可猎捕的动物还是丰富的，他们追逐野生动物为食，一点也不犯愁，费事也并不是很大。下午由县委王政委陪同，步行至贝勒庙南小河旁，在河的两岸细石器很多，而以南岸最多。所见器物以石片刮削器较多，楔形石核、锥形石核、箭镞均有发现。

8月23日，在贝勒庙周围考察。由贝勒庙西北行到巴音乌拉公社，再西南行到日汉乌拉公社。这一天所获石器甚少，但制作石器的原料，像玛瑙、燧石、火石等的碎块却捡了不少。

8月24日上午，仍去贝勒庙南小河旁遗址收集细石器标本。

8月25日上午，到赛汉塔拉西南广场，见有许多火石、玛瑙等石器原料，并于公路上发现1件柱状石核，大家奋力寻找，再未见其他。

8月27日下午，向乌盟领导汇报。贾老就边疆考古的意义、这次路线调查、细石器、古生物化石在科学上的作用、家畜的起源作了简明、通俗、生动、活泼的介绍。

8月28日下午，应盟委要求，贾老在集宁大剧院做报告。盟、市两级机关和职工代表近千人参加。在剧院门口过厅，还展出了这次调查采集的标本。我们这些贾老的随行人员，自然成了解说员。

8月29日，由集宁回答呼和浩特；30日，向自治区党委文教办汇报工作。这次内蒙古北部边疆地区考古调查，于8月9日由呼市出发，经包头市、达茂旗、四子王旗的脑木更、二连浩特市、苏尼特左旗、苏尼特右旗和集宁市，于8月29日回到呼和浩特市。在21天中，行程2500公里，发现石器地点15处，主要是细石器地点，填补了这一空白地区。

8月31日，应自治区文教办邀请，贾老在内蒙古党委礼堂做了《内蒙古在考古学上的新发现和考古学在反对唯心主义与批林批孔中的作用》报告。自治区和呼和浩特市直属单位及各大专院校约500人参加。

（二）雁北

9月1日下午，贾兰坡先生和卫奇、谢骏义三人抵达大同市，开始了山西北部（雁北地区）的旧石器、细石器考察。

9月2日，下午离大同市区沿十里河（武周河）西行，路经云冈石窟并参观之。自云岗继续西行约20余公里到高山公社，附近有细石器遗址多分布于二级阶地上，采得石叶、石片、石核甚多。

9月3日上午，离开大同到达怀仁县。中午饭后再乘车前往怀仁县城西北15公里的鹅毛口。鹅毛口是吕梁山地北端与大同盆地接触带上的一个山谷口，有百十来户人家，河床宽阔，但平时干涸。鹅毛口新石器时代制造场遗址背山面河，其山为二叠纪砂质页岩及煤系构造，其河即鹅毛口河，除洪水来临时外，常年干涸，可通车辆。遗址上的原料地质部门鉴定为凝灰岩、斑岩等火成岩，但附近所见多为沉积岩。

9月4日上午，由朔县城西北行20多公里到峙峪。其地势与鹅毛口类似，只是鹅毛口在一冲积扇面上，而峙峪则峪口切割较深，车行往返于峡谷阶地和河床之间。峪内建有陶瓷厂和包钢黏土矿厂。峙峪遗址在陶瓷厂以下峙峪河旁，所产化石丰富，今日又采集到一件转角羚羊，使峙峪遗址发现的动物化石又多了一个品种。

9月5日清晨8时许，由朔县城出发，车向东行40多公里入山阴县境，尽沿衡山北麓行，到新旧广武城址转南入山谷。沿途边塞建筑呈现，据说有关城九道；最为著名的雁门关，因雨车阻半道，只能远眺雁门关城垣。

9月6日上午，由山阴前往应县，路过山阴县文化馆，参观了该馆展出的化石和文物。对照展出的原始牛、厚河蚌、赤鹿等化石，贾老讲述了它们各自的识别特征和生态习性。看到一件已经开裂的赤鹿角，贾老说，这说明它石化程度浅，年代近，一般为新石器时代的产物。下午到应县辽代木塔参观；塔高63余米，宏伟壮观，造型玲珑，集屋殿亭台楼阁之大成，可谓世界之宝。

9月7日清晨，途中经过大同县与高阳县地界，公路两旁有玄武岩碎块，属第四纪火山群。中午到达晋冀两省交界处的阳原县侯家窑。下车后，我们步行通过村西的梨益河，观察地层剖面，收集脊椎动物化石和石器。1973年夏，卫奇等在此已有发现，经贾老现场确认，是一处在地层和石器方面都很有意义的地点。第一，地层上包含“泥河湾层”灰绿色湖相沉积物，其中有小石器，附近地层有几次间断，说明“泥河湾层”并非都是早更新世的；第二，石器类型中有比峙峪更原始——可认为是母型的东西，对进一步研究华北旧石器传统很有价值。下午返回大同市，路经阳高县古城公社东河岸，见有玉、石、玛瑙、火石甚多，并有人工打击的石块。

9 月 9 日，贾老应邀在大同市博物馆向雁北地区各县代表和大同市文化文物界作《我国远古文化的发现及意义》的报告。报告从四个方面作了简明通俗地阐述：①从国际上的重要发现谈起；②我国远古文化在研究人类起源上所起的作用；③雁北地区旧石器时代文化遗物的发现和意义；④脊椎动物化石的发现与意义。

（三）宁夏

9 月 11 日上午 10 时，贾兰坡先生和卫奇、谢骏义三人乘火车到达宁夏银川。

9 月 13 日，到银川市西北 40 公里的贺兰县暖泉遗址一带考察。发现石器地点三处，有住房遗址和打制石器，并见有完整石磨盘，唯在暖泉大队一地见到几件细石核。

9 月 14 日，上午去银川市正西的贺兰山下，参观正在发掘的西夏王陵。规模宏大，现上部有塌落现象，尚待解决。下午参观自治区博物馆。参观该馆展览时，贾老有许多讲话，其中记下两条：①水洞沟如发现较完好的化石，比发现石器更有意义；②下颌骨男女性别的鉴别，看上升枝向下延伸的部分粗壮与否。如粗壮，为男性，细弱，则为女性。

9 月 16～17 日，考察灵武水洞沟。水洞沟一带有几个地点，大家重点考察和讨论的自然是属于旧石器时代晚期，出土石器众多的第 1 地点剖面。在河沟对岸的第 2 地点阶地顶面地表，捡得楔形石核、石叶和红陶及近代陶瓷片，说明这一带人类在不同时期有过活动。水洞沟属灵武县横山公社，靠北部的长城边墙外，与陶乐县和内蒙古自治区鄂托克旗相邻。大家还越过边墙，采集到一些细石器和陶片、瓷片。在水洞沟西南已被生产队作为饲养场地的地方，据说是当年桑志华、德日进住过的张三小店，现已被风蚀成残垣断壁，成为依稀可见的废墟遗址。

9 月 18 日，在自治区博物馆座谈总结。贾老在会上做了报告，内容有：①宁夏的旧石器时代；②我们这次的工作；③今后工作问题，主要谈有关自治区境内的考古普查。会后自治区博物馆的同志做了整理，区文教局于同年 11 月以《宁夏石器时代考古和意义（中国科学院古脊椎动物与古人类研究所贾兰坡教授在宁夏博物馆座谈会上的讲话）》为题打印出来，供学习研究之用。

9 月 19 日上午，经医生检查，贾老血压升高，看来是连日来过度劳累的缘故。

（四）甘肃

9 月 20 日夜 11 时 10 分乘火车到达兰州。21 日上午，省文化局主管文物的王毅同志和文化局长孟祥启先后到兰州饭店看望贾兰坡先生。下午前往甘肃省博物馆，查看了武威皇娘娘台、砖瓦厂、酒泉下河清等地出土的细石器标本，并参观了该馆开展文物保护工作的化验室和正在举办的《从猿到人展览》。

9 月 23 日，参观省博物馆举办的《甘肃省出土文物展览》，并和省馆领导和主要业务人员一起座谈，省文化局王毅也赶来参加。贾老说："这次来甘进行考古调查的目的有二：一是了解细石器在甘肃的出土情况，考察华北细石器经过甘肃向西分布的通道；二是确定庆阳地区旧石器时代的几个地点，为甘肃省的旧石器时代考古工作提供意见。"并就此作了进一步地阐述。

9 月 24 日，由兰州乘火车到武威。按省文化局的决定，由省博物馆主管业务工作的吴怡如副馆长全程陪同贾兰坡先生在甘肃境内考察。这样由兰州去武威地区考察的连同卫奇、谢骏义共 4 人。武威地区文化局叶述祖局长等在火车站迎候。

9 月 25 日上午，参观武威地区展览馆收藏的文物。该馆收藏有民勤县出土的纳玛象臼齿化石一枚，另一枚臼齿已在省博物馆展出，是该类化石在我国分布最西部的地点之一。下午考察皇娘娘台遗址并参观海藏寺古建筑。皇娘娘台在武威城西北 2 公里的兰新铁路及公路以北，是戈壁绿洲中由灰黄色黏土夯筑成的土台，现仅存残迹，台上原有木构建筑早已不复存在，但坚硬的汉砖却历历在目。土台北面紧靠着齐家文化遗址，曾有细石器出土，因临近村落，人类活动影响很大，原有面貌难以辨清。

9 月 26 日上午 8 时半，考察甘肃马家窑文化马厂类型墓葬群。1972 年修建河西堡永昌电厂库房挖地基时，发现古墓葬群；由省、地文物局工作者共同进行了清理发掘。其中有一把用细石器小长石片镶嵌在骨柄上的短剑和三把短刀（匕首），以及大量的小长石片和石核。1973 年 11 月贾老得知这一消息后，就指出了这一发现的重要性，要求注意保护，不要让长石片从骨柄槽上掉下来，并送来北京参加故宫举办的《全国出土文物展览》。因为它们直接说明了细石器长石片的用途。这次到河西堡来，就是特意考察它们的出土环境的。贾老在现场再次向大家讲述了这一可贵发现的意义和下一步弄清楚小石片和骨柄槽之间的黏结物究竟是什么东西的问题。

9 月 27 日，到民勤县红崖山水库考察纳玛象化石地点。这是纳玛象化石在河西走廊上的首次发现。地点在武威县与民勤县交界的红崖山水库东北角，即水库指挥部以东 0.5 公里的地方，南距武威城约 63 公里。这里原来有一条小河，现在是水库的一个支渠，象牙发现在河底灰色砂层中。由于埋藏地点正在水边上，有部分被水淹没，试掘了一下，发现一块门齿，由于我们时间太仓促，未能进行全面发掘，也来不及打探槽，还未把剖面搞清楚。贾老说："这里是今后值得细作工作的地点之一。如果把这个地点的剖面搞清楚了，对研究当时的自然环境和判断地层时代，以及今后改造自然的建设都会有一些帮助。"大家推测，灰蓝色泥岩位于砂层之上，纳玛象的时代为更新世，而灰蓝色的泥岩属于全新世。

9 月 28 日，由武威返回兰州。

9 月 29 日下午，省文化局在博物馆讲演厅举行报告会，贾老做了《旧石器时代考古学的重要成就和甘肃省在本门科学上的展望》的报告。听取报告的有省市文化、教育、博物、图书、文物界人士和兰州大学、西北师范大学历史系师生及地学界科研生产单位的人士共 300 多人。

10月1日国庆节，下午，应敦煌文物研究所常书鸿夫妇（夫人李承仙当时正在省博物馆工作）之邀，卫奇、谢骏义陪同贾老前往家访，共叙1948贾老访问敦煌的旧情。10月4日，贾老、卫奇在王毅、吴怡如等陪同下参观平凉地区文化馆收藏的脊椎动物化石。

10月5日，贾老、卫奇、吴怡如、谢骏义等由平凉地区文化局张映文陪同，前往灵台县雷家河看化石产地。因达溪河水暴涨所阻，无法渡河观察，随即又经独店南下灵台县城。下午贾老等在县药材收购站察看龙骨化石。计有乳齿象、剑齿象、纳玛象、板齿犀及三趾马、真马、虎、猪等第三纪后期及第四纪哺乳动物牙齿。贾老介绍，板齿犀化石十分难得。随由省博物馆购得做展览之用。

10月6日，考察泾川郝白东沟化石及石器。泾明公社干部刘玉林是一位考古爱好者，曾在泾明郝白东沟发现化石点，并于河床中捡得紫红色石英岩石核1枚。这引起了贾老的重视，决定渡过泾河到北岸考察该地点。中午饭后，在民工的护送下，我们涉水过河。已是深秋天气、寒气渐盛，涉水泾河之上，水冷异常，卫奇因此而激发出了心脏病，造成终生遗憾。据贾老观察郝白东沟化石地点，与山西保德红土顶部的性质相似，淡红色、质地坚硬、钙质富集，于下部沙及透镜状灰绿色黏土中得一枚三趾马化石。

10月7日，在庆阳北石窟寺文管所张鲁章引导下，贾老、卫奇、吴怡如、谢骏义等到西峰镇西偏南20公里考察镇原县寺沟口旧石器地点。寺沟口地点是张鲁章同志几天前刚发现的。地点的剖面是：上部为黄土、黄土之下有1～2米的红色土，红土层之下为灰绿色沉积物，化石及石器产在灰绿色沉积物上部。这里灰绿色沉积物的厚度可达30米，从灰绿色沉积物之上有红色土的堆积物存在，贾老推计它的时代为旧石器初期后一阶段到旧石器时代中期。估计可能早到20万～10万年前。

10月8日，考察镇原县姜家湾旧石器地点。姜家湾地点是张鲁章于1965年发现的。材料由谢骏义带至北京研究中。这个地点的层位与寺沟口地点基本相同，也位于红色土层之下的灰绿色沉积物中，其上的红色土都不厚，时代大致相同。贾老讲，红色土是杨老先从黄土层中划分出来的。姜家湾的红色土其颜色比丁村的要深一些。

10月9日上午，考察西峰镇东约20公里的庆阳县温泉公社巨家塬龙骨沟旧石器地点。巨家塬地点由中国科学院地质研究所于1964年进行发掘，1965年发表了有关哺乳动物化石的材料，至于石器和"骨器"至今尚未发表。这里的石器发现于河沟第二级阶地黄土之下的灰绿色沉积物中，根据已发表的化石名单，原著者把时代定为更新世晚期，与内蒙古萨拉乌苏的时代对比，贾老认为是正确的，从地层上看也是符合的。除了过去张鲁章采集了一批外，这次我们又采集到一些石器材料。

10月10日，考察庆阳县西北60公里的环县曲子公社楼房子大队柏林沟口旧石器地点。楼房子地点由西北大学1963年发现，1964年西北大学地质系、甘肃省博物馆进行了发掘。有关哺乳动物化石部分1964年陕西省地质学会召开会议时曾作了学术报告，石器部分尚无报导。化石和石器主要发现在第二级阶地黄土之下的灰绿色沉积物中，时代与巨家塬相当。这次我们在这个地点仅仅两小时工作，即发现有数十件石器材料。材料的丰富情况是少有的。同时在灰绿色沉积物中有黑色物质，其中的骨器也是黑色的，很像灰烬。

10 月 11 日上午，贾老等去环县的人员返回西峰镇。下午地区召开座谈会，我们汇报了这次工作。在汇报会上贾老着重讲了楼房子，他说："这次发现的 4 个地点，以楼房子最好，有化石、石器、灰烬等，地层清楚，内容丰富，比萨拉乌苏还好，其石器的分布情况比周口店要集中，很值得进一步做一做。"贾老还针对庆阳地区出产"龙骨"很多，但科学保护薄弱的问题建议说："这里应有专人办一下此事。（这里）一个地区比欧洲有些国家还要大，应当有专门管这事的人，先把它保护起来。"

10 月 12 日，上午由西峰镇返回平凉。下午，贾老向平凉地区文教干部做了《甘肃旧石器时代的未来展望》报告。贾老报告深入浅出，由周边的新发现谈到平凉本地，很有鼓动性。

10 月 13 日早由平凉动身到达天水。车西行再过六盘山，南下入庄浪县境。在庄浪县文化馆贾老对一件出自该县朱店的战国青铜短剑很感兴趣，因为它的形状很像河西堡鸳鸯池马厂墓葬出土的细石器双刃短剑。他说："这青铜短剑可能是由细石器双刃短剑发展来的。"

10 月 15 日，在天水地区文教局霍局长及王彦俊陪同下参观天水市、天水县文化馆收藏的古生物化石，见有剑齿象、犀牛等。

10 月 17 日上午完成工作总结，贾老再次强调楼房子的意义。详见《甘肃省考古路线调查小结》（油印搞）。

10 月 18 日，结束这次内蒙古、雁北、宁夏、甘肃之行。清晨，贾兰坡先生由卫奇陪同离开天水站向北京返回。晚上，西和县文化馆委托县宣传队蒲玉送来化石，谢骏义进行了鉴定，计有陆龟 2 件、东方剑齿象臼齿 2 件、剑齿象残牙 1 件、犀牛上牙 1 件、牛角 1 段。

三、两 点 感 受

这次跟随贾兰坡先生到内蒙古、雁北、宁夏、甘肃四省区作野外考古调查，使我有较长时间能与贾老朝夕相处，聆听教诲。先生言传身教，很多感受在此不必一一细说，这里只提出与这次四省区之行目的直接关联的两点感受，以表达对先生的缅怀之情。

1. 研究古人类学、旧石器考古学及古生物学，要亲自去跑、去看、去找

贾兰坡先生这次四省区野外考古调查，自 1974 年 7 月 31 日由北京出发，10 月 19 日回到北京，历史 81 天，往返行程上万公里。从上面我摘录《学习札记》的行程中看出，在这 81 天里，除了总结、座谈、汇报外，几乎每天都在奔波，三天两头更换住处，

追寻新的地点，期盼有所发现。这样长时间的野外工作，即便是身强力壮的年轻人已感相当疲惫，试想年近古稀的贾老该是如何劳累了！

接下来的1975年，贾老又去了东北三省。在他1975年12月2日写给我的信中这样说："我这次到东北去，和去年在西北出于同样的目的，就是了解细石器向北分布路线。其实只不过想在分布图上划个箭头，表示分布路线，可是这个箭头很难画，整整跑了三年才有一个大致的眉目，这个眉目就是我的收获吧！"从中可见贾老的治学态度和为本门科学奋斗不息的精神。

贾兰坡先生何以有这种奋斗不息的精神呢？二十多年后，这位大科学家在为少年朋友们写的小故事《悠长的岁月》中做了回答。他在这本书《寻找细石器的起源》一节里，回忆1974年的这次考察时，写道："我以66岁之身参加这次长途旅行考察，我因为能为本门科学奋斗不息而感到满意。前人教导我，搞好这门科学要'三勤'，即'口勤、手勤、腿勤'。前人的教导虽然只有六个字，我却深刻地感受到它对我的成长和成才带来了莫大的教益。研究古人类学、旧石器考古学及古生物学和搞地质学一样，如果不亲自去跑、去看、去找，只仰仗向别人要点材料做研究，是永远也不会成功的。"

2. 站在我国旧石器事业发展的高度，培养和支持地方后学者

贾兰坡先生十分重视地方旧石器考古人员的培养。他说："我们国家这么大，单靠在科学院工作的十几位同志，旧石器时代考古学很难发展起来。只有当地方的同志成长起来，中国旧石器时代考古事业才能兴旺发达。"而我正是切身感受到了他的培养和支持的一个人。

首先，我是在贾老"要培养自己地方的考古工作，可以派人到我们研究所来进行"的建议下，由甘肃省博物馆派遣，来中国科学院古脊椎动物与古人类研究进修的。当时就凭着负责甘肃文物工作的王毅同志的一封信，年近古稀的贾老热情地接收了我这个甘肃地方来的进修生。其次，为了把"文化大革命"中丢掉的时间抢回来，贾老在取消了星期天和节假日休息，加倍工作的情况下，拿出宝贵时间给我以悉心指导和帮助的。他为我一个人讲课，制定进修计划，指定阅读数目，寻找练习标本，检查学习情况，随时解答疑问。再次，跟随贾老到内蒙古、雁北、宁夏、甘肃四省区的这次考察，就是他特意安排我进修期间的一次野外实习。特别是后期到甘肃东部去，他花了将近20天的时间，到平凉、庆阳地区的几个地点上现场指导，具体帮助我在甘肃开展旧石器考古工作。最后，当我返回甘肃两个月后，把整理的这次进修汇报材料——《甘肃庆阳地区旧石器》文稿寄给贾老后不久，就收到了他逐字审阅提出的长达2500多字的修改意见，并来信督促我修改后推荐到《古脊椎动物与古人类》上发表了。今天，当我手捧贾老以年近七十高龄之身，一笔一画工工整整书写的4页《对谢骏义、张鲁章写的〈甘肃庆阳地区旧石器〉文的意见》时，不能不热泪盈眶，浮想联翩，再次为贾兰坡先生对地方学者认真负责而花费的心血所感动！

应该说，受贾兰坡先生指导帮助而被感动的人不只是我一个。晚年，贾老除了他正式招收培养的研究生外，还接受了像郑州大学王兵翔等人的进修。而在山西省，几代旧石器考古工作者，许多人都有接受过他教诲或帮助的经历。从边陲云南到东北大地，我国很多地方都有得到过贾兰坡先生指导或帮助过的考古工作者。就像黑龙江省博物馆魏正一在《庆贺贾兰坡院士九十华诞国际学术讨论会文集》中所写的："年轻的晚辈们无论什么时候去请教，他总是热情接待，耐心解答问题。""他从不保守，不怕你把他的知识、本领都学了去，而是充满耐心，使人感到他在为你加油鼓劲，期望你成功。"正因为如此，贾兰坡先生在我国文物博物馆学界，成了一位极受尊敬和爱戴的学界长者。

贾兰坡重庆北碚、大足、铜梁之行

侯 江 胡渝娟

（重庆自然博物馆）

1984 年 3 月初，贾兰坡到重庆，在北碚、大足、铜梁等地游历、考查了一番。

上午，贾老与九三学社同志在重庆市博物馆方其仁副馆长的陪同下，参观了北碚陈列馆。下午，贾老和方馆长及九三学社同志一起离开北碚驱车去大足。随行的还有在北碚陈列馆工作的市博物馆动物部的几个二三十岁的年轻同志，胡渝娟、赵小玲、方琳等。

经过几个小时的奔波，晚间才抵达大足县城，下榻于大足宾馆。次日在大足石刻博物馆馆长郭相颖的陪同下到大足石刻参观游览。之后，又驱车到达铜梁县。

在铜梁县文管所所长叶作富的陪同下，先观看了文管所的文物库房，之后到达县城西门外的西郭水库“铜梁文化”遗址。该遗址于 1976 年春在修建西郭水库的过程中、清理坝基时出土了大量旧石器，1978 年开始正式发掘。贾老曾到此地进行过考察。

由原永川地区所属的铜梁西郭水库，1975 年 11 月 21 日批准修建。在铜梁县铜部区七个乡近两千民工的参与下，1976 年元月正式破土动工。随着动物骨骼、牙齿化石的大量出土，县文化馆派员察看，重庆市博物馆也派出李宣民、黄蕴平（后考取北京大学考古系研究生）、张俊等到现场勘察；又随着大批器形标准的旧石器石制品的出现，中国科学院古脊椎动物与古人类研究所派出张森水研究员，会同重庆市博物馆李宣民、杨兴隆以及贵州省博物馆曹泽田等，对这批出土文物进行了分析研究。再随其后，中科院学部委员、九三学社中央委员、古人类学专家贾兰坡先生，中科院古脊椎所尤玉柱、董枝明、王存义、王哲夫、卫奇、黄慰文，北大教授吕遵谔、研究生黄蕴平，重庆市博物馆方其仁副馆长等专家和考古工作者先后来到此地进行实地考察和发掘工作。

遗址发掘地张二塘，海拔 350～400 米，多分布有顶部较平的圆形山丘。这是一个半封闭的谷地，一条全新世发育的化龙沟小溪穿流而过。

面对一泓平静的湖水，虽然已经没有了近十年以前的热闹、繁忙，然而面对“铜梁文化”遗址，如同面对亚热带或暖亚热带气候温暖湿润、植被茂密、果实丰富、大量动物活动其间的更新世晚期适宜于古人类生活的场景；如同面对两万年以前的旧石器晚期铜梁先民在这里从事劳动生产和繁衍生息的历史，他们操作着粗大而厚重的石片、石核等制作的刮削器、砍砸器等工具，采集食物、从事狩猎；如同面对一段中国考古发现的历史，面对当年清理地表以下 8 米的沼泽相地层、出土令人惊喜万分的近 400 件旧石器、4 目 10 种约 1000 件哺乳动物化石以及数立方米乌木的发掘现场史；如同面对一幅古代动植物画卷，面对东方剑齿象、亚洲象、中国犀、巨貘、獐、水牛、牛、鹿、羊、熊等哺乳动物群和楠木、白楠、胡桃、亮叶水青杠、野核桃、云山稠、南酸枣、蕨类、菊科等植物群……这些考古材料一部分留在了铜梁县博物馆供人们参观学习，一部分成为相关机构的科研材料供研究人员研究，由张森水研究员研究定名为“铜梁文化”，并合作写出成果《铜梁旧石器文化之研究》、《铜梁旧石器遗址自然环境的探讨》等。这些留在记忆里的片断，在历史的现场一幕幕重现。这一切怎不引发贾老一行人的思古之幽情呢。一阵感慨后，又顺路到铜梁城内邱少云烈士纪念馆参观。

其后，途经璧山县返渝。

离渝前，贾兰坡院士在宣纸上给方其仁副馆长挥毫题字：“其仁馆长：携起手来，共同工作。贾兰坡 一九八四年三月六日。”

致谢：感谢重庆市博物馆方其仁副馆长热情提供宝贵资料！

贾兰坡：人生意味深长的句号

姚敏苏

（文物出版社）

2001年7月8日11时44分，一位93岁的老人走完了他的一生。17日上午，北京八宝山殡仪馆大礼堂门前，陆陆续续聚集了上千人。地质界元老刘东生院士，北京大学考古学系教授、年逾八旬的宿白先生、邹衡先生，北京师范大学历史系教授、90高龄的启功先生，中央美术学院美术史系老教授金维诺、汤池先生，中国社会科学院考古研究所研究员、中国考古学会理事长徐苹芳先生，国家文物局、中国科学院、北京及各省的多家文物考古机构、大学的领导和数不清的老老少少的学者纷纷赶来，看老人最后一眼，为他送行。老人的学生们更是齐聚北京，为老师再尽尽孝心。签到簿很快就写了满满的六大本。仪式结束时，刚刚从美国赶回奔丧的贾老学生董祝安，从机场直奔八宝山，听说老师已经被送到后面的火化间，拼命冲进去，与恩师做最后的告别……

一切动人的场面，是为了一个响亮而受人尊敬的名字——贾兰坡——史前考古学家与古人类学家、中国科学院古脊椎动物与古人类研究所研究员、中国科学院院士、美国国家科学院外籍院士、第三世界科学院院士，周口店北京人头盖骨的发现者之一。

一、最后的采访

2001年2月8日，我与同事李莉、文友谭宗远拜望了93岁高龄的贾兰坡老先生。在贾老家狭小的客厅里，名副其实地“促膝”交谈了一个多小时。我觉得我很幸运，从此结识了这位仰慕已久的可敬可爱的老人。却万没有想到，仅过了五个月，贾老就走了。同他的这次晤谈成为与贾老永远的一面之缘。后来据他的家人说，我们是贾老生前接待的最后一批采访者。重读当时的采访笔录，对这位可敬的长者，又有一层新的认识。

（一）贾老谈人类起源

近年来，人类起源于何地的问题重新成为学术界关注的焦点，利用一些新的研究方法，有人作出结论，认为非洲是人类起源的中心。也有人认为证据不足，不同意这种观点。去年，李莉为书稿事拜望贾老，顺便问及对此事的看法。贾老并未说同意与否，却不急不慌地回答了一句："我这儿不是正写文章吗？我要把他们都领回来！"李莉吃惊之余，觉得这话越琢磨越有味道，"这才是贾老的话！"她兴冲冲地跟我学说之后补充道："只有这老太爷能说这种话！"她的兴奋缘于对贾老的了解：他的平民出身，和由此造就的朴实的语言、善良平和的性格、平易近人的风尚，还有他祖师爷般的学术地位。

这句话也让我眼前一亮，并成了我采访贾老的开门话题。寒暄之后，我问贾老："这两年不是人类起源西来说的事在学术界炒得挺热闹的吗？听说您要写文章把他们都领回来，您是怎么想的？"

一句话引来贾老对他的学术之路的回顾——

大家都说，欧洲没有希望了。最有希望的在哪儿呢？全世界人都说在非洲，其实并不在非洲，在巴基斯坦以东到包括云南的广大的高原地区。为什么说在这个地区呢？最早有一个说法，即亚洲说，是美国一个叫奥斯朋（Osbern）的人提出来的，他是美国纽约自然历史博物馆的馆长。他20年代到中国来做演讲，认为人类起源于蒙古高原。他认为蒙古高原对人类的演化更有利，因为地域高寒，比较穷，促使他不往前发展不行。这个理论在世界上流行了一大阵子。我参加工作的时候正是其流行的时候。1944年我到这个地方各处走了一下子，尤其是跟裴文中，我们几个为了了解丝绸之路，河西走廊也去了，一直到敦煌。蒙古我也走过前后三次。我看这个地方不利人类起源。

为什么说在巴基斯坦以东呢？包括印度，以及广大的西南地区，云南那一带。为什么这样说呢？因为这个地方是人类分布的中心，就是北京人这个时代，往北到北京，往南到爪哇，往西到德国，这样看起来这个地方是中心点。而且这个地方有很多的发现，印度也有发现。看元谋这个地方，希望就很大。

我暗暗佩服：贾老从当代史的发展看历史，把问题放在活的历史中来做研究。只有历史学家才有这样纵向的、深远的眼光，可以把人类社会看透。而他，身为古人类学家，却并不是只钻到古人类学的故纸堆里，对当代社会，也有着极大的关注。这种关注，贯穿了他的一生。

说到这儿贾老突然转了话题——

可惜现在中国人搞这个东西的很少，现在都奔钱了。这个东西最苦，最难搞，地层找出东西你才敢说话，在哪个地层你得弄清楚，多高的山你也得爬，多深的水你也得想法子过去，才能找到东西。吃苦，耐劳，不挣钱。我们现在就让这个穷字拉下来了。怎么能上去？我现在都九十几了，还收了一个博士生。我说我现在眼睛也不好，不能出去，我至多收一个。还有一个朝鲜人还很愿意跟我学。愿意学就帮他们一把，自然对国家、对个人都有好处。

我赞叹他的魅力大，而贾老谦虚地说：不是魅力，我就是跟青年合在一起感觉很好。

我接着问：那您说他们说的从非洲来有道理吗？

贾老说：没道理。现在不是奔我们这儿来了！

我问：让您给领回来了？

贾老说：不是领回来了，人家都扑到这儿来了。早扑来了。美国出版的书说，在中国这块地方容易找到。已经这么说了。那会儿还有人不同意，我说你不信等着，咱不怕！

（二）大科学家讲小故事

贾老的回忆录《悠长的岁月》，是一套丛书“大科学家讲的小故事”中的一本。在这本书里，他用他那特有的平实质朴、不无幽默、带点河北味儿的老北京话，把一门大学问，讲得如同老爷爷慢慢悠悠给小孩子讲故事，非常引人入胜。谈到这本书的写法，贾老的话匣子又打开了——

这个人哪，科学知识之所以发展不起来，就是写法都是过去八股式的。我们写东西应该给谁写呢？给读者写。读者看，这个书才有作用。读者不看没有作用。就是我们没有很好地宣传科学。科学知识起得慢，就是宣传太少。写的文章，专门让外人看不懂，这才叫专门文章。我就跟他们相反。即使专门的，也应该跟读者打在一起，你的科学才会理解才会重视。你老是说自己多懂，打着教育人的方式，都不爱看。起码平等吧！一直我就是这样去做的。即使专门的，我也用口语，你给别人看，别人懂才行。我有时候写一本书，先让我老伴看一看，能懂不能懂，懂得就可以了，不懂我再想想办法。我之所以工作好做，张劲夫有几句话：安、钻、迷，三个字，安心，钻进去，着迷，才能做成学问。过去一直按这个路子走，对这工作非常感兴趣。

贾老从多年以前就开始为孩子们写文章，像1984年《少年科学》杂志上的《成功道路何在》，1986年《著名科学家谈智力开发》一书中的《莫等闲，白了少年头》，1983年香港三联书店出版的科普画册《人类的黎明》，1994年香港商务印书馆出版的《中国古人类大发现》，等等。在《悠长的岁月》中，他说：“我极力宣传、普及这门科学，从上述的一些评论中，也可以看出人们是多么的喜欢科普性的读物。如果专写学术性的文章，在文章中罗列一大串专用名词，有谁爱看和看得懂呢！科普作品也许不被算作成绩，不算成绩就不算吧，反正我不是为个人成绩而活着，只要问心无愧就心满意足了。”不仅是专业文章，他还在持之以恒地履行着他的社会责任。

我想写这么一件事，好像闲话似的，随便说说。现在据说十六七岁的孩子吸毒，这不得了！还有法轮功这些个危害。我就是想用这个东西救救青年，给青年说一说，一段一段的，最大的不过四千字，小的不过两千字。最要紧的是青年。老头子挽救青年，是应当的。

（三）贾老的入门书籍

众所周知，贾老当年是以高中毕业生的身份考入中国地质调查所新生代研究室作练习生的，他的专业之路一定是神奇而坎坷。我忍不住问：您又不是学这个的，直接参加的工作，怎么一下子就迷上了？没想到顿时勾起他的兴致——

你想想，最先我一点儿不知道，从零开始。这个发掘呀，我也不大高兴，老趴在那儿，趴着，坐着，蹲着，在那儿发掘。可是啊，你看见一个牙，什么牙？我也不知道。人家旁边工人就告诉我，这是鹿的，这是马的，这是羊的。工人都懂！人家都挖过多少年了。唉！这个有意思！待会儿又出来一个，又出来一个。哎哟，这好玩儿！由那儿起一有工夫就干这个。越挖越多，越看越懂。后来我就跟书联在一起，我要没书也不行。那时书非常少，这门科学还没成立呢，我们那个时代。但是有一本书，对这书我非常高兴。一个是哺乳动物的简介，英文本的。地质科学院，中国地质调查所，全图书馆就这一本书，他们当宝贝。后来没办法，裴文中搭上五十块钱印了十本，当时影印的，自己拿了书皮儿印的。太少了，十本书，给了五十块钱，裴老他认识。

谭宗远问：给了您一本？

贾老像是有些委屈，大声说：我买的！花五块钱买了一本。后来在东安市场花十五块钱买了一本英文的，就是 Osbern（奥斯朋）的。这两本书还就在我旁边搁着，都在！它领导我走上这条路的，书不扔！

我明白了：您是从实践到理论，先有实践经验，然后补充理论知识。

贾老点头：嗯。越来越多越来越多，越多越高兴。我这人怎么生活？就是这样生活的：有时候痛快一阵子，浑身痛快。什么时候痛快？这个工作我不知道，忽然知道了，我非常痛快；或者文章没写完，我写完了，我痛快。可是，没痛快几天，又发愁了，又研究新的东西了，哎呀，怎么着也出不来。后来，完了，痛快一阵子。反反复复的。其实有好些个人，就不大愿意做这个工作，做这工作也没成绩。为什么？他不想再做了。我呢？一没工作，自己找工作去。还是愿意做，愿意吃这苦头。我在中国走过不少地方，除了西藏没着过边儿。他们文化局长来了，我问能去不能去，他说最好别去，连我在那儿都不舒服。其实冰大坂我去过，在新疆，上了冰山，四千三、四千四，相当难受了。那时我还年轻。上太快了，坐汽车去的。天山南麓、天山北麓的中心线。要给我照电影儿，我说别照，我这照了不好看，不定什么样呢！也没照。

（四）与裴老的友谊

贾老有一些尚未结集的文章，不久前李莉想鼓动他整理出版。但是，由于其中有 20 世纪 60 年代与裴文中先生关于北京人是不是最早的人类的论辩，贾老出于对老友的尊重，决定放弃出版。

贾老：其实我们公开地辩论了好几年，都发表了。裴老都不在了，出它干什么？

姚：您写一篇序，把这些都说明白了，也说一下学术之争并没有影响你们的友谊。

贾老又来了精神：我们的友谊还真没有影响。奇怪的事。那会儿人跟现在人不同。现在人，比如这个地点是他去的，就变成他的地了，谁都不好动了。这是最大的错误。

因为别人不插手，等于你一个人说话算数。别人插手研究了跟你不一样，这就不一样。你要错了，人家可以给你更改，这才是正常的。过去还有。要是外国人说你错了，他可以和你辩论，但是他不要求你改正你的错误意见。有个艾兰，是个澳大利亚人，他要写一本书。他来北京，我俩谈了两天也没谈清，谈不下去了。后来他把我的意见写出来发表了。为什么呢？他说澳大利亚人是六万年前坐着划子，知道吧？就是木排，不是真正的船，渡海过来的。他确实花了不少的工夫，绝没有现代的东西，都用古代的东西把划子怎么摆上，系上，连上。他确实走过这个海峡，由澳大利亚渡到这边的大陆。我说你为什么要用这个？本来东边在地质上是下沉地带，而在冰期以后海面可以下降一百米，这一百米，全都通了。他说不，我们这儿有一个海峡，更深的。我说更深的也不要紧呢，那时候是湖啊，绕着还可以过去呀！这样我俩……我说你做什么？他说做探险。我说六万年前谁探险？没有目的。我说你划，旁边还有保护你的，还有船跟着你，吃的喝的全有。他怎么能划过来？能划他也不敢划。就僵持在这上头，不成，弄不到一起。他回去写书把我这段写上了。

姚：那您说您跟裴老呢？

贾老：裴老说什么呢？就说没有早的石器，比北京人再早的人没有。我说不行，早期得有人，周口店石器那么好，要没有怎么解决这个问题呀？解决不了。当时这个事情参加的人非常多，用报纸发表的材料我收到的就这么一堆。各路的人都参加。还不到60年代，可能是50年代。我那些报纸上都有地点，《人民日报》、《光明日报》都参加了。

姚：争论到最激烈的时候激烈到什么程度？

贾老：其实也没什么激烈，就是讲道理、摆道理吧。结果还是我的文章《泥河湾期的地层才是最早人类的脚踏地》。泥河湾期，这是地质时代。泥河湾期是一百万年以前的地层，地层里头含着人类活动的遗迹。这个不过几十万年。也有外国人跟他一样。

贾老在《悠长的岁月》一书中也写到了这场辩论。他说："因为讨论的都是学术问题，在学者之间因观点不同而争鸣是很正常的现象。有时争得面红耳赤，但并不伤感情。我和裴先生经常用争鸣得到的稿费，一起到饭馆'撮'一顿，杨钟健知道了，也凑热闹地和我俩一起去蹭一顿。"

贾老去世后，裴家后人到贾家吊唁时，对贾老的子女说，老一辈的恩恩怨怨已经过去了，咱们两家的后代将来还要多往来！这些令人感动的话，一定会让九泉下的贾老和裴老欣慰的。

（五）有朋自远方来，不亦乐乎

93岁的贾老一点也不落伍。进门不久时，我的手机响，可是楼里没有信号。贾老指着身边茶几上的家用电话冲我说：打这个，比那强（指手机）！又把手伸进毛衣领口，在内衣袋里摸了半天，掏出几张名片递过来，也找我们要。说：我这儿收了一沓子人家的。事后谭宗远在文章里写道：这个举动不仅使我感到有意思，也一下拉近了我跟他的距离。

无奈到了极点，就只有自我解嘲了。贾老的豁达是他长寿的原因。他因此也获得了大家的尊敬与爱戴，不论什么辈分的人，都愿意找他聊天，帮他干事，他也离不开朋友们。

李莉问：贾老，您为什么不愿意搬到院士楼住呢？

贾老：院士楼二百平方米呢，我要那么多干什么？这儿来个人多方便，常来人哪！上那儿去就远多了，在中关村那边儿呢。

李莉：贾老特好客，特平易近人。您人缘儿好，所以人家都愿意来跟您聊天儿。

贾老：（得意地指着头发）我这头没花过钱！我们同事，比较年轻的，也都退休了，六十多了，昨天给我理的。他给理理，我自己洗洗，挺好。我跟您说，这人哪，要是不亏心呀，不怕半夜鬼叫门，是非常有道理的话。我平时没做过什么对不起人的事，心里头愉快，张三我也没对不起，李四我也没对不起，这倒成了我一个很优先的高兴事了，坦坦荡荡的。

二、不尽的追思

2001 年 7 月 18 日，贾兰坡先生葬礼后一天，他的三位学生，上海的陈淳、山西的王益人还有北京的李莉，在北京的老北大红楼相聚。这些同学天南地北，相聚不易，但此番聚会，又暗含着几分凄楚。昨天的葬礼上，我约请他们能否同我谈一谈他们记忆中的贾老，他们欣然应允。为贾老再做些事情，把贾老的精神介绍给更多的人，大家仿佛有一种义不容辞的责任。

大家你一言我一语，谈论的都是贾老，我尽量少插话，从旁暗暗体会这位大家的风范和他无穷的人格魅力。在这篇文字里，也尽量少加修饰。

李莉：益人，贾老曾经想出一本书，是当年与裴老关于周口店北京人是不是最早的人类的争论，一些没有发表过的文章，翻到你爸爸的一篇文章，跟我讲："王建是我的老朋友啊，这文章从来没有发表过。"我看你爸爸用的稿纸都是黄的，我问贾老，这怎么像新中国成立以前的呀？贾老说："新中国成立以后，刚刚解放。"

王益人：那是 50 年代那种草纸，就像过去商店里包蛋糕的，我家里还有一叠呢。我零零碎碎听我父亲说起，他 1953 年开始到北京来进修，当时是裴老、贾老一块儿带。

我父亲和贾老关系不一样，从学术上、为人上互相讨论、互相支持。关于《泥河湾期是最早人类的脚踏地》那篇文章，实际上那场大争论就是从那篇文章起的。当时是贾老给我爸布置的一篇作业，说你观察一下周口店人标本，我出去几天，回来时你给我谈谈想法或写个东西。回来以后我父亲把这思想和贾老交流了，贾老认为很重要，他们两个一起把这篇文章完成了。这就引起了裴老跟贾老的争论。

我觉得，老先生们这场争论，是中国旧石器考古史上的一段，对中国旧石器考古起了相当大的推动作用。当然从此分成了两支，这两支从学问上、各方面表现出很大的不同。我觉得有不好的一面，也有它好的一面。贾老多次表示，我们要敢于突破，要敢于把过去的东西推翻。当时要推翻那个观点非常难。可贾老坚持真理，坚持正义。

李莉：但贾老是友谊归友谊，学术上的东西不影响我们个人之间的关系。

王益人：对，到晚年我们到他家里聊天，他非常怀念裴先生，“裴先生是我老师”，他这么说，“是他把我带上这条路的，在周口店的时候教了我好多东西”。

陈淳：丁村遗址是周口店以后最大的发现。那时候裴老、贾老这些中国第一代考古学家全部在丁村，你父亲也在一起是吧？所以后来山西成为中国旧石器考古的摇篮一样的，除了周口店以外第二个就是山西。这并不是说山西的旧石器比其他省市多，是因为贾老、裴老这些第一代的考古工作者大量工作集中在山西，还有你父亲那一辈人。其他省市发现得好像没有你们那么多，就是没有前面开路的人。

王益人：丁村遗址是中国旧石器考古的一个里程碑，它跳出了周口店这个圈子，这是一方面。再一方面就是培养了一批人。中国的第一代旧石器考古学家成长在周口店，第二代就是在丁村，当时邱中郎先生、吕遵谔先生、我父亲都参加了丁村遗址的发掘。

姚：贾老去过多少次？

王益人：贾老就一直在那儿带队呀。从他《悠长的岁月》里可以看到，有一段就是专门讲丁村遗址发现的。发掘过程中间，贾老的父亲去世了，他回来奔丧。突然说是丁村发现人类化石了，赶紧赶回去。在那儿发掘了两个多月。这之后第二个就是匼河遗址，贾老带队指导，我父亲负责发掘。发掘匼河的时候又发现了西侯度，这一线就从50年代跨到60年代的1963年。1964年搞“四清”就断开了。50年代到60年代主要工作集中在山西。贾老常说，山西你是旧石器的老大哥，你们可要努力呀！老跟我说这个。

姚：他最后一次去山西是什么时候？

王益人：1994年，我们开丁村文化国际学术讨论会。当时在太原，没有去丁村。他想去，我们不敢让他去。也是这个天儿，7月份，特别热。那时候他86岁了。当时聊了很多，零零碎碎想不起来，大的印象就是他对学术发展特别关心，对年轻人的成长特别关心，特别支持我。

姚：批评过你吗？

王益人：也批评过呀！我去年还是前年，给他拿一张照片去，高高兴兴地给他的时候，他一瞧：“多会照的？我不要这没有写字的照片！”就是他过生日我给他照的，带回去冲洗了给他送去。他说：“我每张照片背后都要写字的，不写字一点意义都没有。”我就赶紧给写上，写得清清楚楚的，日子也写得清清楚楚的，几年几月几日，谁拍的，他才要。他非常严谨。我第一次写文章，《石片形制研究》，写石片打制的力学方法，石片是怎么样破裂的，怎么样掉下来的。当时别的人说，学物理的这东西能用吗？贾老却非常支持，说：“好呀！这个东西太好了！这文章放在国际上也是一流的！”还对我说：“年轻人就要有年轻人的朝气！”

憨厚的王益人言谈中对贾老充满敬意。我忽然觉得，这恐怕不仅因为他和他父亲两代人与贾老的感情。我没有见过王建先生，却发现王益人与照片上年轻时的贾老，仿佛哪里有几分相像，不知他自己有没有意识到。

我家里跟他经常走动。我们老爷子 1996 年最后一次到北京来。他每年，北京有点事情就推一推，推到 11 月份才说："我去看看！" 11 月 25 号是贾老的生日，一般都赶在这个时间来。从 1991 年到 1996 年，年年不断。

面容清癯的陈淳先生是道地的上海人，认识他以来，我总不能把他的形象同旧石器考古艰苦的田野工作、甚至同贾老这典型的北方人性格联系起来。而陈先生谈起贾老来，却同样是感情颇深的，尽管有南方人的矜持，尽管是一口上海口音的普通话。

陈淳：你到贾老那里去，可以坐在他前边跟他聊。有的先生就不行，有一位教授有两个研究生，只能五分钟站在他的前面，毕恭毕敬地讲，看他脸色不对不想听了马上就走。我和他基本上可以无话不谈的。老先生最喜欢聊的是过去的事情。他以前怎么样怎么样，以前跟卞美年怎么样怎么样，跟裴文中怎么样怎么样，在野外怎么样怎么样。他有那么厚（比划三四寸厚）的一个书信集，跟裴老的。裴文中到法国去留学了，战争吃紧的时候，他准备回国的时候也写过许多信。我去时很奇怪，坐一会儿他就说："你来你来！"就去开始翻这个信了，一张一张翻。他说你帮我看看，这张是什么东西。裴老的字很难认。他说："有几个字认不出，你帮我一起认，这是什么字。"他在翻什么呢？他发现三个北京人头盖骨的时候国外的反应。国外报道以后，裴文中马上发了贺卡，明信片。裴老当时在法国，1934 年去的，1935 年贾先生把周口店的发掘接下来了。这里一有什么发现，裴文中一张一张明信片就这样子过来了，上面对贾先生怎么称呼的？贾兄？兰坡，好像是。听说你发现了几个头骨，国外非常轰动，怎么怎么的。我估计裴文中在那里的时候钱也不是很多，说打电报很贵，要几个法郎，所以我现在写个明信片给你吧，稍微慢一点。那时候我到所里，贾先生并不说你应该做什么，就是看书，多看些标本，有时候靠自己摸索。

姚：你们最让他兴奋的事是什么？

陈淳：我在研究生院有一次毕业考试英语考了九十几分，我跟贾先生说了。后来贾师母跟我说：哎哟！贾先生开心死了，今天为这个事情多喝两杯！当时帮他处理信件比较多。他的外语的东西都是我来处理，来的信他叫我马上念给他听，他又马上回信。所以我在的时候他回信回得很勤。一有什么事情我可以马上帮他回信。我记得有许多信是找北京人头盖骨的。那个时候也关注，但仅仅是学术界在关注，或者贾先生自己在寻找。他一直在寻找。他有许多朋友，他到国外访问的时候，比如瑞士的大使，有些人自己找上门来，像美国纽约自然博物馆的馆长，跟他有私交的，都给他提供一些信息。这两年变成个热点炒作了。他到处在找，没有什么可靠的线索。出国有时候跟一些熟人联系。他的《周口店发掘记》好像也谈到跟国外一些学者的来往。

李莉快人快语，谈起贾老来，眉飞色舞的，一口一个"老头儿"，透着亲切。我相信贾老本人听到这样的称呼也会很愉快的。从中也能看出贾老的随和与平易近人。

李莉：早十几年那会儿，老头儿到四川，我那时在四川省考古所，我一直陪他。到重庆，一到北碚，老头儿就坐那儿就不动了，在石头上坐了好几个小时！想起40年代跟杨老杨钟健先生去找化石，他特怀念！一路上那么多人、那么多馆长陪着，他就坐那儿好长时间不动，起码有一两个小时。我问贾老怎么了，贾老把我们叫过去说："来，来，我给你们讲讲。当年，杨老，我们就在这儿找化石，杨老对我可好了！"他从内心感谢杨老，老说没有杨老就没有他的今天。杨老把他领上这条道路的。给我印象特深，就感到贾老特重感情。那时杨老已经去世了。我就那时跟贾老时间最长，所以我知道，老头儿每天中午、晚上必须喝二两白酒。我还限制他，老头儿说："好，二两！"而且每顿饭有肉，老头儿特高兴："好，又吃肉了！"特逗，就跟小孩儿似的。那次去的地方挺多的，从成都，到资阳，看资阳人遗址，到大足，又回到重庆，一直把他们送走。有十几天、半个月吧。就在那次，四川省考古所的所长问贾老：您能不能帮我们四川带几个研究生？贾老说："好啊！为四川培养点人才。"当时他看到，四川确实没有这方面的人，马上就答应四川省考古所的要求了。正好贾老和山西大学联合招研究生，所以1986年我就考进去了。是以他的名义招，由别人带。那次跟贾老接触之后，觉得老头儿特好。那时我正在给秦学圣当助手，要不一个女的怎么学旧石器呢。其实当年秦先生也在招，后来秦先生说，你跟着贾老走，无所谓。贾老到四川去，知道秦先生从美国回来，也是搞人类学的，对秦先生特别尊重。俩老头儿特好。

王益人：贾老跟我讲过。当时我到四川去进修体质人类学班，他说："唉，四川有我位老朋友，他叫秦学圣！"

李莉：秦先生应该比他年轻十岁，但贾老马上把他当朋友一样，非常尊敬。

陈淳：昨天徐淑彬跟我说，他要写一篇文章来纪念贾先生。说我们这种人，其实什么都不是，就是对旧石器有爱好，参加进来的。他是山东的，自己掏钱出书，自己掏钱跑田野。有时候来北京看望贾先生，贾先生把自己出的书送给他，而且在上边写：徐淑彬先生指正。徐说不敢当不敢当，怎么称我为先生，他说就应该称先生。昨天我看见北京台报道贾老，大概有十分钟到一刻钟时间，镜头对着他，他说贾老在的时候说，我把所有人都看作我的老师，甚至反对过我的人，我也称他老师，而且对他们深深地鞠一躬。

1996年我跟贾先生谈起要回国的事情，当时贾先生催我回来，说青黄不接，实在没有人，你还是尽量回来吧。我也说是的，我在外面专业上也搞不成什么。我考虑要是回国，从专业上考虑还是古脊椎所好一些，贾先生找到当时的所长，帮我开条件，说你要吸引人家回来，给人家照顾。所里答应了，贾先生非常高兴，马上写了封信。贾先生那时写信已经很困难，字写得那么大，一张纸就写二三十个字，放大镜底下写。他报喜一样的：我已经讲好了，他们已经答应我的条件。可后来因为种种原因没有去成。

王益人：贾老有一句话很有意思，他不是没有留过洋吗？也没上过大学，我爸跟着他学的，也没有上过什么研究生，他说："咱们这些土包子，要唬他们那些洋包子！"（大家大笑。）

李莉提到的金鸣姓石，当时任山西省考古研究所副所长，也是贾老的入室弟子。他原本也接受了我的邀请的，但要去看望另一位生病的老师，又忙着赶回太原，临时跟我告了假。我只好打电话追到太原，对他进行采访。谈起贾老，石金鸣也是滔滔不绝——

老先生非常勤奋，特别心细。历年来的发掘记录，学术会议，哪天做了什么，哪天到了哪儿，所有的细节，回来都要做详细的记录；连开会时到哪儿参观、看戏，票都留着，附在记录里头。几十年前考古发掘的旧照片，都写着年月日，上午下午照的。

我当年读研究生的课题是泥河湾板井子遗址的发掘，需要把石器标本做分类。我分好以后想验证一下自己的想法，又请贾老替我分一下。他分完了，用小楷写成小纸条，每件标本下压一个小条，特别仔细。还对我说："当你很快就能分出来的时候，可能刚刚入门；等你觉得分起来有难度了，这就说明有长进了。"他本人的学习过程比我们难多了，他没上过大学，当时在中国又没有这方面的老师，也没有教科书，全靠自己。中国的旧石器跟欧洲不一样，欧洲的发展脉络很清晰，而中国的，从100万年前到3万年前，几乎变化不大。我曾经跟贾老讨论，我说中国的石器好像比较乱，看不出脉络，似乎文化停滞了一样。贾老不同意，他说："这也许跟中国古代哲学一样，你还不能悟出它的真谛。"我毕业以后他给我留了一个课题，让我选择华北地区一处有确切纪年的遗址，通过石器工具技术作断代。他一直有一个心愿，想把石器能像后代的陶器、瓷器那样分型分式，把石器分成能代表文化的典型器。这题目太大了，我说我可能做不了，对不起您。

考古界的老先生有些轶事。传说有人拿了一些陶片给苏秉琦先生，说是北京一带采集的。苏公一边摸着陶片，一边跟人家聊天。突然摸到一块，说这不是北京的，是陕西的。我曾经到苏公家，问他有没有这事，他笑，说有些是别人演绎的。其实真有也不奇怪，老先生见得多了，经验丰富。贾老也有过这样一次。我还在北京念书时，广西百色有一个人送来一批石器，他是自费调查的，在当地不受重视，想拿到北京来，希望贾老写个结论，好得到领导的重视。贾老那时白内障很严重，看不清楚。我先看了那批东西，不是人工打制的。可我又怕影响贾老的热情，就悄悄提醒他，写结论时得慎重。没想到他说："我不糊涂，你放心。科学就是科学。"他看不清，人家一件一件递给他过手。看到最后他跟我说："有一件，你好好看一下。"我再一看，是有那么一两件有人工痕迹。他摸出来了。但那一两件并不能说明问题，贾老在写结论的时候还是以鼓励的口气，说这个地区的环境非常重要，希望重视等，并没有武断地下结论。

我知道石金鸣是走到哪儿都开玩笑的人，他的同学也说他连老先生也逗，突然问他："你气过他吗?"他马上说："没那个胆儿。"忽而又鬼鬼地讲起一件趣事——

有一回，其他的学者因为人类化石的问题闹矛盾，我跟贾老议论这件事，说：唉，可能是年纪大了有点糊涂。贾老原本是漫不经心的，当听到年纪问题时，马上特别敏感，突然说："这跟年龄没有关系!"那时候他也八十多岁了。

他一生生活得很简单，除了看书，没有别的爱好。你去过他家，你看他的房子多窄，比我的差远了。可是他不在乎。他总是井井有条，不急不慌的，很有规律，这跟师母多年对他的精心照顾也有关系。对别人，他是有求必应，不仅是刚入门的，连小学生的信都亲笔回，云南一个小学三年级的小女孩给他写信，他就是亲笔回的。往往是写两份，自己存一份，字写得小小的，特别认真。几十年如一日这句话用在他身上，是再恰当不过了。

在所里，有的洋博士看不起他，他不管。他的起点低，所以就特别勤奋。当年在周口店，他想方设法偷着学习，有时还因此让人捉弄。到后来他发表了文章，成了学者，才受到别人的尊重。连裴文中先生都曾经来电祝贺他的发现。

石金鸣也提到裴贾的那场大辩论——

那场辩论实际上从 20 世纪 50 年代末一直持续到 1978 年。有人在河北阳原的泥河湾做了工作，发现了 100 万年前的人类遗存，发表了报告。贾老当时说："我非常兴奋，年轻的考古学家印证了我们的推论。"他曾经说："科学是发展的，也许你明天有充足的理由否定我，我高兴，说明这个学科进步了。"还常说："人要围着材料转，不能让材料围着人的脑子转。"这种科学的态度，非常难得。

三、后　　记

贾老去世后，国内的多家媒体报道了这不幸的消息，反应最快的是《北京青年报》，第二天就在头版和好几个版面做了相关报道，还配发了整版照片。接着，《北京日报》也在"今日关注"版用整版篇幅刊载了有关贾老的文章。电台、电视台同样给予特别关注。对一位学者的逝世，报道的声音如此之大，在国内是十分罕见的。

贾老所在单位中国科学院古脊椎动物与古人类研究所通过媒体宣布：贾老的骨灰，将分葬在他的家乡河北省玉田县和北京周口店龙骨山。除了叶落归根，回到他生命的起点，他还将永远守护在"北京人"的家园，在那里，他为自己选好了墓地。他曾经这样说："我是从周口店起家的，我的命运、事业与周口店紧紧连在一起，没有周口店，也就没有我的今天。"

我们的祖先北京人在周口店点燃了人类文明的火种，而这段历史的发现者和复原者贾兰坡先生，在这里，在他辉煌事业的起点，为自己完满的人生，画上了一个意味深长的句号。

贾兰坡与北京旧石器考古学研究

李超荣

（中国科学院古脊椎动物与古人类研究所）

今年是我国著名考古学家贾兰坡先生诞辰100周年。在纪念这位杰出的科学家之际，我不由得回忆起做人治学的许多往事。贾兰坡先生生前非常关心和支持北京地区的旧石器时代考古工作，而且多次亲临北京郊区县进行实地考察。他在88岁高龄之时还到王府井东方广场旧石器遗址指导发掘工作。每当想起他，我都沉浸在深深的怀念之中。

一、贾老给我指导研究方向

贾先生不仅是一位驰名中外的科学家，也是一位深受晚辈爱戴的老师。他总是尽可能为年轻学者的成长创造条件，“为他们抬轿子”。对于年轻学者，他不但严格要求，更是倍加呵护，并通过自己严谨的学风和对科研工作严肃认真态度影响他们。我在研究工作中一遇到问题就常常到贾老办公室或他的家中去请教。记得有一次，在他家谈到科研人员的研究方向时，他语重心长地讲，科研人员要想学术研究不断深入，就得不断到野外获取研究材料。你要多出野外，到北京市的郊区县做一些工作，因为以前的旧石器考古工作主要集中在周口店，你要寻找北京猿人及其后代在北京其他地区的活动踪迹。听了贾老的教导，我非常高兴，顿时感到自己有了研究方向。在那段时间，我就到图书馆看书、查资料，了解北京地区史前考古的现状和存在的问题，制定了自己研究的课题：北京地区旧石器调查、发掘和研究。明白了研究方向，自己就有了动力。从1990年以来，中国科学院古脊椎动物与古人类研究所、北京市文物研究所和郊区县的考古人员在平谷、密云、怀柔、延庆、房山、昌平、门头沟和海淀等进行史前考察。1991年5月，贾老亲自到怀柔指导我们的调查工作（图一），并要求我们对已发现的旧石器地点，要进行试掘。要我们选择不同阶地的旧石器地点进行测年和古环境研究的采样工作，并嘱咐我们在野外一定要把石制品出土的地层搞清楚，把采集标本和地层出土的标本区分开。我们在北京地区新发现旧石器遗址38处，其中属于旧石器时代早期的1处，它是密云的黄土梁。旧石器时代中期的遗址共18处：平谷有马家坟，密云有松树峪，怀柔有帽山、四道穴、西府营、七道河、长哨营、宝山寺、转年南梁和鸽子堂，延庆有莱木沟、路家河、沙梁子、辛栅子、古家窑、三间房和河北村，门头沟有王坪村。旧石器时代晚期的遗址共 19 处：密云县的东智，延庆县佛峪口，怀柔区的杨树下和东帽湾，平谷县的罗汉石、马家屯、上堡子、刘家沟、海子、洙水、小岭、豹峪、甘营、夏各庄和安固，门头沟区的西胡林和齐家庄，东城区王府井东方广场和西城区西单中银大厦遗址。另外还在怀柔区的宝山寺发现一处重要的旧石器向新石器时代过渡的转年遗址。这些遗址的发现表明，除周口店外，北京地区也曾有旧石器时代不同时期的人类劳动和生活。这些研究成果的发表，使得人们对北京地区旧石器考古有了新的认识，并受到专家和学者们的关注，研究课题不断深入发展。

北京地区旧石器时代考古工作成绩的取得，是与贾老的指导分不开的，我们深深怀念他。

图一 1991 年贾兰坡先生在怀柔帽山旧石器遗址指导工作

二、贾老指导王府井东方广场遗址的发掘工作

王府井东方广场遗址是一处文化内涵丰富的旧石器时代晚期遗址，出土了丰富的文化遗物，其中包括石制品、骨制品、用火遗迹和赤铁矿碎块等，在我国旧石器文化研究中占有重要的地位。1996 年 12 月遗址被发现，1996 年 12 月 30 日至 1997 年 8 月间中国科学院古脊椎动物与古人类研究所、北京市文物研究所和东城区文物管理所等单位的考古人员对该地点进行了抢救性发掘。我们的考古发掘经历一年之中的冬季、春季和夏季三个季节，时间长达 7 个多月。这在我们的考古生涯中是没有过的，所以在发掘期间，经常到贾老家中汇报我们的工作，请教工作中出现的问题。在谈到遗址的保护问题时，他强调要根据发掘的成果，切合实际进行保护。他叮嘱我们这遗址很重要，一定要利用新的技术方法科学发掘。要对遗址进行综合性研究。在当时我们首次在旧石器的考古发掘中，利用全站仪来测量文化遗物的三维坐标，通过计算机处理数据，来了解古人类的行为活动。在以后的综合研究中，由中国科学院的古脊椎动物与古人类研究所、地质所、植物所和北京大学的研究人员承担了研究工作。在当时关于遗址的保护问题也引起了学术界的高度重视，社会各界也给予广泛关注，人们以不同方式表达各自的建议。1997 年初，张立源等 32 位北京市政协委员纷纷提案，建议在王府井东方广场遗址现场建立古人类博物馆（刊于《北京晚报》1997 年 9 月 17 日第 7 版）。1997 年 4 月 18 日下午，中国科学院院士贾兰坡、刘东生、侯仁之三位教授来到王府井东方广场遗址考察和

指导工作（图二、图三）。他们看到考古发掘成果非常兴奋，听说要切割迁移保护，以便将来在发掘遗迹的层面（地下 12 米左右）选择一个适当位置，建立一个永久性展室，

图二　1997 年贾兰坡先生到王府井东方广场旧石器遗址指导工作

图三　1997 年贾兰坡、侯仁之和刘东生先生到王府井东方广场旧石器遗址指导工作

侯老、贾老和刘老均表示赞同。贾老说，王府井东方广场旧石器遗址的地理位置得天独厚，设立陈列室是一个最好的保护。刘老说，这是比较好的办法，对广场建设和文物保护均有利。三位教授来发掘工地考察和指导，这是我终生难忘，恰好这天是我的生日，能在发掘现场聆听先生们的教导感到非常荣幸。这是对我们工作的鞭策和鼓励。贾老还为我们以后筹建博物馆专门题词（图四）。由东方广场有限公司李嘉诚和北京东城区人民政府投资兴建了王府井古人类文化遗址博物馆。由中国科学院古脊椎动物与古人类研究所、东城区文化委员会和北京市文物研究所共同主办了博物馆的展览，并于在2001年12月28日遗址发现五周年之际开馆。王府井古人类文化遗址博物馆位于商业中心东方广场地下三层。在遗址博物馆里，展示科学发掘出土的石制品、骨制品、动物化石和用火标本等，并配以大量图表和照片，采用大型油画、雕塑、电脑触摸屏等形式介绍了发掘情况、古人类的生产与生活情景和研究成果，展示首都北京的灿烂远古文化。现博物馆已成为科普教育基地。

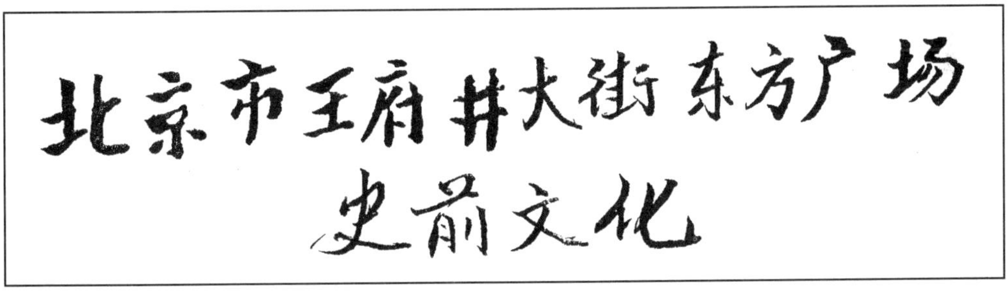

北京市王府井大街东方广场
史前文化

图四　2000年贾兰坡先生为王府井东方广场旧石器遗址的题词

三、缅怀贾兰坡先生

为了缅怀贾兰坡教授，2002年12月至2003年2月由中国科学院古脊椎动物与古人类研究所和王府井古人类文化遗址博物馆举办了贾兰坡生平事迹展。同时，这也是为了普及考古学知识，展示中国科学家的人格魅力与学术成果，提倡创新精神。展览的标语是“三院院士，现代传奇”，“站在科学的肩上，你可以看得更远；踏着科学家的足迹，你可以走得更快；牵着科学家的手，你可以漫游整个科学王国”。

贾兰坡是中国考古学的奠基人之一、古人类学家和第四纪地质学家，因发现三具北京人头盖骨而饮誉世界，是中国科学院、美国科学院以及第三世界科学院院士。在数十年探求科学真理的学术生涯里，贾老踏遍了祖国的山山水水，曾先后主持或指导了丁村、匼河、西侯度、蓝田、峙峪、许家窑、萨拉乌苏、水洞沟和泥河湾等一系列重要的旧石器时代遗址的发掘和研究工作，并远赴日本、美国等国家和香港、台湾地区讲学，为建立和发展中国的古脊椎动物学、古人类学，为中国与国际学术界的交流与合作做出了杰出的贡献。他一生发表了400多篇（册）学术著作和文章，20世纪

50年代，其科普三部曲《中国猿人》、《河套人》、《山顶洞人》曾风靡一时，影响了几代人。在80高龄之后，他还出版了《爷爷的爷爷从哪里来》、《悠长的岁月》等作品。

贾兰坡先生虽然离开了我们，但是他为科学事业锲而不舍的拼搏精神、无私奉献的高贵品德值得我们永远学习。如果他有在天之灵，我愿真诚地告诉他：王府井古人类文化遗址博物馆已建好开馆，已成为普及科学知识的教育基地，我们将永远怀念您。

自强不息的风范，鞠躬尽瘁的楷模

——纪念贾兰坡先师百年诞辰

张建军

（中国科学院古脊椎动物与古人类研究所）

贾兰坡先生是一位平易近人的好前辈，循循善诱的好导师，被大家尊称为贾老。我曾经与贾老相处近30载，是他把我从一名懵懂的小伙子变成为经验丰富的技师。每每想起与他在一起的情景，心中就充满了无限的感激以及对工作的无穷干劲和坚强信心。

1974年夏，我从部队复员后，进入中国科学院古脊椎动物与古人类研究所，在技术室从事古脊椎动物化石的修理工作。之前，搞古脊椎动物化石的修理是我前所未闻的事情，技术室的领导和老师傅言传身教，并希望我能以贾老为榜样，刻苦学习和努力钻研，在古生物学领域有所成就。

1976年，由于当时形势的要求，技术室技工被要求进研究室“掺沙子”；我被分配到人类学研究室。该研究室是由人头骨化石、石器和第四纪哺乳动物三个组组成。我先在“人头组”做些化石修理及一些事务性的工作。我向研究室的先生们虚心请教学习，贾老和蔼可亲、循循善诱并以亲身经历指导我，给我留下了深刻的印象。

一次，我来到贾老的办公室，看到靠墙的一整排的书柜，摆满了书籍，更产生了敬慕之心。贾老首先问我，“最近忙点什么?”我说：“所里的几个新来的同志，组织起来一起学习人类学基础。”贾老身有体验的说：“对，到研究所里，最基础的就是要学习，要不断地学习。搞研究没有知识不行，要学习新东西，掌握新知识。要用脑子，学就要学好，记住了，背下来才是自己的，才能够运用。我在你们那么大的时候，也是天天地学习。那时中文的专业书很少，学习是很吃力的。北京人头盖骨发现以后，放在协和医院解剖室，由魏敦瑞先生负责研究，我很想知道人类学的知识，就找来解剖书看，多是洋文，就向别人请教，在旁边注上中文背下来，再到解剖室借出头骨标本，对照实物反复地看。牙齿特别复杂，就找来一套死人的牙齿，放在大褂的口袋里，有空的时候就从口袋里摸出一颗牙齿，先分出是上颌的、还是下颌的；再分出是左侧的、还是右的；是第几颗，是切齿，是尖齿还是后面的磨牙；有几个齿尖，都叫什么名称；认识完放到另一侧的口袋里。经过几个回合，把人的牙齿情况搞得清清楚楚。随便拿来一颗牙齿，我就可以分出是那种动物的，是肉食还是草食类，哪个目、哪个科；是人的牙齿一看就能分出来是乳齿还是恒齿，它的位置。”当时对我这样刚踏入学科门的人来说，真是指点了迷津，感到又新鲜、又敬畏，把死人的牙齿装进口袋里，没事拿出来辨认记忆，这种克服常人的心理素质和毅力，足以让我佩服了。

让我印象最为深刻的是，贾老给我复原《西游记》作者吴承恩头像的帮助。那是1982年初，江苏省淮安县宣传部派人送来三个头骨，据文字材料和实物证明均出自淮安城南的二堡明代著名文学家吴承恩的墓地；希望鉴定出吴承恩的头骨，并复原其生前面貌，做成半身雕塑。利用头骨复原面貌的技术，再现文学巨匠的形象，古今中外还没有过先例。对吴承恩的头骨进行鉴定，我在年龄判断上有些吃不准。一天，刚好在楼道里遇到贾老，就请他帮助指导。据资料说，吴承恩是在72岁或82岁过世的。贾老搬起头骨仔细的端详了一会说，“有比较才能有鉴别，从牙齿看老年人也应有这种情况，你看看我的牙齿磨蚀情况。”说完，他就张开嘴让我看。过了一会儿，贾老合拢嘴说：“看清楚了没有，我今年已经74岁了。”当时贾老的牙齿保持的特别的好，一颗都没有掉，只是臼齿磨耗较大，齿质点都连成片了。贾老意味深长地说，“咱们的学科是比较学，要多看多比较，别人都叫咱们牙科医生。咱们对各种动物化石的鉴定，主要也是看牙齿的形态特征。牙齿有珐琅质保护着里面的牙本质和髓腔，硬度大，比骨骼更容易保存下来成为化石。因此要特别的注意观察和掌握动物牙齿的变化特征。实在弄不明白就去请教书本或是其他人。”

贾老从一个北京汇文中学毕业的中学生，成长为国内外知名的考古界前辈。荣获中国科学院院士，美国科学院外籍院士，第三世界科学院院士而享誉世界。他的成功就在于他对古脊椎动物学与古人类学、旧石器考古学、第四纪地质学等学科的无比热爱，刻苦的钻研和兢兢业业，是常人难以达到的境界。从贾老口中了解到的许多故事，使我对他更加敬佩。

1931年，他刚到新生代研究室，跟随裴文中先生在周口店发掘“北京人”遗址，裴文中先生刚从北京大学地质系毕业，个性很强，诙谐幽默，而且很爱动脑子。在发掘时自行设计架设了从山顶到山下的倾倒渣土的升降滑轨，增加了工作进度，减轻了劳动强度。贾老十分敬佩他，一点一滴地暗地里向他学习。那个时代中文资料很少，只能是眼睛多看，竖着耳朵多听。一次，他在打扫卫生时，发现纸篓里有裴老团起来的稿纸，展开来看是有关发掘报告之类的草稿，就非常兴奋，如获至宝，都收集起来，一张张的展开来，细心研究学习。

1937年“卢沟桥事变”后，日本侵略军占领了北平及周口店地区。一天，日寇追到周口店发掘地点，强令停工，要求交出八路军，并枪杀了两名参加发掘的民工。在这种形势下，贾老只得停止发掘，料理工地上的各种事情，押送着一些贵重的物品回北平。原新生代研究室所在地，也已被日军占据为特务机关，他据理交涉，把从周口店带回来的物品安顿好，并冒险在地下室整理了各类资料标本，将一大堆信件之类的文件包好，藏进屋顶的隔层里。后来在这堆文件里发现，保存有毛泽东主席在湖南师范时写给当时在北大读书的杨钟健的信。杨老因有这一封信，得以躲过“文化大革命”遭受批斗一劫，这是后话。当时清理完后，贾老带上必要的材料起身去南京地质调查所，汇报周口店发掘的情况。火车行驶到浦口中断，得到南京发生大屠杀的消息，贾老只得又返回北平。

一天，他接待了一位从美国来的古生物学家。这位来访者对贾老说：“我听说您对化石的辨认特别的厉害，有指甲盖大小的一块都能说出是那类动物的，那个部位的，是真的吗?”贾老谦虚地说，“较大的可以试试。”于是美国友人有准备的拿出了一块银圆大小的骨片，放在了贾老的面前。贾老拿起来翻来覆去地看了一会儿，告诉这位美国学者，这是一块犀牛后腿骨。美国专家两手一拍，眼睛里放着光，不住地点头说：“没错!”我当时很不解地问贾老：“您就有那么大的把握吗?”贾老说：“我们这门学科属于比较学，就得多看，多记，仔细观察。我当标本馆馆长时，各种标本我都过目，对第四纪与人类共生的主要动物群的成员都了如指掌，南方大熊猫—剑齿象动物群、北方周口店剑齿虎—肿骨鹿动物群、东北披毛犀—猛犸象动物群，这些都作过详细的研究和对比。但是，早期的动物或水生动物还是得慎重，得对比过才能发表意见，得尊重科学和实践。”

从我和贾老的接触中，我发现在科学研究和写文章上，他从来都是事必躬亲、一丝不苟、笔耕不止，就是在晚年他也每天写上400字。贾老对工作认真负责，敢于冒风险，有着极强的事业心和敬业精神，永远是我们学习的榜样。

勿负于人　无愧于心

——缅怀贾兰坡教授

李天元[1]　艾　丹[2]

（1. 湖北省文物考古研究所　2. Department of Anthropology，Cabrillo College）

贾兰坡教授在 1991 年 10 月 14 日给我的一封信里说："我一直遵先父母的教言：'对人要以友谊为重，对事要无愧于心'。"他这一辈子就是以此为做人准则，一生襟怀坦荡，光明磊落。

一、走近贾老

早在北京大学考古专业念书时，贾兰坡这个名字就深入我的脑际。《中国猿人》、《河套人》、《山顶洞人》是我必读的参考书。就是这三本小册子把我引入中国旧石器考古学之门，从此他穷一生之精力，与骨头、石头打交道。

我到中国科学院古脊椎动物与古人类研究所（简称古脊椎所）整理大冶石龙头旧石器遗址发掘资料时，第一次见到贾兰坡先生（贾老）本人。参加大冶石龙头旧石器遗址发掘是我到湖北省博物馆工作后的第一次野外任务。在大学学的旧石器考古学专业，经过几年"文化大革命"的"洗礼"，已经遗忘殆尽。当时到湖北工作的袁振新先生建议我最好到古脊椎所去进修一年，对今后的工作会很有帮助。1973 年 5 月到 1974 年 5 月，我以整理大冶石龙头发掘资料的名义在古脊椎所学习了一年。从动物化石和石器标本的整理到发掘报告的编写，李炎贤先生都给予了悉心指导，最后完成了《湖北东部第四纪洞穴调查》论文。这一年的学习，使我受益匪浅，为今后的工作打下了很好的基础（在此我要感谢李炎贤先生。他严谨的治学精神、丰富的专业知识、耿直的做人准则一直都是我学习的榜样）。在这一年中，我和贾老有过几次接触，还专门向贾老请教过问题。但那时我心目中的贾老是一位著名的学者，他对我不会有什么特别的印象。1984 年，古脊椎所在周口店办训练班，贾老任班主任。我参加训练班学习，有机会听贾老讲课。贾老说的"只要有人去工作，就会有发现"这句话给我的印象很深，一直鼓励我去努力工作。

我真正走近贾老、进贾老家门，"登堂入室"请教学术问题，是在 1989 年发现郧县人头骨化石之后。对于郧县人遗址综合研究这个项目，贾老尽全力支持。我们有困难，贾老千方百计帮我们解决。我们没有想到的，贾老都替我们先想到了。在频繁的交往中，我们熟悉了贾老，深入地认识了贾老，也深深地钦佩贾老。他是我们尊敬的师长，也是和我们共享喜悦、分担忧愁的朋友。

二、新的发现

1989年5月，郧县博物馆在文物调查时发现一件人类头骨化石，给湖北省文化厅寄了三张化石照片，照片很快被转到我手中。化石被坚硬的钙质胶结物包裹着，仅仅露出星星点点的牙齿珐琅质。我从齿弓形状近似于U字形判断，这是一件很重要的头骨化石。我立即赶往十堰市，在地区博物馆（今十堰市博物馆）亲眼看到了那件标本。头骨被挤压变形，“像一块饼”（White语）。我花了两天时间，把牙齿嚼面黏附的堆积物剔除干净，暴露出整个齿弓。齿弓近于U字形（后来把头骨完全修理之后，发现这是由于受挤压变形的缘故，齿弓还应该是呈抛物线形）。有16颗牙齿：4颗门齿、2颗犬齿、4颗前臼齿和6颗臼齿。这是人类和高等灵长类的齿式。牙齿特别粗大，尤其是6枚臼齿，其大小序列是：M3 > M2 > M1。M3尤其宽大。当时，从齿弓的形状和牙齿的排列来看，这不是一般的哺乳动物头骨；从牙齿的形态特征看，与人类牙齿有明显区别；我认为这很可能是与远古人类非常接近的一种古猿类。我告诉地区博物馆的同行，具体的鉴定意见还需要等标本修理以后，请有关专家进一步研究。当时，地区博物馆在《中国文物报》就发布了郧县发现古猿头骨化石的消息。

1989年10月，纪念北京人第一个头盖骨发现60周年国际学术会议在北京房山召开。我利用这一好的时机，请专家对新发现的头骨作进一步鉴定。

我首先想到找中国社会科学院考古研究所的韩康信先生。他研究过湖北建始巨猿洞的化石材料，认为其中有“南猿”的牙齿化石（高建，1975）。我曾经和韩康信先生一起研究过包山楚墓人骨，彼此比较熟悉。但是不巧，韩康信先生去日本访问，短时间不能回国。

在古脊椎所招待所住下来之后，我就去找贾老。贾老看到头骨化石后，非常激动，认为这是一个非常重要的发现。贾老仔细观察了全部的牙齿（当时只能看到嚼面），认为这件标本很特别，需要经过仔细修理后再做鉴定。他还建议我们，在没有认识清楚之前先不要对外公布，更不要对外国学者公布。

当晚，我拜访了黄万波先生。在黄先生家里，他和顾玉珉两位先生看到新发现的头骨化石都非常高兴。他们也认为应该尽快修理。这么重要的标本应该请一个有经验的技工来修理。黄先生建议请古脊椎所的长绍武师傅修理。在黄先生的协助下，我们请长绍武师傅修理头骨。长绍武认为，在较短的时间内，不可能把头骨全部修理出来，最好是先把牙齿和上颚部分修理出来，其他部分以后再专门安排时间修理。我们认为这个意见很好，就这么办。

在房山开会的一个星期，长师傅都在修理室修理头骨。在此期间，贾老、黄万波和顾玉珉先生多次到修理室观察标本。贾老特别注意观察了牙齿（当时也只能看得见牙齿，其他部分被钙质胶结物所包裹着），认为与已经发现的直立人的牙齿有较大的区别，牙齿——臼齿，特别是第三臼齿与南猿的某些标本很相似。

房山会议之后，我带着已经修理出牙齿和上颚部分的头骨化石来到李炎贤先生的办公室。在那里，古脊椎所人类室的很多研究人员都看过这件标本，都注意到标本的特别之处，但没有很明确的意见。

在离开北京返回武汉之前，贾老写了书面鉴定意见，认为“初步观察为‘南猿’（又称‘南方古猿’）。至于到底属于什么种，只有修理出来和研究之后才能做出鉴定”。根据贾老的初步鉴定意见，湖北省文物考古研究所召开了新闻发布会，公布了这一重要发现。

中国发现南方古猿头骨化石？新闻发布之后，马上在国内外学术界掀起轩然大波。很多学者表示怀疑。有的学者把矛头直指贾老，在多种场合严词厉色地批评。在这些学者中，我们非常感谢吴新智教授。他很快给我写了一封较长的信，认为“南猿”的鉴定要慎重，因为牙齿可能有很大的个体变异。如果把整个头骨修理出来，综合多方面的形态特征，鉴定结果会更科学。（1992 年 5 月，吴新智教授从成都到武汉，花了整整两天的时间，全面观察了郧县人头骨化石——包括新发现的第二号头骨，随后在《中国科学报》撰文——《我国古人类学的重要发现——湖北郧县人类头骨化石》。）

我们积极采纳了这些意见和建议，决定先做两个方面的工作：一是抓紧修理标本，完全暴露头骨的形态特征，提供更多的科学信息；二是对化石发现地点作进一步调查，最好能做考古发掘，以期获得更丰富的化石资料和地层资料。

三、修理头骨和复制模型

1990 年 3 月，黄万波先生来到湖北。我陪同他到头骨化石的发现地点——郧县青区镇学堂梁子进行调查。黄先生认为这个地点很重要，值得下大工夫做工作。为了帮助湖北省文物考古研究所，黄万波先生建议可聘请古脊椎所研究人员参与研究，两个所合作，研究力量更强，研究工作进展会更快。商量的意见是：请李炎贤（负责石器），黄万波（负责动物化石和地层），还有另一位先生（负责高等灵长类化石）来湖北工作一段时间，参与该项目研究；由两个研究所联合申请国家自然科学基金项目；请长绍武来武汉修理头骨化石。我们填写好国家自然科学基金申请表，盖上湖北省文物考古研究所的公章后，请黄先生带回北京，古脊椎所盖章后就可以申报。

黄先生回到北京后，随即告知，长绍武大概 5 月份可来湖北工作一两个月时间。不料却生出新的枝节：古脊椎所不完全同意某些人参与该项目，因此项目不能申报。当时，长绍武因为要搬家也没有时间来湖北修理化石。

修理工作不能进行，发掘工作还是要抓紧时间进行。1990 年 5 月，湖北省文物考古研究所、郧阳地区博物馆（今十堰市博物馆）、郧县博物馆组成考古发掘队对学堂梁子进行第一次考古发掘。在头骨发现地点布了 4 个探方，编号为：T645、T745、T845、T945。发掘面积为 100 平方米。发现头骨的地点位于 T745 的北隔梁。6 月 15 日，在同一探方的西壁发现另一件头骨化石。这件头骨保存状况比第一件头骨要好。齿弓呈抛物线形。臼齿很粗硕。这件头骨同样被坚硬的胶结物所包裹，修理头骨的工作成为当务之急。

7月，方秀珍带着新发现的头骨化石来到贾老家。她从没有见过贾老，自我介绍之后就说：我给您带来好消息，郧县有了新的重要发现。贾老看见新发现的头骨化石，非常高兴，也很激动，连说："了不起！真是了不起的发现！"方秀珍对贾老说，现在重要的是尽快修理化石。湖北没有这方面的人，还要请贾老帮忙。贾老说："这件事看来还得请胡承志老弟帮忙。"说这话时，贾老便拨通了胡老家的电话，说："承志老弟，我这里有一件宝贝，赶快来看。"当时，胡老家住三里河。他放下电话，骑上自行车就到贾老家。这两位从30年代周口店发现北京人头盖骨化石就在一起工作的老朋友，见到新发现的头骨化石，高兴的心情不是一般文字可以表达的。贾老特地打开珍藏的好酒，举杯祝贺（图一）。随后，贾老对胡老说："湖北有了这样重要的发现，非常了不起。但是他们没有人修理化石，我想请你去帮他们一把。你看如何?"胡老当即表示："我听你的。你看什么时候去?"

图一　在贾老家中合影

（从左至右：方秀珍，胡承志，贾兰坡，艾丹）

为了具体落实胡老去武汉的事，方秀珍决定去胡老家拜访胡老。为此，贾老专门写了一封信让方秀珍带给胡老。贾老在信中说："天气如此炎热，还得请您出马，到'三大火炉'之一的武汉工作，实在抱歉之至。但如此重要的工作，非借助大力不可，也就只好请您分劳了。我们老一代的人，经验多，请详细观察一下，看看他到底是什么？是南猿，还是*Homo*……。据我观察到的齿弓和齿的磨面，齿弓后部比较窄，虽有点扩大，但比人类窄得多。臼齿粗大而横宽，有点像 L. S. B. Leakey 发现（的）*Australopithecus boisei*。请您细看一下，不要叫李天元同志给人留下'话把儿'。"（1990年7月31日）

8 月，是武汉最热的时段。胡老乘火车来到武汉。为了替湖北节省经费，胡老没有乘软席卧铺，而是坐硬卧南下。为了湖北今后的工作，胡老明确提出："你们要安排人跟我学习修理化石。要不然，我走之后，你们照样没有人做。你们要学会自己修理。"这样，我们就安排方秀珍跟着胡老学习修理化石。胡老一点一点地悉心教授。在赤日炎炎的酷夏，胡老夜以继日地工作了三个星期，修理完第二号头骨。在胡老的指导下，第一件头骨的修理工作也同时完成。

头骨修理完成之后，我们希望胡老再来一次武汉，帮我们把头骨模型做出来。胡老答应安排时间再来。

12 月，武汉已经是寒风飕飕。胡老依然是乘硬卧南下。这种精神让我们非常感动。胡老照样要求我们跟着学习，自己学会做模型。胡老做第二号头骨的模型时，一边做一边讲解。我们就仔细看，随时提问。第三天，在胡老的指导下，我开始做第一号头骨的模型。经过一个星期，两件模型同时浇铸最后一块石膏模范。第二号头骨的石膏模共 45 块。第一号头骨的石膏模共 57 块。两件石膏磨具都顺利地拆卸，并成功铸造出头骨模型。

模型干透以后，就要给模型着色。胡老戴着老花眼镜，一笔一画，一丝不苟地描绘，力求与头骨原件一模一样。胡老说："做模型的要求很严格，第一条是尺寸一样，测量结果要与原件一致。这样才能用于学术研究。北京人头盖骨原件丢失，现在就靠模型来研究。如果模型的尺寸与原件有些微差异，就不能用于学术研究，就失去了做模型的意义。第二，所有的形态特征要与原件一致，在很多时候，研究者只能看到模型，靠观察模型来做学术研究。如果模型失真，也不能用于学术研究。第三，模型不仅要求神似（尺寸和特征），还要求形似（外观一致），因为国宝级的头骨原件是不宜长时间在展室展览的，这就要求模型在外观上要以假当真。"

为了湖北今后能够独立工作，胡老在离开武汉前，把做模型的步骤，包括做石膏模具、浇铸石膏模型、模型着色、上蜡加固等一系列环节，都详细地用文字写出来，连上蜡时的温度都一一注明（如果蜡液温度过高，石膏模型会爆裂，前功尽弃）。胡老修理化石使用的还是 30 年代修理北京人头盖骨时所用的工具，复制模型还是当年使用的油泥。临走前，胡老挑了一套适用的工具，连同油泥，一并留给了我。胡老留给我们的财富够我们用一辈子。后来，我们自己铸造了头骨模型，着色，上蜡，都能达到胡老的要求。1994 年，我访问美国伯克莱加州大学时，因为有做石膏模的经验，触类旁通，很容易掌握了硅橡胶翻模的技术，在实验室翻制了很多头骨模型，给研究工作极大方便。

我们感谢胡老，更感谢贾老，因为贾老的引荐，我们才得以认识胡老，获得胡老传授的知识。在"南猿风波"之后，不少人对贾老有所指责。贾老处之若素，不考虑自身的荣辱，随时都是想着别人，想着研究项目。

1991 年 1 月，全国考古工作汇报会在福建厦门召开。湖北省文物考古研究所所长陈振裕出席会议，汇报湖北的文物考古工作。我挑选了 20 张幻灯片，写了一个提纲给陈振裕，在会上汇报郧县头骨化石的发现、修理和模型复制的情况。至此，在郧县发现两件头骨化石的消息正式在考古界公布。

四、郧县人的命名

虽然新的发现引起轰动，但对于头骨化石还没有一个确切的鉴定意见。贾老一直很关注郧县新发现的头骨的种属鉴定。在胡老来武汉之前，贾老一再嘱咐要注意头骨的形态特征。在胡老在修理头骨期间，贾老多次在电话中询问修理工作的进展情况和头骨的形态特征等。胡老也经常和我们讨论头骨的归属问题。胡老是经验丰富的古人类学家，从北京人到元谋人化石的研究都有论文发表。郧县2号头骨额骨部分修理出来之后，胡老说："看来不大可能是南猿，还应该 *Homo*。他的额部没有额脊。"这些意见，我们都及时地告诉了贾老。头骨修理完之后，我们把头骨照片带给了贾老。贾老对头骨化石的认识也日渐深入。

1991年1月，国家文物局组织文物考古专家评选全国十大考古新发现。这是中国第一次评选全国十大考古发现。在讨论郧县头骨时，专家们有两种不同意见：一种意见认为是猿是人还没有搞清楚，怎么能入选？另一种意见则认为，无论是猿还是人，这个发现是重要的。至于是猿还是人的问题，可以进一步鉴定。最后专家们统一意见：先拿出鉴定意见，再参加评选。

图二　贾老亲笔题写的"郧县人"

这个鉴定还得贾老来做。我们把有关资料完整地提供给贾老，把我们的看法也告诉贾老，给贾老在做鉴定时参考。根据我们提供的资料，贾老建议我们给这两件头骨命名为"郧县人"（Yunxian hominid Ⅰ、Ⅱ）。2月5日，李天元在《中国文物报》发表了《郧县人头骨化石出土》的新闻报道，采纳了贾老的建议，称之为"郧县人"。在后来的发掘中，获得丰富的哺乳动物化石和文化遗物，有明确的地层关系，有了测年数据，在研究报告中提出郧县人属于直立人的观点，正式命名为"郧县人"（*Homo erectus yunxianensis*）。1994年，贾老亲笔题写了"郧县人"三个大字（图二）。

五、与外国学者合作

郧县人一经新闻媒体公布，很快在学术界引起强烈反响。一些国外学者也在第一时间给我发出邀请函，邀请到彼访问。贾老对此态度明确，应该走出去，但要慎重挑选合作对象。最后促成走出国门，还是贾老牵线搭桥，积极引荐的结果。

1990 年 7 月，方秀珍到贾老家拜访期间，正好美国加州大学（伯克莱）人类学系艾丹博士（Dennis Etler）在北京访问，他来拜访贾老。贾老便引见双方，随后给艾丹博士看了头骨化石（这是第一个见到郧县头骨化石的外国学者，当时没有同意他拍照片）。艾丹博士见到头骨非常高兴，认为这是非常重要的发现。他说他一回到美国就给他的导师豪威尔教授（Clack Howell）建议，邀请我到伯克莱加州大学访问。贾老和克拉克教授（Dasmond Clack）、郝维尔教授都是老朋友。贾老积极推荐我去加州大学访问。1990 年 12 月 25 日，贾老给我写信说："如果加州大学请你去美国访问，我认为还是以去为好。因为干我们这一行，在国内发现的人类化石，如果和国内材料不能对比，显然是新的东西，在学术上就更有意义了。加州大学保存这方面的模型很多，前去比较一下对研究大有好处。"在这封信中，贾老还说："有两个意见的坚持：第一，真标本不得携出国外，只能带模型；第二，首篇文章得由你来写。其实外国人并不可怕，他们在这方面很懂礼貌，不会偷别人的东西。只怕途中对标本有损失。"真是关怀备至（图二）。

在联系的过程中，贾老极力推荐与伯克莱加州大学人类学系合作。那里有个人类起源研究所，研究古人类学的有三位教授：豪威尔（Clark Howell）、克拉克（Dasmond Clark）和怀特（Tim Whie）；还收藏有世界各地的人类化石模型，资料很丰富，对研究大有帮助。贾老不赞成多头合作。1991 年 5 月，贾老听到这样的消息，马上给我写信："昨天祁国琴来我家说：湖北省科委的同志来电话说，Smithsonia Institution 的 × × 于 19 日来京，拟和你谈合作的事。她认为多头合作不好，结果都不会满意。我也这样认为。要合作最好是和加州大学合作。因为我知道他们为人正直，会合作得很好。千万不要三

图三　1991 年 7 月在贾老家中

心二意，左右摇摆。”（1991 年 5 月 18 日的信；当时，我们并不知道 Smithsonia Institution 的事。）

由于贾老的积极促成，美国伯克莱加州大学人类学系豪威尔教授给我和陈振裕（湖北省文物考古研究所所长）发出邀请函，邀请访问美国。1991 年 5 月，我第一次访问美国。在这次访问期间，观察了从非洲、欧洲和东南亚发现的人类化石模型，与郧县人头骨化石进行比较，我和艾丹博士合作，在 *Nature* 上发表了 New Middle Pleistocene hominid crania from Yunxian in China 文章（*Nature*，1992），使郧县人走向世界。1993 年 1 月，美国的 *Discovery* 报道 1992 年世界 50 项重要科研成果，郧县人名列其中（*Discovery*，1993（1））。

法国自然历史博物馆的德伦莱教授（Henry de Lumley）也是贾老的老朋友。1994 年，德伦莱教授就给我发邀请函，邀请访问法国。1997 年，德伦莱访问北京，见到了贾老。德伦莱提出想到湖北访问。贾老认为和德伦莱教授合作也是很愉快的事，便建议德伦莱进一步和我联系。另一方面，贾老向我介绍德伦莱教授的情况，希望建立友好的合作关系。1998 年，我第一次访问法国，与德伦莱教授建立了友好的互访关系。在此之后，我、李文森和冯小波先后多次访问法国。冯小波还在德伦莱等几位教授指导下，完成了他的博士论文，获得博士学位。2005 年，湖北省文物考古研究所、武汉大学医学院（原湖北医学院）CT 研究室和法国自然历史博物馆、法国 Intel 公司合作，对郧县人 2 号头骨进行三维复原研究，对挤压变形和局部破损的部位进行三维复原，并且通过电脑终端，铸造出复原的郧县人头骨模型，取得初步研究成果（图四）。贾老对我们和美国伯克莱加州大学、法国自然历史博物馆的合作都感到由衷的高兴。

图四　李天元（左）和德伦莱教授（右）展示郧县猿人头骨模型

六、东谷坨的研究项目

在古脊椎所，贾老也积极拓展对外交流与合作。东谷坨的合作项目就是其中之一。参加该项目的有古脊椎所、河北省文物研究所和美国伯克莱加州大学、印第安纳大学。在泥河湾还办了培训班，全国有很多省的考古研究所派人前来学习。湖北就派了李文森和冯小波来学习。他们感到很有收获。

对于泥河湾的合作研究项目，贾老格外操心，对于取得的成果也备感欣慰。贾老在给我的一封信中说："在中国内地，地下埋藏的材料，丰富得惊人。请转柯德曼先生（指克拉克教授——李注），小长梁的石器的时代十分惊人。最近用古地磁测定的结果，超乎我们的想法之外。从去年起，中国科学院地球物理研究所古地磁研究室主任魏青云等人用新的测量仪器，在 67 米的剖面上，采样 818 块，测定的结果为接近 167 万年，而石器的类型和打制的技术很高超，器形又非常小。其进步的情形，实难为人理解。看来中国的古文化顺序得重新安排。"（1994 年 2 月 27 日信）

贾老对研究项目呕心沥血，对后学晚辈关怀备至，许多人都有切身体会。然而，贾老也曾遭到个别后辈的误解，致使他十分痛心。中国是个文明古国，尊敬师长是个人美德，古训犹多。"尔曹身与名俱灭，不废江河万古留"。在古人类学研究领域，贾老永远是一座丰碑；他的功绩永远值得后来的人们缅怀，纪念。

那些阳光灿烂的日子

石金鸣

（山西博物院）

转眼间，贾兰坡老师已经离开我们七年，两千多个日夜了。一些与他相处的琐事还会时常记起，温暖着心田。

1978 年，怀着对考古学的一片朦胧，我们成了山西大学考古专业的第一届学生。次年秋，贾兰坡委派尤玉柱先生为我们讲授“第四纪地质学与哺乳动物学”，这是入学后的第一门专业课。尤老师以渊博的学识、系统而生动的讲课方式为我们揭开了史前时期的神秘面纱。课堂教学结束后，我们进行了大学第一次教学实习，先后考察了峙峪、鹅毛口、大同火山、许家窑、虎头梁、小长梁、周口店等遗址和中国科学院古脊椎动物与古人类研究所的标本室。在研究所的办公大楼里，我第一次见到了贾兰坡先生，他当时正在办公室观察峙峪出土的石制品。也是这一次，我第一次听到大家称呼他“贾老”。他和我们讲到山西地上地下文物很丰富，又是旧石器遗址最多的地区，鼓励我们珍惜大学时光，好好学习，打好基础。他还特别强调了考古学理论与实践相结合的重要性。实习结束后，我们集体动手，在教室里自主设计、制作、举办了考古教学实习展览。这次以田野采集的动物化石和古人类工具为展品，辅以图片、考察报告、游记心得、散文诗歌的小小展览曾为刚恢复高考后的大学校园带来了一缕清新的科学探索之风。而这堂充实而令人兴奋的专业课也影响了我个人专业方向的选择。

1985 年，已经在山西大学留校任教的我，受学校委派前往中国科学院古脊椎动物与古人类研究所高等室进修。我曾与辽宁本溪博物馆的魏海波和安徽省博物馆的郑龙亭两位进修同学一起去请教过贾老。他和我们讲到：在高等室学习，主要是研修第四纪哺乳动物，应选择某一种动物认真读读解剖学，系统掌握哺乳动物骨骼的基本形态特征与功能；高等室的老师们都有各自的主要研究方向和课题，或是地质专家，或是食肉动物专家，或是啮齿动物专家，或是偶蹄类专家等，学习过程中要有目标的去请教；研究所有文献优势和标本优势，多读书，多观察，多对比，这样收获才大。同年秋，我们还参加了在周口店举办的全国旧石器古人类学培训班学习。亲自出任班主任的贾老曾语重心长地讲：你们赶上了一个好的时代，你们的学历最低都是高中生，基础好，起点高，这么多老师毫无保留地为你们传授知识，热情耐心地为你们解惑，现在的单位也都能满足大家写文章需要的稿纸，学习环境与条件比我们当年求学时不知强多少倍，因此大家一定要珍惜时间和机会，趁年轻多积累知识与经验，为提高研究水平打好基础。

1986 年进修结束之际，我考取了中国科学院古脊椎动物与古人类研究所和山西大学联合培养的硕士研究生，幸而有更多机会亲聆贾老的教诲。

攻读研究生的第二年，关于我硕士论文选题，贾老和我谈了他的看法。他认为旧石器考古学是考古学的一个分支，研究的目标当然是复原、阐释历史，但它又是一门边缘学科，旧石器的田野技术手段与信息的获取解释需要第四纪地质学、古生物学、古人类学、环境学、年代学等自然科学的支持。在短短三年的研究生学习期间，既要学很多课，又要撰写论文，因此，他建议我选择一个理想的旧石器遗址材料作硕士论文。他说，不能拿来主义，吃现成饭，必须亲自发掘，最大量地获取遗址的古人类信息，进而分析总结出科学的结论。这样做也是对学过的相关课程、田野方法和技术、鉴定分析能力的最好实践与考核。关于“理想的旧石器遗址”，贾老认为是一种主观愿望的模式：比较标准的地层剖面、未经搬运的文化层、丰富的石制品和动植物化石、人类活动遗迹和人类化石。他笑着说遗迹和人类化石是我们梦寐以求的发现，要努力地去追寻，同时也要有可遇不可求的思想准备。不久，时任河北省文物研究所所长的谢飞来北京与贾老讨论泥河湾盆地旧石器考古工作规划。贾老谈起我的论文，谢飞当即慷慨表示支持，推荐他刚刚调查发现的重要遗址“板井子”供我发掘研究，并愿意资助田野发掘经费。谢飞的帮助让我十分感动。

泥河湾考察归来，经过与贾兰坡、李炎贤二位导师多次讨论，制定了板井子遗址的发掘与研究计划。田野方面：借鉴国内外最科学的发掘方法获取最大量的田野信息，发掘区以平方米为布方单位，10 厘米为一发掘层；测量记录每件遗物（包括自然遗物）的名称、岩性、产状、三维空间定位；所有标本都要绘图照相，图纸比例不得低于 1:10，重要现象和遗物密集区绘制原大图；照片要多拍，彩色、黑白、正片、负片都要兼顾；文化层发掘的土样都要水洗并将碎屑按出土单位记录；坚持每天记工作日记，现场记发掘记录，如每张照片要记录照片编号、拍照单位、拍照方向、拍照时间、速度光圈等，原始记录的修改需要有说明。总之，田野资料发掘记录的原则是精细、准确、科学、客观，便于自己分析、便于资料建档，更便于其他人或后人研究查询使用。石制品研究方面：石器原料产地及人类采集石料活动范围的调查；根据板井子石制品组合与性质制定符合自身特色的分类标准，并重视石器工艺过程的分类角色，做必要的石器模拟打制实验；工具研究中的定性定位分析、第二部加工分析要依据科学标准化，以数字化、量化的解释为宜，借助计算机统计分析，这样结论会更为准确，尽量避免或减少主观武断的、模糊分析的传统解释习惯；如果时间允许，增加工具的微痕观察与研究。

发掘的那年夏天，是泥河湾盆地少有的酷热时节。9 平方米的发掘面积出土了近 4000 件遗物，每件标本都作了详细的出土记录，同时还筛洗出数万的碎屑，工作量之大可想而知。虽然之前我参加过陶寺、丁村、阎家岗等史前遗址的田野工作，但现在看来当年贾兰坡与李炎贤两位先生指导的板井子的发掘方法依然是那个年代国内旧石器田野考古较为进步的案例之一。而我在泥河湾的酷暑中养成的科学、严谨、细致的工作习惯也始终影响着我。即便十多年后，在我主持的柿子滩遗址以及在法国尼斯、陶塔维尔旧石器洞穴的发掘中，采用的都是类似的方法。

在板井子石制品观察研究过程中，我曾遇到了很大困惑，如竟然区分不开石核与工具、砍砸器与刮削器。带着沮丧的心情请教导师贾老："我越读书越糊涂，连旧石器ABC常识都搞不明白了！"贾老鼓励道："不要泄气，你提的问题看似简单，事实上远不是教科书讲得那么容易，这恰恰说明你长进了，这也是我为什么强调材料自身特色的分类标准的重要性。"后来经认真观察，终于明白了板井子石核的毛坯多数是石片，打片至废弃阶段时其形态往往与石片石器难以区分，这是客观存在的事实。后来我将不宜归类的石器送进贾老的书房，他用小楷毛笔工整地将他的分类意见写在标签纸上，压在标本下面，然后一一讲述其理由，并指出多分析工艺技术，某些标本不可强制归类，否则是不客观的，不科学的。

硕士论文答辩虽然最终以全优的票数通过，但我十分清醒三年的学业和硕士论文都存在着很多不足。我知道，答辩委员会的苏秉琦、佟柱臣、贾兰坡、张森水、李炎贤五位先生以及莅临现场的老师们都在鼓励我，期待着我们年轻人充满信心地去继续这项艰辛而崇高的事业。离京之前我去贾老家话别，他很高兴我返回山西从事旧石器考古学的教学和研究工作，希望山西在寻找中国最早的旧石器文化、最早的细石器文化方面有所作为，同时再次鼓励我试做以石制品器形、类型、技术及器物组合模式探索其时代和分期的研究课题。多年来脱层石器的断代问题一直困扰着旧石器考古界，尤其是细石器技术出现以前缺乏地层、古生物和年代学证据的石制品材料，因此他期望着中国旧石器时代工具的断代分期有一天能像欧洲的一样有章可循。贾老一定留我吃午饭，亲自动手炒菜，并熟练地制作了香脆可口的葱花饼，整个过程如同他做任何事情一样，认真而完美。

20世纪90年代，贾老曾患严重的白内障眼疾，看书写字往往需要借助于高倍放大镜，十分困难。有一次，他要在送我的《周口店记事》扉页上签名留念，左手轻轻摸索一下页面轮廓，右手接过递去的毛笔，准备靠感觉和经验一气呵成。书写过程因我的一句笑话而中断，只好将他的笔锋重新挪移复位才完成。在视力如此困难期间，广西一位同志带来一大箱石器请贾老鉴定其人工属性。贾老一边询问标本的产地和地层情况，一边摸着石制品。随后我也观察了全部标本，并表述了未见到人工痕迹的看法。贾老建议我再认真看看，他认为有一件有人工特征的小石片，打制台面、半锥体和打击泡虽不明显，但还是应看得出，一侧边缘有很小的加工痕迹。等我终于找见这件标本后，其特征竟与他的判断惊人的一致。他讲，这样的判断靠的是平时多观察多接触多总结。他还提起当年在协和医学院学习人体解剖学时，为了熟练掌握人类腕骨的鉴定能力，索性把它们装在衣兜里盲摸，不久便能准确地判断出每一块腕骨的名称和左右。他就是这样的勤奋好学、充满自信、善于创新，勇于迎接任何困难的挑战！由此，我想起了文献记述的他在周口店第1地点过去出土的动物化石中寻找出若干珍贵的北京猿人肢骨化石。我还想起张振标先生当年在山西大学讲授"体质人类学"时曾为我们推荐贾兰坡编著的《骨骼人类学纲要》。这是一本实用性很强、适用于考古工作者鉴定人骨的重要参考书。

在贾老的每一项重要发现和学术成果中，都凝结着他的心血和智慧。

1999 年 12 月 14 日，我为《文物世界》——“贾兰坡与中国旧石器考古”的约稿来到贾老家。拍完一组照片后，我向他汇报了柿子滩遗址的发掘与研究计划，提出准备用新的田野方法考察清水河下游旧石器时代晚期文化的时空分布状况，探寻柿子滩人的中心活动区和他们的生活方式，努力搞清柿子滩文化的整体面貌，进而了解旧石器时代晚期向新石器时代早期过渡阶段的文化与环境演化的过程。听完我的介绍，贾老强调了两点，一是解决好年代问题，尤其中国北方细石器早期文化的年代需要更多的地层学和年代学证据来确认；二是注意搜寻中国北方旱作农业起源的考古学证据。他希望我们细致做好柿子滩田野工作，争取在这两方面有所突破。他还要求我遇到重大发现一定给他打电话。2000 年，柿子滩遗址发现了 2 万年以前的用火遗迹和成熟的细石器制品；2001 年初，发现了 1 万年前的生活区和石磨盘、石磨棒及穿孔装饰品。贾老听到这些消息十分高兴，要求继续寻找更早的细石器文化层和更多的早期农业证据。

2001 年 3 月 18 日上午，我给贾老打电话，告诉他晚上去北京参加一个会议，顺便给他看一些柿子滩发掘照片。我问他想吃点什么山西特产，他很爽快地提出带点傅山头脑、龟灵集酒、益源庆陈醋。遗憾的是，当我第二天上午敲开先生家门后才知道，18 日下午他突发脑溢血送进了北京医院。他以 93 岁高龄勇敢地与疾病抗争了百余日却最终未能再现 1988 年战胜病魔的奇迹。我们永远地失去了他。我们知道，他已经尽力了。

20 世纪是贾老辉煌的舞台。他以北京人之家为家，绘写了北京人悠久壮丽的生活画卷。他从周口店走向华北，走向全国，构建起中国旧石器文化的大时空序列，华夏文明的悠久历史在他的笔下几度延伸。20 多部著作，400 余篇研究报告和论文，记述了他对科学与真理的执著追求。他以辛勤的耕耘，无私的奉献，高尚的品格，卓越的贡献实现了自己的人生价值。他的精神将激励着后人，他的名字已镌刻于史册。

九十载卓越，千万古沉淀

——纪念贾兰坡院士诞辰100周年

魏海波

（辽宁省本溪市博物馆）

2001年7月8日上午11时44分，一代宗师，杰出的旧石器时代考古学家、古人类学家和第四纪地质学家、中国科学院院士贾兰坡教授，怀着对亲人对事业深深的眷恋与世长辞了，走完了他93年光辉灿烂的生命里程。当我怀着悲痛的心情，凝视着贾老那安详宁静的遗容，向这位深受国内外学术界推崇和爱戴的老人作最后的诀别时，忍不住热泪夺眶而出。今年恰逢贾兰坡教授诞辰100周年，此时此刻，他老人家的音容笑貌以及20多年前接受他老人家亲切教诲的情景又一幕幕地浮现在我的眼前。

1981年秋，贾老第一次来本溪考察庙后山遗址，住在本钢八千坪招待所2号楼。当时的市委书记徐步云同志曾亲自到招待所看望贾老，并陪同贾老一起来到庙后山遗址考察。贾老先在市博物馆的文物库房非常认真地察看了各种打制石器和动物化石标本，并不时向我们询问这些标本的出土层位。随后这位时年已73岁高龄的老人不顾旅途劳累，亲临庙后山遗址的发掘现场，仔细观察周围的地质地貌、洞口与河流阶地的对比、分析地层堆积的成因、确认地层划分的标准。返回住地后，贾老动容地向陪同考察的省、市领导说："庙后山出土的这批材料很丰富，很有价值，它是目前我国地理位置最靠东北的一处，地理位置非常重要，应尽快对这批材料进行多学科综合研究，及早发表、公布于世。"这个建议在当时绝对是一个创新的思维，他不仅为我们怎样科学地考调庙后山遗址提出一个新方法，而且为今后考古学研究指明了方向。后来，我们在贾兰坡教授指导下，邀请了中国科学院古脊椎动物与古人类研究所、地质研究所、地质力学研究所、北京大学考古系、文物出版社等多家单位，对庙后山遗址进行了综合考察与研究。

1983年4月，在本溪召开《庙后山》专刊编写工作会议，贾兰坡教授第二次来到本溪，并亲自主持了会议。在贾兰坡教授的直接领导下，在众多科研单位考古专家的共同努力下，《庙后山》一书终于1986年由文物出版社正式出版发行。这在当时不仅是国内第一部多学科、多部门综合研究的旧石器时代考古学专著，同时也填补了本溪地区考古学此前无专刊的空白。贾老亲自为这本书作序。贾老在序言中说："我工作50多年，既未被聪明人所吓倒，也不为自己的拙举而自馁。我过去发表的东西也出过错误，但有错就改，绝不固执己见。我这样做，并非怕人抓住我的把柄，而是怕遗患于后人。"一代泰斗，坦言于后人，字里行间折射出一个科学家的人格魅力和大家风范。贾兰坡教授还把本溪称为是我国的考古特区，充分肯定了本溪在我国考古界中的特殊地位。当然，这是以庙后山文化为本溪远古文明的重要标志。

会议期间贾老还接受了本溪新闻媒体的采访。贾老笑着对记者说："多少年来，我无时不盼望考古的新发现，这是我生活中的最大乐趣。你们听说没，快乐使人长寿呀!"贾老接着说："一听说有新发现，我在北京就坐不住。本溪庙后山的石器化石这么多，全国也没几处，更主要的是它是目前发现的遗址中位置最北的一处，很可能是向东过渡的桥梁。"当记者问道："这次庙后山专刊的写作，您把中青年推上去了。"贾老说："是的，我们站在前人肩上，才看的比前人远，让中青年站在我们肩上，看的一定比我们还远，要扶持他们，但是也要给青年一点压力，压力就是动力。"这就是一代大师的宽广胸怀，也正因为老人家有这样的胸怀，他才成为我国考古界的泰斗，成为在世界上享有盛誉的著名学者。

1984 年 5 月，组织上选派我到古脊椎动物与古人类研究所深造，我又非常幸运的在贾老身边工作学习了两年。多次跟随贾老考察了山西丁村遗址，陕西蓝田遗址，辽宁海城小孤山遗址、丹东前阳人遗址、营口金牛山遗址等国内许多重要的旧石器时代遗址和化石地点，并有幸参加了在周口店举办的旧石器时代考古培训班和古人类学考古培训班，多次亲耳聆听了贾老的亲切教诲，使我大开眼界，受益匪浅。

贾老非常平易近人，一点没有权威的架子。记得有一次，贾老请我到他家里吃饭，我欣然赴约前往。贾老的家非常普通，居室布置也非常简朴，室内显得狭窄、拥挤，所谓的厅也就是过道而已。贾老的书房也只有大约十几平方米，除了临窗的一面，三壁皆书。书架上还有一排一排贾老亲手装订分类的资料和按年代排列的读书笔记。贾老把自己的书房称作"半成斋"，意为没有"大成"，谦和之风，宛然可见。书房外间的小客厅里挂着四张黑白的老照片，均是贾老与中国地质科学先驱的合影。在照片下边，贾老用隶书体一排排写着他们的名字。在贾老家里，师母为我们做了四个清淡的小菜，喝着辽宁宽甸出产的山葡萄酒。席间，当我向贾老汇报自己的学习感受，表示准备就辽宁地区的旧石器考古及埋藏规律等做些研究时，他老人家非常高兴，并语重心长的对我说："我现在年岁大了，不能更多地在野外工作了，但我可以为你们年轻人架火、搭桥、铺路。做学问既要有治学严谨的科学态度，又不要迷信专家权威。你们年轻人要多到野外跑一跑，收集第一手资料很重要，思想要活跃，要富有想象力，要敢于大胆探索，勇于进取，这样事业发展才有希望。"这些亲切的话语，至今仍时时萦绕在我的耳旁。也正是由于受到贾老言传身教的影响，结束学业后，我奋发努力、刻苦钻研，短短几年间，先后在《人类学学报》、《古脊椎动物学报》、《考古》、《文物》、《史前研究》、《辽宁地质》等刊物上发表了 20 余篇学术论文。如今悼念贾老，也可算做告慰他老人家的不朽英灵吧。

贾老一生刻苦进取，勤奋向上，锲而不舍，治学严谨，著述等身，成果丰硕，为我们树立了光辉的榜样。"贾兰坡"这个以周口店"北京人"之父而著称的名字不会因贾老的逝世而让人遗忘。他为我们留下的这份宝贵精神财富，将永远激励后人在科学研究的道路上不断探索，勇攀高峰。

怀 念 贾 老

李占扬

（河南省文物考古研究所）

2008 年是我国已故的著名旧石器考古学大师贾兰坡先生诞辰一百周年。

张光直先生曾在 1984 年 3 月出版的一篇纪念裴文中先生的文章《美国人类学者》中说：“他（裴文中）和他的同事贾兰坡先生是今天中国所有的旧石器时代的考古学者的老师。”我曾不止一次地思考过，觉得这句话既客观又准确。并不是说，当代的旧石器考古学者都曾直接师从贾老，亲领教益，但大家习惯地、约定俗成地视贾老为师，这是其他学科不常见到的现象。

为什么是这样呢，其渊源，可以追溯到旧石器考古学科在中国起源和发展的大的背景，可以追溯到北京周口店中国猿人遗址发掘的特殊的年代，追溯到这门学科所具有的独立性和独特性，追溯到先生长此以往的匠心独运，魅力人生与名家风范。他铸鸿篇大论，朴实扬洒百万言，启迪后学者，分秒点滴现真情。

裴老和贾老是旧石器学界的两面旗帜，两座丰碑，两位先驱者，两位使后辈学者饱受教益的老师。贾老和裴老一道栽种了中国旧石器考古这株幼苗，更不惜汗水浇灌，心血孕育，呵护有加。如今的中国旧石器考古学，虽然还不能用大树参天来比喻，但也可以称之为根深叶茂，来日无量。

裴、贾二师，就像唐代李、杜二位大诗人一样，唯有浪漫与写实文风上的差别，实无技术层面上的高下之分。二位成就了中国的旧石器考古学，是学科的一个标志、代表、里程碑。师虽有授业解惑之功，但也有“先生领进门，修行在个人”的真言。做旧石器考古的人身上流淌的血，早已是旧石器化了，爱和恨都与之丝丝相连。这群人，一听见“旧石器”三个字便来了精神，一摸小石头就感觉浑身充实提劲，一有点收获便热血直涌，一遇新发现更是忘乎一切，手舞足蹈，六神放光，不能自已，有莫名的欣慰感、亲近感、自豪感、使命感。这大概是由学科独有的魅力所赋予的，是由先生和他的同事们，对处在考古学、第四纪地质学、古脊椎动物学和古人类学等诸学科夹缝之中的旧石器考古学，施以独到的关爱所形成的，是一群见到石头片子便端详再端详生怕其跑掉，让人看着不可思议的发烧友所带给的，是“猿人”、“智人”、“石片”、“石器”、“化石”、“第四纪”、“更新世”这些生僻的、枯燥乏味的、甚至让人立马就来倦意的名词所使然的。

1984 年 8 月，正值晋南一带秋雨绵绵、大枣采摘的时节，因连天阴雨，使丁村家家户户烂枣遍地，全村弥漫着发酵的酸味，丁村变成了一片果酒工厂，明清古建筑也在阴霾中散发出泛霉的馊味，街路在人来人往变得泥泞不堪（当时，我正在这里参加配合南同蒲铁路复线工程，对丁村旧石器遗址作抢救发掘，从 1984 年 7 月至 1987 年 10 月，累计在丁村工作长达近 20 个月的时间）。

雨点悠悠，夜半无眠，听当年丁村发掘队炊事员——我的房东讲贾老等丁村遗址发掘时的逸闻：贾老口插旱烟斗事无巨细面面俱全丝丝入扣指点江山激扬文字，裴老身着白衬衣手握钓竿稳坐钓台若姜太公再世一付成竹在胸……这幅《江山垂钓图》已将我引向 20 世纪 50 年代的那片丁村了：贾、裴二师率领的考古队，千里追踪，来到了迷人的汾河湾，在汾河的古老阶地中寻找人类踪迹。队员们在发掘空闲的时候，便漫步在河边的湿地上，这时的汾河水清澈见底，摇曳多姿的河岸毛柳随风起舞，风吹草低，芦苇丛里泛出点点水鸟野鸭，渐渐地，使我想起了“徜徉在春天的小河边，花间蜂蝶飞来飞去，河中游鱼游上游下……”的名句。

若从村子西北隅的滩地向汾河对岸瞭望，第四纪中更新世黄土得到完好发育，上百米高的剖面，包括十数条棕红色的古土壤条带尽收眼底，这组地层剖面倒映在水中，顿时土水交融，水天一体，相辅相成，交相生辉，可算是丁村的景中之景了！于是，我搜寻了不少有关的佳作名篇，但遗憾的是，并未找见关于红色古土壤及剖面倒映在水中的一丝一毫的介绍和描写。大概是因为，那时的文人还不屑于地学方面的知识，不然的话，汾河湾也早已是游人如蚁，丁村也不再是藏在深闺人未识了。话虽然这样说，也并非全然是好事，人来人往，原始原生状态就会逐步缩水，褪色，蒸发，降解，甚至消失，那还有朴素动人的丁村吗？还有原汁原味原生态的丁村吗？这些，还是问问对丁村一往情深的贾老有甚说法——没有回音！

1985 年 11 月下旬，寒意浸遍了周口店中国猿人遗址，篱笆上的爬墙草红得妖人，展览馆院内，已经成熟的海棠果剔透玲珑，经夜风吹拂撒落满地，似乎无人收摘，更是无人理睬，就连一些叫不上名的山鸟们，也仅仅是站在远处的高墙上饱饱眼福。远处，山间农田的田垄上，生长着一株株枝枝丫丫的老柿树，叶子早已不存，偶尔见到，熟透的柿子孤零零地挂在树梢上，让人顿生奇怪，据说是“冻柿”一簇，早已为周口店地方名气不小的特产了。黛枝红果，点缀着一洼斑驳陆离的冬麦。本来，这些均属于自然界的功能与造化，再正常不过了，但在斯时，由于发生在中国猿人的故乡——我们所朝圣的麦地那，这就足以让人铭刻在心终生不忘!

中国旧石器考古与第四纪地层训练班的 150 多位学员，来自于全国不同的省区，大家从四面八方走到一起，聚集在改革开放后的“黄埔一期”，住在被叫做龙骨山老牛沟的山坳里，与大名鼎鼎的中国猿人为邻，在贾老等师长的教诲下，学习和这里的远古人类对话。

1985 年前后的京畿周口店一带，早已听不到卢沟桥那边抗击外侵的枪炮声，二十九军的大刀片已埋藏在乡人的记忆里，这片可歌可泣的黄土地，正和全国其他地方一样，在改革的大潮中迎来阵痛后的分娩，但同时，这里曾发现著名的中国猿人头盖骨化石（连同它的发现者裴、贾的名字）早已走遍了世界各地。

改革开放伊始，百废待兴，人们渴望得到更多的知识，作为改造客观世界与主观世界的工具。学员们穿着颜色比较单一的服饰，操着南腔北调，苦吟着同一本书。

我们在周口河河滩上搜寻石料，打造石器，割剥动物皮肉，敲骨取髓，有模有样，俨然猿人再现。我至今也不会忘记，时任训练班班主任的贾兰坡教授“做学问就像滚雪球一样，越滚越大，不滚就化”的教诲。转眼间，二十三年过去了，自己学问无可称大，但敢对贾老说雪球没有被融化！

在周口店学习之前，我非常渴望得到一本由文物出版社出版的《贾兰坡旧石器时代考古论文集》，当时我还不认识贾老，正好中国科学院古脊椎所卫奇先生来太原开会，便托他向贾老张口，大约一个月后，贾老给我寄来了一本使我仰慕已久并由他亲笔签名的论文集。

后来我偶然看到，贾老签赠此书的落款的时间，正好提早了整整一年，贾老在书的扉页上写到：“李占扬同志指正，贾兰坡赠，一九八四年一月八日。”老科学家谦逊之至令我惊讶不已，刚见门槛的人，能会指什么正呢？这本论文集为 1984 年 8 月第一次发行，按说是 1985 年 1 月 8 日才对，这是什么原因呢？可能是因为签书的时候，1985 年的新年刚刚到来还没有几天，这时候，按常理论，一般人对时间概念都还没有倒过劲来，贾老可能因此出现了笔下之误。我曾想，贾老的笔下误也是多么的难能可贵呀，因为平添了不少的收藏意义呢！

从“海峡人”想起的

蔡保全

（厦门大学）

1999 年，我利用暑期将一件在台湾海峡发现的人类肱骨化石带到中国科学院古脊椎动物与古人类研究所进行研究，并于 8 月 17 日拜访了贾老，向贾老介绍该件标本是泉州海外交通史博物馆临时工刘志成先生等于 1998 年 11 月在泉州沿海考古调查时，从石狮市祥芝镇祥芝村采获数千件哺乳动物化石中挑选出来的。刘先生对该化石有所疑虑，请求鉴定。我接到标本后在肯定的同时，还与刘志成先生等人多次到实地调查并在祥芝镇祥渔电讯站了解到，人类化石和哺乳动物化石是祥芝村渔民 1998 年在台湾海峡捕鱼作业时从海底打捞上来并带回岸上存放，现已无法确定产出地点。但有一点是清楚的，即祥芝村渔民捕鱼作业区为台湾海峡中线以东，沿着与海峡平行的北东—南西向，在北纬 23°30′～25°00′、东经 119°20′～120°30′的广大海域内，这一海域内都曾捞获哺乳动物化石，因此人类化石无疑也是来自这个区域。与人类化石一起捞出的还有骨器、人工砍刮痕迹的动物骨骼和 5000 多件代表古菱齿象（*Palaeoloxodon naumanni*）、野马（*Equus* sp.）、最后鬣狗（*Crocuta ultima*）、达氏四不像鹿（*Elaphurus davidianus*）、熊（*Ursus* sp.）、狼（*Canis lupus*）、野猪（*Sus scrofa*）、水牛（*Bubalus* sp.）等 10 多个种类的哺乳动物化石。

贾老听了我介绍及看到标本后很高兴：“石化程度很高，年代一定不晚。几万年前海平面下降，黄海和东海陆架都是陆地，至于海平面下降幅度，有一种观点认为是 150 米，有一种认为是 100 米，虽然还有地壳升降运动的可能，总体来说台湾海峡当时是陆地没问题，这件人化石和大量哺乳动物化石的发现很有意义。”当请教贾老如何称呼这件人化石时，贾老脱口而说：“就叫‘海峡人’吧，这样顺口。”同时贾老还为“海峡人”题了字（图一）。

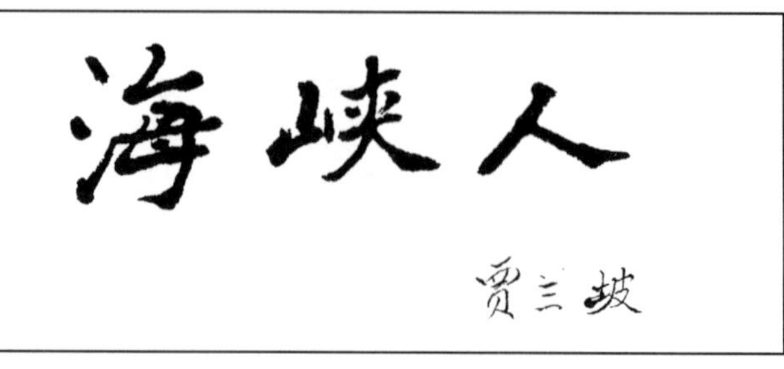

图一　贾老亲笔题写的“海峡人”

这里想说的是我为什么会把标本带到贾府请贾老看，因为贾老平易近人、积极扶持年轻学者，而且非常关心史前福建与台湾的关系。

早在20世纪80年代，福建旧石器古人类研究仍为空白省份的时候，贾老于1987年3月到闽考察时，在福建省博物馆做了题为《旧石器时代考古与福建》的报告，贾老在报告中提出：“两广地带和台湾省都有旧石器时代遗骸或遗物发现，那么，古代人类向东迁移时不可能不在福建留下遗迹。”在贾老的倡导下，福建省陆陆续续有一些发现，如清流县狐狸洞、漳州市北郊莲花池山旧石器遗址。这些发现证实了贾老的预言，贾老知道后甚为欣慰。福建旧石器时代工作有了好的开端后，贾老则把关注的目光转向旧石器时代的闽台关系：台湾省台南有“左镇人”、台东县有15000年前的长滨文化，早期人类是如何从内地跨越台湾海峡的？

“海峡人”化石的发现，其特殊的产出位置为古人类从内地迁徙台湾岛提供了直接的证据，也回答了贾老的问题。

此外，在“海峡人”身上还发生了两件值得关注的事。

首先，标本应存放在哪里？1999年9月，“海峡人”化石的发现经媒体公布后，引起了泉州市有关部门的重视。福建石狮市文化馆坚持标本是石狮渔民打捞上岸的，应由该馆收藏。该馆原负责人1999年秋上书泉州市政府，告临时工刘志成先生私藏文物违法，政府分管领导旋即批示查办，并追查到我这里。我明确告知泉州市有关部门，刘志成先生在泉州市文物及自然标本保护方面做出了突出的贡献，并非“私藏”，若想得到这件人化石标本必须通过泉州市政府部门来协商来解决问题。后来，泉州市文化局于2000年元月来人来函正式办理标本移交手续，石狮市文化馆（现改为石狮市博物馆）最终拥有人化石和其他哺乳动物化石的收藏权。这件事实际上涉及如何保护标本的问题，我赞赏泉州市地方政府对这些标本从不理睬到积极保护的态度转变，然地方保护有时做过头很不利于科学研究。现在有些地方部门考虑的是如何拥有标本，可一旦得到标本又不知道用何种方法加以保护，也不希望他人做进一步的研究，这不利于标本的保护和科学利用。

其次，“海峡人”题字未经同意被引用。我曾留了一份“海峡人”题字的复印件在石狮市博物馆以便该馆展览，可遗憾的是这一珍贵的题字在没有取得同意的情况下于2005年被一本小册子引用了，而且未提及出处。这似乎是小事，然不在意小事的人则有可能酿成大错，故我为这种不懂科研道德的行为感到惋惜。

大师的教诲，终生难忘

——忆贾兰坡院士

谢光茂

（广西文物考古研究所）

我国著名的古人类学家和考古学家贾兰坡院士离开我们已经7年了。但他的音容笑貌，至今仍记忆犹新，特别是他老人对我们的谆谆教诲，更是终生难忘。

学考古并非是我的初衷。当年高考时我是报考英语专业的，因此填报志愿时压根儿就没有填考古这个专业，然而最终却被厦门大学考古专业录取。自从步入考古学这个科学殿堂后，我又热爱起这个专业来，特别是旧石器时代考古引起我浓厚的兴趣，对裴文中、贾兰坡等老一辈考古学家更是顶礼膜拜。如果说学考古是阴差阳错，那么，从事旧石器考古工作则是我决然的选择。在大学期间就大量阅读了有关我国旧石器时代考古的著作，特别是《古脊椎动物与古人类》这个刊物更是每期必看。从这个刊物中不但了解到我的家乡广西在古人类学和旧石器考古方面有许多发现，而且激起我学成后回去干一番事业的雄心壮志。

1985年大学毕业分到广西博物馆后，即于同年秋天参加了中国科学院古脊椎动物与古人类研究所在北京周口店举办的“第四纪地层与旧石器考古训练班”。在这个号称为中国旧石器考古学“黄埔”的训练班里，不仅第一次有幸见到了仰慕已久的贾兰坡院士，而且他还是我们训练班的班主任。当时参加这个班的广西学员除本人外，还有百色右江革命纪念馆的曾祥旺同志。一天，贾老（我们对贾兰坡院士的亲切称呼）来到周口店，我和曾祥旺迎上前去向他老人家问候，表示敬意，并自我介绍说我们俩是广西来的。听说我们来自广西，贾老高兴地说：“广西古人类和旧石器考古大有可为，你们要好好干！”贾老的话既是对我们的鼓励，同时又对我们寄予希望。

光阴荏苒，转眼到了1992年。这年春夏，中国科学院古脊椎动物与古人类研究所和中美学术交流委员会在周口店先后举办“动物考古训练班”和“石器分析训练班”。我又有幸回到了周口店参加了这两个班的学习。周口店这个旧石器时代考古的圣地，不知令多少热爱考古的学子专家神往。本人虽然没有机会像前辈那样能亲自参加周口店遗址的发掘，但能不止一次地来到周口店学习，则是自己的幸运。但更为幸运的是我又再次见到了贾老，因为他老人家又是这两个训练班的班主任。与1985年那个训练班相比，这两个班的人数较少，学员中不少都参加过1985年的训练班。在训练班行将结束的时候，贾老来到周口店给我们学员颁发结业证书，并和我们合影留念。

学习结束后，我到古脊椎动物与古人类研究所查阅资料，同时还到贾老家拜访。虽然通过这两次训练班，贾老已认识我这个广西来的后生，但到贾老家里去我心里还是有些忐忑不安，生怕打扰了他。但到了他家里，贾老的热情和蔼很快打消了我的担心和顾虑。招呼我坐下后，先问我在广西工作了多长时间，然后说他在五六十年代到广西进行过山洞调查，后来就没有时间再去了。当我说起广西的旧石器时代考古是裴老和贾老等前辈开的先河并于20世纪五六十年代由于他们的杰出工作而取得辉煌成就时，贾老说："我们队伍*中大多数是年轻人，大家都有干劲，吃得苦。"接着，贾老娓娓谈起他和裴老等当年在广西进行山洞调查情景。当说到1956年1月14日他发现来宾"麒麟山人"头骨化石时，贾老说："当时我们是在参观合作社回来路上调查这个山洞的，没想到发现了这个头骨。大家高兴得不得了。"在谈到他发现大新巨猿牙齿化石时，贾老说："那个山洞很高，很不好爬，但当时年轻还是爬上去了，发现了很多灵长类化石。"贾老对广西的旧石器时代考古寄予厚望，他说广西岩溶地形发育，洞穴众多，里面埋藏有许多人类和动物化石以及文化遗存，百色山坡上又发现旧石器，广西古人类和旧石器考古大有可为。他说："你们广西博物馆何乃汉是搞旧石器的，现在你又来了，好！后继有人。只要好好干，会有成绩的。"

在亲切的交谈中，时间过得很快，我看看手表已过了近一个小时。虽然他谈得很有兴致，但想到老人家年事已高，于是向他表示感谢，起身告辞，握手言别。在离开之前，我还请贾老在周口店我和他老人家的合照上题字。他在照片的背面欣然写下"尽力工作，不断学习；日有成绩，永无止境"。这张照片我一直珍藏着，一是作为对贾老的纪念，二是作为激励我在旧石器考古的道路上前进的动力。

作为旧石器考古学和古人类学大师，贾兰坡院士不仅发现了三个"北京人"头盖骨，震惊了国际学术界，而且走遍祖国南北山川，探寻远古人类的足迹，为我国古人类学和旧石器时代考古做出了重大的贡献。1956～1957年，他和裴文中教授率领中国科学院古脊椎动物与古人类研究所广西工作队，对广西洞穴进行了两次规模较大的调查和发掘，获得一系列重要发现，推动了广西文物考古事业的发展，为广西的旧石器时代考古奠定了坚实的基础。

巨人已逝，音容犹在。贾老对我们的谆谆教导和殷切期望，将永远激励我们奋发向上，勇攀科学高峰。

---

* 指中国科学院古脊椎动物与古人类研究所广西工作队。该工作队由裴文中、贾兰坡带队，队员有邱中郎、张森水、吕遵谔、李有恒、黄万波、翟人杰、王择义等。

贾兰坡与云南人类起源研究

吉学平

（云南省文物考古研究所）

1937年，正在享受北京猿人发现之乐的贾兰坡先生与美国地质学家卞美年先生1月中旬从北京出发，经过一个多月的艰苦跋涉，于2月下旬到达昆明。此次到云南考察的目的是想“在中途打劫‘北京人’的来路”。由于当时最古老的北京猿人（和爪哇猿人）的发现，导致人类起源“亚洲说”的盛行，国外很多科学考察团组团到内蒙古、新疆、陕西、云南、四川等地考察。1926～1927年美国自然历史博物馆在元谋发现新石器遗址和早更新世动物群，并预言元谋盆地有可能发现早期人类遗骸。研究北京人化石的德国人类学家魏敦瑞的推测：“人类从中央高原地带向四处迁徙，一支迁到德国，可由海德堡人为代表；一支迁到中国，可由北京人为代表；另一支迁到爪哇，可由爪哇人为代表。北京人和爪哇人的迁徙路线，可能途经云南，一支向北到达周口店，一支向南达到爪哇的垂尼尔村。”理论上认为北京人或爪哇人的迁移路线很可能途经云南。

1937年2月24日，贾兰坡和卞美年来到1930年地质学家王曰伦先生发现的富民河上洞哺乳动物化石地点，经过十多天的艰苦发掘，发现了我省第一个中更新世典型动物群——河上洞动物群。贾兰坡因为有周口店的发掘任务，提前回到了北京，卞美年则去了地质学家尹赞勋先生于1934～1935年间发现哺乳动物化石的丘北县黑箐龙洞考察，采集到两件石制品和烧骨、炭块，初步判断为旧石器时代晚期。此次考察，虽然没有发现人类化石，却开创了云南旧石器考古研究的新纪元。

1965年5月1日，原地质部地质力学研究所钱方等人在元谋为成昆铁路进行地质勘察时发现两枚人类门齿。1972年2月22日，新华社播发了这一重要发现，经胡承志研究定名为元谋直立猿人，简称“元谋人”。经过全国多个科研单位多学科的综合研究，最终确定年代为距今170万年左右。这是当时亚洲发现的最古老的人类化石。这一发现验证了贾老等人的预言，也增强了中国古人类学界进一步寻找早期人类缺环的信心。

1975～1983年，云南禄丰发现和发掘出大量古猿化石（包括5具不完整的头骨），特别是1980年发现的世界上第一具“腊玛古猿”化石，首次提供了此类古猿头骨特征的关键信息，再次证实了人类起源于亚洲的观点。

1984年2月，时年77岁的贾兰坡院士为在有生之年完成对全国古人类和旧石器的一次全面总结，于47年后再次访问云南。1月17日，黄慰文从贵阳向云南省博物馆王立政馆长发出信，告诉来访的目的和贾老来后的安排。1月25日，中国科学院古脊椎动物与古人类研究所人类室副主任卫奇、党支部书记黄慰文先期由黔来滇考察，27日赴“丽江人”化石地点，在该地点首次发现“石球”，增加了对“丽江人”文化的认识。2月3日，他们到达元谋，考察了元谋人遗址和四家村、下棋柳等旧石器地点，并确定了在“元谋人”以后至少还有两个不同时期的旧石器文化遗物。2月12日，贾兰坡先生到达昆明，13日上午，观看了丰富的龙潭山“昆明人”化石及其旧石器文化遗物，下午参观了龙潭山遗址，贾老说：“龙潭山的研究需要很多专业人士联合起来搞，要组织有关科研单位来联合考察，写出有世界水平的研究报告。”2月14日贾老重游47年前曾经考察过的富民河上洞，并在富民县文化馆书题“河上洞”三个大字。2月15日到16日，贾老考察了路南板桥旧石器地点，在青山口巴盘江第四级阶地里发掘出数件石器，确认了1961年采集石器的层位。贾老说：“路南从地层中找出旧石器，这是一件大发现。”2月18日下午贾老在云南省博物馆作题为“我国西南地区在考古学上和古人类学上所占的重要地位”的学术报告，并为元谋人陈列馆题词。来自科研单位、大专院校、新闻媒体等单位的101人聆听了报告。报告中，贾老根据当时腊玛古猿（现称为禄丰古猿和西瓦古猿）的分布分析，赞成“人类起源于亚洲南部，包括巴基斯坦、印度、缅甸和我国西南的广大地区。人类起源的上新世时期喜马拉雅山的高度在1000米左右，气候屏障作用不明显……那时的环境适合于人类演化，在那里很有希望寻找到从猿到人的缺环。云南是寻找人类起源缺环的理想之地”。“元谋人遗址闹哄了一阵，就销声匿迹了……我认为应该有人在此继续发掘，没有人工作，是纸上谈兵”。此次考察，三位专家都表示，云南需要加强培养人才并愿意尽力帮忙。

1986年10月5日，元谋再次发现了早于元谋人的第三纪古猿牙齿化石。1988年3月14日又发现古猿面骨。人类起源于亚洲的观点再次引起国内外学术界的关注。国家科委主任宋健、云南省省长和志强亲自过问并支持研究工作。1988年6月，美国伊利诺斯大学卜普教授，9月西雅图华盛顿大学戴里斯、斯文德勒教授，12月，加州大学人类起源研究所肯波、克拉克、怀特博士相继访问元谋古猿化石地点。1989年，云南省博物馆张兴永被邀参加在西雅图召开的“环太平洋史前会议”，惜因故未能前行，但请人宣读了有关元谋古猿的新发现。

1987年11月11日至14日，贾兰坡院士应邀参加云南省文化厅、省科委主持的在昆明召开的“元谋新发现的古人类化石专家论证会议”，和志强省长到会会见专家并发表重要讲话。会后，出席会议的专家考察了元谋古猿化石产地。贾兰坡院士考察后认为：在发现的牙齿化石中，至少有两类是属于古猿的，它们不像是雌雄关系，而是不同的种。另一类是人是猿，需进一步研究；对出土的石器还需要研究。1988年9月起，云南省政府批准（云政发［1998］122号文）成立云南省古猿、古人类发掘、研究、保护领导小组，时任云南省省长的和志强担任组长，贾兰坡院士担任顾问。自此，元谋古猿的研究工作在贾老的指导和支持下展开。

1997 年，香山科学会议第 62 次会议在北京召开，主题为“人类起源和早期灵长类进化”，来自国家科委、国家基金委、中国科学院以及北京大学等单位的 42 名代表参加了讨论。会议重点讨论了在我国寻找 200 万～400 万年古人类化石缺环的可能性，与会代表大多认为，元谋盆地和泥河湾盆地是寻找缺环的理想之地，能够向非洲起源说发起挑战的只有中国，“缺环”应该在云贵高原特别是云南的第三纪地层中去寻找。1998 年，香山科学会议建议形成的国家攀登项目启动，大批学者五年的艰苦努力，虽然没有解决“起源”问题，但将我国早期人类和旧石器文化的历史大大地推进了一步。

1998 年 3 月 1 日，笔者随同云南省科学技术委员会的同志就云南古猿在研究人类起源研究中的地位问题采访了贾老，贾老认为：“元谋古猿除了继续做详细的工作外，还应该多开会，多让外国人来看看，学术问题大家可以讨论，不是说非我们做就不行，没有交流就没有进步，与外界隔绝了，什么也看不见。不要挡住自己的眼，也不要挡住自己的腿。”“要是我年轻一点，我愿意搬到你们班果盆地去住，这个地方非常有可能突破，绝不能放弃。中国有这么好的地方不做非常可惜。”“美国人寻找石器，尽在非洲找，不断有发现，你老是去找，自然就会有发现的。可是中国的发现很少，就是没有专人经常去做工作，这是我们的缺陷。如果我们在云南经常有人去发掘，毫无疑问在世界上可能是发现最多的地方。”“人类起源地在我目前来看，云南这个地方希望最大，因为当时（晚第三纪）的气候比较温暖，喜马拉雅山海拔还不高，平均海拔 1000 米左右，具备人类起源的自然环境条件。”

元谋古猿发现以来，出于人类“起源于亚洲”的根深蒂固的思想和愿望，被最初的研究者定为“竹棚能人”、“东方人”等名称，后来经过深入研究废弃了这些学名，但云南古猿的复杂特征使这批标本的系统地位长期处于争议地位。由于古人类学标本稀少，属描述对比性的学科，由于特殊原因，当时国内研究者大多很少有机会观察国外发现的标本和模型，不能及时追踪国际研究动态，因此在新发现到来时，往往只能从文献上对比研究，结果导致认识上的偏差。人类起源研究如此，旧石器研究（特别是莫斯特文化和手斧文化）的研究也如此。这让我国的古人类和旧石器研究慢慢地远离国际前沿。秉承北京猿人研究的优秀传统和组织经验，现在是通过国际合作来解决“起源”问题的时候了。2007 年胡锦涛总书记访问南非斯特克方丹古人类遗址的讲话，为中非古人类学领域合作研究人类起源问题带来了新的曙光。

贾老离开我们 7 年了，他留给我们的是生命不息、耕耘不止的精神，平易近人、鼓励后生的优秀品质。在我国国力昌盛的今天，他未尽的事业和优秀的学品一定会得到发扬光大。全国同仁寻找 200 万～400 万年古人类缺环的工作仍然在艰难行进，我们祝愿在不久的将来有新的发现和研究成果来告慰贾老等老一辈科学家的英灵！

附记：谨以此文纪念贾兰坡院士诞辰 100 周年！

参考书目

Bien M. N. and China. L. P. Cave and Rockshelter Deposits in Yunnan. *Bull. Geol. Soc.*, *China*, 1938, Vol. 18, 325 -347.

贾兰坡．我国西南地区在考古学和古人类研究中的重要地位．云南社会科学 1984（3）.

张兴永．贾兰坡教授来滇考察随记（手稿）. 1984.

姜础．元谋县史前考古工作大事记（1903～1998 年）．和志强主编：元谋古猿．昆明：云南科技出版社，1997：203 -206.

仁厚长者　治学榜样

武仙竹

（重庆师范大学历史与文博学院）

白驹过隙，倏忽之间，已是尊敬的贾兰坡教授百年诞辰。贾老是我国史前考古界第一代学者中的重要人物，我作为与贾老年纪相差较大的后学者，在与贾老的有限接触中，有两点在思想感受上很深刻。在这里写出来，以表示我对贾老的怀念。

一、谦逊风范　仁厚长者

1985 年 10 月 20 日至 11 月 30 日，我在中国科学院古脊椎动物与古人类研究所"第四纪地层与旧石器考古训练班"学习。当时我 19 岁，是在湖北省房县博物馆刚刚参加工作两年的小伙子。贾老是这期训练班的班主任，训练班学习地点在周口店北京猿人遗址，任教的有古脊椎动物与古人类研究所的许多学术骨干。我从一个对史前考古毫无认识的小伙子，成为一个对该专业产生浓厚兴趣的人，主要得益于这期训练班的启蒙和科学教育。记得在训练班毕业结束的那天晚上，贾兰坡老师特地从北京专程赶到周口店。我们全班同学当时聚集在周口店遗址接待贵宾的小会议室里，房间里的暖气片使室内暖气融融，但使大家更加感到温暖、兴奋的是，同学间传递着一个好消息：贾兰坡老师今天晚上要亲自来发结业证！室外的寒风飕飕的刮着，甚至听得到掠过山坡树枝上发出的尖叫。已经到晚上快 8 点了，周口店遗址笼罩在一片漆黑的寒夜里。从全国各地会聚在这里的同学，想到明天就要分散，想到贾老今晚来和大家话别，并专程赶来给大家颁发印有他老人家签名的结业证，心情都不能平静。有些多才多艺的同学，在自发的为大家唱歌、跳舞。终于，专程送贾老的小汽车到了。当时，周口店遗址管理处的负责人袁振新老师，从门外把贾老迎进屋里，大家一见，都情不自禁的拍手欢迎。贾老穿着一件黑色的呢子大衣，脖子上挂着一条灰色的长围巾，拄着一个拐杖，进门后和大家亲热的打着招呼。袁振新老师和同学们把贾老搀拥着坐在会议室靠近中间的大沙发上。贾老坐下后，看见黄万波老师从门口进来，亲热的向他招手示意，让他坐到自己身边来。接着，袁振新老师说，贾老今天执意要亲自来为大家送别，亲自发放他自愿担任班主任的这期训练班学员的结业证。但考虑到天色已很晚，贾老还要连夜返回北京，所以希望大家今晚不要过久耽误贾老时间，让贾老早点回北京。没想到，袁振新老师的话还没有说完，贾老就抢过去说："不急，不急！今天特意来看大家，和大家欢聚，我晚一点回去没有关系。”学员们看到贾老那样亲切、平易近人的样子，都特别感动。发放结业证时，贾老本来要坚持站着进行，同学们想到贾老匆匆赶来，有些劳累，又担心他站立时间太长，所以一致要求他仍旧坐在沙发上。一摞证书摆在贾老面前的茶几上，他认真的拿起每一本证书，看看里面的名字，然后叫着应领证书学员的名字。有时候还和学员们说说话。记得贾老发给我结业证书时，双手把那本绿色的硬壳证书打开，念了我的名字，并在嘴里小声地念着“编号：85053”，然后又看看我，和我握握手说：“好，小伙子，你很年轻，回去后好好干！”我当时很激动，感觉到自己脸部发热。接过证书后给贾老鞠了一躬，说：“谢谢贾老鼓励，我一定努力工作！”

很多年过去了，每当我在工作中遇到困难时，都会想起贾老在北京猿人遗址给我发证书的情景，想起贾老对我的鼓励，以及自己向贾老保证的诺言。

二、勤奋学习　治学榜样

贾老是从一个没有上过大学的“练习生”的身份，靠着勤奋学习，勇于探索，成为中国科学院院士、美国国家科学院外籍院士、第三世界科学院院士，攀登上了科学研究的高峰。贾老的一生，是自强不息，勤奋治学的楷模。

1993 年 6 月，我从房县博物馆调到湖北省文物考古研究所工作。两个月后，我和李天元同志一起出差到北京。一天夜晚，我们两人一起去了贾老家里。贾老当时身体和精神状况都还比较好，得知我们晚上要去他家里，特地复印了一些古人类研究方面的资料准备送给我们。我和李天元同志进到贾老家里后，贾老忙着招呼我们坐下，并让家里人给我们沏茶。我看到贾老家里到处都摆着书。我们问候了贾老的身体状况，叮嘱贾老要注意休息，多多保重身体。贾老说他休息不下来，只要感觉到头脑还清醒，就总想思考一些东西。我向贾老汇报了我的一些情况，介绍自己刚刚调到湖北省文物考古研究所工作。贾老非常高兴，说：“太好了，年轻的一代壮大起来了。”我说：“还不行，我感觉到实际工作很吃力。工作困难还比较大。专业知识上还是欠缺太多了。”贾老说，湖北发现郧县人是很重要的事情，年青一代应该把自己的精力和兴趣和这件具体工作结合起来。当这件工作在科学上有了进展的时候，年青一代的成果和事业也就建立起来了。古人类研究是实践性很强的学科，具体工作是最好的课堂，不懂就问、不懂就学就能及时找到解决问题的老师。贾老除了鼓励和指导我，还给我介绍了一些他本人在实际工作中学习、进步的事情。贾老给我讲的很多事情，后来都深深地印在我的脑海里。我总是想，以前很多老师给我介绍贾老从一个“练习生”开始起步，说贾老如何能在实际工作中克服困难，勤奋治学，终于成为一代大师。当亲身聆听到贾老的教诲，亲眼看到贾老在年迈的高龄、身体有病的情况下，仍然每天坚持工作，坚持思考和探索很多科学问题时，我深深地明白了贾老成功的秘密。那就是努力工作、自强不息。贾老的这种精神，是我们民族优良精神的一部分；这种精神，应该在贾老事业的继承者中发扬光大。

不能忘却的怀念

——贾老二三事

陈星灿

（中国社会科学院考古研究所）

都柏林当地时间2008年6月30日下午2点至3点30分，第六届世界考古学大会在爱尔兰都柏林大学的O’Reilly Hall有一个名为“Peter Ucko纪念奖和纪念讲座”的活动，隆重纪念一年前去世的伦敦大学教授皮特·阿寇先生（1938～2007）。该活动先是邀请伦敦大学著名解剖学家Michael Day作了一个专题讲演，然后是把第一届“Peter Ucko纪念奖”授予美国著名考古学家Larry Zimmerman先生。纪念活动是对死者的怀念，更是对生者的鼓励。屏幕上含笑的、大概是用青铜雕塑的皮特·阿寇头像，慈祥地看着大家——受过他恩惠的学生和来自世界各地的考古学家，好像他还活着，还在用目光跟大家交流。

我只在北大考古系听过阿寇先生的一次讲演，跟他没有什么交往。不过这个纪念活动却让我想起8年前去世的贾兰坡先生——一个给予我和许多年轻人鼓励和支持的前辈考古学家。异国他乡，夜不能寐，为了不能忘却的纪念，遂写下这篇早该写就的文字。

记得第一次见贾老，是20世纪80年代末的一个夏天。我还在中国社科院考古所读研究生，我的同学员晓枫把我领到贾老（不知道从什么时候开始，好像老老少少都是这么称呼他的）的家。贾老在他拥挤而感觉黑暗的书房里接待了我们。我开始还有点紧张，但看晓枫和贾老熟知的样子，紧张感一下子消失了。贾老第一次见我，就拿出三四十年代周口店发掘的照片和笔记给我看，还大谈德日进（Pierre Teihard de Chardin，1881～1955）、步达生（Davidson Black，1884～1934）、葛利普（Amadeus William Grabau，1870～1946）魏敦瑞（Franz Weidenreich，1973～1948）等外国考古学家对中国古人类学和旧石器时代考古学的杰出贡献。他超强的记忆力和对这些前辈外国学者“不合时宜”的评介，激起我研究中国史前考古学史的强烈兴趣。第一次见面，贾老就赠给我他的《贾兰坡旧石器时代考古论文集》（文物出版社，1984年出版）。贾老在扉页上用毛笔给我题签，还和我合影留念。这本有贾老签名的论文集是我最为珍贵的藏书之一。

和贾老认识后，只要去双古所（中国科学院古脊椎动物与古人类研究所），总要找机会看看贾老。他喜欢我们这些年轻人，聊的不是考古就是考古学史，当然也有三四十年代中外学者艰苦而不乏趣味的生活。有时候视力不好的贾师母也参加进来，书房里充满了欢声笑语，那情景至今还如在眼前。

1991年6月，贾老应我的导师安志敏先生邀请，到社科院考古所参加我的博士论文答辩。他给予论文很高评价，也指出一些细节上的问题。当时贾老已经85周岁高龄，能把贾老请来，还能把贾老的手笔留在论文评阅书上，我是非常高兴和感激的。

大概是2000年的一天，我带着儿子去家里看望贾老，想让儿子认识这个靠自学成为国际知名的大学者，同时也想请贾老给我刚刚出版的《中国史前考古学史研究(1895～1949)》写一封推荐信，参加第二届中国社会科学院优秀科研成果的评奖活动。贾老年过九旬，身体和视力都不如从前。但他的记忆力还很好，不仅给我写下推荐意见，还把他刚刚出版的自传《悠长的岁月》（湖南少儿出版社，2000年出版）签名送给我的孩子。我的孩子是第一次见贾老，贾老的宽厚、仁慈和对后辈的奖掖和提携，即便是不很懂事的小孩子，也深受感动。多半是由于贾老的推荐，我的不成样子的小书获得院优秀科研成果二等奖，并得到三万元奖金。拿到这笔钱，正好遇到买房，这笔钱差不多是我全部房款的一半。贾老肯定不知道，他不仅在精神上也在物质上资助了我这个既非他的学生也非亲属故旧的后生。

最后一次见贾老，是在北京医院。他当时已经不省人事，躺在一大间嘈杂的病房里，接受医生的急救，也接受四面八方前来看望他的、爱他的人。

贾老终其一生是个永不停歇的劳动者、思想者，直到生命的最后，还在发表论文。毫无疑问，贾老首先是一位优秀的考古学家。以一个中学生的学历成为“北京人”的发现者之一和世界著名旧石器时代考古学家，并因此成为中国和美国科学院的“双料”院士，可以说是20世纪的一个神话。但对我和许多年轻后生来说，贾老不仅是一个优秀的考古学家，更是一个不遗余力提携后辈、扶持年轻人的长者。他没有架子、没有所谓大考古学家的派头，更没有自己的小圈子。我常常想，我认识的贾老，是一个给中国考古学送温暖的人。目前中国旧石器时代考古的中坚力量，多半受过贾老直接间接的呵护和关爱。中科院古脊椎所的自不必说，京外的如谢飞、石金鸣、王益人、陈淳、陈全家、魏海波诸兄，都直接受过贾老的教诲，他们在旧石器考古方面作出的贡献，也跟贾老有密切关系。贾老已经永远地离开了我们，但贾老的精神将永远长存。

有幸陪师赏晚霞

——纪念贾兰坡院士百年诞辰

高　星

（中国科学院古脊椎动物与古人类研究所）

光阴荏苒，中国旧石器时代考古学的奠基人之一贾兰坡院士已经离开我们整整七年了。在这七年中，先生仿佛并未走远。他的名字不断被媒体提及，他的业绩不断被学人传颂，他的音容笑貌不断出现在学生和亲友的梦中。今年我们迎来了先生的百年诞辰，老人家又一次回到我们身边，接受我们的缅怀和纪念。作为晚辈后生，本人有幸在贾老的身边学习和工作过，受过先生的熏陶和教诲。尤其在先生的晚年，缘于对我国旧石器考古领域现状的思考和未来的关注，我与先生多次接触交流，倾听先生对学科发展规划和人才培养的指导意见，与先生分享他对过去科学发现的喜悦和对前辈学人的追忆，也与他分担对学科现状的忧患和未来发展的责任。现将自己对先生的记忆片段和点滴感悟写出，以此延续与先生的交流并与同仁共勉。

2001 年 7 月 17 日，中国地学界和文物考古学界的专家学者以及多方社会人士数千人齐聚北京八宝山，向 10 天前辞世的广受爱戴的一代考古大师贾兰坡先生告别。当时烈日酷暑，场外人头攒动，室内花圈林立，长队中的人汗泪交织。此时大家告别的不仅是贾老本人，还有他所代表的那个充满艰辛、惊喜、起伏与躁动的学科奠基与发展的时代。在绚丽的鲜花翠柏丛中，老人家静躺在那里，面容是那样的安详、平静。我用泪眼凝视着先生，感觉贾老距我这样的近，却又离我那样的远。

这样的感觉以前也曾经有过。1985 年我从北京大学考古系考入中国科学院古脊椎动物与古人类研究所攻读硕士学位，来到了久闻的大师和各位卓有建树的师长的身边。我的导师是邱中郎和张森水两位先生。两位导师的言传身教、启迪与关怀，使我逐步走进了旧石器考古学研究的大门，融入这支成就卓著的科研队伍。

与贾老近在咫尺，但又仿佛远隔千里。当时先生已近八旬，大部分时间在与研究所办公楼相邻的家属宿舍楼家中被他称作“半成斋”的书房中伏案工作，并不常到所里。作为一个初入学门的懵懂青年，像贾老这样蜚名中外的前辈真是高山仰止，令人生畏、不可逾越。偶尔在走廊中碰到，只敢恭恭敬敬地问声好；聆听先生的讲座只想全部铭记，不敢提问和讨论。渐渐地，先生的平易与慈祥拉近了地位和年龄间的距离，对先生的盲目崇拜与敬畏变成了对先生学术建树内涵的理解和由衷的敬佩。

贾老常说：“我的根在周口店。”从那里，贾老开始事业的起步，由一个中学毕业生变成享誉世界的三院院士，创造了一个刻苦进取、勤奋向上、靠个人的不懈努力实现人生价值重大转变的现代传奇。如果说贾老在1936年那个初雪飞扬的季节里连续发掘出3具“北京人”头盖骨可以被解读为偶然与运气，那么先生在其后的成就与建树便只能被诠释为勤奋与功力的必然了。他参与和主持了周口店第1、4、13、15地点和山顶洞等诸多地点的发掘和研究，倡导和推动了发掘方法的改革，记录和保留了大量珍贵的原始资料，使周口店成为世界古人类学和旧石器时代考古学的宝库与圣地。龙骨山将永远矗立着裴文中与贾兰坡两位大师的丰碑。

贾老学术探求的脚步并没有止步于周口店。1954年他主持了山西丁村遗址群的发掘，与裴文中先生一道对丁村石制品进行了系统的研究。1960年他主持了山西匼河遗址群的发掘和研究，并参与和指导了西侯度遗址的发掘与研究，对在中国境内寻找早于北京人的远古文化提供了重要的材料。在这些工作的基础上他主导了对山西境内旧石器文化的综合研究，使该省成为中国境内最重要的旧石器时代考古基地。1963年他与裴文中先生一道主持了水洞沟遗址的复查和发掘，明确了文化层位和时代关系。1964年他主持了陕西蓝田遗址的发掘，为中国的古人类学和旧石器考古学研究再增亮点；1976年他又主持了许家窑遗址的发掘，进一步丰富了中国旧石器文化的内涵。除此之外，他的身影还出现在黑龙江的十八站、辽宁的金牛山、内蒙古的大窑、山西的峙峪、河北的泥河湾、安徽的龙潭洞、广东的西樵山、云南的河上洞……死神，曾与他在野外擦肩而过；旧石器时代考古学之路，在他脚下不断延伸。

在系统的调查、发掘和观察的基础上，贾老对华北旧石器文化传统展开了深入的研究，并于1972年与盖培、尤玉柱联名在峙峪遗址的发掘报告中正式提出华北两大旧石器文化系统的理论，指出华北存在一个由周口店第1地点发展到峙峪遗址的小石器文化体系和一个由匼河和丁村遗址为代表的大型石器文化体系。这一理论将中国旧石器时代考古学在分类与描述的基础上导入理论阐释，由石器的类型与形态推广到古人类的经济生活和生存行为。从70年代起先生将探究的目光投向细石器的源流，考察的足迹遍布东北、华北和西北。1978年他发表了关于细石器文化起源和分布问题的专论，提出全世界的细石器工业有两个体系：一个以地中海周围地区为中心，其分布范围包括欧、非、西亚以至澳大利亚；另一个体系的分布范围包括中国、东北亚和北美，其发源地为中国的华北。这种理论上的高屋建瓴，再显大家风范。

辛勤耕耘、奋斗不息的贾老毕竟也是血肉之躯。在经历了1976年的车祸和1988年癌症与肝炎病魔折磨，两次从死神的魔爪中奇迹般的生还后，老人家于2001年3月突然病倒，并从此进入昏迷状态。在北京医院监护室的病床上，插着急救导管的大师的胸部随着呼吸机的节奏在剧烈地起伏着，顽强而辉煌的生命一时化作了监控器上的一串串字符，令探望者痛心疾首。亲朋好友、同事弟子们焦灼地聚集在病房内外，将一束束艳丽怒放的鲜花默默地放在先生的床边，希冀能以此为贾老那曾经旺盛而此时却悬若游丝的生命增添一点儿能量，出现医学的奇迹。我小心翼翼地趋步上前，握住先生的手，报上自己的名字，谁知大师的手竟然紧握了一下，眼皮也眨动起来。啊，重病中的先生仍然记惦着我们，仍然牵挂着后辈学人！

1997 年初夏，我从美国回到国内，收集博士论文材料。当我踏进阔别了将近 5 年的先生的客厅，年近 9 旬并患有眼疾的贾老竟然凭着声音认出了我这个后生，这使我受宠若惊。先生家并不宽敞的客厅墙上挂满了当年周口店发掘时的现场工作照片，布满了对中国地质学和古人类学早期发展做出过重要贡献的学者的身影，这让我感到步入耄耋之年的先生的情感与思绪仍然徜徉在史前考古工作的第一线，仍然在他所挚爱的事业中流淌。步入书房，宽大的写字台上放置着他刚刚放下、尚存双手余温的翻开的学报；一个大号的放大镜提醒着来访者老人家是怎样克服眼病的困难而潜心研读；周边的书架上、椅子上和地上整齐地码放着分门别类整理过的书籍、报纸和文档。这，分明是一个被知识和智慧充盈着的静谧世界！

当贾老听说我将周口店第 15 地点作为研究目标时十分高兴，连声说："周口店是老祖宗住过的地方，早该重新研究了！你在美国学习，可以尝试一些西方新的方法，发掘出一些新的东西。"当我向先生请教该地点的研究历史时，老人家深情地回忆了当年工作的许多情景，娓娓道来，如数家珍，并详细介绍了该地点的发现、发掘过程、遗物出土情况和标本编号的原理。这些成为研究该地点石器工业的珍贵背景资料。从历史说到现实，贾老神色黯然起来。前辈的故去、淡出，"文革"的破坏和开放初期学子的外流，使这一原本生僻的学科出现了严重的人才断层；资源的偏移和内耗，更使这个学科出现明显的下滑。"咱古脊椎所是从周口店起家的。靠北京人化石和石器的发现与研究，研究所红火过，在世界上也有名望。可如今这门学科快成边角料了！我们的家业总不该到此就断了香火吧?"老人家仿佛在自言自语。那一刻，我头一次感到先生的苍老、孤独和惆怅。临别，老人执意送到门口，紧握着我的手，将深情的目光凝固在我的脸上："你们这么多人在海外留学，有几个还是我做的担保呢！学完了，总该有一、两个回来工作吧。这边才有你们真正的用场！"

回到美国的日子，我的耳畔时常响彻着先生的这声深情的召唤，脑海中时常浮现出先生手持放大镜，伏在案头吃力地书写的场景。改行学电脑、炒股数钞票、绿卡、洋房……在我的志趣和未来规划中渐离渐远。还有，我的恩师张森水先生的一通通电话，一封封书信……于是，在 2000 年初夏的一个丽日，我们举家回归了这片古老的热土。

近水楼台，我成了贾老家客厅和书房中的常客。每次造访，高龄的贾老总要起身迎接；每次告别，先生总是执手相送，对晚辈的慈爱和对学生的希冀，溢于言表。有两件事萦绕在晚年老人家的心中不能释怀：一是学科的发展，二是人才的培养。为此先生曾与我数度长谈，规划学科的方向与道路。贾老强调要有开放的胸怀，引进国外的先进理论和方法，加强国际间的合作，加快与世界接轨，多招收研究生培养新生力量，同时也要对国内的同行敞开大门，带动地方人士一道前进。为使年轻的一代能聆听大师的教益，我曾几次将本专业的研究生带到先生的家中，将贾老的客厅变成了课堂。先生言传身教，娓娓而谈，语重心长，竭力将自己的所学所思传递给后人。

与晚年的贾老谈话，老人家会情不自禁将话题转到早年的周口店时代，转到亦师亦友的德日进、杨钟健、裴文中身上，并借机提醒我们要继承前辈好的传统，汲取曾经发生在过来人身上的教训。每次提到裴老，先生总以“裴先生”相称，常会忆起二人的一些往事，言语中充满着感激和赞许。对学术圈内流传的一些不当说法，先生显得不解和无奈，多次表示裴先生是他的良师益友，二人只有学术之争，不存在个人的恩怨；对于所谓的“曙石器之争”，贾老也强调应该叫做“讨论”，而非“论战”，况且参与者还有吴汝康等诸多学者，并不是裴、贾二人之间的对垒。在一次若有所思之后，先生谆谆告诫：学术观点可以争论，学人之间可以因观点和方法不同而形成学派，但切不可因出身和亲疏形成门派，那样会影响学科发展的！家人不和外人欺，团结很重要，否则谁也做不好！

晚年的贾老有时会出现情绪波动，偶尔会发发脾气，表现出着急，甚至失落。我明白，先生负有太多的责任，急于在有生之年完成太多的目标。当时研究所有一位来自韩国的博士研究生，据说还是中科院改革开放以来招收的首位外籍学生，但因导师的安排变化而导致选题未定，学业滞后。贾老得知后十分着急，打电话让我到家中商谈对策。那天老人家情绪有些低落，脾气也比往昔大了些。他说，开始不让他作博导，韩国学生来了没人带。后来报到院里，挨了批评，给按了个“博导”头衔，可以带这个博士了，但时间浪费了很多，自己也力不从心了。现在想请我做副导师，协助他指导，别误了人家，还涉及国际形象呢！我受宠若惊，赶忙应承。先生这才有些释怀，念叨着：这样就好，我们隔代人传、帮、带，把香火延续下去……

在世纪之交，当我带着编辑《中国科学院古脊椎动物与古人类研究所20世纪旧石器时代考古学研究》一书的设想向贾老请益的时候，先生非常支持，表明对学科的成果和问题做一个系统的回顾和总结，定位一下未来的发展方向，规划出前进的道路，是他多年的夙愿，可惜未能实现。如今这个写作与出版计划让他感到欣喜和安慰。但他坚辞主编一职，鼓励说：“你们年轻的一代已经成熟了，唱起主角吧，不必再把我这个老朽摆在前面挡路了！”在先生为此书挥笔而作的“序”中，贾老热情洋溢地写道：“此书的编辑工作是由该所古人类研究室的年轻学者们发起和承担的。后生们敢于承担责任，勇于为我们这一学科的发展献策、献力，这使我特别欣慰。我和裴文中先生这一代人已经或正在退出历史舞台，20世纪五六十年代我们培养出的第二代研究力量也在淡出学术界，‘文化大革命’和出洋求学又使我们几乎失掉了第三代。我曾十分担心（至少在古脊椎所）我们这一家业是否会延续下去？通过这本书的编辑，我高兴地知道我们又培养出了一支可观的后继队伍。他们年轻，有朝气，有思想，有事业心。这使我看到了这门学科的活力和希望。”

2000年深秋的一天，在贾老92寿辰临近的时候，我们这些晚辈弟子们挤满他那温馨的客厅，为先生燃起了生日蜡烛。伴着歌声，映着烛光，望着一张张洋溢着崇敬和快乐的晚辈面孔，贾老那饱经风霜的脸上绽开了由衷的笑容。可惜，这是我们能为老人家庆祝的最后一个生日。

2001年7月8日中午，贾老溘然长逝。犹如一棵大树轰然倒下，我们这些还想在树下遮阳避雨的晚辈顿失庇护；学科发展的重任，无情地落到了这些稚嫩的肩上。在痛苦、错愕之间，我们只好挥去泪水，踉跄前行。

七年间，每每到周口店工作，总要挤出时间到博物馆后面那方静谧、圣洁的科学家墓地凭吊、朝圣。抚摸着洁白的汉白玉墓碑，凝视着并排而书的“杨钟健”“裴文中”“贾兰坡”三位巨擘的名字，常会幻想着三位大师又起身到龙骨山上寻根问祖，又在为一个共同关心的学术问题热烈讨论。这时我会因为未能生在那个开天辟地的年代、无缘参与其间而心生遗憾，但转念间想到能赶在贾老的晚年与先生共事，受先生教益，实在是生而逢时了！于是不由地生出一缕诗意：

莫恨出道沐恩晚，有幸陪师赏晚霞！

我的父亲——贾兰坡

贾玉蔚

我是贾兰坡先生的次子，今年也已经64岁。在纪念父亲诞辰一百周年之际，我不由又忆起父亲生前的音容笑貌和对我们的严厉管教。

记得小的时候，我最淘气，父亲的严厉有时让我敬而远之。但是，对在学习和增长知识方面的需求，我总是得到了满足和支持。家里墙上挂着几张父亲拍的周口店的照片，一直吸引着我。记得8岁那年，老师组织我们小学生去春游，我想我要是能给同学们照张相多好啊；在20世纪50年代如果有一台相机挂在胸前那可是不得了的事情。我回家向父亲提出想学照相的要求。父亲很爽快地拿出了德国蔡司照相机，并拿出一卷胶卷给我，对我说："我来教你，你要耐心学，仔细着用啊！"从那时起，我就喜欢上了摄影。

父亲的一生是俭朴的一生，从来不让我们乱花钱。洗澡、理发、吃饭、穿衣都是极为简单，不铺张浪费。理发是单位同事在家里理，穿衣从来不买高级的。我工作以后星期天回家穿件新衣服，父亲问衣服多少钱，我从来不说实际价，只说15元买的，否则他就气儿不打一处来。可是父亲对我买的书却从来不问价格，凡是他工作需要的或是有关书籍都会买来看，他的书房里放满了各类文化书籍，而且分类编号，井井有条，后来放不下了还托放在我自己的家里。别人如果来借也要打上借条。

20世纪末，父亲年事已高，身体活动不便，再加上白内障视力不好，看书、写文章已极不方便，但父亲仍天天坚持伏案写字，一手拿着放大镜，一手握着笔，艰难地、孜孜不倦地学习工作着。要知道那时他已经是90岁高龄的老人了。至今父亲伏案写字的情景仍然历历在目。

父亲一生尽量满足别人的要求却严于律己。印象最深的一次是我陪父亲去周口店。有一个摄影人要在周口店为父亲拍照，父亲认为这是私事，不向所里要车，由我开车。在周口店拍照以后，周口店负责人坚持让父亲和我们一行人在那里吃饭。再三推脱不成，吃过饭父亲坚持让我付钱，并说周口店经费很紧张，不能给公家添麻烦，公私一定要分清。

还有一次，父亲要带我们一家人回老家玉田县去看看。我们这一辈人当然非常高兴，小时候老家的印象已经模糊了，很想回去看看。孙辈们当然也很兴奋，去祖父老家看看是件新鲜高兴的事。两个车一路飞奔直达玉田县城。一家老少在县城一个招待所吃午饭，其间，父亲说："我们不要张扬，低调一点，否则乡里乡亲都来迎接一场，那可不行，咱们可不要那排场啊！"我们大家一听，大眼瞪小眼，都小声说："这么两辆普通汽车，上车、下车谁认识咱们啊？”父亲说：“他们不认识你们，可认得我呀！”于是我们一家人商量一下，决定不进村里去了，“到了玉田县城，就是到了老家，看看老家人，听听老家人的乡音就行了”。于是我们一家人打道回府。至今家里提起这件事还有些遗憾，兴师动众的出发，默默无声地回来了，但我们一家人都深深地体会到了老父亲的用心，又再次体会了到老人的品格。

父亲生前，我们每逢假日回家看望他，他都会挨个地问起我们的学习和工作情况。当我们向他诉说我们在进修学习和工作中的点滴成绩时，他总是眯起眼睛微笑着慢慢地重复着一句话：“这我就高兴了，这我就高兴了。”我想父亲多么希望他的子孙后代都是品格高尚、有所作为的人啊！

永远怀念我们的父亲——贾兰坡先生。

关于姥爷的回忆

高　兵

在我的印象中，姥爷是一位非常慈祥的老人。小时候，我在北京居住，星期六总是和父母到姥爷家，但姥爷经常不在家。听姥姥、父母讲，姥爷工作忙，即使偶尔在家，也总是在书房工作，期间从不让人打扰，也很少与家人交流。所以从懂事那天起，我对姥爷的印象是比较模糊的、严厉的。有一次，记得是北京寒冬的一天，姥爷正好在家，他就带我去单位的洗澡堂洗澡。我当时站在大池子里，听姥爷与其他同事谈事，一时没注意，脚底一滑跌倒在水里，姥爷一把把我捞起。从未被水呛过的我委屈和害怕得大哭起来，姥爷微笑地鼓励我："小男子汉，坚强些，从哪里跌倒，就要从哪里爬起来。"我生怕挨批评而忐忑不安的心情才慢慢平静下来，哭声也渐渐停止了。那时大家的经济条件都还很差，吃点带肉的菜就算是过年。从小就听大人们谈东来顺，于是磨着姥爷带我去那里吃饭，但由于姥爷工作忙，好长时间都没有成行。终于有一天，记得是姥爷带我去北海玩，我肚子饿了，又提出去东来顺吃饭。当时，姥爷高兴，就同意了我的要求。那是我和姥爷到东来顺第一次吃涮羊肉，也是唯一的一次。记得当时姥爷不断把涮好的肉放到我的碗里，并笑眯眯地看着我狼吞虎咽的吃样，不时轻声地说："慢点吃，慢点。"那是我有生以来吃饭最香的一次，也是我对姥爷记忆最深的一次。此后，就再也没有和姥爷去体会那里的美餐了。

姥爷对我们后辈关怀备至。大约五六岁的时候，我随父母搬迁到四川，由于水土不服，在那里得了急性肾炎。当地医疗水平有限，加之父母当时工作忙，于是只好求援姥爷，回到北京治疗。姥爷从百忙中抽出时间，带我找医院、大夫。听说吃西瓜可以有助于治疗，就蹬自行车跑很远买来西瓜，监督我吃。晚上，我睡觉质量不好，姥爷就按摩我小脚丫，哄我入睡。经过姥爷无微不至的照顾，我的身体很快康复，不久就回到父母的身边。直到现在，一回忆起姥爷，就能体会到他那一双温暖的大手在抚摸着我的感觉。

随着年龄的增长，关于姥爷的故事知道得越多，我对他的认识也越深。我从小受姥爷书房的熏陶，慢慢地对姥爷的书房产生浓厚的兴趣。每当放暑假，就到姥爷家居住。那时，姥爷年事已高，但仍然坚持研究工作。有时，轻轻地走进姥爷的书房，坐在姥爷书桌前的休息椅上，看着四面墙装满书的书架，看着姥爷带着眼镜，手持放大镜认真研究，心里油然产生敬佩之情。当年姥爷来北京从一名没有学历的学徒成为科学院院士、考古界大家，需要付出多么大的辛劳和努力。一次，在姥爷的书房，看见姥爷有封没有开启的信件，经姥爷的同意后，拿起来就用手去撕信封口，这时姥爷及时制止，拿过来，用剪刀轻轻地把信口剪开，抽出信件。姥爷严谨工作态度和细致入微的工作作风对我感染很深，使我终生受益并难忘。

学　术　篇

不识庐山真面目

——旧石器时代考古感悟

陈哲英

（山西省考古研究所）

摘要 实践出真知。旧石器时代石制品，是研究中华文化、中华文明、中华传统的重要载体。石制品的分类与文化分期特点的研究，都向我们传递出古人类智慧的火花和人类前进脚步的轨迹。因此说，加强旧石器考古基础的研究是非常必要的。

说起来，我也称得上是一个从事旧石器时代考古工作多年的老人。从 1961 年开始，我就参与王建先生主持的西侯度和匼河 6054 地点的发掘。那个时候，我还是个刚走出中学校门踏入社会涉世不深的年轻人。不懂得什么是考古，也不懂得旧石器考古是干什么的。因为我没有上过专门的学校，也就没有受过这方面的专业训练，当时更没有这方面的兴趣和爱好。可既然进了考古这个门，并且是干了旧石器考古这个行当，总是想把这个事情干好，认为只有这样，才无愧于做“革命”工作的荣誉。不懂、不会，可以在实际中学习；并且抱定“都是我的老师”这样一个坚强信念，虚心向老同志、同仁们学习。随着时间的磨炼，我也逐渐积累了这方面的一些知识和经验，也能够一个人独立到田野爬山坡、窜河沟、看阶地、钻岩洞，寻找远古人类的文化遗物了。从 1970 年开始，我就一直参与下川遗址的调查与发掘工作，并于 1978 年、1980 年先后主持发掘了匼河 6054、6056 地点以及后来对陵川塔水河、阳高神泉寺等遗址的发掘。其间，也还写过几篇有关旧石器考古调查与发掘的报道。这些工作成果，应该说都是在当年的工作伙伴王建、武文杰、王向前、卫奇等几位先生的帮助和指导下完成的。我感谢他们。如今，我已步入古稀之年，虽说已经晋升为研究馆员的职称，可当我反思自己所从事的旧石器时代考古工作的时候，总感到对于旧石器时代的了解知之甚少，似乎还在入门的过程之中。值得欣慰的一点那就是，对于人工打击石片和自然石片，有了基本上的辨别能力。对于所写的几篇短文，也还能够做到有头有尾，自圆其说。想到这里，又很自然地有了一种满足感。但真正从旧石器考古研究的高度和深度来说，却又感到有很多很多遗憾。下面我想把多年来一直困惑的几个问题提出来，与同仁们共勉，并求教于大家。

一、对旧石器时代考古的认识

旧石器时代考古主要是以旧石器时代的石制品为研究对象的。石制品的研究，又是从其分类开始的，诸如石制品的打制、石制品的分类等。近年来，在中国，石制品的拼合、实验分析和微痕观察等方面的研究，也给旧石器时代考古注入了新的活力，增加了一些新的思维路子。尤其是一些高科技手段的利用和数学法则的运用，无疑提升了考古人对于旧石器考古科技含量的考量，也加深了考古人对于旧石器研究责任的分量。

二、辨析旧石器文化分期的意义

卫奇先生说，裴文中倡导的旧石器时代考古是“四条腿走路”的方针，即旧石器时代考古、古人类、古哺乳动物和第四纪地层四个方面一起抓。很显然，这四条腿中，旧石器时代考古这条腿是最短、最缺乏支撑力。尽管它目前也有早中晚，甚至最早期这样的分期，但它并非是以旧石器文化发展的特点来划分的，而是以其他三条腿的相互协调、扶持，才得以存活下来，因为“中国的石制品除了晚期的典型细石器类型外，没有发现一种类型，也没有发现一种技术可以对中国旧石器时代进行时间分段和区域划分”[1]。若长期下去，文化分期的社会效应就会大大减少，以至于逐渐地失去分期的真正意义。典型细石器的出现，应该说是旧石器文化发展中的一个重大变革，虽然它和旧石器文化有一段共存时间，但它具有标志性的划时代意义。然而，它的时代命运，却仍然紧紧地捆绑在旧石器时代考古这条软而无力的腿上，不能不说是旧石器时代考古的悲哀。

诚然，旧石器时代考古遗迹和遗物是一种地质现象，被深埋在地层里。它的时代的划分，是需要和地层的时代相一致的。但作为一门随着古人类演化而兴起的旧石器时代考古学，总感到目前的轨迹和特点，或者说旧石器考古分期以及区划特征还不十分明朗。

三、石片石器的计数应首先归入石片类

石制品分类是旧石器时代考古研究的基础。石制品分类，属于研究的分类，并非远古人类的分类，是旧石器时代考古研究的第一步程序。分类的目的，是通过石制品的类型及其制作等方面的人类行为，来认识当时人类社会、经济生活及其生产力的水平的[2]。因此，分类必须遵守同一原则[3]，不能你中有我，我中有你。以往，我是把石器放在与石核、石片同一平台上的。现在看来，这样的分法有悖于分类原则。石制品分类的第一步，应该是首先把石核、石片、砾石石器（或称“工具”）放在第一个分类层面上的。若把石片（核）石器也放在这个档次的话，那就抹杀了石片（核）石器的本质属性。因为石片（核）石器是第二步人工加工的结果。只有将石片（核）石器首先放在石片（核）之中，在计算石片所占石制品的比例，或石片石器所占石片的比例，以及再由石片制作的各类石器所占各类石片的比例等，才应该是合理的，也是比较正确的。也只有这样，才能为石制品的比较研究提供更为广阔坚实的研究平台。那种将石

核、石片、石器放在同一层面上，进行定性定量的分析研究，似乎偏离了文化方面分类想要达到的目的。

说到这里，不能不说一下石片的分类。

在通常情况下，石片往往是一处旧石器地点中最多的一类制品。由于它是打制的，就没有轮制、模制，甚至机制那么规范。可以说石制品的形态只有相似，没有绝对相同。其命名，也因为没有一个可以共同遵守的游戏规则，而使得类型五花八门，定义（名）也十分混乱。所幸李炎贤和卫奇先生在这方面做了大量工作，提出了一整套可以“参照执行”的理论和方法。但相比之下，我是同意卫奇的“按台面和背面反映制作过程的特征划分”的方法的[4]。因为他抓住了石片的本质属性：一点两面。一点即打击点，两面就是破裂面和背面。根据一点两面的特征再行分类，基本上是可以将石片分开来的。实在不具备这些特征的，就将其划入“无法归类的石片”之中。若如此可行，将左裂片、右裂片以及近断片等，按台面和背面反映的情况，划入工型某“式”石片或许更好些。我认为这样处理是比较稳妥的。

上述问题，仅仅是自己在研究工作中的一点感悟，也是一家之言，可能还存在问题，敬请批评指正。今后如果还能有时间和机会，对于有关问题将再作进一步探讨。

附记：在《人类学学报》上看到今年将要在太原召开纪念贾兰坡先生百年诞辰会议，很好。如果说贾兰坡是从周口店起家的，那么山西应该是他成家的地方。我虽没有和贾老在一起工作过，但我1961年就认识了贾老。此后，我读过贾老很多专著和报刊上的很多文章，并陪同贾老考察过山西的一些重要旧石器时代遗址，还聆听过贾老考察山西后所作的重要报告，均受益匪浅。贾老是一位勤于实践、勇于探索的考古学家。我的这篇“感悟”权当表达对贾老的缅怀之情。

注　释

[1] 卫奇，陈哲英．中国旧石器时代考古反思．文物春秋，2001（5）：1－6.

[2] 陈哲英．关于旧石器分类与命名的一点建议．四川文物，1986（3）：41－43.

[3] 卫奇．旧石器分类探讨．北京大学考古文博学院编：考古学研究（七）——庆祝吕遵谔先生八十寿辰暨从事考古教学与研究五十五年论文集．北京：科学出版社，2008：30－43.

[4] 卫奇．石制品观察格式探讨．邓涛等主编：第八届中国古脊椎动物学学术年会论文集．北京：海洋出版社，2001：209－218.

辽宁海城小孤山遗址的发掘和研究简史

——深切缅怀贾老对小孤山遗址的关注

傅仁义

（辽宁省文物考古研究所）

摘要 辽宁海城小孤山是我国旧石器时代文化内涵最丰富的古人类遗址之一。20世纪80年代初，中国科学院院士、我国著名考古学家贾兰坡教授曾莅临辽宁省考察庙后山、金牛山和小孤山等旧石器时代遗址，并观察了出土的石器和动物化石标本。当时，小孤山只做过试掘。贾老认为此遗址值得进一步工作，建议辽宁省博物馆组织力量发掘，中国科学院将予以大力协助、支持。他嘱咐要采用打格分方，按水平层层层揭露的发掘方法，并对堆积物过筛拣选。之后，贾老又根据辽宁旧石器考古的重大发现，建议辽宁省要出三本书，即《金牛山》、《庙后山》和《小孤山》，要对这些遗址进行多学科综合研究。

20多年过去了，贾老的讲话时刻在激励着我，催我奋进。在贾老百年诞辰之际，我们正在紧张地进行小孤山正式报告的编写，以该遗址综合研究的成果来纪念这位德高望重的老人——国际旧石器考古学研究的泰斗。

小孤山洞穴遗址是近半个世纪以来中国旧石器时代考古中的一项重大发现。该遗址出土数以万计的石制品以及一批精美的骨渔叉、骨针、装饰品等制品。此外，还揭露出多个灰烬层以及出土大量动物化石。该遗址的出土物与我国华北和欧洲旧石器时代莫斯特、马格德林文化有相似之处，因而为研究中西方文化交流提供了重要资料。另外，该遗址保留旧石器时代、新石器时代两个文化的地层，对研究我国东北地区更新世和全新世的环境变化具有重要意义。

一、遗址的发现经过

小孤山位于辽宁省东部山麓，长白山向南延伸的千山山脉的西缘，周围多丘陵和平原。遗址辖属辽宁省鞍山海城市孤山镇，是孤山村东南500米青云山下的一个天然洞穴，距海城市32公里，地理坐标为北纬40°34′，东经122°58′，海拔157米。山体基岩由前震旦纪白云质大理岩、云母片岩等变质岩和侏罗纪花岗岩、闪长岩等多种岩石构成。洞穴遗址整体保存完好，洞口面南偏西，高6.5、宽5.8、纵深23米，洞内面积约120平方米。海城河从洞前流过，洞穴的地貌部位相当于第一级阶地，洞前盆地植被茂盛，是古人类生存的理想之地。

1975年2月，海城、营口市发生强烈地震，在青云山上震掉一块巨大石块，直径约7～8米，在距地面30余米高度处发现一个小洞穴，内存肿骨鹿等中更新世哺乳动物化石。随后辽宁省文物考古部门进行考察，在青云山脚下又发现一处保存完整的洞穴，今天当地人称为“仙人洞”，但洞口上方岩壁有“王洞”（“王”，音素sù）字样，为清代所刻。当时该洞被当地生产队用做仓库，存放物品。另外，在洞口北侧发现地震坑，是地下溶洞塌陷形成，一株30余米高的杨树落入坑内，为地下溶洞塌陷的地质现象遗迹。

1979年秋，鞍山、海城文物工作者在该地进行调查，在洞内发现少量动物化石和打制石器，经辽宁省考古部门研究确定为旧石器时代遗物。鞍山市文化局张喜荣、王晓宾报道了这一发现[1]，记述在洞内黄褐色土状堆积物中发现大量动物化石及打制石器、灰烬。这是辽宁省继营口金牛山、本溪庙后山、喀左鸽子洞遗址之后发现的又一重要的旧石器时代遗址。

二、小孤山遗址的发掘

1981年9月22日，73岁的中国科学院学部委员、旧时器时代考古学家贾兰坡先生和中国科学院古脊椎动物与古人类研究所黄慰文教授来辽宁省进行考察。在辽宁期间，他们考察和观察了营口金牛山遗址，本溪庙后山遗址，大连古龙山化石，大连和旅顺之间龙王塘、磨石峪路旁红色土层（曾在1931年出土几件石器）以及丹东大鹿岛新生代地层。最后贾老和黄老师在鞍山市博物馆观察了海城小孤山出土的石制品和动物化石。贾老随后对我们提出以下建议：这批标本确系人工打制的石器和烧骨，石器均为脉石英制成，有明显人工砸击痕迹；可进行试掘，打几个1米×1米的探方；要注意烧灰层，用烧骨做^{14}C年代测定和含碳量分析，对表层新石器以后的东西也要收集；动物化石为晚更新世种类，这是一个很重要的遗址。

回到沈阳后，贾老发起了一场由辽宁省文化局主办的大型学术报告会。对辽宁近年的重要发现，贾老给予高度赞赏，并建议辽宁在旧石器时代考古研究方面要出成果，应写出三本书，即《庙后山》、《金牛山》和《小孤山》。另外，要对重要遗址进行文化遗物、哺乳动物化石、地质地貌、洞穴成因、孢粉分析、年代测定等多学科的综合研究。贾老的建议对此后辽宁省旧石器考古工作起到重要的指导作用。

同年秋天，经辽宁省文化局文物处批准，由辽宁省博物馆主持对海城小孤山遗址进行试掘。参加发掘的人员有：辽宁省博物馆考古队张镇洪、傅仁义，鞍山市博物馆王晓宾、张福耀，海城县文物管理所祝明也等，工作时间自1981年10月25日至11月10日。这次主要在洞内东西两侧各挖了三个2米×2米的探方，为期15天的发掘基本搞清地层关系，确定该遗址有两个时代地层，即全新世和更新世地层。全新世地层较薄，含新石器至青铜时代陶片，并混有近现代遗物；在更新世地层发现大量脉石英为原料的打制石器和一批晚更新世动物化石[2]。

1983 年由辽宁省博物馆正式组织小孤山发掘。工作时间自 6 月 13 日～8 月 2 日，共 50 天。参加发掘的人员有辽宁省博物馆张镇洪、傅仁义，鞍山市博物馆陈宝峰、刘景玉，海城县文物管理所祝明也，特请中国科学院古脊椎动物与古人类研究所黄慰文教授做业务指导。此外，本溪市博物馆魏海波，西安半坡博物馆高耀成，广西博物馆周石保、彭书琳也参加了发掘工作。中国科学院地质与地球物理研究所周昆叔、中国科学院古脊椎动物与古人类研究所^{14}C 实验室、国家地震局地质研究所等单位的同志也参加了年代测定、孢粉分析等综合研究。

这次发掘采取分方打格，划分水平层与自然层相结合，层层揭露并对堆积物用过筛检选的方法进行。同时每天写野外工作日志，随发掘进展绘制平面图和剖面图。此次共发掘了大约 350 立方米的堆积物，约占整个洞内堆积的 70%。在下部更新世地层角砾夹黄褐色粉砂质黏土层中发现大量哺乳动物化石，其中包括 7 目 14 科 28 属 38 种，动物化石大多数是东北晚更新世种属成员，与华北萨拉乌苏动物群比较接近，其地质时代为晚更新世。在动物群中，食肉类和偶蹄类占大多数，约占整个动物群的 71.5%，表明小孤山动物群从生态上是以森林—草原动物为主，喜暖的动物较多，如梅氏犀、中华貉、猎豹和水牛等，但也有少数喜冷动物，如披毛犀、猛犸象和洞熊等，说明当时小孤山一带的气候比较温和湿润，但也存在气候上的波动，出现短期寒冷变化。动物化石的一个显著特点是，破碎的肢骨和零星牙齿较多，保存完整的上、下颌骨甚少，可能与洞内大量食肉类动物捕杀或人狩猎熟食有关。

小孤山遗址在我国旧石器时代遗址中是所含遗物最丰富的遗址之一。出土的石制品经初步筛选不包括大量碎屑已有万余件。石料几乎全部是脉石英，另有少量闪长岩、石英岩、砂岩和玉石等。打制方法主要用锤击法和砸击法，石器类型有刮削器、尖状器、钻具、雕刻器、砍砸器、手斧、手镐和石球等，其中刮削器数量和器形最多，按其刃部形态可分为单刃、双刃、圆刃、拇指盖状和吻状等。钻具占有一定的数量而且形式比较稳定。石球也占一定比例，均为“多面体石球”。砍砸器加工的比较粗糙。手斧和手镐有一定数量。这批石制品与华北旧石器文化小石器传统有着密切关系，与周口店北京猿人文化和许家窑文化的小型石片石器类型有共同之处。另外，地层中还发现大量烧骨和厚层灰烬等用火痕迹，说明当时人类长期在该洞居住。

该遗址最重要的收获是发现一批制作精美的骨角制品和装饰品，主要有骨渔叉、骨锥和三件骨针，另外有用食肉类动物犬齿和采用双面钻孔技术制成的装饰品。其中骨针和装饰品在器形和制法上与周口店山顶洞文化的同类器物相似，骨渔叉倒刺的不对称制作形式与欧洲马格德林文化相似，所以这批骨角器在我国乃至世界旧石器文化中是极其罕见的。该遗址经^{14}C 和热释光年代测定距今 4 万～2 万年。

在上部全新世地层底部，位于洞内中间、洞顶最高处的下部发现一层红烧土面，其下是一座仰身屈肢的女性墓葬，从墓葬所在的位置分析，可能与祭祀有关。与同层发现的直口筒形罐和压印“之”字纹陶片来看，其时代为新石器文化期，文化类型与辽东地区新石器文化相似。

1990年10月8日，为配合北京大学研究生实习和海岫铁路修建，又对小孤山遗址进行短期发掘，参加人员有辽宁省文物考古研究所傅仁义、顾玉才，金牛山工作站惠忠元，鞍山市博物馆富品莹、陈心明，海城县文物管理所吴洪宽，孤山镇文化站站长汪立和等。这次主要在洞内两侧各挖两个探方，同时在洞外也挖两个2米×2米的探方，主要为了搞清洞外文化层的分布范围及古人类活动场面。在为期半个月的发掘中，发现石制品千余件，石器的类型、制法、种类以及动物化石的种属基本与1983年的一致。

三、科研成果

小孤山遗址发掘获得重要收获，经省、市、县发掘队和中国科学院古脊椎动物与古人类研究所共同整理研究发表了《辽宁海城小孤山遗址发掘简报》[3]和《海城小孤山的骨制品和装饰品》[4]。前一篇是1983年发掘的初步报告，主要内容包括地层、哺乳动物群、石制品和骨制品等。

在哺乳动物化石中有7目14科28属38种，此外还有鱼类骨骼、鳖的腹甲、蚌壳碎片和鸟的肢骨等。动物群大多数是东北地区晚更新世种属，与华北萨拉乌苏动物群接近，种类以食肉类和偶蹄类为主，反映了以森林草原为主的自然环境。石制品数量巨大，基本以脉石英石料制作，石器种类有刮削器、尖状器、钻具、砍砸器、石球等。出土的骨制器和装饰品是小孤山文化的重要内涵，是研究当时人类物质生活和精神生活的重要证据，而且从制法和类型工艺水平与欧洲旧石器时代马格德林文化有相似之处，为研究东西方文化交流提供了有重要意义的材料。

关于小孤山遗址的绝对年代，有关单位采用不同的测年方法进行测定，1984～1985年由中国科学院古脊椎动物与古人类研究所实验室黎兴国、王光联、许国英等，用^{14}C方法对第2层灰烬进行年代测定，测定年代为35500±1550年（标本号PV-744，原编号L3，C4-5，83:26）。1986年北京大学考古系陈铁梅先生在英国牛津大学考古实验室与Robert Hedges用AMS ^{14}C测定第3层的牛骨化石，其年代为距今32800±1100年（标本号BKY84033，原编号L2，C15，83:22）。中国社会科学院考古研究所李虎侯先生用热释光方法测第3层层面以下26厘米的灰烬为距今（40.4±3.5）$\times 10^3$年（标本号L3，C4-5，83:28）。由此可见小孤山遗址距今年代大致在4万～3.8万年之间。

1986年8月，中国大百科全书出版社出版了《中国大百科全书·考古卷》，书中在旧石器文化部分很显著的位置刊载了小孤山遗址外景和骨针、骨渔叉的图版照片（中国东北地区旧石器文化，彩图插页P5）从而提高了小孤山遗址的知名度。

1989年为了纪念北京猿人第一个头盖骨发现60周年，中国科学院古脊椎动物与古人类研究所组织我国有关专家，将我国古人类、旧石器考古学、第四纪哺乳动物等有关学科的研究成果较全面和系统加以整理，编写《中国远古人类》一书，反映了我国古人类学者的最新观点及理论方面探索的成果。其中黄慰文在《中国旧石器时代晚期文化》一文中记述了小孤山遗址的重要发现，确立了该遗址在东北地区和中国旧石器考古的地位，并且在骨制品的制作方法和工艺水平与欧洲梭鲁特（Solutrian）和马格德林（Magdalenian）文化相似，对探讨东西文化交流和对比提供宝贵材料[5]。

小孤山材料发表后，先后在北京大学考古系、吉林大学边疆考古研究中心、山东大学历史系考古专业、四川大学历史系考古专业等国内重点大学的考古专业教学中得到引用。

1991年南京大学主编《中国考古学通论》一书，引用小孤山遗址出土的骨针、骨渔叉和丰富的石制品材料，正式把小孤山遗址列入我国高等学校考古教材。

小孤山骨制品的发现，引起国内外学者的关注，1991年中国历史博物馆研究员安家瑗发表《小孤山发现的骨鱼镖——兼论与新石器时代骨鱼镖的关系》[6]，根据民族学材料对小孤山遗址的骨渔叉的制法和使用进行研究。文章根据渔叉整体结构上的尖部、主干部和根部及两侧倒刺形态观察认为，该标本系为脱柄骨鱼镖是一种复合工具，也是我国目前发现最早而且较完整的一件，对研究这种渔猎工具的使用方法和它的发展演变，与新石器时代同类工具的关系提供重要参考价值。

1993年北京大学考古学系黄蕴平教授发表《小孤山骨针的制作与使用研究》[7]，从实验考古学的角度对小孤山的三件骨针的制作过程，利用显微镜观察骨针表面的加工痕迹，通过模拟实验，探讨小孤山先民的骨针工艺技术，并进行深入研究。最终认为小孤山的骨针是用刮、磨和钻孔技术制成，其工序包括选择骨料、截取骨料、刮磨成型及对钻针眼等操作过程。

1995年在韩国忠北大学召开的东亚史前文化国际学术讨论会，傅仁义发表了《辽宁海城仙人洞遗址两个时代堆积的文化内涵及相关问题的研究》[8]。文章通过更新世和全新世两个地质时代地层堆积中的文化内涵，及在洞穴中保留的从旧石器向新石器时代过渡的地层，探讨关于我国北方中石时代问题、新石器时代洞穴墓葬问题及小孤山文化遗物的工艺水平和经济发展状况问题。

1995年北京大学考古系研究生顾玉才先生从实验考古学的角度，发表了《海城仙人洞遗址出土钻具的实验研究》[9]。作者运用实验考古学方法，在模拟制作和使用脉石英钻器的基础上，记述了用钻器钻孔所产生的微痕特点，进一步肯定小孤山出土的标本从形态上鉴定为钻器是成立的，表明钻具是小孤山遗址具有代表性的一类工具，而且这种石器的功能在原始人类生活方式中占有重要作用。

1995年北京大学考古系吕遵谔教授发表《海城小孤山仙人洞鱼镖头的复制与使用》[10]。作者首先肯定小孤山先民制作的鱼镖是用大型鹿类的角做原料完成，并通过显微镜观察，鱼镖上保留的各种痕迹研究，小孤山鱼镖头是用锯切、刮和磨的方法制造的。另外，作者使用赤鹿角的分支用石英砾石和燧石块打下的石片作为制作鱼镖头的工具，以1∶1的比例将鹿角按原标本的尖、倒钩、尾部原形态复制鱼镖。最后总结出，鱼镖头制作工艺存在截取角料、制作成型和加工修正三个步骤，其制作工具的石片采用锯、刮、剔刻和磨等工序，而主要是锯，并用200倍以上高倍显微镜观察磨光面痕迹，通过这些实验考古学手段，对研究我国首次发现古渔叉的制作、使用功能具有重要学术意义。

1996年顾玉才先生发表《海城仙人洞遗址装饰品的穿孔技术及有关问题》[11]。他在模拟制作穿孔装饰品的基础上，记述了用不同方法穿孔形成的微痕在显微镜下观察，研究小孤山出土几件装饰品的穿孔技术，同时对穿孔方法的鉴定标准、穿孔效率、打磨齿根的目的等相关问题作以探讨。

从过去的考古资料发现，人类制作玉器的报道仅限于新石器时代早期，在距今8000～7000年的红山文化查海遗址和兴隆洼遗址发现两种类型的玉制品，即工具类的玉斧、玉锛、玉凿等和装饰类的玉玦、玉璧、玉珠、玉管等，以及少量生活用具和礼仪性用品。然而玉料以其独特的色泽、硬度、韧性和透明感，很久以来就受到人们的青睐，而且玉在自然界各种石料中是最美丽的，可谓“玉者美石也”。2000年4月26日，由鞍山市政府和中国宝玉石鉴定中心主办的中国首届玉文化研讨会上，笔者发表《最早岫玉制品的发现是中国玉文化研究史上的重大突破》[12]。文中从小孤山古人类遗址发现的用岫岩玉为原料，人工打制的石片，论证人类最早的玉制品是从新石器时代向前推进到距今3万～2万年的旧石器时代晚期，这是我国旧石器时代遗址中首次发现，在中国玉文化史上是一个大突破，对考古学、历史学和古人类学的研究都具有重要学术价值。2007年9月我们在小孤山遗址挖探沟取地层土样时，又发现了用岫岩玉制作的刮削器和打制石片，其中刮削器长107.48、宽46.15、厚20.81毫米，器型可归为双刃刮削器，两侧刃缘均有打击修理痕迹，刃角45度，刃部有重叠的石片疤。这无疑是一件人类打制和使用的工具，而且是迄今国内外在旧石器时代遗址中唯一的一件玉石制品。

2003年9月19日至23日，正值秋高气爽的季节，黄慰文在银川召开的古人类学术讨论会上发表《中国北方的旧石器晚期文化》[13]一文。他在重点介绍的中国北方几个关键遗址就包括小孤山遗址，认为小孤山的骨角制品在东西方文化对比中特别重要。文章通过地质背景、古环境重建以及对欧洲和我国同期旧石器文化分析，得出结论认为两地文化共同点是基本的，而差别是非本质的。

四、学术交流和遗址保护

小孤山遗址自发现以来，引起了国内外学者的极大关注。1994年7月4日至9日，由辽宁省文物考古研究所和韩国忠北大学先史文化研究所共同举办了东北亚旧石器文化国际学术讨论会，有来自韩国、俄罗斯、日本和国内80余位专家学者参加了这次会议，并有20余位中外学者报告了各自的新发现和研究成果，会后参观了海城小孤山等遗址，对该遗址地层、文化内涵和时代等有关问题进行学术交流和探讨，小孤山的发现引起国内外学者的高度重视和肯定。

自小孤山遗址发现以来，陆续有众多中外学者前来参观和学术交流，如荷兰格鲁宁根大学的巴特教授（G. Baterstra）、美国伊利诺斯大学普卜教授（Geoffrey G. Pope）、美国丹佛大学人类学系尼尔森教授、韩国忠北大学李隆助教授、日本同志社大学松藤和人教授。俄罗斯、法国学者也先后到小孤山遗址进行考察和学术交流。

鉴于小孤山遗址的重要性，1988 年 12 月 20 日辽宁省人民政府确定小孤山遗址为省级文物保护单位，制定了保护区域内的环境风貌，以洞口中心标桩为基点，周围 100 米以内为界，划定了遗址的保护范围。另在其周围还划分了建设控制地带，即保护范围以外，500 米以内为 V 类建设控制地带。从而为进一步保护遗址的完整性确立了法制依据。

2001 年 6 月 25 日，中华人民共和国国务院颁布了全国第三批国家级文物保护单位名单，小孤山被荣列其中（批号 V，编号 23，分类号 23）。

2007 年国家文物局专门立项对国内重要考古发现，要求整理专刊报告。小孤山遗址也列入该项目之一，由辽宁省文物考古研究所组织编写报告，合作单位是中国科学院古脊椎动物与古人类研究所、鞍山市博物馆、海城市博物馆。另外视工作需要邀请中国科学院地质与地球物理研究所、北京大学地理环境学院年代实验室、北京大学考古文博学院年代测定实验室、国家地震局地质研究所等有关人员参加。此次整理工作指导思想上强调，小孤山遗址在我国乃至东亚旧石器考古上所具有的巨大潜力，决定将整理工作的视野由国内扩大到欧亚大陆，以便充分发挥小孤山遗址在探讨东西方早期人类迁徙和文化交流、重建欧亚大陆旧石器文化发展史的重要作用。为体现对小孤山遗址的研究水平，我们计划从遗址的历史沿革、地质、地貌概况、石制品文化、骨制品、上层新石器文化、哺乳动物群、古环境、年代学（热释光、光释光、^{14}C 测年方法）等多学科综合研究，相信专刊成果的出版将对国内外旧石器时代考古研究和文化交流起到重要作用。

注　释

[1] 张喜荣，王晓宾．海城县发现旧石器晚期洞穴遗址．辽宁文物，1981（2）.

[2] 傅仁义．鞍山仙人洞旧石器时代遗址试掘．人类学学报，1983，2（2）：103.

[3] 张镇洪，傅仁义，陈宝峰，等．辽宁海城小孤山遗址发掘简报．人类学学报，1985，4（1）：70 – 79.

[4] 黄慰文，张镇洪，傅仁义，等．海城小孤山的骨制品和装饰品．人类学学报，1986，5（3）：259 – 266.

[5] 黄慰文．中国旧石器时代晚期文化．中国远古人类．北京：科学出版社，1989：220 – 244.

[6] 安家瑗．海城小孤山发现的骨鱼镖——兼论与新石器时代骨鱼镖的关系．人类学学报，1991，10（1）：12 – 18.

[7] 黄蕴平．小孤山骨针的制作和使用研究．考古，1993（3）：260 – 268.

[8] 傅仁义．辽宁海城仙人洞遗址两个时代堆积的文化内涵及相关问题的研究．韩国先史文化，1996（4）：55 – 85.

[9] 顾玉才．海城仙人洞遗址出土钻具的实验研究．人类学学报，1995，14（3）：219 – 266.

[10] 吕遵谔．海城小孤山仙人洞鱼镖头的复制与使用．考古学报，1995（1）：1 – 19.

[11] 顾玉才．海城仙人洞遗址装饰品的穿孔技术及有关问题．人类学学报，1996，15（4）：294－301.
[12] 傅仁义．最早岫玉制品的发现是中国玉文化研究史上的重大突破．鞍山师范学院学报，2003（1）：50－53.
[13] 黄慰文．中国北方的旧石器晚期文化．中国旧石器考古论文集．北京：文物出版社，2006：24－39.

参考书目

傅仁义．渤海湾北岸古人类旧石器文化及与东亚的关系．辽海文物学刊，1991（1）：19－26.
郭大顺．玉器的起源与渔猎文化．北方文物，1996（4）：14－21.
黄慰文．中国的手斧．人类学学报，1987，6（1）：61－68.
李文信．黑龙江依兰倭肯哈达洞穴．中国考古学报，1954（7）.
王幼平．中国远古人类文化的源流．北京：科学出版社，2005.
许玉林．辽东半岛新古器时代文化初探．考古学文化论集（2）．北京：文物出版社，1989.

新中国旧石器考古学回顾

陈　淳

（复旦大学文物与博物馆学系）

摘要　本文通过对新中国成立以来中国旧石器考古学研究进展作了一番简单的介绍，除了重要的考古发现外，还对这门学科的研究方法作了回顾。“文革”之前以类型学和年代学的描述和对比为主，并在宏观阐释上建立了两大石器传统的模式。自20世纪80年代起，研究领域开始涉足人类行为的诸多方面。采用的技术和方法也从过去的直观和推测转向多种分析手段和学科交叉，这使我们能够从石器的分析中提炼更为丰富和过去一无所知的人类行为信息。文章呼吁中国的旧石器考古应该加大国际交流，借鉴一系列新的方法，加快步伐，尽快赶上国际先进水平。

一、前　言

1949年中华人民共和国成立，中央政府为考古学完善了研究体制并制定了规范的政策和措施，为田野工作提供经费支持，这标志着中国考古学“黄金时代”的开始。在停滞了12年后，周口店遗址的发掘计划在1949年恢复。1935年，新中国成立前负责旧石器考古学的地质调查所新生代研究室重组为古脊椎动物室，并在1957年成为中国科学院古脊椎动物与古人类研究所的一部分。此后，中国科学院古脊椎动物与古人类研究所便成为中国旧石器时代考古学的中心。

中国在20世纪20年代引入科学考古学被认为是“新文化运动”的产物，是受到了史学界“古史辨”运动的推动。疑古派和传统学派都意识到考古学的田野工作在解决历史争议上的潜在价值，于是考古学成为一门有助于传统国学的特殊学科而受到重视。但是，由于研究途径和目标上的差异，中国的史前考古学的学术方向基本上遵循了两条不同的路径。与以编年史学为导向的新石器时代和青铜时代考古学不同，旧石器时代考古学基本上是人类起源和进化研究的一部分，在学科导向上更接近生物进化研究，与第四纪地质学和古脊椎动物学关系更加密切。

周口店北京猿人遗址是培养第一代中国旧石器考古学家的摇篮。中国旧石器时代考古学受到20世纪二三十年代法国旧石器传统的强烈影响。由于历史原因，在相当长的时间里，中国学者对法国考古学家弗朗索瓦·博尔德的旧石器类型学和石器打制实验方面所取得的成就所知甚少，对美国考古学界在打制石器研究领域的进展也不甚了了。一直到“文革”结束，这门学科在一个相对封闭的学术环境中操作。

裴文中先生于1935～1937年在法国接受了系统的训练，他为中国旧石器时代考古学确立了“四条腿走路”的研究范例，这就是石器分析、第四纪地质学、古脊椎动物学和古人类学。至今，这一范例仍然是中国旧石器时代考古的基础。虽然，这一范例采纳了自然科学的方法论，但是它的目标仍然和中国考古学的传统方法相似，这就是努力用旧石器和人类化石重建更新世阶段的人类历史。比如，第四纪地质学和古脊椎动物学基本上发挥着年代学的作用，而石器分析和古人类化石则被用来追溯中国境内文化特征与人类体质的演化。总的来说，中国旧石器时代考古学基本上是以文化历史学为导向的，直线演化和传播迁移常常被用来解释文化的演变。

二、20世纪50～80年代的成就

（一）重大发现

在新中国诞生后的30年里，在中国的北方和南方发现了许多旧石器时代遗址和古人类化石，其中不乏一些意义重大的发现。1951年，在铁路修建过程中于四川资阳黄鳝溪右岸发现了一件几近完整的老年女性智人头骨[1]。1954年，在山西襄汾县丁村附近对14个旧石器地点展开了大规模的发掘，共出土2005件石制品，以及一件人类顶骨化石和三枚牙齿[2]。对54:100地点出土的动物牙齿所做的铀系法年代测定，得出了距今25万～16万年的结果[3]。1977～1980年，山西考古所对丁村遗址周围进行了调查和发掘，发现了一批新地点，使汾河两岸的旧石器地点达到了26个，时代上涵盖了旧石器时代早、中、晚不同阶段，而非仅限于当初以54:100地点为代表的旧石器时代中期工业[4]。

1957年与1958年，周口店第1地点出土了一具北京人下颌骨以及许多石制品[5]。1961年，对山西朔县峙峪遗址的大规模发掘，出土了一件晚期智人的枕骨化石、15000余件石制品和大量动物化石[6]。测定的一个^{14}C年龄为距今28135±1350年[7]。

20世纪50年代末，一处更新世早期遗址在山西芮城匼河被发现，并出土了大量石制品[8]。1960～1962年，在山西芮城西侯度出土了大约30件石制品和一批早更新世动物化石，还有一些烧骨，古地磁法测年结果为距今190万年[9]。裴文中和张森水对西侯度的研究结论表示怀疑，认为虽然有些遗址和石器工业早于周口店第1地点，但是由于地层问题，它们的人工特点很可疑[10]。黄慰文和侯亚梅认为，西侯度的石制品和鹿角上的V形痕迹很难被看做是自然动力所为[11]。后来，张森水重申了他的观点，认为西侯度出土的所谓旧石器很可能为水动力所为，烧骨则可能由自然火所致，鹿角上的V形痕迹可能是由水流搬运所造成[12]。作为回应，黄慰文认为用金沙江激流长距离搬运作为对比材料来分析西侯度石制品的埋藏特点，未免离题太远，他赞同贾兰坡和王建的意见，认为西侯度遗址为一种有一定深度的平稳埋藏环境[13]。卫奇认为尽管西侯度的石制品显示了水流磨蚀和搬运的痕迹，但是它们破碎痕迹显示明确的打片特点是没有疑问的。根据剥片方式的分析，这些石制品是人工所为，而非自然动力所能做到[14]。李炎贤对西侯度石制品的争论提出了自己的看法，认为对立意见对全部标本一视同仁，不加分析，不区别对待。是，则统统都是；非，则统统都不是。这样，就可能从一个极端走向另一个极端。他还指出，用裴文中的标准来衡量，西侯度的标本基本都符合他确定的人工石制品最基本的特征和要求。但是，他对西侯度的标本持否定态度。这说明他拟定的标准难以区别人工石制品与自然破碎的石头。李炎贤认为，西侯度的石标本中多数标本有水流冲磨的痕迹，人工痕迹模糊不清。但是，也就几件标本痕迹较为清楚，极有可能是人工打制的石制品[15]。不久前，王益人采用科学的田野方法对西侯度遗址进行了再发掘，获得了一批石制品，希望新发现的材料能够对西侯度的争议提供新的证据（私人通讯）。

1958 年，在广东曲江马坝的狮子山洞穴里，发现一具早期智人的头骨及一些动物化石，铀系法测定年龄为距今 13.5 万～12.9 万年[16]。同年，在广西柳江的一个洞穴里发现了一具晚期智人的头骨和若干体骨，同属一个中年男性个体[17]。由于洞穴堆积已被破坏，因此其确切年代存在很大争议。

1922 年，内蒙古鄂尔多斯高原的萨拉乌苏遗址出土了一颗小孩牙齿和 200 余件石制品。1956～1979 年，在这一地区不同地点又陆续发现了可能属于不同时期的人类顶骨、颅左前骨、额骨、股骨和胫骨等碎片。这一地区发现的石制品个体较小，可能是受制于当地石料尺寸的原因[18]。该遗址得出的铀系年龄大约为距今 5 万～3 万年[19]，后来用两枚马牙所做的铀系年龄为距今 38000±2000 年和 34000±2000 年[3]。黄慰文等将出土于萨拉乌苏组的智人化石称为“鄂尔多斯人”，建议以此取代习用的“河套人”，并根据热释光的测年结果认为，萨拉乌苏组的年代为晚更新世早期，不晚于距今 7 万年[20]。近来对萨拉乌苏遗址不同层位的年代做了各种方法的测定，情况比较复杂，而收集的人类骨骼中混有历史时期的标本[21]。

河南安阳小南海遗址在 1960 年和 1978 年进行了两次发掘，出土了大量石制品、动物化石以及烧骨炭屑。1960 年发掘材料于 1965 年发表[22]，1978 年出土的石制品材料最近经过整理即将发表。从洞穴堆积下层和上层样本所做的^{14}C 年代测定得出三个年龄，分别为距今 24100±500 年、13075±220 年、11000±5000 年[23]。

1963 年和 1964 年，在陕西蓝田的公王岭和陈家窝分别发现了直立人的一具头骨化石和一件下颌骨化石[24]，公王岭地点的古地磁测年为距今 150 万～110 万年，而陈家窝地点的古地磁测年为 65 万年[17]。

1963 年，在山西怀仁县鹅毛口发现了一处巨大的石器制造场，占地约 2 万平方米。该遗址的年代大约在全新世初[25]。1963 年和 1964 年，贵州省黔西观音洞出土了 3000 多件石制品和 20 余种哺乳动物[26]。根据铀系法测定第二层的年代为距今 57000 年，第四层为距今 11.9 万年，第五层为距今 10.4 万～8 万年，第八层为距今 11.5 万年[27]。此外，在此期间，江西、湖南、山东、广西、宁夏、青海和内蒙古也发现了一些旧石器材料。

1923年，德日进与桑志华在宁夏灵武水洞沟发现了丰富的石器遗存和哺乳动物化石。自20世纪60年代之后，中国学者在该遗址进行了一系列的发掘。1923年，步日耶认为水洞沟文化有点类似发达的莫斯特文化和初始的奥瑞纳文化，或两者的结合[28]。中国学者根据自己的综合观察，认为水洞沟遗址的年代为旧石器时代晚期[29]。1980年，宁夏文物考古研究所对水洞沟遗址进行了发掘，出土石制品6700余件，其中包括上层新石器时代石制品1200余件；哺乳动物15种[30]。旧石器时代地层得出的铀系年龄为距今38000±2000年和34000±2000年[3]。不久前，中美合作研究项目对水洞沟遗址所测的AMS^{14}C年龄在距今27000～25000年[31]。之后，水洞沟遗址的发掘仍继续进行[32]。

1965年，云南元谋发现了两枚直立人门齿、22件石制品和一批属上新世与早更新世的哺乳动物群[33]。古地磁对元谋人化石埋藏层位的测年得出了距今17000±1000年的年龄[34]。但是，刘东生等认为元谋人化石的地层没有那么老，大概不会超过73万年，可能为距今60万～50万年或晚些[35]。1966年，对周口店第一地点的再发掘出土了一些人类化石，其中包括额骨和枕骨碎片，还有一批石制品及动物化石[36]。

1971年与1972年，在湖北大冶石龙头发现了一处旧石器时代早期工业[37]，第一层的铀系年龄为距今28.4万年[17]。1972年，在贵州桐梓的一处洞穴遗址中出土了一枚门牙和一批石制品。1985年又从1972年挖出的堆积物里筛出了4枚人牙，牙齿特征显示了直立人向早期智人过渡的特点。根据第四层动物化石测出的铀系年龄为距今11.3万±1.1万至11.5万±0.7万年，及距今18.1万±1万年，对第三、第四层之下的石灰岩所测的铀系年龄分别为大约20万和24万年前[17]。

1972～1974年，在河北阳原的虎头梁发现了9个旧石器地点，出土了大量打制石器和细石叶遗存，一批晚更新世动物群[38]。单一的^{14}C年代测定结果距今11000±210年表明该遗址属于晚更新世末期[39]。

四川汉源的富林遗址发现于20世纪60年代，1971年正式发掘出土了5000余件石制品以及大量哺乳动物化石。根据地层古生物学证据，富林石工业的年代大致被定在旧石器时代晚期的后段[40]。

1973年有两项重要发现，东北的辽宁喀左的鸽子洞遗址出土一批打制石器、三件人骨化石及猛犸象披毛犀动物群[41]。华南的广西百色发现了一类旧石器时代早期工业[42]，其中的手斧被认为与欧洲的阿休利传统类似[43]。由于石制品大部分为地表采集，所以其年代存在争议。对与石制品共生的玻璃陨石所做的裂变径迹法年代测定，得出了73.2万年[44]和80.3[43]万年的数据。但是一些国外学者认为，由于玻璃陨石有可能是二次沉积，所以这些年代数据不一定能够代表石制品的年代[45]。

从1974年开始，对辽宁营口金牛山洞穴遗址的发掘出土了一批石制品、动物化石、灰烬[46]，并于1984年发现一具早期智人的头骨和部分体骨。1975年，湖北郧县的洞穴中出土了三枚直立人的牙齿及许多哺乳动物化石[17]。1975年和1976年，在黑龙江呼玛十八站的一处旧石器时代晚期地点出土了一批石制品，其中主要为以楔形石核为特点的细石叶遗存[47]。

20 世纪 70 年代，山西省考古所对山西沁水的下川进行了多年的考察和发掘，发现了许多旧石器时代晚期地点，出土了以细石叶技术为特点的大量石制品[48]。从不同地点样本所做的^{14}C 测定，其年代为距今 21700 ± 1000 ～ 19600 ± 600 年[39]。1974 年与 1976 年，贾兰坡、卫奇等对山西阳高许家窑遗址进行了发掘，出土了 2 万余件石制品[49]，17 件早期智人化石、一些骨角制品及大量哺乳动物化石[50]。用铀系法对动物化石所做的年代测定得出的最年轻年龄为 10 万年[51]，对地表以下 8 米沉积中出土的一枚披毛犀牙齿所做的铀系年代测定，得出的年代为距今 12.5 万～10.4 万年[3]。

20 世纪 70 年代晚期，河北阳原的泥河湾发现了一系列旧石器地点，这些地点都埋藏在泥河湾层里面，时代属早更新统。特别是 1978 年小长梁遗址的发现，被誉为中国旧石器时代考古学发展史上的一块里程碑[52]，是前人梦寐以求的最早人类脚踏地的发现。最新测定的小长梁遗址古地磁年龄为 136 万年[53]。

1978 年，在陕西大荔发现了一具比较完整的头骨、一些石制品和 10 余种哺乳动物化石，从动物群判断时代属中更新世晚期，头骨特征属早期智人[54]。

1964 年，周明镇等在山西蒲县薛关的晚更新世黄土中发现了石制品。1979 年，王向前等对薛关遗址进行了发掘，出土了 4777 件石制品和一些动物化石。石制品是以楔形和船形细石核为代表的细石叶技术，一个^{14}C 年龄为距今 13550 ± 150 年[55]。

这一时期，华南地区也有一些重要发现。1975 年，在贵州兴义的猫猫洞出土了 4000 余件石制品、人类化石 7 件、一些骨器和用火遗迹，根据哺乳动物化石推断，这批遗存的年代为晚更新世末[56]。1976 ～ 1982 年在贵州普定穿洞的发掘，出土了两具人类头骨。下层文化遗存不多，为一些简单打制的刮削器和尖状器和一件骨锥。上层出土了 3000 余石制品、500 多件骨角器，根据年代测定，上层的年代应该已进入全新世[57]。1979 年和 1982 年，贵州普定的白岩脚洞出土了 1000 多件石制品、2 件骨器和 22 种动物化石，^{14}C 年龄为距今 12080 ± 200 年（3 层）和距今 14630 ± 200 年（5 层）[58]。

（二）探究文化特点及其发展模式

1953 年丁村遗址与 1959 年匼河遗址的发现，使人们意识到这是两个与周口店第 1 地点不同的石工业。虽然两位权威学者裴文中与贾兰坡觉得丁村的大型石制品很可能是由于使用特定的石料和打片技术有关，但是仍然认为这是一类面貌独特的旧石器文化。根据对匼河大型石制品的初步分析，贾兰坡等尝试性地提出了华北两类旧石器传统的模式。一类从匼河向丁村演化，另一类从周口店第 13 地点通过第 1 地点向第 15 地点演化。随着峙峪、鹅毛口、许家窑、西侯度等遗址材料的陆续出土，使贾兰坡感到两条旧石器传统的发展脉络逐渐清晰，最终提出了华北“两大旧石器传统”的理论，其一是以大石片砍砸器、三棱大尖状器为特征的“匼河—丁村系”或“大石片—三棱大尖状器传统”；另一是以不规则小石片制造的各种刮削器、雕刻器为特征的“周口店第 1 地点（北京人遗址）—峙峪系”（简称“第 1 地点—峙峪系”）或“船底形刮削器—雕刻器传统”；并且认为峙峪文化是“周口店第1地点—峙峪系”发展到典型细石器文化之间的重要环节[6]，这一华北旧石器文化的发展模式在1970年与1980年代被中国学界所普遍接受。

中国学者在发现材料的基础上对中国旧石器文化的一般特征也进行了探讨，并总结出了几点看法：石片与石片石器在石工业中占重要比例，各类石器以单面加工为主，石器的基本类型有刮削器、尖状器、端刮器和砍砸器等。基于这样的认识，中国学者对美国学者莫维斯（H. L. Movius）认为中国旧石器时代早期文化属于砍砸器文化的观点进行了批评，认为砍砸器在中国的旧石器文化中并不占据主要地位[47]。

张森水总结了中国旧石器文化的一般趋势和特点，认为石核与工具沿小型化方向发展，直接打制法一直占主导地位，直到晚期才出现了间接打制和压制法技术。在旧石器发展趋势上，旧石器时代早期，我国南北的旧石器均可归于小石器为主的文化传统，而自中期以降南北方差异变大。北方沿着小型化方向发展，而南方沿着变大和保持小型化两个方向发展，并认为到了晚期区域文化差异加大，出现了许多文化变体[59]。

在中国旧石器文化与外界的交流问题上，学者们的立场也并不相同。由于丁村发现了类似欧洲手斧的大三棱尖状器，前苏联学者觉得丁村文化与欧洲旧石器文化存在一定联系。受当时意识形态的影响，这种观点被作为“中国文化西来说”的翻版而受到严厉批判。而对水洞沟和百色石制品的一些西方文化因素，许多学者则持积极面对和努力探索的态度。值得指出的是，无论是否定还是肯定存在中西交流，判断的依据都局限于器物形态和特征的比较，并没有关注人类行为的文化适应以及文化趋同等其他可能性的考虑，这成为这一时期旧石器研究的一个时代性缺陷。

（三）评估与讨论

从现在来看，完全凭借石器大小以及类型学特征来建立文化传统和发展轨迹是不合适的。现在我们已经意识到，多种因素特别是石料会影响到石制品的大小，而工具类型也应该与其使用的功能密切相关。古人类不可能在几百万和几十万年里或在环境发生变化时仍恪守一种工具、技术或传统不变，一个地区不同传统的古人类也不可能相互隔绝，没有任何的交流。与欧洲和近东不同，中国普遍缺乏优质石料，使得古人类在漫长的年代只能利用劣质石料生产权宜性的工具，技术和类型相对粗糙并鲜有改善，这使得我们无法但凭类型和技术来确定这些石工业的发展和传承。在旧石器研究中，虽然类型学方法被普遍用来进行文化的比较、描述和阐释，但是学界并没有对类型学的术语、定义和方法进行严格的规范和统一。博尔德制定和完善的旧石器类型学方法对中国也没有任何影响。于是，中国旧石器时代考古学研究在这段时间里基本上是在个人经验和常识基础上的操作。

用文化或传统来勾画中国旧石器时代发展的框架，从其范例而言与中国文化历史考古学的目标相吻合，这就是用发现的不同时代文化来重建人类更新世的史前史。于是追溯文化的起源及来龙去脉成为研究的重点，而传播迁移论在解释文化发展中也十分流行。新的发现被用来填补文化传统发展链条中的缺环，比如许家窑文化不但被认为直接源于北京人文化，而且许家窑人也被认为是北京人的直线后裔，而中国境内的砸击技术都被认为来自北京人文化。石料、生态环境、人类行为的适应特点、觅食方式对石器技术类型等制约因素完全不在考虑范围之内。这使得任何人，即使没有受过系统专业训练，只要稍微熟悉旧石器的打制方法、形态描述、命名规则，就能对发现的新材料进行研究，并得出自己的“科学”结论。

三、20 世纪 80 年代后的新阶段

20 世纪 80 年代改革开放后带来了科学研究的春天，考古学的中外交流日益频繁，中国考古学界开始逐渐了解过去几十年来西方考古学的进展，特别是美国新考古学的变革。1985 年，六位中国学者在丹佛参加了美国考古学会第 50 届年会，不久一些实质性的交流与合作也逐渐展开。20 世纪 90 年代以美国加州大学伯克利分校 J. Desmond Clark 为首的一批美国考古学家来到泥河湾参观和工作，为中国学者带来了全新的研究方法。早在 20 世纪 40 年代，利基夫妇首先采取水平发掘的方法对肯尼亚 Olorgesailie 阿休利文化遗址进行发掘，观察文化遗存空间分布形态来提取早期人类行为的信息，从而成为标志旧石器考古田野方法变革的一个转折点。这一方法后来成为非洲旧石器时代早期地点发掘的典范而在奥杜威峡谷等遗址的发掘中推广。此外，J. Desmond Clark 在非洲史前研究中大力倡导文化生态学，关注物质文化、环境与人类适应的关系。到了 20 世纪六七十年代，由问题指导的考古学研究开始走向成熟，考古学家开始从一般的归纳方法转向采用检验不同的理论模式来做演绎性探索。中外学者的频繁交流使中国同行认识到，西方考古学从 20 世纪中叶开始发生重大变革的时候，中国考古学却一直处在一个几乎封闭的环境里操作，方法落后，弊端甚多。在 J. Desmond Clark 一行访问泥河湾时，卫奇首次采用西方规范的方法对半山遗址进行了发掘，观察地层的埋藏状况详细记录文化遗的分布特点，观察和分析了所有出土的石制品[60]。1990 年 7 月，中美泥河湾考古队对飞梁进行了科学发掘，观察了考古遗存的埋藏情况，详细记录了石制品的水平和垂直分布，在分析石工业的整体特点的同时还尝试了拼合研究[61]。之后，马圈沟[62]和岑家湾[63]等遗址的发掘也采取了规范的发掘和研究方法，建立起新的研究范例。下面，文章从重要发现和理论方法进展来对这段时间里的成果进行一番回顾。

（一）重要发现

20 世纪 80 年代初，为解决小长梁的地层和年代学问题，受裴老委托卫奇前往泥河湾调查，在小长梁不远处发现了东谷坨遗址，出土了大量石制品和哺乳动物化石，并确认了小长梁遗址年代的古老性[64]。之后，在小长梁和东谷坨附近又陆续发现了一批重

要的早期遗址，如半山、飞梁、岑家湾、马圈沟等，而位于马圈沟遗址之下的沟底遗址及更低的层位近来被认为是迄今为止发现的最古老的文化层。泥河湾层中这些早达100万年以上的文化遗存被国内外学者公认为是人类在东亚的最早证据[65]。

1980年夏，青海省文物考古队在海南藏族自治州贵南县拉乙亥发现6个中石器地点，对其中的8021地点进行发掘，出土了各种文化遗存1489件，其中包括39件细石叶石核，一个^{14}C年龄为距今6745±85年[66]。同年，山西吉县清水河畔的柿子滩发现一处细石器遗址，经过试掘出土了1807件石制品，其中细石核与细石叶有755件[67]。后来，沿清水河约15公里的范围内发现了10多处文化性质相同的地点，反映了一种流动性很大的生存方式。最近的年代测定结果，表明柿子滩遗址群的使用时间较长，从2万多年到1万年左右[68]。自2004年起，陕西宜川龙王辿遗址的发掘出土了大量以细石叶遗存为主的石制品，该遗址在地理位置和文化特点与黄河对岸山西吉县柿子滩遗址比较接近[69]。

20世纪80年代，河北阳原泥河湾发现了一些细石器地点。重要的有：阳原县大田洼油坊出土300多件石制品，其中有少量楔形石核，同时存在大量砸击制品；阳原县马圈堡乡的籍箕滩东北距虎头梁约7.5公里，出土了一批楔形石核、端刮器、尖状器、雕刻器，楔形石核与虎头梁的类型基本一致，显示了两个遗址之间的密切关系[70]。此外，河北玉田县孟家泉于1990年出土了23000件石制品，两件晚期智人化石及一批哺乳动物化石，细石核与细石叶数量不多，船形细石核加工不很规整[71]。这一时期，在豫中、鲁西及苏北也有一批以细石叶技术为特点的遗存发现。1989年，在河南舞阳大岗遗址的第4层，出土了以细石叶为主的石制品327件，有楔形、船形和半锥形细石核，其他为边刮器、凹缺器、端刮器、尖状器和雕刻器等[72]。在鲁南和苏北交界的沂沭河流域和马陵山丘陵地区，也发现了众多含细石核与细石叶的地点[73]。

20世纪80年代，在安徽和县龙潭洞发现一具直立人的头骨和一些其他骨骼，与人化石共生的动物化石时代为中更新世，热释光测定的绝对年龄为距今20万年之内[74]，铀系法年龄为距今19万～15万年[75]。1982～1983年，离和县不远的安徽巢县出土了同属一个女性个体的上颌骨和枕骨，形态特征接近早期智人[76]，铀系法测定的年龄却与和县人相当，说明我国直立人与早期智人共生或镶嵌进化的复杂性。

1989～1995年，湖北郧县曲远河口的学堂梁子出土了两具古人类头骨化石，被贾兰坡命名为“郧县人”，此外还发现一批石制品和哺乳动物化石。从动物化石判断的年代为中更新世。郧县人头骨的特点兼有直立人和早期智人的性状，因此其归属尚有争论。化石所在层位的古地磁测定年龄为83万～87万年左右，而ESR的年龄测定约为60.7万年[77]。2004～2005年，在湖北郧西黄龙洞出土了5枚晚期智人牙齿、20余件石制品和大量动物化石，铀系法测年结果为距今9.4万年，为目前东亚最早的晚期智人遗址[78]。2006年发掘又发现了2枚人牙、11件石制品、6件骨制品及大量动物化石[79]。

1993年，在江苏汤山的一个岩洞中出土了两件直立人头骨化石，其中一具保存较好，另一具只保留了顶骨的大部。哺乳动物化石除了个别南方种类外，其他几乎与周口店北京人动物群一样，该地点的年代测定数据差距校大，ESR 的测定结果为距今 30 多万年，而热电离质谱铀系法的测定结果早于距今 50 万年[80]。

自 1996 年开始，对贵州盘县大洞遗址进行的连续发掘，取得了令人瞩目的进展。遗址出土了两枚早期人类的牙齿、43 种动物化石及人工制品，而对该遗址所进行的国内外合作研究，在环境、年代、埋藏学和人类适应方面都取得了重大进展[81]。年代学测定结果表明，该洞穴的堆积主要属于中更新世，利用的时间很长，而埋藏学研究表明，洞穴中大量动物化石曾被古人类、食肉类和啮齿类活动所改造。由于大部分的物种不是穴居动物，考虑到洞穴里发现的石料质地很差，洞中出土的大量牙齿很可能被古人类用做工具的原料[82]。

这一时期在过去旧石器发现和研究比较薄弱的几个省份，如陕西、福建、安徽、江苏、浙江甚至香港都取得了可喜的进展，而配合长江三峡和南水北调抢救性考古发掘的展开，峡江地区和南水北调先期工程水库淹没区的旧石器考古也取得了丰硕成果。1995～2004 年，王社江在陕西南洛河及其支流两侧阶地上发现旷野旧石器地点 268 处，获得石制品 13581 件，主要以砍砸器、手斧、薄刃斧、手镐和石球等重型工具为主，时代属旧石器时代早期[83]。福建省三明市郊万寿岩的洞穴遗址出土了一批石制品和动物化石，证明了人类在福建地区存在的古老性。文化层钙板所测的铀系法年龄为距今 18.5 万年，属于中更新世的较晚阶段[84]。之后，福建省陆续又有一些发现，比较重要的是 2003 年沿漳龙高速公路专项旧石器调查发现了 15 处旧石器地点，这些石制品加工较为粗糙，根据出土层位判断，这些地点主要属于旧石器时代中晚期[85]。房迎三在安徽宁国、江苏句容、铜陵等地发现了一些重要地点[86]。值得一提的是，香港也发现的一处旧石器时代晚期的石器制造场，为了解更新世晚期人类在香港和珠江三角洲的活动提供了重要证据[87]。此外，在周口店的田园洞发现了古人类化石及丰富的哺乳动物化石，对洞穴堆积和动物群的研究表明，其特点与山顶洞较为接近[88]。

值得一提的是，2000 年和 2002 年对云南富源大河遗址的发掘，出土了人化石、大量石制品和动物化石及用火遗迹。石制品具有欧洲莫斯特文化特点，铀系法测得的文化层顶部钙板和石笋的年龄为 4.1 万年[89]。如果石制品确实具有欧洲和近东的特点，那么这项发现似乎与分子人类学所假设的晚期智人走出非洲、向亚洲的一支迁徙路线暗合。

2005 年对河南许昌灵井的再发掘，出土了 2452 件石制品和 3000 余件动物化石[90]。这批材料与 1974 年发现的黑色燧石质细石叶遗存十分不同，虽然该项发掘没有解决细石器遗存的地层和年代问题，但是体现了这一地区更新世晚期或全新世初人类适应和石工业特点的复杂性，有待于今后的深入研究。

此外，国内学界对一些重要发现产生严重分歧，它们主要是安徽繁昌人字洞的石制品[91]、河北蔚县东窑子头大南沟上新世地层发现的一件石核[92]、巫山龙骨坡猿人化石[93]。人字洞石制品人工属性的争议与西侯度有类似之处，显示了对早期人工制品判断上的困难。由于自然动力也能造成与人工动力相似的痕迹，这类问题可能无法单凭石制品本身特点就能作出准确的判断，还需要石料破碎机制、埋藏学和人类其他活动遗迹的综合分析。与许多中国学者的看法相同，国外学者也不认同繁昌非常简单的石片是古人类在220万年前存在于中国的确凿证据[94]。蔚县大南沟石核的人工属性没有问题，但是由于该石核可能脱层并仅为孤例，因此其时代并不可靠。巫山猿人的标本经中外学者反复研究后发现更像猿类特点，因此有待更多标本的佐证。

20世纪80年代以来旧石器地点的发现在全国都有明显的增加，在此无法一一列举。虽然大部分的工作和成果还是描述性的简报，但是一些新探索和新研究也陆续展开。下面对这些进展约略予以介绍。

（二）理论方法的进展

20世纪80年代以来由于中外交流的展开，使中国学者认识到理论方法上存在的问题以及与国际水准存在的差距，开始展开了一些反思。其中值得一提的是高星和王益人对贾兰坡华北两大传统的反思，高星指出了这一阐释模式的四点缺陷：①这两个共存于同一地区的文化传统无法解释为何在并行发展的100多万年里没有任何交流；②没有可信的证据能够证实小石器主要适应于狩猎经济，而大石器主要适应于采集经济；③研究显示，在丁村这类属于大石器传统的遗址中，大型石器有时并不占主导地位；④埋藏学研究表明，有些以大型石器为主的地点是河流搬运和分选的结果[95]。王益人在充分评价了两大石器传统对我国旧石器研究理论阐释上的巨大推动作用的基础上，指出石器的大小受制于各种复杂的原因，并非都是人类的刻意所为。我国学者将石器小型化和精致化联系到一起，既没有考虑影响石制品大小的其他因素，也没有探究各案的特定因素，完全将石器大小看做是人类文化传统的结果，将人类的适应和文化的演变看得过于简单了[96]。

李炎贤也表示过类似的看法，对一些石制品和表面特点产生的原因不明，仅仅根据从上千件石制品中精选出来的个别标本和现象来作为判定整个石工业性质的依据，就难免得出以偏概全的结论。长期以来，我国学者对于石料在打片和石制品生产中的制约作用认识不足，缺乏整体的量化分析，于是个别挑选的标本和尺寸大小往往成为衡量石制品技术进步与原始或判定文化传统异同的主要尺度和标准[97]。1984年，李炎贤总结了前人研究成果，提出了9种主要的石片台面类型：零台面、刃状台面、点状台面、线状台面、天然台面、素台面、有疤台面、有脊台面和修理台面[98]，体现了我国学者在石制品观察和描述系统化和规范化方面的努力。

卫奇和陈哲英对中国旧石器考古学作了深刻的反思，指出如果把旧石器遗址的发现比作建筑材料，那么进入中国旧石器时代考古领域，就像进入正在备料的建筑工地，看到的只是各种各样的建筑材料。中国旧石器考古缺乏严密有序的“游戏”规则，不仅需要科学的判断标注，也需要规范的研究方法和缜密的逻辑思维。这些看起来似乎很简单的事情，恰恰成为中国旧石器时代考古学面临的实际问题[99]。与此同时，卫奇努力探索旧石器研究的规范化问题，从田野观察、遗址命名和编号、标本测量、地层记述、石制品分类、石核与石片的观察与分类、石制品动态分析、精制品与粗制品的区分提出了自己对旧石器研究系统化的思考与见解[100]。

之后，李炎贤[101]与卫奇[102]对台面分类问题产生了分歧，并公开展开商榷。其实，两位资深学者都是在努力探讨我国旧石器研究的规范化问题，如果本着共同推进中国旧石器研究水平的愿望，应该可以消除歧见，达成共识。坦率而言，台面分类仍然处于描述性较低层次的观察层面，并没有深入到石片台面形成机制的核心问题。如果能够采用有控制打片实验来观察不同台面特点的形成机制，并对石片及台面特征采用数理统计分析，可以使我们对石片及台面形成机制的认识提高到人类行为和剥片过程的高度。因此，台面分类只有接合打制技术和剥片动态流程加以考虑，才具有实质性的价值。

张森水在回顾中国旧石器考古学的重大发展时，提出了人工制品原料多样性、品种多样性和石制品类型多样性的见解。在综合分析的基础上，他提出了贯穿我国南北旧石器时代始终的两个主工业类型，即北方主工业类型和南方主工业类型，在各主工业类型中又存在若干区域性工业类型[103]。这个一般性阐释模式虽然与两大石器传统有所不同，但是其立论与后者并没有本质区别，这就是根据石器大小和技术特点来构建旧石器文化的发展模式。

欧美的旧石器时代考古学在20世纪取得了长足的进展，在20世纪下半叶进入全方位的人类行为解读。凭借各种研究方法的完善和测试技术的借鉴和引入，打制石器已经不再是那种简单的石核、石片以及器物分类，或硬锤、软锤以及压制技术发展的探讨，或手斧和砾石砍砸器传统以及石器大小传统的论证，它已经扩大到史前人类技术、经济、贸易、社会、认知和意识形态的诸多领域，为我们了解古人类的演化和文化发展提供了全新的视野。法国学者西·德·拉埃对世界史前考古学的研究和发掘技术作了很好的回顾。他说，考古学被越来越多地用于解决明确提出的问题，在这种情况下，首要任务是要系统地搜集尽可能多的有助于解决问题的材料。发掘仅仅局限于使埋藏在地下的考古遗迹重见天日、搜集艺术品和具有审美价值的、珍贵的“博物馆文物”的时代已经过去。我们看到，为什么发掘工作在不久前往往不过是民工挖土的活儿，而现在，就其所需要的细致和精密而言，简直可与外科医生的技术媲美[104]。

国际的学术进展自20世纪80年代以来也逐渐影响到我国旧石器考古学的实践，一项令人瞩目的进展就是方法论的改进，发掘和分析不再局限在对石制品的技术和类型的描述和比较、年代学和文化属性方面，而是开始关注人类的行为和生存适应。在野外的具体实践上，表现在对居住面的全面揭露来提取人类行为的信息。早在20世纪70年代，盖培和卫奇在对虎头梁遗址的发掘中就采取了平面揭露的方式来观察文化遗存的分布特点，可惜未见后续的人类行为分析与解读。1990年，对金牛山洞穴遗址的发掘揭示了人化石层位动物骨骼和灰堆的平面分布，发现多达万件以上的碎骨，揭示出古人类围绕火塘为中心进行敲骨吸髓的生存活动，而制造工具的活动则并不频繁，推断这里是他们休息和进餐的场所，利用的时间比较长。而火塘底部和周边还特意加垫石块，表明古人类娴熟控制火的能力，这项观察和周口店第一地点灰烬层缺乏明显有意识控制火的迹象形成明显的反差[68]。1990 年 7 月，中美泥河湾考古队对飞梁进行了科学发掘，观察了考古遗存的埋藏情况，详细记录了石制品的水平和垂直分布，在分析石工业的整体特点的同时还尝试了拼合研究[105]。之后，马圈沟[106]和岑家湾[107]等遗址的发掘也采取了规范的发掘和研究方法。

1997 年，房迎山对宁国毛竹山一处中更新世遗址的发掘，揭露出长约 10、宽约 6 米的半圆形石圈，由砾石和石制品构成。砾石单层平铺，由近 1100 块砾石构成。该遗迹被认为是刻意建造的掩体或一处活动区，该地点还发现了 154 件石制品。明显为人类的一处居住面。但是由于缺乏灰烬和骨骼，因此其功能尚不清晰[108]。刘德银和王幼平对湖南荆州鸡公山遗址的发掘，于下文化层揭露出近 500 平方米的生活面，布满砾石、石核、石片和各类石器，并发现了密集砾石组成的五个石圈，中间是空白区，这些石圈和空白区可能与人类的栖居活动有关。另外可以看到 2 个石器加工区，非石料砾石的安置可能与某种形式的建筑活动有关[109]。山西吉县柿子滩 S14 地点的发掘，也采取了平面揭露的方式，表明该地点不是加工石器和狩猎屠宰的场所，而是一处临时营地[110]。这些对原生居住面的完整揭露，更新了旧石器考古的发掘与研究，为远古人类行为解读开辟了令人鼓舞的前景。

1998 年，对小长梁遗址的发掘采用了全球定位系统对历次发掘的探方以及周边的旧石器地点进行了地理定位，应用埋藏学来观察遗址堆积的动力，分辨动物骨骼上食肉类啃咬、植物根系腐蚀、水流冲刷以及可能的石制品切割痕迹，石料打制实验被用来检验石料质地对石制品大小制约的判断[111]。后续研究对 1990～1998 年 6 次发掘所得的石制品进行了综合分析，采用操作链的概念，从石料、打制技术、二次加工、微痕观察、废片分析和认知考古学的角度对小长梁石工业的结构及所反映的人类行为和智慧进行了分析，进一步完善了旧石器考古学的研究范例[112]。

中国旧石器研究的主要进展可以从石料分析、拼合研究、微痕观察、打片实验、生存适应模式探讨等方面加以概括。

（三）石料分析

石料在制约技术、类型和石工业特点上的重要性开始被充分认识。王建等在对丁村遗址群的研究中强调，汾河地堑有良好的角页岩和石英岩，可以生产大型的石器，而周口店地区主要为裂隙发育的燧石和脉石英，所以石器就很小。他们进而指出，北京人遗址和桑干河以及丁村遗址群文化遗存之间的可比性很差，这是因为三地原料存在很大的差异并决定了石制品的不同[113]。卫奇在对泥河湾半山遗址的发掘中就关注石料对技术和石工业特点的影响，注意到石核大小和剥片受石料原型的影响很大[114]。1998 年对小长梁遗址的发掘中采用实验来分析石料，证实小长梁石工业以小型制品为主是由于石料裂隙发育所致。裴树文等分析了东谷坨的石料，探讨了泥河湾直立人获取石料的三种途径[115]。高星从周口店第 15 地点的原料分析中发现，石英的比例高达 95.2%。这种高含量和低质量的原料利用，制约了第 15 地点的石器技术和文化面貌。杜水生对泥河湾盆地旧石器时代中晚期遗址中原料采集和利用策略的分析发现，旧石器时代晚期早段之前，古人类除了少量优质石料来自 10 公里之外的地方，主要采取就近采集和利用石料。但是自旧石器时代晚期晚段开始，古人类选料的策略发生了变化，对优质石料开始做精心的选择和追求，优质石料的运输远达 10 公里以上[116]。王益人对周口店第一和第十五地点石料的分析后认为，环境因素是北京人遗址原料选择和技术变革的直接因素[117]。

（四）拼合研究

拼合研究主要是一种分析打片程序和人类生产活动方式的方法，现在被用来提炼遗址中各种人类行为和遗址利用的信息。我国拼合研究首先是在泥河湾尝试的，1990 年中美学者对东谷坨石制品进行石料质地和打制技术的观察中，首先进行了拼合研究尝试，有 23 件标本组成 11 个拼合组，其中有 2 件石片可以和一件石核拼合[118]。谢飞等对岑家湾 1986 年出土的 897 件石制品进行拼合实验，发现其中有 131 件可以拼接，拼合率达 14.6%，表明遗址为原地埋藏[119]。1994 年，对岑家湾 1986 年和 1992 年出土的石制品进行了拼合，在 1383 件石制品中超过 1/3 可以拼合，拼合率为 33.4%。1990 年飞梁遗址的发掘也采用了拼合研究，共有 9 个拼合组，拼合率达 17.6%，为该遗址的埋藏环境和人类行为方式提供了重要依据[105]。李超荣等对北京王府井东方广场出土的骨制品进行的拼合研究，他们从上文化层出土的 20 件和下文化层出土的 245 件骨骼中发现，有 79 件骨制品和骨骼可以拼合成 33 组，45 件上有人类砍砸、切割和刻划的痕迹，丰富了我们对古人类行为的了解[120]。王社江对洛南花石浪龙牙洞 1995 年出土的石制品进行了拼合分析，揭示了人类行为、沉积环境、人类踩踏、生物扰动等多种因素对石制品分布及位移的影响[121]。

（五）微痕观察

我国一些学者在 20 世纪 80 年代介绍了国外微痕分析方法，并尝试对石制品做显微观察。但是系统进行实验分析要到 20 世纪 90 年代才有实质性进展，比如侯亚梅对周口店第 1 地点[122]和马鞍山遗址石制品的微痕分析[123]，黄蕴平对山东沂源上崖洞石制品的微痕分析[124]，夏竞峰对实验刮削器的微痕观察[125]等。沈辰等系统介绍了微痕分析低倍法的方法论[126]，并对小长梁石制品进行了微痕分析，发现这些石制品都为没有二次加工的石片，主要为加工肉类和少量植物的痕迹[112]。从微痕研究的实践来看，过去旧石器命名采用功能性的术语存在一定的问题，因为观察的微痕都和推测的功能并不相符，而没有加工痕迹的石片往往具有显著的使用痕迹。

（六）打片实验

丁村遗址自1954年发现以来，碰砧法被许多国内学者所热烈讨论并从事了初步的实验，但是进行系统和有控制实验来研究碰砧石片特点是从20世纪90年代开始的。李莉对碰砧法做了实验，认为碰砧和锤击法产生的石片区别不是很大，用同一类石料打片难以区分两种技术的产品[127]。沈辰和王社江的实验结果认为，过去所说的碰砧石片破裂特征不能有效将碰砧石片和锤击石片区分开来[128]。1991年经过一个月有设计的打片实验之后，王益人在总结了前人研究的基础上否定了丁村遗址主要采用碰砧技术的传统看法，认为那些被认为用碰砧法打制的石片完全可能用锤击法生产，丁村石制品中没有发现明确的碰砧石核[129]。高星对周口店第15地点的研究发现，虽然脉石英比重很大，但是石核剥片已经主要采用锤击法，砸击技术退居次要地位，表明古人类已经能够用锤击法熟练加工脉石英这种劣质石料，并根据原料不同的形状采取不同方式生产石片和加工石器[130]。此外，在泥河湾和三峡等地的旧石器田野考古中，研究人员都普遍采取打片实验来了解当地石料的特点以及史前人类加工石制品的技术。

（七）生存适应模式

吉笃学等探讨了末次盛冰期环境恶化对华北旧石器文化的影响，他们将石器技术的变化与环境变迁结合起来，认为这种技术的变化与食物结构的变化密切相关。末次盛冰期环境恶化导致一些群体向南迁徙，导致新的文化因素的介入，细石叶技术的出现和流行应该是人类适应动物个体变小而作出的相应变化[131]。

陈胜前利用我国431个气象站30年的气候资料，模拟狩猎采集者的生态环境与食物资源，然后参考民族学的狩猎采集者的材料来推断我国史前狩猎采集者的适应方式。他指出，以植物为主的狩猎采集者只能生活在华北和华南地区，广大西北和东北大陆都无法支持以植物为主的生计，只能以狩猎为生[132]。在另一篇文章里，陈胜前进而探讨了全新世初农业起源的生态学背景与人类的适应变迁，认为粮食生产的起源是人类自组织化的结果，是人类在特定环境条件下所创造的特定适应方式[133]。

高星对于中国古人类的生存模式提出了自己的见解，认为中国远古人类的生存方略的主体特征是因地制宜、因陋就简，充分利用大自然的便利条件，对周边生存资源做浅度的开发，人口密度较低、流动性较大。因此，中国旧石器文化在整个更新世表现为连续稳定的发展，未见有明显的类型和技术的飞跃、中断和替代[134]。

四、小　　结

我国旧石器时代考古学在新中国成立后的30年里，基本处于材料积累阶段。在材料积累的基础上，以贾兰坡为代表的老一辈学者提出了一般性的阐释模式，推动了研究向深层因素的探究。然而，由于缺乏国际的交流和方法论的拓展，研究水准仍处于较低的层次，无法对史前人类的行为做深入的解读。我国考古学的现代化在20世纪80年代起步，在老一辈学者先驱性工作的基础上，年青一代学者思想活跃，在许多发掘和研究中引入国际先进的理论方法，努力采用更为细致的采样技术和多种技术手段来提炼生态环境和人类行为的信息。中国旧石器时代考古学的这些进展也受到国际考古界的密切关注和高度评价。2000年4月在费城召开的美国考古学会第65届年会以“中国更新世考古的理论和实践”为主题分会上，分会主持人之一的加拿大资深考古学家舒特勒（Shutler Jr.）教授在评述中指出，中国旧石器考古研究已经进入了利用现代技术和理论解释文化遗存的新阶段，中国旧石器考古学家已成功走上了运用现代考古技术和实验方法的研究道路。我感到中国旧石器时代考古学已趋成熟，其前进的步伐是迅速的[135]。国际著名考古学家、哈佛大学巴·约瑟夫（O. Bar-Yosef）教授也指出，中国旧石器考古研究的层位学、年代学、石器工业技术等，长期以来难以摆脱早年研究的窠臼，而最新的研究试图纠正这种状况，打破前人的桎梏，为我们提供由国外和国内学者联手奉献的最新成果[136]。当然，一些西方学者的批评也值得我们思考，比如中国学者对国际学界普遍接受的现代智人走出非洲的理论，以及1998年进行的周口店第1地点灰烬分析结果表示怀疑。中国学者可能出于一种教条的观点，仍然认为东亚人类的起源与演化，是与非洲之间的竞赛。中国学者也不愿意接受周口店第1地点关于用火测定的结果，因为这有悖于教科书上教授的北京人形象。他们还指出，中国学者的一些科研项目因来自国家巨额资助，所以就必须发现古人类遗存，这会影响到对一些考古发现所作的阐释[94]。

尽管有可喜的进展，但是面对国际考古学迅速发展的趋势，我国旧石器考古学存在的差距仍然十分明显，国际上这一领域的研究范围已经从类型学和年代学扩展到了人类行为的各个方面，分析技术也借鉴了化学、物理、生物、遗传等自然科学的各种手段，研究的视野也从实证的器物分析扩展到了人类的意识形态层面，甚至包括祭祀和认知等宗教和思维等活动[137]。早期人类行为的考古学研究一直是一项巨大的挑战，这是因为：①人类遗留下来的文化遗存往往仅限于石制品和动物骨骸，这些遗存本身所含的信息量相当有限；②大部分早期人类遗址都受到过不同程度的自然扰动和人为的破坏，这对于想从文化遗存分布来提炼早期人类行为的信息造成了巨大的困难；③早期人类无论在智力上还是在行为方式上都和现代人类存在显著差异，考古学家不可能也不应当用自己常识性想象去理解和解释文化遗存中所蕴涵的行为意义。所以，对于旧石器时代考古学来说，遗址形成过程研究、埋藏学、石器技术、实验分析、微痕观察、遗存空间分布以及人类认知考古学的探索都应当受到充分的重视。我们热切希望国内同行能够加快步伐，努力吸收国际上的成功经验，尽快赶上国际先进水平。

附记：谨以此文纪念恩师贾兰坡院士百年诞辰。

注　释

[1] 裴文中，吴汝康. 资阳人. 北京：科学出版社，1957.

[2] 裴文中，吴汝康，贾兰坡，等. 山西襄汾丁村旧石器时代遗址发掘报告. 北京：科学出版社，1958.

[3] 陈铁梅，原思训，高世君. 铀子系法测定骨化石年龄的可靠性研究及华北地区主要旧石器地点的铀子系年代序列. 人类学学报，1984，3（3）：259－269.

[4] 王建，陶富海，王益人. 丁村旧石器时代遗址群调查发掘简报. 文物季刊，1991（3）：1－75.

[5] 贾兰坡. 中国猿人化石产地1958年发掘报告. 古脊椎动物学报，1959，3（1）：41－46.

[6] 贾兰坡，盖培，尤玉柱. 山西峙峪旧石器时代遗址发掘报告. 考古学报，1972（1）：39－58.

[7] 中国社会科学院考古研究所实验室. 放射性碳素测定年代报告之八. 考古，1981（4）：363－369.

[8] 贾兰坡，王择义，王建. 匼河. 北京：科学出版社，1962.

[9] 贾兰坡，王建. 西侯度. 北京：科学出版社，1978.

[10] 裴文中，张森水. 中国猿人石器研究. 北京：科学出版社，1985.

[11] 黄慰文，侯亚梅. 关于环西太平洋地区最早人类活动——对六个中国早期人类遗址的观察. 文物季刊，1996（1）：68－74.

[12] 张森水. 关于西侯度问题. 人类学学报，1998，17（2）：81－93.

[13] 黄慰文. 关于华北早更新世人类活动的问题. 徐钦琦，谢飞，王建主编：史前考古学新进展. 北京：科学出版社，1999：63－80.

[14] 卫奇.《西侯度》石制品之我见. 人类学学报，2000，19（2）：85－96.

[15] 李炎贤. 从西侯度石制品剖析石制品鉴定的误区. 龙骨坡史前文化志，2002，4（4）：2840.

[16] 吴新智. 马坝人. 吴汝康，吴新智，张森水主编：中国远古人类. 北京：科学出版社，1989：35－36.

[17] 吴汝康. 广西柳江发现的人类化石. 古脊椎动物与古人类，1959（1）：97－104.

[18] 吴汝康，吴新智主编；吴新智，黄慰文，祁国琴编著. 中国古人类遗址. 上海：上海科技教育出版社，1999.

[19] 原思训，陈铁梅，高世君. 用铀子系法测定河套人和萨拉乌苏文化的年代. 人类学学报，1983，2（1）：90－94.

[20] 黄慰文，董光荣，侯亚梅. 鄂尔多斯化石智人的地层、年代和生态环境. 人类学学报，2004，23（增刊）：259－271.

[21] 尚虹，卫奇，吴小红. 关于萨拉乌苏遗址地层及人类化石年代的问题. 人类学学报，2006，25（1）：82－86.

[22] 安志敏. 河南安阳小南海旧石器时代洞穴堆积的试掘. 考古学报，1965（1）：1－27.

[23] 中国社会科学院考古研究所实验室. 放射性碳素测定年代报告之四. 考古，1977（4）：200－204；中国社会科学院考古研究所实验室. 放射性碳素测定年代报告之七. 考古，1980（4）：372－377.

[24] 贾兰坡. 蓝田猿人头骨发现经过及地层概况. 科学通报，1964（6）：477－481.

[25] 贾兰坡，尤玉柱. 山西怀仁鹅毛口石器制造场遗址. 考古学报，1973（2）：13－26.

[26] 李炎贤，文本亨. 贵州黔西观音洞旧石器时代文化的发现及意义. 中国科学院古脊椎动物与古人类研究所编：古人类论文集. 北京：科学出版社，1978：77－90.

[27] 原思训，陈铁梅，高世君. 华南若干旧石器时代地点的铀系年代. 人类学学报，1986，5（2）：179 - 190.

[28] M. Boule, H. Breuil, E. Licent, *et al*. Le Paleolithique de la Chine. *Archives de l'Institut de Paleontologie Humaine Memoire*, 1928, 4：1 - 138.

[29] 贾兰坡，盖培，李炎贤. 水洞沟旧石器时代遗址的新材料. 古脊椎动物与古人类，1964，8（1）：75 - 83.

[30] 宁夏文物考古研究所. 水洞沟——1980 年发掘报告. 北京：科学出版社，2003.

[31] D. B. Medsen, J. Z. Li, P. J. Brantingham, *et al*. Dating Shuidonggou and the Upper Paleolithic blade industry in North China. *Antiquity*, 2001, 75：706 - 716.

[32] 王惠民，裴树文，马晓玲，等. 水洞沟遗址第 3、4、5 地点发掘简报. 人类学学报，2007，26（3）：206 - 220.

[33] 文本亨. 云南元谋盆地发现的旧石器. 中国科学院古脊椎动物与古人类研究所编：古人类论文集. 北京：科学出版社，1978：126 - 133.

[34] 李普，钱方，马醒华，等. 用古地磁方法对元谋人化石年代的初步研究. 周国兴，张兴永主编：元谋人. 昆明：云南人民出版社，1984：96 - 104.

[35] 刘东生，丁梦林. 关于元谋人化石地质时代的讨论. 人类学学报，1983，2（1）：40 - 48.

[36] 邱中郎等. 周口店发现的北京猿人化石及文化遗物. 古脊椎动物学报，1973，2（4）：281 - 288.

[37] 李炎贤，袁振新，董兴仁，等. 湖北大冶石龙头旧石器时代遗址发掘报告. 古脊椎动物与古人类，1974，12（2）：139 - 157.

[38] 盖培，卫奇. 虎头梁旧石器时代晚期遗址的发现. 古脊椎动物与古人类，1977，15（4）：285 - 300.

[39] L. P. Jia, W. W. Huang. On the recognition of China's Paleolithic tradition. In R. K. Wu and J. W. Olsen eds. *Palaeoanthropology and Palaeolithic Archaeology in the People's Republic of China*. New York, Academic Press, 1985, 259 - 265.

[40] 张森水. 富林文化. 古脊椎动物与古人类，1977，15（1）：14 - 37.

[41] 鸽子洞发掘队. 辽宁鸽子洞旧石器遗址发掘报告. 古脊椎动物与古人类，1975，13（2）：122 - 136.

[42] 李炎贤，尤玉柱. 广西百色发现的旧石器. 古脊椎动物与古人类，1975，13（4）：225 - 228.

[43] Y. M. Hou, R. Potts, B. Yuan, *et al*. Mid-Pleistocene Acheulian-like stone technology of the Bose Basin, South China. *Science*, 2000, 287：1622 - 1626.

[44] 郭士伦，郝秀红，陈宝流，等. 用裂变径迹法测定广西百色旧石器遗址的年代. 人类学学报，1996，15（4）：347 - 350.

[45] C. Koeberl, B. P. Glass. Tektites and the age paradox in Mid-Pleistocene China (Technical comments). Science, 2000, 289：507.

[46] 金牛山联合发掘队. 辽宁营口金牛山旧石器文化的研究. 古脊椎动物与古人类，1978，16（2）：129 - 136.

[47] 邱中郎，李炎贤. 二十六年来的中国旧石器时代考古. 中国科学院古脊椎动物与古人类研究所编：古人类论文集. 北京：科学出版社，1978：43 - 66.

[48] 王建，王向前，陈哲英. 下川文化——山西下川遗址调查报告. 考古学报，1978（3）：256 - 288.

[49] 贾兰坡，卫奇. 阳高许家窑旧石器时代文化遗址. 考古学报，1976（2）：97 - 114.

[50] 贾兰坡，卫奇，李超荣. 许家窑旧石器时代文化遗址 1976 年发掘报告. 古脊椎动物与古人

类，1979，17（4）：277－293.

[51] 陈铁梅，原思训，高世君，等．许家窑遗址哺乳动物化石的铀子系法年代测定．人类学学报，1982，1（1）：91－95.

[52] 李炎贤．关于小长梁石制品的进步性．人类学学报，1999，18（4）：241－254.

[53] R，X．Zhu，*et al*．Earliest presence of humans in northeast Asia．*Nature*，2001，413：413－417.

[54] 王永森，薛祥熙，赵聚发，等．大荔人化石的发现及初步研究．西北大学学报（自然科学版），1979（3）.

[55] 王向前，丁建平，陶富海．山西薛关细石器．人类学学报，1983，2（2）：162－171.

[56] 曹泽田．猫猫洞旧石器之研究．古脊椎动物与古人类，1982，20（3）：155－171.

[57] 张森水．穿洞史前遗址（1981 年发掘）初步研究．人类学学报，1995，14（2）：132－146.

[58] 李炎贤，蔡回阳．贵州普定白岩脚洞旧石器时代遗址．人类学学报，1986，5（2）：162－171.

[59] 张森水．中国旧石器文化．天津：天津科学技术出版社，1987.

[60] 卫奇．泥河湾盆地半山早更新世旧石器遗址初探．人类学学报，1994，13（3）：223－238.

[61] 中美泥河湾考古队．飞梁遗址发掘报告．河北省文物研究所编：河北省考古文集．北京：东方出版社，1998：1－28.

[62] 谢飞，李珺．岑家湾旧石器时代早期文化遗物及地点性质的研究．人类学学报，1993，12（3）：224－234.

[63] 河北省文物研究所．马圈沟旧石器时代早期遗址发掘报告．河北省文物研究所编：河北省考古文集．北京：东方出版社，1998：30－45.

[64] 卫奇，孟浩，成胜泉．泥河湾层中发现一处旧石器地点．人类学学报，1985，4（3）：223－232.

[65] K. D. Schick，N. Toth，Wei Qi，*et al*．Archaeological perspective in the Nihewan Basin，China．*Journal of Human Evolution*，1991，21：13－26.

[66] 盖培，王国道．黄河上游拉乙亥中石器时代遗址发掘报告．人类学学报，1983，2（1）：49－59.

[67] 山西省临汾行署文化局．山西吉县柿子滩中石器文化遗址．考古学报，1989（3）：305－322.

[68] 王幼平．中国远古人类文化的源流．北京：科学出版社，2005.

[69] 尹申平，王小庆．陕西宜川龙王辿遗址考古发掘取得重大收获．中国文物报，2006 年 12 月 1 日．

[70] 谢飞．泥河湾盆地旧石器文化研究新进展．人类学学报，1991，19（4）：324－332.

[71] 河北省文物研究所．河北玉田县孟家泉旧石器遗址发掘报告．文物春秋，1991（1）：1－13.

[72] 张居中，李占扬．河南舞阳大岗细石器地点发掘报告．人类学学报，1996，15（2）：105－113.

[73] 徐淑彬．沂沭河流域的旧石器时代文化．北京：中国国际广播出版社，1999.

[74] 李虎侯，梅屹．和县人的上限年龄．科学通报，1983（28）：703.

[75] 陈铁梅，原思训，高世君，等．安徽省和县和巢县古人类地点的铀系法测定和研究．人类学学报，1987，6（3）：249－254.

[76] 许春华，张银运，陈才弟，等．安徽巢县发现的人类枕骨和哺乳动物化石．人类学学报，1984，3（3）：202－209.

[77] 李天元主编．郧县人．武汉：湖北科学技术出版社，2001.

[78] 武仙竹．湖北郧西黄龙洞考古发掘再次出土人化石和文化遗物．中国文物报，2005 年 1 月 19 日．

[79] 武仙竹，吴秀杰，陈明惠，等. 湖北郧西黄龙洞遗址2006年发掘报告. 人类学学报，2007，26（1）：193－250.

[80] 吴汝康，李星学主编. 南京直立人. 南京：江苏科学技术出版社，2003.

[81] 黄慰文. 盘县大洞遗址. 中国考古学的世纪回顾：旧石器时代考古卷. 北京：科学出版社，2004.

[82] L. A. Schepartz, D. A. Bakken, S Miller-Antonio, *et al*. Faunal approaches to site formation processes at Puxian Dadong. In Chen Shen and S. G. Keates (eds). *Current Research in Chinese Pleistocene Archaeology*, BAR International Series, 1179, Oxford, England, 2003: 99－110.

[83] 王社江，沈辰，胡松梅，等. 洛南盆地1995～1999年野外地点发现的石制品. 人类学学报，2005，24（2）：87－103.

[84] 李建军，陈子文，余生富. 灵峰洞——福建省首次发现的旧石器时代早期遗址. 人类学学报，2001，20（3）：105－112.

[85] 范雪春. 福建漳州旧石器调查报告. 人类学学报，2005，24（1）：25－31.

[86] 房迎三. 安徽铜陵地区发现的旧石器. 文物研究，1993（8）：93－100.

[87] 吴伟鸿，王宏，谭惠忠等. 香港深涌黄地峒遗址试掘报告. 人类学学报，2006，25（1）：56－67.

[88] 同号文，尚红，张双权，等. 周口店田园洞古人类化石地点地层学研究及与山顶洞的对比. 人类学学报，2006，25（1）：69－81.

[89] 吉学平. 云南富源大河发现具有莫斯特文化特征的旧石器遗址. 中国文物报，2005年5月4日.

[90] 李占扬. 许昌灵井遗址2005年出土石制品的初步研究. 人类学学报，2007，26（2）：139－154.

[91] 张森水，韩立刚，金昌柱，等. 繁昌人字洞旧石器遗址1998年发现的人工制品. 人类学学报，2000，19（3）：169－183.

[92] 汤英俊，陈万勇，陈淳. 河北蔚县上新世旧石器的发现. 科学通报，1999，44（19）：2106－2109.

[93] 黄万波，方其仁. 巫山猿人遗址. 北京：海洋出版社，1991.

[94] J. Hooker, The search for Peking Man. *Archaeology*, 2006: 59－66.

[95] 高星，欧阳志山. 趋同与变异：关于东亚与西方旧石器时代早期文化的比较研究. 童永生等编：演化的实证. 北京：海洋出版社，1997：63－67.

[96] 王益人. 贾兰坡与华北两大旧石器传统. 人类学学报，2002，21（3）：171－178.

[97] 李炎贤. 关于小长梁石制品的进步性. 人类学学报，1999，18（4）：241－254.

[98] 李炎贤. 关于石片台面的分类. 人类学学报，1984，3（3）：253－258.

[99] 卫奇，陈哲英. 中国旧石器时代考古反思. 文物春秋，2001（5）：1－7，17.

[100] 卫奇. 石制品观察格式探讨. 邓涛，王原主编：第八届中国古脊椎动物学学术年会论文集. 北京：海洋出版社，2001：208－218.

[101] 李炎贤. 关于石片台面研究的一些问题——兼与卫奇先生商榷. 江汉考古，2004（2）：35－42.

[102] 卫奇. 就石片台面研究问题答李炎贤. 江汉考古，2006（4）：86－91.

[103] 张森水. 管窥新中国旧石器考古学的重大发展. 人类学学报，1999，18（3）：193－214.

[104] 西·德·拉埃. 第二章：考古学和史前学. 联合国教科文组织编：当代学术通观——社会科学和人文科学研究的主要趋势（人文科学，上）. 上海：上海人民出版社，2004：149－174.

[105] 中美泥河湾考古队. 飞梁遗址发掘报告. 河北省文物研究所编：河北省考古文集. 北京：东

方出版社，1998：1－28.
[106] 河北省文物研究所．马圈沟旧石器时代早期遗址发掘报告．河北省文物研究所编：河北省考古文集．北京：东方出版社，1998：30－45.
[107] 谢飞，李珺．岑家湾旧石器时代早期文化遗物及地点性质的研究．人类学学报，1993，12（3）：224－234.
[108] 房迎三．安徽宁国毛竹山发现的旧石器早期遗存．人类学学报，2001，20（2）：115－124.
[109] 刘德银，王幼平．鸡公山遗址发掘初步报告．人类学学报，2001，20（2）：102－114.
[110] 柿子滩考古队．山西吉县柿子滩旧石器时代遗址S14地点．考古，2003（4）：1－28.
[111] 陈淳，沈辰，陈万勇，等．河北阳原小长梁遗址1998年发掘报告．人类学学报，1999，18（3）：225－239.
[112] 陈淳，沈辰，陈万勇，等．小长梁石工业研究．人类学学报，2002，21（1）：23－40.
[113] 王建，陶富海，王益人．丁村旧石器时代遗址群调查发掘简报．文物季刊，1994（3）：1－75.
[114] 卫奇．泥河湾盆地半山早更新世旧石器遗址初探．人类学学报，1994，13（3）：223－238.
[115] 裴树文，侯亚梅．东谷坨遗址石制品原料利用浅析．人类学学报，2001，20（4）：271－281.
[116] 杜水生．泥河湾盆地旧石器中晚期石制品原料初步分析．人类学学报，2003，22（2）：121－138.
[117] 王益人．周口店第1地点和第15地点石器原料分析．纪念裴文中先生百年诞辰暨北京猿人第一头盖骨发现75周年国际古人类学术研讨会，2004：88－90.
[118] K. D. Schick, N. Toth, Wei Qi, *et al*. Archaeological perspective in the Nihewan Basin, China. *Journal of Human Evolution*, 1991, 21: 13－26.
[119] 谢飞，凯西·石克，屠尼克，等．岑家湾1986年出土石制品的拼合研究．文物季刊，1994（3）：86－102.
[120] 李超荣，冯兴五，郁金城，等．王府井东方广场遗址骨制品研究．人类学学报，2004，23（1）：13－33.
[121] 王社江．洛南花石浪龙牙洞1995年出土石制品的拼合研究．2005，24（1）：1－17.
[122] 侯亚梅．石制品微痕的实验性研究．人类学学报，1992，11（3）：202－215.
[123] 侯亚梅．考古标本微磨痕初步研究．人类学学报，1992，11（4）：354－261.
[124] 黄蕴平．沂源上崖洞石制品的研究．人类学学报，1994，13（1）：1－11.
[125] 夏竞峰．燧石刮削器的微痕观察．中国历史博物馆馆刊，1995（1）：22－42.
[126] 沈辰，陈淳．微痕研究（低倍法）的探索与实践．考古，2001（7）：62－73.
[127] 李莉．碰砧法和锤击法的打片实验研究．南方民族考古，1992（5）：180－197.
[128] C. Shen, S. J. Wang. A preliminary study of the anvil-chipping technique: experiment and evaluation. *Lithic Technology*, 1999, 25（2）: 81－100.
[129] 王益人．碰砧石片及其实验研究之评述．邓聪，陈星灿主编：桃李成蹊集——庆祝安志敏先生八十寿辰．香港：中国考古艺术中心，2004：22－29.
[130] 高星．周口店第15地点剥片技术研究．人类学学报，2000，19（3）：199－215.
[131] 吉笃学，陈发虎，R. L. Bettinger，等．末次盛冰期环境恶化对中国北方旧石器文化的影响．人类学学报，2005，24（4）：270－282.
[132] 陈胜前．中国狩猎采集者的模拟研究．人类学学报，2006，25（1）：42－55.
[133] 陈胜前．中国晚更新世—早全新世过渡期狩猎采集者的适应变迁．人类学学报，2006，25

(3)：195 -207.

[134]　高星．中国远古人类生存模式与现代人类起源．中国文物报，2007 年 2 月 23 日．

[135]　R. Jr. Shutler. Remards on Chinese Pleistocene archaeology. In Shen, C. and Keates, S. G. eds *Current Research in Chinese Pleistocene Archaeology*, BAR International Seires 1179, Oxford, 2003：137 -142.

[136]　O. Bar-Yosef Preface. In：C. Shen, S. G. Keates eds *Current Research in Chinese Pleistocene Archaeology*, BAR International Seires 1179, Oxford, 2003, ix.

[137]　陈淳，王波．旧石器考古学的新进展．自然科学与博物馆研究，2005（1）：117 -131.

泥河湾盆地马圈沟发现更早的旧石器

陈 淳[1] 谢 飞[2] 卫 奇[3]

（1. 复旦大学文物与博物馆学系 2. 河北省文物局 3. 中国科学院古脊椎动物与古人类研究所）

摘要 2003年夏，在泥河湾盆地河北省阳原县东谷坨村附近马圈沟的沟谷底部9米多的深处下更新统地层中出土一件石制品，其地层层位位于松山反极向期的奥杜威正极向亚时顶部，年龄约为177万年。

2003年6月30日，中国科学院地质地球物理研究所朱日祥院士领导的野外考察队在泥河湾盆地马圈沟谷底打井采集古地磁样品时，在海拔811.7～810.9米的灰褐色粉砂层中出土1件石制品。根据磁性地层学研究结果，这件标本所在层位已经位于奥杜威正极向亚时段顶部，其年龄应该为177万年。

一、研究背景

泥河湾盆地的科学研究已经有80多年的历史。如果说法国神父桑志华和德日进是地层古生物的开路先锋，那么中国科学院古脊椎动物与古人类研究所原太原工作站王择义是旧石器时代考古的开拓人。他和他的助手们于1963年首先在泥河湾盆地西南端山西朔县发现了峙峪旧石器时代晚期遗址，随后于1965年在河北阳原找到了虎头梁遗址。但是，泥河湾盆地旧石器时代考古的真正获得实质意义的突破是在1978年，中国科学院古脊椎动物与古人类研究所尤玉柱、汤英俊和李毅在泥河湾层中发现了小长梁遗址，实现了人们多年渴望在泥河湾盆地发现早更新世旧石器遗址的梦想。1981年，卫奇在中国旧石器时代考古泰斗裴文中的组织下发现了东谷坨遗址。东谷坨遗址虽然时代略晚于小长梁遗址，但是它的分布面积大，文化层厚，遗物丰富，考古信息量多，是探讨华北乃至东亚地区早更新世人类活动模式最有潜力的一个重要的考古遗址[1]。

小长梁和东谷坨遗址的发现，促使人们在泥河湾盆地的考古视线延伸到更早的阶段，开始在更古老的地层里搜寻人类的遗迹。1990年，在中国科学院古脊椎动物与古人类研究所卫奇与美国资深考古学家Desmond Clark在泥河湾的合作调查中，王绪堂在王文全的带领下在马圈沟首先发现了半山遗址[2]。继而河北省文物研究所李珺和谢飞在1992年发现了马圈沟遗址[3]，并于2000～2001年在马圈沟遗址下方分别发现了5个文化层[4]。谢飞将马圈沟文化层及其下方发现的文化层编号为马圈沟遗址Ⅰ-Ⅵ文化层[5]，刘景芝等将马圈沟遗址Ⅲ文化层称之为沟底遗址[6,7]，卫奇将马圈沟发现的下更新统所有文化层从上统一编排为 Ma（半山遗址）、Mb（马圈沟遗址，马圈沟遗址Ⅰ）、Mc（马圈沟遗址Ⅱ）、Md（沟底，马圈沟遗址Ⅲ）、Me（马圈沟遗址Ⅳ）、Mf（马圈沟遗址Ⅴ）和 Mg（马圈沟遗址Ⅵ）[4,8]（图一、表一），其中 Me 和 Mg 文化层是由朱日祥等打井采集古地磁测年样品时首先发现的。谢飞等虽然认为朱日祥采样探井“三个层位中所发现的石块人工性质难以确定……没有理由将其作为古人类文化遗物来考虑”[9]。但是，2005 年在马圈沟的底部 8.5 米处实施的探坑发掘，查明马圈沟底遗址之下确实有 Me、Mf、Mg 文化层的存在[5]。

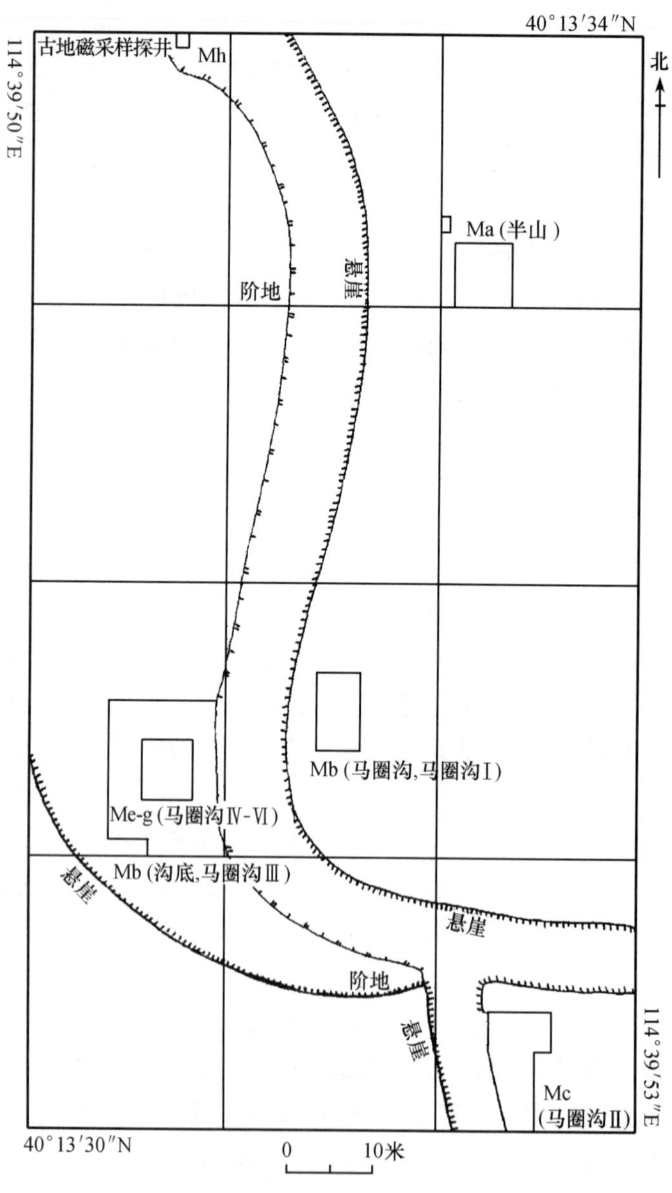

图一　马圈沟遗址群分布平面图

汤英俊等在1999年《科学通报》上报道了在泥河湾盆地河北省蔚县东窑子头大南沟东陡壁发现1件多台面石核或球形石，其年龄估计在248万～301万年[11]。虽然石制品的人工性质确凿，但考虑到年代过于古老，且这一发现属于孤例，有人怀疑这是一件脱层的石制品，因此在学术界引起了强烈质疑。但是，2000年卫奇和Susan Keates在考察大南沟东陡壁地层时，从地层中意外发现了7件“石制品”，其中有包括石核2件、断块1件，粗制品和精制品4件。有一件标本是由石片两边向背面修整的，可以明显观察到7个修理疤[4]。虽然标本有过磨蚀，但根据标本的制作工序特征和所在地层相关沉积环境判断，水流撞击的自然成因是可以被排除的，因此其石制品的人工性质有的人表示赞同，但也有人表示怀疑。鉴于这些发现，值得我们对更古老地层中石制品的人工性质引起足够的重视。

2003年，朱日祥在Md（沟底遗址或马圈沟Ⅲ）北约80米处采样挖掘了一个1米×2米、深20.4米的探井（参见图一），从距地表9.0～9.8米（采样记录7.6～8.4米）深的灰黑色粉砂层中出土1件石制品，还有石化程度很高污染成黑色的哺乳类动物的骨骼碎片。本文将含该石制品的地层称之为Mh。在较靠下的棕色粉砂质细砂层中曾经出现过中小型食肉类动物的粪化石。Mh层出土的这件石核地层明确，人工痕迹清楚，为我们追溯直立人在泥河湾乃至整个东亚的活动提供了新的的线索。

表一 泥河湾盆地马圈沟及其附近发现的下更新统考古遗址序列

地层			旧石器时代考古遗址	古地磁年龄
下更新统	泥河湾组	上段	许家坡	0.99～1.07myr
			霍家地	大约1.07myr
			东谷坨A层/飞梁/后石山/麻地沟A层	≈1.1myr
			东谷坨B层/麻地沟B层	
			东谷坨C～E层/麻地沟C层	
			山神庙咀	
			半山（Ma）/仙台（大长梁）/小长梁/葡萄园/广梁	≈1.32myr
		中段	马圈沟（Mb，马圈沟Ⅰ）	≈1.55myr
			Mc（马圈沟Ⅱ）	≈1.64myr
			沟底（Md，马圈沟Ⅲ）	≈1.66myr
			Me（马圈沟Ⅳ）	
			Mf（马圈沟Ⅴ）	
			Mg（马圈沟Ⅵ）	<1.77myr
		下段	Mh	1.77myr
			?	
			？大南沟	?

注：Mb、Mc、Md、Me、Mf和Mg，谢飞分别称为马圈沟Ⅰ、马圈沟Ⅱ、马圈沟Ⅲ、马圈沟Ⅳ、马圈沟Ⅴ和马圈沟Ⅵ。

二、地质背景

马圈沟是泥河湾盆地东部第四纪地层里发育无数的沟壑中一条自然冲沟，位于河北省阳原县东谷坨村北侧桑干河右岸，走向由南向北，由夏季暴雨注入桑干河的山洪冲刷形成。沟的底部距东谷坨台地地面约100米，出露地层以下更新统泥河湾组河湖相地层为主。沟的源头是中生代火山岩组成的正断层下盘断层面，马圈沟的地层分布在断层上盘，断距约60米。

马圈沟右侧（右岸）地层剖面：

（1）粉砂，黄褐色，松散，厚0.70米。

（2）粉砂质黏土，深灰色，含砂。厚0.41米。

（3）钙质结核，灰白色，含少量小砾石，底部胶结呈薄层板状。厚0.06米。

（4）黏质粉砂，上部浅灰色，下部棕黄色，带垂直分布的棕色枝状纹饰。厚0.64米。

（5）砂砾，棕色，上部为粉砂质砂，下部为细砾。厚0.08米。

（6）粉砂，浅褐色，水平层理发育。上部粉砂夹薄层黏土，结构松散；下部为粉砂质黏土，结构坚实。厚1.98米。

（7）砂质粉砂，棕黄色，厚0.02米。

（8）粉砂，浅褐色，夹粉砂质黏土和粉细砂，水平层理发育。中部夹一层厚约0.10米灰色粉砂，大致与海拔高869.60米岑家湾文化层相当。厚10.33米。

（9）粉砂，灰褐色，可能相当于东谷坨文化层。厚0.80米。

（10）黏土，浅红色，夹细砂。厚0.14米。

（11）粉砂，灰褐色，底部呈棕色。厚1.34米。

（12）粉砂，上部呈灰褐色，下部呈黄褐色，薄层理，夹薄层粉砂质黏土。厚1.90米。

（13）细砂，黄棕色，含中砂。厚0.14米。

（14）粉细砂（上部）和粉砂（下部），黄褐色，水平层理发育。厚1.55米。

（15）半山文化层（Ma）（底面海拔857.77米），黏质粉砂，灰褐色，水平层理发育，夹黏土层，顶部约有0.3米厚的胶结层。厚3.70米。

（16）细砂，浅棕色，水平层理发育。厚0.29米。

（17）粉砂，浅灰色，水平薄层理。厚0.19米。

（18）细砂，棕黄色，松散。厚0.12米。

（19）黏质粉砂，灰褐色，坚实，含钙结核。厚1.03米。

（20）细砂，棕黄色，松散。厚0.10米。

（21）粉砂，灰褐色，水平层理发育，层理较厚，夹多层黏质粉砂薄层，底部为褐色粉砂质黏土。厚3.99米。

（22）中砂，灰黄色。厚0.11米。

（23）粉砂质黏土，褐色。厚0.51米。

（24）黏质粉砂，褐色，夹浅黄色细砂。厚0.83米。

（25）黏质粉砂，灰色。厚0.30米。

（26）中砂，棕黄色，底部有厚2毫米的钙质胶结层。厚0.10米。

（27）粉砂质黏土，浅灰色。厚0.64米。

（28）细砂，浅黄色。厚0.30米。

（29）粉砂，灰色，厚0.45米。

（30）细砂，棕黄色，具薄层理，夹褐色薄层粉砂，上部为黄褐色粉砂。厚1.30米。

（31）黏质粉砂，灰色。厚0.45米。

（32）粉砂，黄褐色。厚1.02米。

（33）细砂，浅黄色，交错层理，夹薄层褐色粉砂。厚1.59米。

（34）粉砂，褐色，坚实。厚0.77米。

（35）黏质粉砂，浅灰色，具水平层理。厚1.20米。

（36）粉砂，黄褐色，顶部为黄色细砂，具波状细层理。厚1.21米。

（37）粉砂，黄褐色，具水平层理，夹细砂层和黏质粉砂。厚1.64米。

（38）黏质粉砂，灰褐色，底部呈灰色，顶部呈灰蓝色，坚实，含小砾和细砾。厚1.34米。

（39）中砂和细砂，黄色。厚0.31米。

（40）细砂，黄褐色，水平层理发育，夹赭色黏质粉砂。厚1.11米。

（41）粉砂，深褐色，顶部呈赭色，水平层理发育，下部夹7～9层赭色黏质粉砂。厚1.94米。

（42）砂质粉砂，灰色，含砂砾，底面海拔为832.10米。厚1.37米，上层为浅灰黄色砂质粉砂，具薄层理，厚0.25～0.43米；中层为浅灰黄色砂质粉砂，含哺乳动物化石，厚0.40～0.75米；下层为马圈沟文化层（Mb），灰绿色色砂质粉砂，夹黏土和细砂透镜体，厚0.42～0.75米。

（43）细砂，黄色，水平层理发育。厚4.34米。

（44）砂质粉砂，浅灰色，上部夹黄褐色交错层理细砂层，下部含Mc文化层（马圈沟第三文化层）。底部含螺和菱属（*Trapa* sp.）果实压扁的残体。厚2.94米。

（45）沟底文化层（Md，马圈沟第三文化层），灰黑色砂质粉砂，含石制品和大量哺乳动物化石。文化层底部凹凸不平，可能是大动物践踏所致。厚0.50米。

（46）灰褐色和黄褐色粉砂，水平层理，带棕色小斑点。夹砂砾层。底部含Me文化层。厚1.60米。

（47）黄褐色砂质粉砂和灰褐色黏质粉砂层，水平层理，带棕色斑块。厚0.90米。

（48）灰褐色粉砂，底部为灰黑色粉砂。厚1.00米。

（49）灰褐色，较松散，夹棕色和浅灰色细砂层。厚 1. 20 米。

（50）灰黄色砂质粉砂。含 Mf 文化层。厚 0. 40 米。

（51）浅灰色砂质粉砂，含砂，松散。含 Mg 文化层。厚 0. 50 米。

（52）浅灰色黏质粉砂，块状，夹黄褐色砂质粉砂层。谢飞在底部发现石块。厚 1. 40 米。

（53）灰褐色粉砂，块状，夹棕色条带。底部为黄褐色砂质粉砂。厚 1. 00 米。

（54）Mh 文化层，灰色砂质粉砂，质地粗，夹灰褐色粉砂和灰色黏质粉砂层。底部为 Olduvai 顶界，含本文记述的石制品。厚 1. 60 米。

（55）黄褐色砂质粉砂，夹略胶结细砂层。

三、石制品描述

出自 Mh 层的文化遗物值得记述的石制品只有 1 件。这件石制品被鉴定为石核。

该石核原料为土黄色磨圆度较差的砾石，岩性为岩浆岩类喷出形成的燧石，共有大小不同的 6 个面，重 359 克，长 77. 5、宽 75. 7、厚 48. 1 毫米，砾石表面为粗糙的风化面，色泽略浅。石料因为富含节理，因此在打片时，石片往往会沿节理与石核分离，而且破裂面常常毛糙不平。因此石料虽然质地细腻，但是石料性脆而多节理，比较显著的波纹和放射线在其作业面上表现并不明显。

该石核两个作业面上至少有 4 个打片痕迹，因此可归入Ⅱ2 型石核，即双台面多片疤石核。最大一个作业面上有 3 个连续依次锤击的石片疤 a、b 和 c，其中最早的片疤 a 已不完整，b 和 c 两个片疤分别长 76. 1 毫米和 40. 5 毫米，小片疤最后剥离，并去掉了大片疤的近端（台面）部分。台面或打击点为一棱脊，可看做脊状台面，由一侧的自然面和另一侧的破裂面相交而成，台面角约 98 度。片疤 b 右侧（台面向上）因石料存在一条纵向节理而使剥片由此断裂，与片疤 A 之间形成一条长 42. 7、高 11. 2 毫米的阶梯状断口。破裂面 b 上稀可见源自打击点的同心圆波纹，并止于石核右侧的远程，并也因石料的节理而形成一条长 41. 7、高约 4 毫米的阶梯状断口。小片疤 c 与大片疤 b 的打击点相同，打击点附近的破裂面上可见向远程辐射的放射线。但是，片疤 a 因为其左侧被片疤 b 和 c 所覆盖，而右侧部分在石核后来的转向剥片中被作为台面去掉，加上缺乏放射线和波纹等痕迹，因此无法肯定其打击点是否与片疤 b 和 c 相同（图二）。

从石核的剥片顺序判断，直立人在对该工作面进行两次锤击剥片后，接下来调整石核体位，将此破裂面作为台面，在石核的右侧继续打片。将石核旋转（先前剥片的作业面移到上方）后观察，可见有一石片疤 d，长 35. 2、宽 50. 6 毫米，台面角为 86 度，上面明显分布有 4～5 条源自打击点的放射线。打击点右侧也有因石料节理造成的一条纵向阶梯状断口，高约 2 毫米。据此判断，该工作面上的石片在剥离石核中，因节理而至少破裂为两块较大的碎片。破裂面远程特征显示一条以打击点为圆心的圆弧形阶梯状断口。这两个工作面上的 4 个片疤破裂面色泽鲜艳，与石核风化的浅色石皮形成明显的反差。

图二 石核

A 作业面带 a、b 和 c 三个石片疤 B 作业面带 d 一个石片疤；

（箭头表示打片受力方向 a、b、c、d 依次为打片顺序）

从操作链（*chaîne opératoire*）和片疤技术特点分析打片者的认知思维和打片技巧，表现出他已经具备相邻、成对、先后、角度等空间思维的基本概念。这些概念特征都集中在一件石制品上，一定程度上反映了打片者对打片过程具有比较明确的逻辑判断能力。对打片技巧而言，根据我们实验打片的经验，对于像这类表面风化较为严重、节理比较发育的石料，对于不会打片的初学者来说，在石核上往往更多产生小片疤和粉碎性破裂的阶梯状断口，很难成功打下较大的初级石片。而从这件石核上破裂面的完整程度和大小来看，这些初级石片都比较大，如果不是存在节理，这些剥离的初级石片应该比较完整，完全适用于切割和刮削。特别值得注意的是，在石核台面打击点周围几乎没有粉碎性的小型阶梯状片疤，表明打片的力量很大，打片过程连续而干脆，反映了比较熟练的锤击技巧。

由于目前在 Mh 层位中只有一件石核可供观察，可以解读的信息比较有限。总的来说，这件石核所反映的技术水准在小长梁和东谷坨石制品所表现的范畴之内，只不过要比后两个遗址更加古老。希望以后对该地点的系统发掘能够找到更多的材料来研究这些直立人在走出非洲到达华北时，已经具备了怎样的石器技术，又是如何适应当时环境的。

四、遗 址 时 代

迄今为止，在马圈沟发现的下更新统旧石器遗址或者古文化层至少有 8 处，它们是 Ma（半山遗址）、Mb（马圈沟遗址，马圈沟遗址 Ⅰ）、Mc（马圈沟遗址 Ⅱ）、Md（沟底遗址，马圈沟遗址 Ⅲ）、Me（马圈沟遗址 Ⅳ）、Mf（马圈沟遗址 Ⅴ）和 Mg（马圈沟遗址 Ⅵ）和 Mh。Mh 在 Mb 的 NW23° 77 米处，Ma 在 Mb 的 NE8° 30 米处，Md 发掘坑在 Mb 的正西 10 米处，Mc 在 Mb 的 SE70° 41 米处。

根据磁性地层学研究成果，Ma、Mb、Mc 和 Md 文化层的年龄依次分别为大约 132 万、155 万、164 万和 166 万年[10]。之前，与 Ma 相同地层的小长梁遗址年龄被确定为 136 万年[12]。

2005 年 7～11 月，河北省文物研究所对马圈沟在 Md 层之下进行了勘探，挖掘一深坑，探坑开口 6 米×7 米、下口 3 米×4 米、深 8.5 米，在该文化层底界下的 2.1、6.5 和 7.3 米处发现三层石头与动物骨骼堆积，并在深 8.3 米处发现动物骨骼一件、石头一块，但被排除了人工制品的性质。探坑的三个层位分别被取名为第四、五、六文化层，也就是马圈沟遗址Ⅳ、马圈沟遗址Ⅴ和马圈沟遗址Ⅵ，即 Me、Mf 和 Mg，出土动物骨骼 91 件、石块 203 件，经鉴定具有人工痕迹的标本极少，石制品多为断块、石核与石片，缺乏修理痕迹，不见加工成器者，但是一些石核有清晰的人工剥片痕迹[5]。根据磁性地层学研究结果，Md 文化层底界位于测定地层剖面的 75.5 米深处，而奥杜威正极向亚时位于 85.0～90.5 米深处[10]。也就是说在马圈沟奥杜威正极向亚时位于 Md 文化层下方 9.5～15.0 米深处[10]。因此，Me、Mf 和 Mg 文化层均位于地层剖面奥杜威正极向亚时上方，也就是说它们的年龄都比奥杜威正极向亚时晚，即小于 177 万年。

Md 位于在东谷坨村 NW60°约 1670 米处，地理坐标 40°13′31″N，114°39′51″E，文化层埋藏在 Mb 之下 7.2～7.7 米深的地层里，文化层底部的海拔为 821.92 米，而其下方 9.5 米是奥杜威正极向亚时的顶界[10]。

Mh 采样探井井口地面海拔为 820.67 米，比 Md 文化层底低 1.25 米。探井顶部是 1.4 米厚的近代冲积砂砾层，下部是下更新统河湖相沉积层。本文记述的石核发现在探井 8.97～9.77 米深处第 55 层灰色砂质粉砂层底部，即海拔 811.7～810.9 米。

在马圈沟，由于新构造运动的影响，地层微微倾斜，倾向 NE15°，倾角 1°。因此，Mh 采样探井的泥河湾层应该比 Md 位置低大约 1.5 米。这样，在 Mh 采样探井的奥杜威正极向亚时的处应该比在 Md 位置低 1.5 米左右，其顶界海拔大约为 810.92 米，也在第 55 层灰色砂质粉砂层底部。由此判断，第 55 层灰色砂质粉砂层的形成时间在奥杜威正极向亚时期末，即大致 177 万年。因此，从 Mh 层位出土的石核的年龄可以视为大约 177 万年。

五、讨　　论

第一，Mh 层虽然出土 1 件Ⅱ2 型石核，但已经显示该地层文化遗物的存在，而且有发现更多石制品的潜质。这个地点将来如果得以发掘，有望获取更多的资料。显然，将 Mh 层作为马圈沟一个新的文化地点看待应该没有疑义。由于其位置与马圈沟诸地点有一定距离，因此将 Mh 文化层作为一个独立遗址看待也不为过。这个遗址如果赋名，建议称“日祥遗址”（the Rixiang site），以示朱日祥在为泥河湾研究所作的贡献。

第二，Mh 文化层的沉积物属于灰黑色粉砂，分布于海拔 811.7～810.9 米，位于松山反极向期的奥杜威正极向亚时段顶部地层，其年龄落入 177 万年。这是目前在泥河湾盆地马圈沟发现已知最早的旧石器时代考古遗存。

第三，马圈沟位于泥河湾盆地东端，在早更新世这里曾经是湖泊的边缘地带，随着湖水的扩大和缩小时，时而被水淹没，时而为曲流小溪或积水洼地的湖滨漫滩。从古地理环境来判断，这里应该是古人类理想的活动栖息场所，其中 Mh 文化层就是古人类在马圈沟这里活动一次的证据。

第四，考古发现表明，在泥河湾盆地东端出露的下更新统包含相当丰富的古文化遗存和遗迹。研究指出在泥河湾盆地远古人类的出现时间要比我们知道的更早，而且古人类的生存几乎没有间断。因此，在泥河湾盆地东端不仅应该存在更为古老的古人类遗迹，而且在发现的各个文化层之间应该还有文化层存在。同时考古迹象显示，在泥河湾盆地下更新统发现更早时期的古文化遗址期望值越来越高，而且发现猿人化石的愿望一定会实现[13]。

第五，在《人类进化与史前史百科全书》（*Encyclopedia of Human Evolution and Prehistory*）中，“考古遗址”（archaeological sites）被定义为：“具有过去人类活动证据的地方，其证据由可动遗物像石头和骨头的工具以及猎食动物的遗骸与固定遗迹像炉灶、储藏坑、埋葬和住所组成。小的可以是旧石器时代有少量石器散布的一两平方米地点，大的到包含丰富可移动遗物和大量固定遗迹的超越一万平方米面积的巨大村落。考古遗址含变化多样的信息，包括场所、遗迹状况、相关的地质和地理情况”[14]。

考古记录表明，旧石器时代的人以狩猎采集为生，他们以群体为单位在各自相对固定的领地里，在饮食资源的驱动下时分时合，多种多样的活动派生出不同类型遗址。显然，古人类遗址的性质与群体的大小、活动目的和环境条件密切相关。按照活动行为和时间、自然环境与群体大小，遗址的类型大致可以分为大本营和其他一些具有特殊用途的专门化临时营地。古人类社会群体通常在饮食资源处就近安营扎寨，在饮食资源稳定的情况下，整个群体一般不会轻易向远方移动。在群体的聚集和扩散的模式中，有的季节人们在一起共同生活，有的季节则分化成较小的群体各自生活，致使群体的宿营地产生大小不同的差异。因此，遗址的功能类型有：居住遗址、夜宿营地、石料采集场、石器加工场、打猎和采集场地、屠宰场地、狩猎隐蔽哨所、食物加工作坊、礼仪地点、聚集场所等[15]。

中国旧石器时代考古遗址按照时空结构大致可以划分为三种类型。

（1）长时单点型（北京猿人遗址型）：文化层有的由一套整合或假整合或不整合的地层连续重叠而成，有的由单一的地层组成。绝大多数遗址属于这种类型，例如：北京猿人遗址、泥河湾盆地东谷坨遗址和辽宁金牛山遗址等。

（2）短时多点型（丁村遗址型）：遗址是由若干地点组成，其文化层属于不同地点的相同地层层位。这样的遗址除丁村遗址外，还有晋南匼河遗址、内蒙古萨拉乌苏河遗址、泥河湾盆地虎头梁遗址等。显然，在中国和国外，关于遗址和地点的概念不同，在中国遗址可以包括地点。

（3）长时多点型（马圈沟遗址型）：遗址由一个特定区域不同地点互不连续的若干

文化层组成。这样类型的遗址主要由泥河湾盆地马圈沟遗址为代表，各个地点的文化层由上往下编排为Ⅰ、Ⅱ、Ⅲ……这是近年来的一个考古创新，发现的文化层虽然集中暴露在一条冲沟不大的范围，但文化层彼此不相连续，其间具有或大或小的地层间隔。马圈沟遗址类型明显解决了一个地方多个遗址的取名困惑，但是其遗址的水平分布范围和垂直分布间隔距离尚需明确界定。否则，泥河湾盆地发现的所有下更新统旧石器时代考古遗址也可以统称为泥河湾遗址，而且至少位于马圈沟遗址（Mb，马圈沟Ⅰ）北侧上方的半山遗址（Ma）似乎应该包括在马圈沟遗址之内。

标本存放在泥河湾博物馆。

注　释

[1] K. D. Schick, N. Toth, Wei Qi, *et al.* Archaeological perspectives in the Nihewan Basin, China. *Journal of Human Evolution*, 1991, 21: 13-26.

[2] 卫奇．泥河湾盆地半山早更新世旧石器遗址初探．人类学学报，1994，13（3）：223-238.

[3] 李珺，谢飞．马圈沟旧石器时代早期遗址发掘报告．河北省文物研究所：河北省考古文集．北京：东方出版社，1998：30-45.

[4] 卫奇．泥河湾盆地——东亚古人类文化摇篮．化石，2002（4）：5-7.

[5] 谢飞，刘连强，赵战护．河北泥河湾盆地旧石器文化的年代又有推进．中国文物报，2006年1月13日.

[6] 刘景芝．人类起源非洲说受到挑战．中国社会科学院院报，2001年11月6日第1版.

[7] Xing Gao, Qi Wei, Chen Shen, *et al.* New lithic on the earliest Hominid occupation in East Asia. *Current Anthropology*, 2005, 46: 115-120.

[8] 卫奇，槇林启介．沟底遗址及其马圈沟遗址群．日本旧石器学会 News Letter，2005（3）：1-4.

[9] 谢飞，李珺，刘连强．泥河湾旧石器文化．石家庄：花山文艺出版社，2006.

[10] R, X. Zhu. *et al.* New evidence on the earliest human presence at high northern latitude in northeast China. *Nature*, 2004, 431: 559-562.

[11] 汤英俊等．河北蔚县上新世旧石器的发现．科学通报，1999，44（19）：2106-2109.

[12] R, X. Zhu. *et al.* Earliest presence of humans in northeast Asia. *Nature*, 2001, 413: 413-417.

[13] 卫奇，侯亚梅，冯兴无．许家坡石器．龙骨坡巫山古人类研究所：龙骨坡史前文化志，1999，1（1）：119-127.

[14] O. Soffer-Bobyshev Archaeological site. In: I. Tattersall, *et al.* eds. *Encyclopedia of Human Evolution and Prehistory*. 1988: 44-46.

[15] O. Soffer-Bobyshev Site types. In: I. Tattersall, *et al.* eds. *Encyclopedia of Human Evolution and Prehistory*. 1988: 514-517.

吉林省旧石器考古的新发现

陈全家[1]　王春雪[2,3]

（1. 吉林大学边疆考古研究中心　2. 中国科学院古脊椎动物与古人类研究所
3. 中国科学院研究生院）

摘要　自2000～2007年为止，吉林省新发现的旧石器遗址或地点（包括以往遗址新发掘的材料）超过10处，包括露天和洞穴遗址，这些遗址主要集中在吉林省东部山区，年代主要集中于旧石器时代晚期。本文主要对吉林省旧石器考古的新发现、研究现状、存在的问题以及将来工作侧重的方向进行分析概述，分析了吉林省旧石器考古遗存的文化特征和工业类型，指出旧石器考古工作的空间不平衡性十分突出，还存在诸如年代学、地层学等一些问题。笔者对今后的工作重点提出了自己的看法，在对该区域内进行广泛的旧石器考古调查和发掘的同时，也要借助多学科方法和手段对重要遗址进行深层次的研究，进而寻找新的突破点，最大限度地获取遗存所蕴藏的古人类行为信息。

一、引　　言

吉林省位于我国东北的中部，地处东经121°38′～131°19′，北纬40°52′～46°18′，东西最长约750公里，南北最宽约600公里，总面积187400平方公里[1]。南与辽宁、北与黑龙江、西与内蒙古接壤，东与朝鲜隔江相望，东北一隅与俄罗斯接壤。其东部地区是长白山的山地部分，有图们江和松花江两大水系，东邻俄罗斯滨海的远东和朝鲜半岛，并与日本隔海相望，其地理位置、文化地位十分重要。自20世纪50年代初至90年代末，吉林省境内已发现旧石器时代晚期石器和动物化石地点共16处（据已发表材料），主要分布在吉林境内的中部、东部和西部的河流阶地上。2000年以来，吉林大学边疆考古研究中心会同吉林省文物考古研究所和遗址所在各区、县的文物保护管理所等单位又对吉林省进行了几次系统的旧石器遗址调查和试掘工作[2]，新发现了一些旧石器时代遗址，包括和龙石人沟[3,4]、和龙柳洞[5,6]、和龙西沟[7]、岐新B及C地点、图们下白龙[8]、珲春北山[9]、抚松新屯西山[10]、辉南邵家店[11]、安图立新[12]、安图沙金沟[13]以及和龙青头遗址[14]遗址；此外，还对桦甸仙人洞遗址[15]1993年发掘材料进行了整理（图一）。除图们下白龙、安图立新遗址属于大石器工业，桦甸仙人洞、辉南邵家店属于小石器工业外，其余均属于细石叶工业。这些遗址出土了一批丰富的古人类文化遗物，使得吉林省在旧石器时代遗址的发现与研究上取得了较大进展，为研究古人类

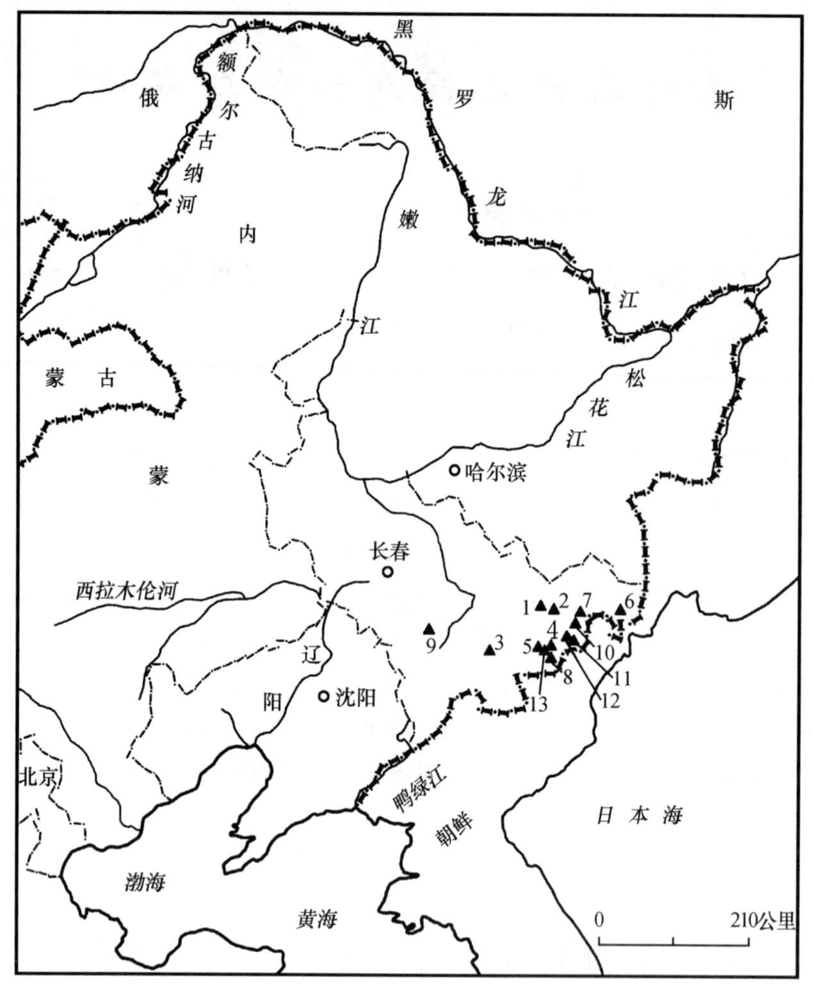

图一　吉林省新发现的旧石器时代遗址分布图

1. 安图立新　2. 安图沙金沟　3. 抚松新屯西山　4. 和龙石人沟　5. 和龙青头　6. 珲春北山　7. 图们下白龙　8. 和龙柳洞　9. 辉南邵家店　10. 龙井后山　11. 岐新 C 地点　12. 岐新 B 地点　13. 和龙西沟

在东北亚地区的适应、开发过程和该区域更新世环境演变提供了珍贵的材料。对这些遗址的进一步研究定能揭示更多的有关古人类文化与技术特点和演变、生存环境、计生方式和适应行为的信息。

二、旧石器时代遗址或地点

1. 桦甸仙人洞遗址

仙人洞位于吉林省桦甸市西北约 23 公里的寿山上，西南距榆木桥子镇约 2.3 公里，东北为北安屯，地理坐标为东经126°37′，北纬43°09′。寿山属于哈达岭山脉，南北走向，海拔510米，山体由二叠纪下统范家屯组厚层灰岩构成，周围群山环抱，山峦起伏。其东麓为南北走向的寿山河，发源于太平岭的西侧，流经金砂河、辉发河后汇入松花江。仙人洞位于寿山的东坡上部，海拔为460米，距地面高110米。洞口南偏东12°，高2.87、宽3.1米。洞全长约300米，洞内有人类活动堆积的部分可以分为前后两室，前室长约9米，宽敞明亮；后室长约25米，略低于前室，呈甬道形，较阴暗潮湿，洞内堆积总面积约100平方米。1991年发现[16]，1993年对其进行正式发掘，发掘面积17平方米，堆积厚度达2.66米。文化遗物主要出土于第2～4层（分别为黄色、黄褐色、红褐色亚黏土）内，根据年代测试、石器技术类型、磨制骨器的出现等方面分析，将该遗址分为上（第2层）、下（第3、4层）两个文化层。

共获得石制品197件，打制骨器18件，磨制骨器1件以及大量的动物骨骼化石。石制品原料以角岩为主，其次是石英、石英岩、硅质灰岩和流纹斑岩，其他原料较少。石制品以小型为主，中型次之，大型、微型较少。石制品中，断片所占比重最高。剥片技术以锤击法为主。工具类型有刮削器、尖状器、砍砸器、雕刻器、锛形器及石钻，毛坯以石片为主，少量为断块（图二，1～11）。其中刮削器的数量最多。工具修理采用锤击法，修理方式以正向加工为主，复向、反向加工较少，加工多较粗糙。此外，存在少量的打制骨器，类型包括刮削器、尖状器（雕刻器打法）和凿状器，上文化层出现了通体磨光的骨器。

该遗址上、下文化层之间在地层上没有不整合现象，在文化特征上，具有相似的主要特征：原料主要为角岩、石英岩、石英等，主要为就地取材；打片以锤击法为主；石制品以小型为主；石制品的组成中，断片和完整石片的数量很多，而第三类工具的数量较少；第三类工具[16]的毛坯以石片为主，类型比较单一，加工比较粗糙，以向背面加工为主；存在少量的骨制工具等[17]。这些特征表明，该遗址的文化是一脉相承的。上述研究表明，仙人洞遗址具有以小石器为主体的中国北方主工业[18]的普遍特征。

该遗址上文化层的骨化石（93HX. AT21②:4）采用加速器质谱（AMS）^{14}C年代测定（未作树轮年代校正）的年代距今34290±510年，结合上文化层出现的石器器型及通体磨制骨器等分析，其年代为旧石器时代晚期。下文化层出土的骨化石（93HX. AT21④:61、65）用铀系法测定，其年代距今为16.21万±1.80（1.58）万年。由于下文化层缺少第3层的年代数据，而第3、4层在地层上连续，并且文化特点相同，而与第2层存在较大的差异，可以归于同一时期。因而，认为下文化层的年代定为旧石器时代的早期之末至中期。该遗址的石、骨制品和动物骨骼化石表面未发现冲磨痕迹，应属于原地埋藏。从整体情况分析，遗址年代跨度大，地层堆积的厚度相对较薄，文化遗物相对较少，分布不集中来看，该遗址可能是一处季节性的居住址。

2. 和龙柳洞遗址

遗址位于吉林省延边自治州和龙市南偏东35公里处的二级阶地上，地理坐标为东

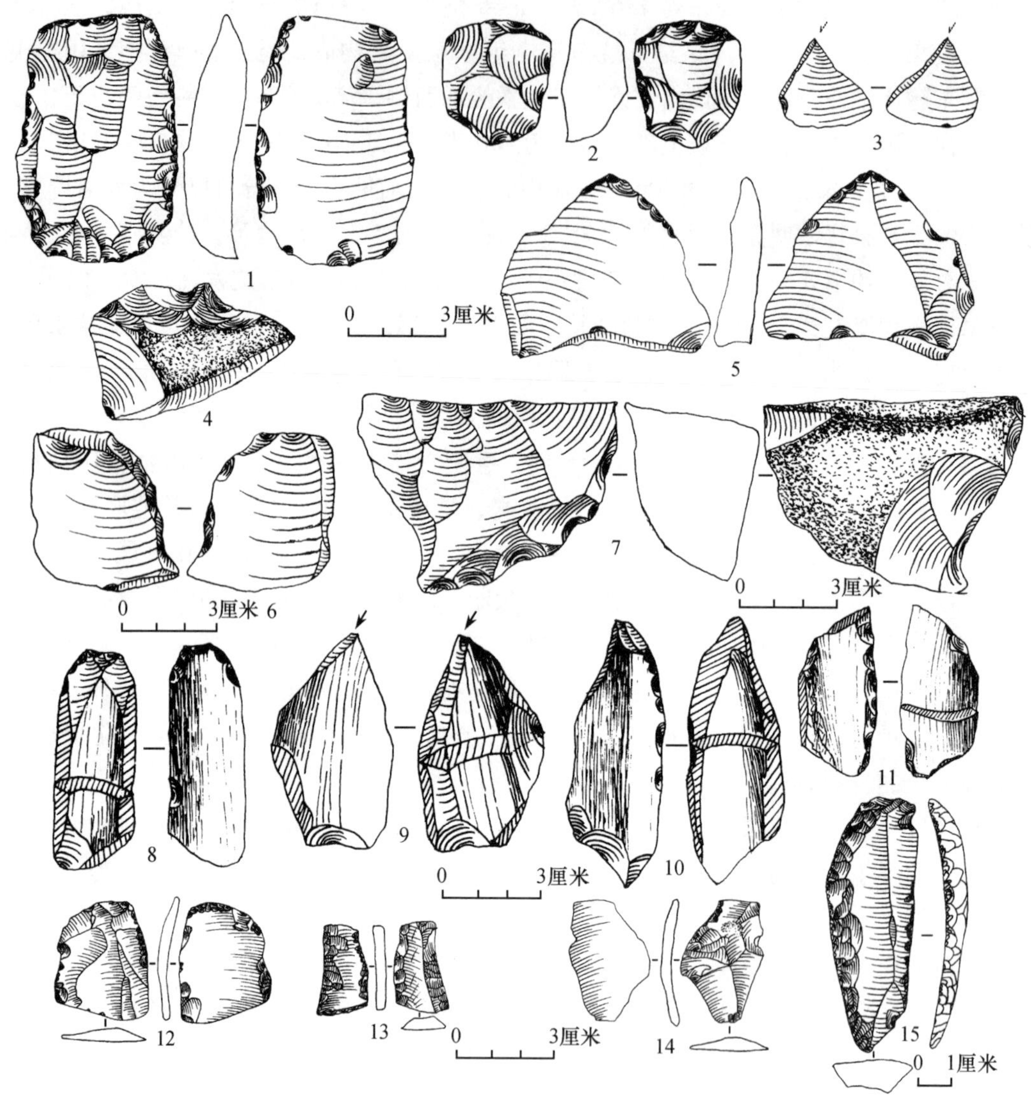

图二　桦甸仙人洞和辉南邵家店遗址发现的部分石制品和骨制品

1、12～14. 刮削器　2. 锛形器　3. 雕刻器　4. 钻　5. 尖状器　6、15. 琢背小刀　7. 砍砸器　8～11. 骨器

（1～11 出自桦甸仙人洞遗址；12～15 出自辉南邵家店遗址）

经 129°6′23″，北纬 42°19′11″。面积约 400 平方米。东距柳洞林场场部及柳洞小学校约 300 米，东南距柳洞村约 500 米，南距小河约 400 米，西距仙景台风景区约 4500 米。和龙至德化的公路由遗址南侧穿过。该遗址位于长白山地东部的图们江中游地区，其北、西、南三面均为南岗山山脉，有条图们江支流从遗址南侧由西向东流过，注入图们江。遗址高出河水面约 20 米。遗址背靠高山，面向河流，左右两侧是开阔的河谷地带。2002 年和 2004 年分别对该遗址进行了调查和小规模试掘，地层堆积厚 82 厘米，遗物主要出土于第 2～4 层的黄色亚黏土层内。

共获石制品231件，其中出自地层者4件，其余均为采集品。原料以黑曜岩占绝对优势，流纹岩、安山岩、玛瑙、泥岩等原料较少。石叶除典型石叶外，还包括初次剥离的石叶，其背脊为预制石核时修理出来的、石片疤相交形成的脊。石核包括砸击石核、楔形细石叶石核、锤击石核三类。楔形细石叶石核经过预制加工，修理出有效台面进行剥片，利用率较高。第三类工具以小型为主，中型、大型较少，包括刮削器、雕刻器、尖状器、琢背小刀及砍砸器等（图三，5、6；图四，8～16），其中刮削器数量最多，最具代表性的器型为圆头刮削器，毛坯以石片为主，石叶、块状毛坯较少。修理主要采用锤击法和压制法。修理方式以正向加工为主，其次为复向加工，反向、对向、交互加工较少。

从该遗址的文化面貌分析，具有明显的旧石器时代晚期细石叶工业传统的特征。该文化面貌可能受到了以下川[19]为代表的旧石器时代晚期华北地区的典型细石叶工业传统的影响，同时也有着自己的特色。

虽只有4件遗物出于二级阶地的黄色亚黏土层中，其余均采于灰黄色土出露的地表，但从其出土情况判断，黄色亚黏土层应是其原生层位，同时根据其加工技术、工具组合以及遗址内不见任何磨制石器和陶片等分析，暂时将遗址年代定为旧石器时代晚期。

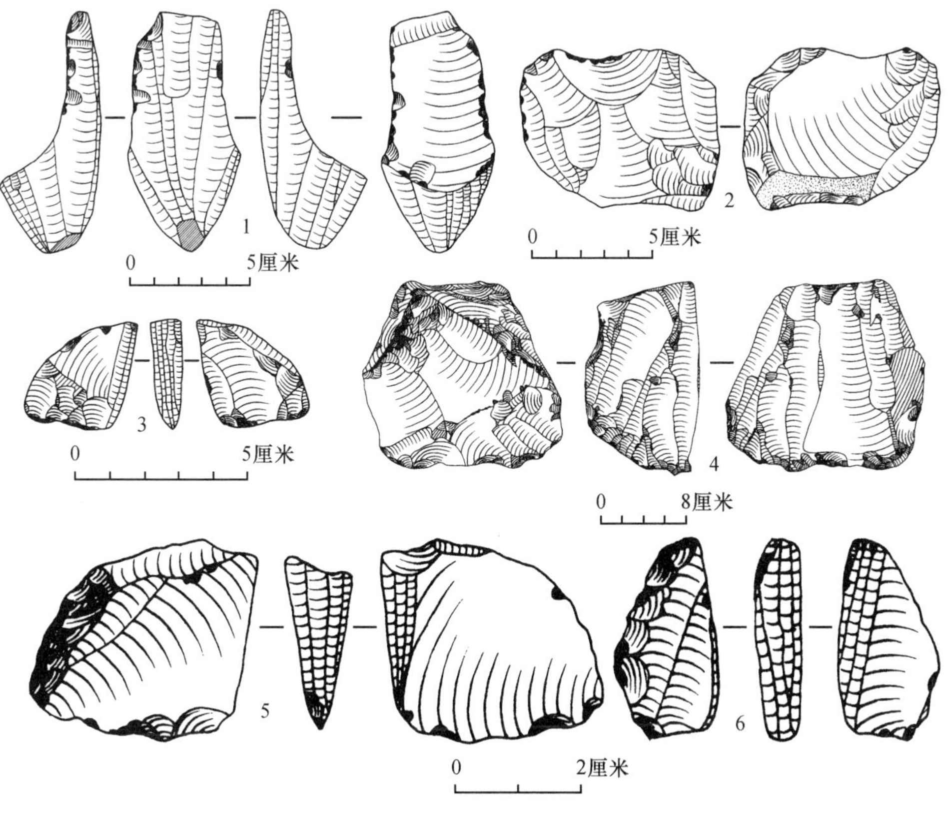

图三　和龙石人沟和和龙柳洞遗址发现的石核

（1～4出自和龙石人沟遗址；5、6出自和龙柳洞遗址）

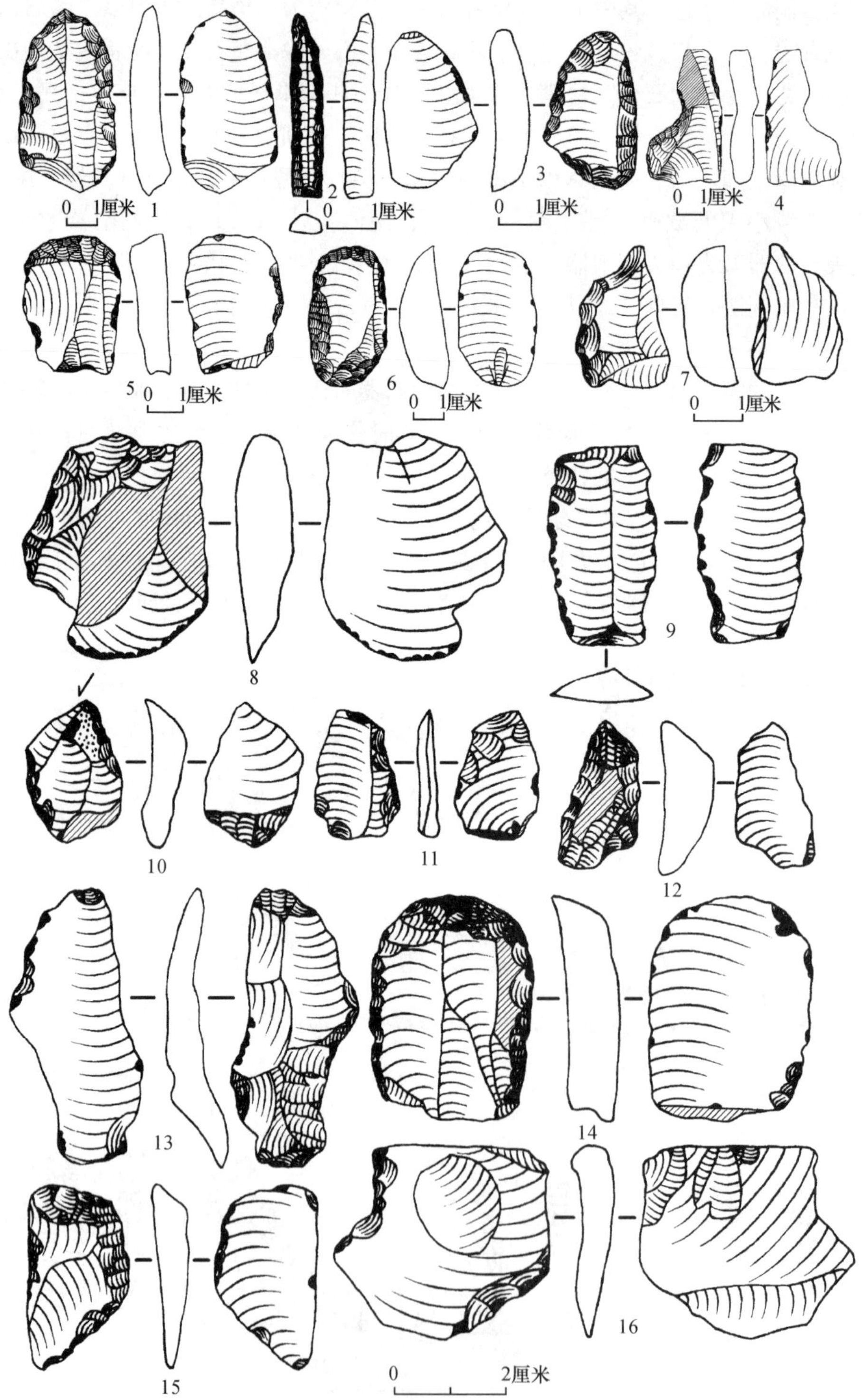

图四　和龙石人沟和和龙柳洞遗址发现的部分石制品

1、12. 尖状器　2. 钻　3、11. 琢背小刀　4、5～7、13～16. 刮削器　8、9. 二类工具　10. 雕刻器

（1～7 出自和龙石人沟遗址；8～16 出自和龙柳洞遗址）

3. 珲春北山地点

该地点位于珲春市西南郊的北山台地上，西距图们江约 4 千米，南距珲春—图们公路 0.5 千米左右，地理坐标是东经 130°15′8″，北纬 49°8′3″。海拔 114.1 米，高出第一级阶地约 20 米。2002 年对其进行小面积试掘，地层堆积共分为 3 层，最厚处可达 34 厘米，石制品主要发现于第 2 层的黄色亚黏土层内。

共获石制品 52 件，1 件出于地层内，其余均为地表采集。原料以黑曜岩为主，比例达 86.5%，流纹岩、脉石英、角页岩及凝灰岩较少。剥片技术主要有锤击法，也有砸击法；同时，石叶的出现表明存在间接剥片技术。石制品主要为小型。工具毛坯以石片为主，石叶次之。第 3 类工具类型较为简单，以刮削器为主，尖状器、矛形器较少（图五，11～17）。工具修理以压制法为主，锤击、砸击修理较少。修理方式有正向、双面、反向、错向加工等。依据石制品的特征分析，该遗址石制品具有旧石器时代晚期细石叶工业传统的特征。研究者根据其文化面貌与周邻地区旧石器遗址的文化特征和年代进行比较推测，认为该遗址年代不会晚于旧石器时代晚期，绝对年代可能在距今 2 万年。

4. 抚松新屯西山遗址

遗址位于吉林省抚松县新屯子镇的西山上。东距新屯子镇约 2.5 千米，西距万良参场约 3 千米，北距大黄泥河约 2 千米，南距县城约 25 千米。地理坐标为东经 127°16′11″，北纬 42°33′。遗址海拔为 572 米。抚松县地处长白山腹地，地势东南高，西北低。该遗址位于抚松县西北隅的盆地内，山间盆地东西宽约 4.5 千米，南北宽约 15 千米；东山海拔最高为 725 米，西山海拔最高为 745.4 米。由于长白山区地壳抬升，使大黄泥河切割成很深的河谷，谷深约 25～30 米。大黄泥河由东南向东北流入二道江。

1999 年秋，新屯子镇村民张春德刨人参地时，发现了一个重 17.4 千克的黑曜岩石叶石核。2002 年 9 月末，当参农起完人参后，由吉林大学边疆考古研究中心、吉林省文物考古研究所和抚松县文物管理所组成联合发掘队，对出石核的地点进行了抢救性试掘。试掘面积 70 平方米。堆积共分为 3 层，在第 2 层的黄色亚黏土层中发现了一处用石块围成的椭圆形居住址，石制品 30 件。原料均为黑曜岩，主要有石叶石核、石叶和锤击石片。

从遗迹分析，在遗迹选址的要求上还是非常严格的，选择了离水源近，地势高而平，并且有可利用的天然物体，如石圈居址内大块岩石和门道前的石板路等。从遗迹内出土的石制品数量和性质分析，该遗迹属于季节性的古营地。

该遗址中出土的 17.4 千克黑曜石石叶石核和所剥离的石叶疤痕长达 32.2、宽 4.4 厘米的石叶，都是国内同类器物之最。该材料的发现为吉林省乃至东北亚旧石器的研究提供一批重要的宝贵资料。

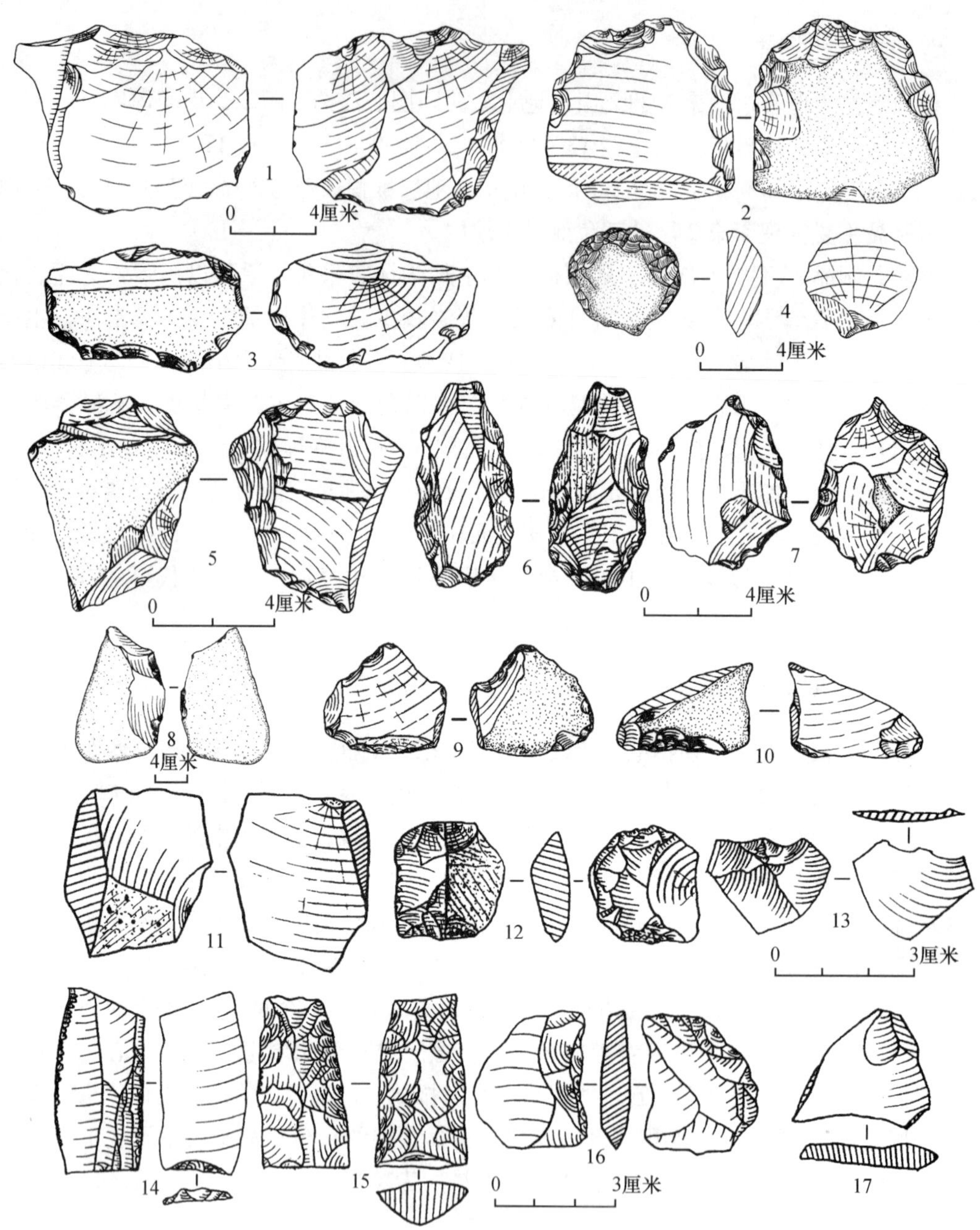

图五　图们下白龙和珲春北山地点发现的部分石制品

1. 二类工具（使用石片）　2～5、10、14. 刮削器　6、15. 矛形器（残）　7. 钻　8. 砍砸器　9、16. 尖状器　11、13、17. 锤击石片　12. 砸击石核

（1～10 出自图们下白龙遗址；11～17 出自珲春北山地点）

5. 图们下白龙地点

该地点位于吉林省延边地区图们市月晴乡南约 10 千米的图们江左岸的二级阶地上。

北距“下白龙墓群（渤海）”约250米；南距白龙村二队600米；东距图们江约800米，并与朝鲜的潼关里和山城区隔江相望，而图们至开山屯公路从遗址东侧穿过。地理坐标为东经129°47′57″，北纬42°47′41″。2002年对该地点进行调查和试掘，堆积共分4层，最深处可达135厘米，但地层内未发现遗物，采集获得石制品31件，研究者根据其均采自下白龙村西北侧三级阶地后缘的黄土地表推测，该地点石制品的原生层位应为第二层的黄色亚黏土层内。

石制品原料以板岩为主，其他原料较少。石片形状不甚规整。剥片技术为锤击法，修理方式以正向和复向为主，反向、交互、错向加工较少。工具以刮削器和砍砸器为主，其次为尖状器和锥（图五，1～10）。整体来看，工具修理较为粗糙，存在少数加工精制者。工具以大、中型为主，小型较少。该地点与饶河小南山[20]、吉林抚松仙人洞[21]遗址的文化面貌较为接近，均属于东北地区大石器工业类型。研究者推测该地点年代为旧石器时代晚期。

6. 辉南邵家店地点

该地点位于坦平河北岸邵家店村东北的山坡上，海拔414米，相对高度200米。处于龙岗山火山群西部边缘，与著名的火山湖——三角龙湾相距不足20千米。地理坐标为东经126°15′30″，北纬42°27′05″。2003年和2004年对其进行了两次调查。共采集石制品57件，包括石核、石片、工具和断块4类。石制品原料有石英、黑曜岩、蛋白石、燧石和流纹岩5种，其中前两种数量最多。剥片技术主要有锤击、砸击法，也存在间接剥片法。工具类型简单，主要有刮削器、尖状器及琢背小刀（图二，12～15）。仅见锤击法修理，修理方式以正向加工为主，偶见复向加工。

该地点石制品具有东北地区小石器工业类型的典型特点。虽然其遗物未找到原生层位，也无伴生动物化石，但根据其文化特征以及与周围地区旧石器遗址比较，研究者倾向把该地点归入旧石器时代晚期。

7. 和龙石人沟遗址

遗址位于吉林和龙县龙城镇石人村的西山上，地理坐标为东经128°48′45″，北纬42°11′20″，东北距和龙市约45千米。该遗址地处长白山系的南岗山脉，周围山峦起伏森林茂密。遗址坐落在缓坡的台地上，背靠高山，面向图们江的较大支流红旗河。遗址海拔为790米，河床的海拔为675米，周围山峰的海拔一般都在1100米左右。2004年和2005年分别对其进行调查和试掘，试掘面积52平方米，堆积厚度可达1.55米，文化遗物主要分布在砂质黄土夹角砾层。

共获石制品1331件，包括地层中出土的1307件和地表采集的24件。在所有石制品中，原料以黑曜岩为主，比例达到99.93%。绝大多数（64.8%）为打片和加工石器过程中产生的石片、断块、碎屑等；工具共208件，占石制品总数的15.7%，其中，加工成器的标本共106件，占工具总数的50.9%。剥片技术除了锤击法、砸击法外，还使用了间接剥片技术。石核除锤击石核外，出现了楔形细石叶石核，并且出现了石叶与细石叶共存的现象，二者多保留中段，用来作为复合工具的镶嵌刃部。工具以各类刮削器为主，尖状器、雕刻器、琢背小刀及钻等数量次之（图三，1～4；图四，1～7）。工具加工以锤击法为主，其中软锤修理占有较大比例，出现了压制修理，修理方式以单向的正向加工为主，反向加工次之，复向、错向、两面和对向加工较少。工具以小型为主，微型、中型也占一定比例，大型不见。个体间变异较小。整个器型加工规整，大部分工具小而精致。石制品重量以小于1克的为主，占总数的83.9%，1～5克的次之。总体来说，该遗址的石制品个体小，形态变异较小，加工精致，原料的使用呈现利用率高的现象。

此外，还对该遗址出土遗物进行了拼合研究，在1331件标本中仅获得2个拼合组，涉及4件石制品。拼合率较低，仅占石制品总数的0.3%。石器—石片拼合组处于第2层，间距不超过1米，应产生于二次加工修理过程中。细石叶近段—远段拼合组处于第4层，间距不到0.3米。

纵观遗址的文化特征，它应属于东北地区以细石叶及其制品为主要特征的细石叶工业类型，工具组合中的石叶、细石叶以及各类刮削器、雕刻器表现的特征与其较为一致，从预制定型（楔状、锥状等）的细石核上用压制技术有序的生产细石叶，并选用这些初级产品主要用压制技术制成各类工具。

由于石制品出土于山坡台地内（台地高于第二级阶地）含黄土的粗砂夹角砾层和浅黄色粗砂质黄土夹角砾层中，根据吉林省第四纪地层的堆积年代分析，其原生层位属于上更新统[22]，从发现的石制品类型及加工工艺分析，其年代属于旧石器时代晚期，绝对年代可能在1.5万年左右。

8. 延边安图立新遗址

该遗址位于吉林省延边地区安图县永庆乡立新村北东方向约2000米的坡地上，地理坐标为东经128°11′15.3″，北纬42°41′37.6″，西距永庆乡至两江镇的公路约1000米，距富尔河约3500米。2006年，对该遗址进行了调查和试掘，在遗址中心部位布1米×1米的探方4个，地层堆积共分3层，最深处为82厘米（但从冲沟断面观测，其深约30米以上），石制品出于第2层的粉砂质黄土层内。

共获石制品71件，其中6件出自地层内，其余为采集品。原料以流纹斑岩为主，其次为黑耀岩、石英岩、石英和砂岩。除黑耀岩外，大多数标本皆保留有砾石面，磨圆度好，取材于附近的河漫滩。剥片技术包括锤击法为主，砸击法次之。从一些石片台面的特征分析，存在少量修理台面的标本。工具存在锤击和砸击石锤。第3类工具以大型为主，包括刮削器、尖状器、手斧、砍砸器，其中后者数量最多（图六，6～10）。工具毛坯以砾石为主，其次为少量的断块和石片等。工具修理采用锤击法和压制法。修理方式以复向加工为主，其次为单向加工，另有少量通体加工。

在东北地区以粗大石制品为主的庙后山工业类型，是以大石片为坯材，基本器型为

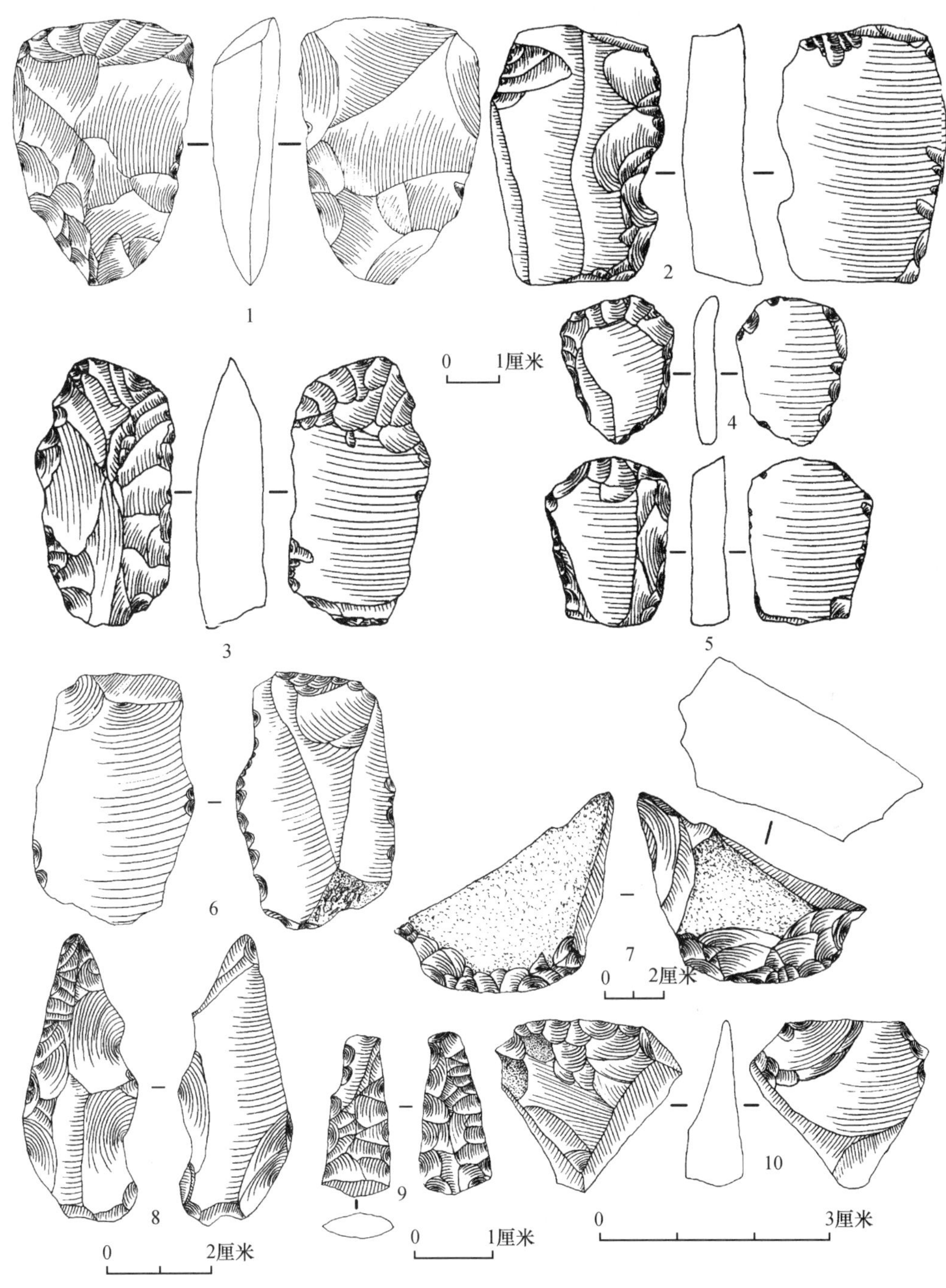

图六 安图立新、和龙西沟遗址发现的部分石制品

1. 锛形器 2～5、7、10. 刮削器 6. 二类工具 8、9. 尖状器

（1～5 出自和龙西沟遗址；6～10 出自安图立新遗址）

宽刃类的砍砸器和刮削器[23]，与本遗址文化特征存在明显区别，不属于同一工业类型。而以砾石制品为主的遗址或地点目前仅发现吉林蛟河新乡砖场遗址[24]一处，该遗址的6件石制品均以砾石为坯材，均为大型工具，因此，该遗址应属于砾石工业类型。从遗址

发现的砸击石核和石锤以及细石叶分析，该遗址还与周围地区诸如桦甸仙人洞的小石器工业类型遗址和诸如和龙石人沟、和龙柳洞、和龙青头和珲春北山遗址的细石叶工业类型存在文化交流。研究者将其年代暂定在旧石器时代晚期。

9. 安图沙金沟遗址

遗址位于安图县城（明月镇）西南约 45 千米的松江镇沙金沟村的北山上，东经 128°16′02. 9″，北纬 42°36′05. 4″，遗址面积约 200 米 × 150 米。该遗址位于松花江上游二道松花江的小支流沙金河右岸的三级阶地上，与和龙石人沟遗址隔甑峰岭相望。遗址坐落在白垩纪砂岩、砾岩夹油页岩上，外围分布有大片玄武岩。遗址海拔为 646 米，高出河面 36 米。2006 年对该遗址进行了调查和试掘，试掘 1 米 ×1 米的探方 2 个，堆积共分 4 层，厚 140 厘米，石制品出土于第 2 层的含角砾的黄色亚黏土层内。

共发现石制品 82 件，出于地层者 5 件，其余为采集品。原料以黑曜岩为主，占 90. 2% 。石英、石英岩、燧石等较少。剥片技术包括锤击法和间接剥片法。石核台面简单修理或不修理。石片形状多不规整，以线状台面和点状台面为主。在石片的台面和劈裂面夹角处存在明显的唇面，应为软锤剥片的结果；在石片背面靠近台面位置存在细碎片疤，这与剥片前调整台面角有关。第 3 类工具包括刮削器、尖状器、雕刻器、砍砸器等，工具毛坯以片状为主，修理方法有锤击法和压制修理。根据该遗址的文化特征，它应属于细石叶工业类型，根据遗址所处三级阶地的埋藏情况及其工业特点，研究者暂将其归入旧石器时代晚期。

10. 和龙青头遗址

遗址位于和龙县龙城镇青头村北。地理坐标为东经 128°58′20. 7″，北纬 42°48′51. 9″，距离青头村约 800 米。遗址坐落在青头村北约 800 米的三级阶地的前缘，海拔约 725 米，高出河水面约 25 米。遗址西侧为一条冲沟，东侧为河流。2006 年，对其进行了调查和小面积试掘，堆积共分 4 层，最厚处达 90 厘米，石制品出土于第 2 层的黄褐色亚黏土层内。

共获石制品 216 件，其中地表采集 197 件和地层出土 19 件。原料以黑耀岩为主，石英、安山岩、变质页岩较少。剥片技术主要为锤击法，也存在碰砧法和间接剥片法。工具毛坯以石片为主。器型多样，包括刮削器、尖刃器、石镞、琢背小刀、砍砸器，其中刮削器数量最多。工具修理采用锤击法和压制法。修理方式以正向加工为主，复向加工次之。从其文化面貌来看，该遗址属于细石叶工业传统。研究者根据石制品出于黄褐色亚黏土层以及吉林省第四纪地层的堆积年代分析，确定其原生层位属于上新统[22]。同时根据其文化特征分析，暂时将其年代定为旧石器时代晚期。

11. 和龙西沟遗址

该遗址位于吉林南岗山与英额岭之间的和龙市西沟村西南，处于高出水面约 50 米的第四侵蚀阶地上，西侧是大片的花岗岩，东侧是海兰河。共获石制品102件。原料以黑曜岩为主，凝灰岩、石英岩次之，其他原料较少。剥片技术主要为锤击法，偶有砸击法。工具毛坯以石片为主。器型多样，主要包括石锤、刮削器、砍砸器、雕刻器、锛形器等（图六，1～5）。其中，刮削器为主要工具类型。修理方式以正向加工为主，其次为反向加工。石器以小型和微型为主，少量中型和个别大型。从其文化面貌来看，研究者认为该遗址属于以小石器为主体的工业向以细石器为主体的工业过渡的类型，或者说是混合类型。研究者根据石器工具组合、加工技术以及和周边范围内遗址和地点的对比，推测该地点年代为旧石器时代晚期。

三、工业类型

吉林省境内新发现的旧石器遗址或地点，代表了从旧石器时代中期到晚期的各个不同时期。从分布地域来看，这些遗址或地点主要分布在吉林省东部山区（表一）。在已发现的十几个遗址或地点的石制品中，完整或比较完整的器物组合所占石制品比例较少，因此，准确地划分工业类型及其区系是较为困难的。目前就仅有材料，或许可以对该地区的工业类型作一粗线条地划分，并在此基础上对相关问题提出一些初步看法。从文化特点、技术传统等方面分析，吉林省境内新发现的旧石器文化遗存可以划分为三种工业类型[25]。

第一种工业类型以粗大的砾石（石核）石制品为代表。该类型以图们下白龙、延边安图立新为代表，与辽宁本溪庙后山[23]、黑龙江饶河[20]、吉林抚松仙人洞[21]等遗址的文化面貌相近。突出特点就是工具整体器型较大，砍砸器在工具组合中所占比例较高，工具修理相对简单，加工较为粗糙。

第二种工业类型以小的石片石器为代表。该类型以桦甸仙人洞、辉南邵家店、图们岐新B、C地点和龙井后山为代表，与辽宁营口金牛山[26,27]、海城小孤山[28,29]、哈尔滨阎家岗[30]等遗址的文化面貌较为相近。主要特点是剥片以锤击法为主，偶见砸击法。工具以刮削器为主，其次为尖状器，砍砸器等器形较少。工具修理较精致，并以中、小型为主。

第三种工业类型是细石叶及石叶工业类型，此类型以和龙石人沟、珲春北山、和龙柳洞、抚松新屯西山、安图沙金沟、和龙青头为代表。剥片技术除锤击法和砸击法外，还使用了间接剥片技术。工具修理上采用了压制法、指垫法及间接法。工具类型以刮削器和尖状器为主，雕刻器、琢背小刀、石钻等较少，还出现了复合工具，整个器型加工规整，大多数工具小而精致。此外，值得注意的是，从和龙西沟遗址发现的石叶、细石叶以及某些工具上存有的浅平、细长有序的压制疤痕等来看，可以说明存在间接剥片技术和已趋成熟的压制技术。该地点石叶和细石叶形体明显大于华北和东北典型的细石叶传统，同时细石叶与石叶共存，而且本地点尚未发现细石叶工业传统中典型的细石叶石核，也缺乏典型细石器地点常见的工具类型，可能受到了华北细石器工业传统的影响，但更多地表现为地方类型面貌。因而，原研究者认为其应为以小石器为主体的工业向以细石器为主体的工业过渡的类型，或者说是混合类型。但该类型材料过于单薄，因而暂将其归入细石叶工业类型中。

有学者提出，从东北地区诸遗址的年代和发展关系可以看出东北地区石器工业类型的发展脉络。东北地区的大石器和小石器工业传统至少从旧石器时代中期开始，就应该是同时存在并行发展的。细石叶工业自旧石器时代晚期才开始出现，它很可能是从小石器工业传统中派生出来的一种新的“变体类型”，但是这种“变体类型”并没有完全取代原有的小石器工业传统，而是与其并行发展[25]。在吉林省地区，情况也较为类似。桦甸仙人洞遗址从旧石器时代中期的下文化层直到旧石器时代晚期的上文化层，无论从原材料选择、剥片技术、石器个体大小、石器类型组合、石器加工技术及毛坯选择等方面，均较为一致，体现出该遗址的文化是一脉相承的。而与该遗址上文化层同时代的其他遗址，有的仍然使用小型的石片石器，有的已经开始采用直接法或间接法剥制石叶或细石叶来加工工具。

表一　吉林省新发现的旧石器时代遗址或地点一览表

序号	遗址名称	地理坐标	发现时间	遗址断代	地貌部位	试掘面积	石制品		参考文献
							采集	地层	
1	桦甸仙人洞	126°37′E 43°09′N	1991	34290±510年（上文化层）；16.21万±1.80万年（下文化层）	洞穴	20	0	244	[15，16]
2	和龙柳洞	129°6′23″E 42°19′11″N	2002	UP●	二级阶地	—	227	4	[5，6]
3	珲春北山	130°15′8″E 49°8′3″N	2002	距今约2万年●	二级阶地	—	51	1	[9]
4	抚松新屯西山	127°16′11″E 42°33′N	2002	UP●	山间盆地	70	0	30	[10]
5	图们下白龙	124°35′E 48°31′N	2002	UP●	三级阶地		31	0	[8]
6	辉南邵家店	126°15′30″E 42°27′05″N	2003	UP●	二级阶地		57	0	[11]
7	和龙石人沟	128°48′45″E 42°11′20″N	2004	距今约1.5万年●	山坡台地	52	24	1307	[3，4]
8	安图立新	128°11′15.3″E 42°41′37.6″N	2006	UP●	二级阶地	4	65	6	[12]
9	安图沙金沟	128°16′02.9″E 42°36′05.4″N	2006	UP●	三级阶地	2	77	5	[13]
10	和龙青头	128°58′20.7″E 42°48′51.9″N	2006	UP●	二级阶地	—	197	19	[14]
11	和龙西沟	128°59′22.9″E 42°34′13.6″N	2006	UP●	四级阶地		102	0	[7]

注：吉林龙井后山、岐新B、C地点的材料尚未整理和发表，故不计入统计表内；“—”代表不详；“UP”代表旧石器时代晚期（the Upper Paleolithic）；“●”代表推测年代。

根据以上的工业类型的分析，我们似乎可以看到吉林省境内旧石器时代工业类型自旧石器时代中期至晚期有趋于多样性的迹象。那么，吉林省境内这三个工业类型与我国旧石器时代其他地区工业的关系如何？这也是我们需要讨论的一个问题。

吉林省乃至整个东北地区的旧石器工业的发展脉络与华北地区的泥河湾盆地较为相似。在旧石器时代晚期的泥河湾盆地内，小石器工业和细石叶工业无论从数量多少，还是从器型的复杂程度看，二者存在着较大差距，而后者在技术上具有质的飞跃。但仔细比较却不难发现二者之间仍存在许多相同之处。从典型工具如圆头刮削器到雕刻器，小石片制成的所谓“小三棱尖状器”、凹缺刮器，无论是中国旧石器文化传统中主流的、代代传承的文化因素、加工技法，还是它们之间所存在的特殊器型，都存在着渊源关系。另外，吉林省和泥河湾盆地石器工业发展脉络相似，究竟是类同还是趋同，也是一个值得注意的问题。

四、有关小石器、细石叶工业之间关系的探讨

细石器从分类过程中，常常被包括在“细小石器”内，其实细石器与细小石器是不同的，细小石器中是没有“真正”细石叶技术的，而细石叶工业遗存中却存在着许多小石器。从石器的内涵分析，二者可以归入一个大的文化系统的两个分支。在比较的过程中，发现存在一定差异，小石器不似细石器那样类型丰富多样，且不够稳定，加工较为简单、原始，如圆头刮削器，仅修理刃部，而在细石叶工业中虽然也存在只修刃的情况，但还包括加工细致的同类工具和一批器身压制的复合工具。另外，还有一些器物如舌形器、桂叶形尖状器等都为细石叶工业内所特有的典型器物。

因此可以得出这样的结论：二者同属于中国北方主工业类型，是主工业类型下的两个分支——分别以小石器和细石器为主体的工业类型。当一种文化面貌在某一地区根深蒂固的时候，另一种面貌—新的文化被理解被接受显然是需要一段时间的，细石叶工业是从小石器工业中派生出来的，并与其并行发展，二者有过一段共存的时间，二者表现在文化上，就是石器的原始性与相似性。到了新石器时代早期，细石叶工业则完全取代了小石器工业，成为主流工业。

有学者分别对小石器、细石叶两种工业进行分析[31]，认为小石器工业所反映的居住系统相对稳定，流动主要局限在遗址附近，但也携带一些精致性工具外出从事一些其他活动，且大多靠近水源；细石叶工业所反映的居住形态多为流动性的，堆积较薄，从石制品来看，在遗址中楔形石核的预制品、预制过程中的废品在石制品中占有重要地位，大多数细石叶工业遗址中都有发现被废弃的楔形石核，明显反映了一种流动性极高的生活方式。

因此，从环境变化来看，在整个晚更新世时期，由于全球性冷暖气候交替频繁，海水进退的次数也相应增多，使得这时的中国东北气候进一步恶化，出现了干冷—温凉—干冷的变化[32,33]。冰缘植被在这一地区有大面积的分布，而且与猛犸象—披毛犀动物群组成了冰缘气候条件下的生物群体[34]。因而，由于晚更新世末期细石叶工业所处的

环境的不稳定性较以前大大增加，人类赖以生存的食物资源也不似以前那样丰富而稳定，土地的供养能力下降，人们的生存前景变得难以预测，迫使他们必须改变原来的生存方式，由一个在较小范围内相对稳定的生存方式转变为在一个较大范围内进行频繁迁徙的生存方式，只有这样，才能在相对恶劣的环境下获得足够的食物资源。

五、研究现状的启示

迄今为止，吉林省境内已发现的旧石器时代遗址或地点已经超过25处，但是就全省范围来看，密度较小。如果以县为单位，已发现的县（市）仅占全部县（市）的29.2%。但可以说明，至少自旧石器时代中期开始，就有古人类在此生存繁衍，历史悠久，绵延不绝。

无论从已有的成果，还是从吉林省乃至整个东北亚地区的发现和第四纪研究成果来看，都说明在吉林省境内研究旧石器文化和古人类化石有着良好前景。目前已发现的旧石器遗址或地点主要分布在吉林省东部山区，主要是因为近年来旧石器考古调查工作主要着重于吉林省东部的长白山地区；临近的朝鲜半岛、日本、俄罗斯远东地区、蒙古南部和东南部都有旧石器时代不同时期、数量众多而丰富的旧石器时代文化遗物和人类化石的发现；况且，高纬度地区自然环境恶劣，不适合早期人类生活，在我国以北的亚洲地区，没有发现人类化石和人类早期生活的遗址，所以有学者认为，我国应该是蒙古人种的起源地，东北亚北部高纬度地区的蒙古人种应该是从我国中纬度地区向北迁移扩散后，适应当地环境发展形成的，最后迁移到北美洲阿拉斯加（Alaska）等地区[35,36]。从中国向与美洲对接点的楚科奇半岛迁徙的主要路线有两条，第一条路线是：从中国北方，经过东北和蒙古高原到达贝加尔湖（Lake Baikal）附近，循着勒拿河（Lena River）进入雅库特（Yakutiya）地区，再向东进入楚科奇半岛。海岸路线是从我国东北扩散到俄国远东的南部，向北经鄂霍次克海岸（Okhotsk Coast）、堪察加半岛（Kamchatka Peninsula）到楚科奇半岛（Chukchi Peninsula）[35]。第四纪末次冰期时期生活在楚科奇地区的人们凭借陆桥与群岛向北美洲的阿拉斯加迁徙。以上都可以说明，吉林省乃至东北地区是旧石器文化交流的重要地区，如果以此为契机，深入地工作下去，应该能够在该地区发现比已知更丰富的文化遗物，必将拓展和加深东北地区旧石器考古的研究认识。

目前，吉林省旧石器考古研究的基础还是比较薄弱的，在一定程度上影响了东北地区旧石器考古的发展，无论是研究旧石器文化的区域发展、文化交流以及新旧石器时代过渡等方面，由于吉林省境内缺少旧石器时代早期遗址以及延续时间长的旧石器遗址，使得一些旧石器考古综合性研究或专题研究难以开展。以旧石器遗址的年代学研究为例，由于一部分遗址或地点的石制品均出自二级阶地的黄色亚黏土层内，缺乏动物化石，无法进行古生物上的断代，而二级阶地也被近现代人类利用耕作种田，所以堆积破坏较为严重。因而，地层年代难以确定或者断代依据可信度可能存在着问题，这样将会使遗址研究缺乏可信性。

吉林省新石器时代遗址遍布全省，研究成果丰硕，例如兴隆洼文化[37]、赵宝沟文化[38]、红山文化[39]、小珠山文化[40]、左家山文化[41]等，无论从时间、空间分布来看，还是从史前文化源流研究角度来看，应当建立东北地区新、旧石器时代考古学文化的时空框架体系。有学者根据自然条件、生态环境、生产工具及动物骨骼等方面分析，将东北地区新石器时代的生业模式分为两种：一是南部地区以农业经济为主的生业模式，而是北部地区以渔猎为主的生业模式[42]。在新旧石器时代过渡的遗址材料中，应该不可避免地会有所提示，因此，加强旧石器文化研究有它的迫切性。

综上所述，近年来吉林省旧石器遗存的新发现表明，该区域在晚更新世之末人类活动频繁，这些遗存不仅是研究旧石器时代晚期文化的重要资料，而且又将旧石器时代晚期和新石器时代早期连接起来。上述遗址或地点出土的石制品等遗物对于研究东北地区旧石器时代晚期以来人类生活的环境背景、旧石器文化内涵、东北亚地区旧石器文化之间的关系以及旧石器时代向新石器时代过渡具有重要的学术意义。同时，也为恢复古人类的生存环境，探讨人类与环境的互动关系、人类在特定环境下的行为特点和适应方式，提供了丰富的资料。随着该区域旧石器考古调查和研究工作的深入，我们期待着能有更大的突破，使得东北地区的旧石器时代考古工作向着更深的层次发展。

附记：本文得到教育部人文社会科学重点研究基地重大项目（06JJD780003）、中国科学院知识创新工程青年人才领域前沿项目和国家基础科学人才培养基金（J0630965）的资助，特此致谢。

注　释

[1] 吉林省地方志编纂委员会. 吉林省志——自然地理志，长春：吉林人民出版社，1992：1-386.

[2] 陈全家. 延边地区图们江流域旧石器考古新发现. 人类学学报，2003，22（1）：62。

[3] 陈全家，王春雪，方启，等. 延边地区和龙石人沟发现的旧石器. 人类学学报，2006，25（2）：106-114.

[4] 陈全家，赵海龙，方启，等. 吉林延边地区和龙石人沟 2005 年发现的旧石器. 人类学学报，待刊。

[5] 陈全家，赵海龙，霍东峰. 和龙柳洞旧石器地点发现的石制品研究. 华夏考古，2005（3）：50-59.

[6] 陈全家，王春雪，方启，等. 吉林和龙柳洞 2004 年发现的旧石器. 人类学学报，2006，25（3）：208-219.

[7] 陈全家，赵海龙，方启，等. 和龙西沟发现的旧石器. 北方文物，2008，待刊。

[8] 陈全家，霍东峰，赵海龙. 图们下白龙发现的旧石器. 边疆考古研究（第 2 辑），北京：科学出版社，2004：1-14.

[9] 陈全家，张乐. 吉林延边珲春北山发现的旧石器，人类学学报，2004，23（2）：138-145.

[10] 陈全家，赵海龙，王春雪. 抚松新屯子西山发现的旧石器. 人类学学报，待刊。

[11] 陈全家，李有骞，赵海龙，等. 吉林辉南邵家店发现的旧石器. 北方文物，2006，（1）：

3 -9.

[12] 陈全家，赵海龙，方启，等．延边安图立新发现的砾石石器．人类学学报，2008，27（1）：45 -50.

[13] 陈全家，李有骞，方启，等．吉林安图沙金沟发现的旧石器．人类学学报，待刊。

[14] 陈全家，方启，李霞，等．吉林和龙青头旧石器遗址的新发现及初步研究．考古与文物，2008，(2)：3 -9.

[15] 陈全家，赵海龙，王法岗．吉林桦甸寿山仙人洞旧石器遗址 1993 年发掘报告．人类学学报，2007，26（3）：222 -236.

[16] 陈全家．吉林桦甸寿山仙人洞旧石器遗址试掘报告．人类学学报，1994，13（1）：12 -19.

[17] 陈全家．吉林镇赉丹岱大坎子发现的旧石器．北方文物，2001（2）：1 -7. 张森水教授最先将工具分为两类，即第一、第二类工具。本文在此基础上又将工具分为 3 类：1 类工具，天然砾石未经加工而直接使用者（石锤等）；2 类工具，石片未经加工而直接使用者（使用石片）；3 类工具，毛坯经过第二步加工成工具者（刮削器、雕刻器等）。

[18] 张森水．管窥新中国旧石器考古学的重大发展．人类学学报，1999，18（3）：193 -214.

[19] 王建，王向前，陈哲英．下川文化——山西下川遗址调查报告．考古学报，1978（3）：259 -288.

[20] 杨大山．饶河小南山新发现的旧石器地点．北方文物，1981（1）：2 -9.

[21] 姜鹏．吉林抚松仙人洞旧石器时代遗址．东北亚旧石器文化，汉城：韩国白山文化出版社，1996：205 -211.

[22] 吉林省区域地层表编写组．东北地区区域地层表．吉林省分册．北京：地质出版社，1982：124 -126.

[23] 辽宁省博物馆，本溪市博物馆．庙后山——辽宁省本溪市旧石器文化遗址．北京：文物出版社，1986：21 -30.

[24] 陈全家，程新民．吉林市地区首次发现的旧石器．东北亚旧石器文化，汉城：韩国白山文化出版社，1996：247 -257.

[25] 张博泉，魏存成．东北古代民族·考古与疆域．长春：吉林大学出版社，1998：171 -197.

[26] 金牛山联合发掘队．辽宁营口金牛山旧石器文化研究．古脊椎动物与古人类，1978，16（2）：129 -143.

[27] 张森水．金牛山（1978 年发掘）旧石器遗址综合研究．中国科学院古脊椎动物与古人类研究所集刊，北京：科学出版社，1993：1 -147.

[28] 傅仁义．鞍山海城仙人洞旧石器时代遗址试掘．人类学学报，1983，2（1）：56 -61.

[29] 张镇洪，傅仁义，陈宝峰，等．辽宁海城小孤山遗址发觉简报．人类学学报，1985，4（1）：71 -78.

[30] 黑龙江省文物管理委员会，中国科学院古脊椎动物与古人类研究所．阎家岗——旧石器时代晚期古营地遗址．北京：文物出版社，1987。

[31] 陈淳．旧石器研究：原料、技术及其他．人类学学报，1996，15（3）：268 -275.

[32] 姜鹏．中国东北旧石器时代晚期文化和狩猎生活之研究．更新世近期研究，1986（3）.

[33] 姜鹏．东北更新世动物群与生态环境的探讨．中国东北平原第四纪自然环境形成与演变．哈尔滨：哈尔滨地图出版社，1990。

[34] 赵宾福．东北旧石器时代的古人类、古环境和古文化．学习与探索，2006（2）：188 -191.

[35] 陈淳，王向前．从细石核谈华北与东北亚及北美的史前文化联系．原载美国 ARCTIC ANTHROPOLOGY，1989，26（2）：127－165，中译本载山西旧石器时代考古文集，太原：山西经济出版社，1993：510－520.

[36] 冯恩学．人类向北美迁徙的考古观察．社会科学战线，2005（3）：129－133.

[37] 杨虎．试论兴隆洼文化及相关问题．中国考古学研究，北京：文物出版社，1986：236－244.

[38] 赵宾福．赵宝沟文化的分期与源流．中国考古学会第八次年会论文集，北京：文物出版社，1996：1－12.

[39] 杨虎．关于红山文化的几个问题．庆祝苏秉琦考古五十五年论文集．北京：文物出版社，1989：216－226.

[40] 郭大顺，马沙．以辽河流域为中心的新石器文化．考古学报，1985（4）：417－444.

[41] 陈雍．左家山新石器时代遗存分析．考古，1992（11）：1033－1038.

[42] 赵宾福．东北石器时代考古，长春：吉林大学出版社，2003：435－444.

广东云浮蟠龙洞出土的人类牙齿化石

邱立诚[1]　张镇洪[2]

（1. 广东省文物考古研究所　2. 中山大学）

摘要　1987年9月，在广东云浮蟠龙洞发现一批第四纪哺乳动物化石，其中有2颗人类牙齿化石，一颗为左下第三臼齿（M_3），另一枚为左下第二前臼齿（P_2）。初步观察，这两颗人类牙齿的形态特征较为古老，判断属于早期智人化石。伴生的第四纪化石哺乳动物群种类有6目23种。蟠龙洞出土的人类牙齿化石为岭南地区人类化石的发现增加了一个地点，为在南江流域寻找旧石器文化遗存提供重要线索。

1987年9月，中山大学地质系王将克教授与云浮博物馆研究人员在蟠龙洞进行调查时发现一批第四纪哺乳动物化石，其中有2颗人类牙齿化石[1]。2007年11月，笔者在云浮市博物馆对这批化石材料进行了考察，这里仅就发现情况作初步观察和研究。

一、发现概况

蟠龙洞位于云浮市云城区的狮子山西麓。为石灰岩洞穴，裂隙型发育，总长526米，宽3米，高8米。洞口向东，高出地面12米。洞内较平坦。洞前有西江支流浲水河流经。从洞口内进40米处有黄褐色胶结堆积，含第四纪哺乳动物化石。堆积中还出土2颗人类牙齿化石，其中一颗为左下第三臼齿（M_3），另一枚为左下第二前臼齿（P_2）。

二、人类牙齿化石

蟠龙洞出土的人类牙齿化石共两颗，除牙根部分缺损外，其他部分都很完整。一颗为左下第三臼齿M_3，另一颗为左下第二前臼齿P_2，其特征分述如下：

1. 左下第三臼齿（M_3）

齿冠长12.3毫米，宽10.8毫米，高7.2毫米，齿根两根，残长7.3毫米，断口似被啮齿类动物咬过，呈斜状。齿冠相当粗壮。齿冠咬合面似圆形，咬合面的各尖只有中度的磨损，所以其前、后、原、次各尖以及颊沟、远中沟、近中沟、舌沟、中央缺隙均清楚可见，而且相当发育。下次尖虽比下原尖稍小，但也很发育，在下次尖后面有一下次小尖存在，这是其原始特征的表现（图一，M_3）。

2. 左下第二前臼齿（P_2）

齿冠长 8 毫米，宽 8.5 毫米，高 15.3 毫米；齿根单支。残长 6.1 毫米（图一，P_2）。

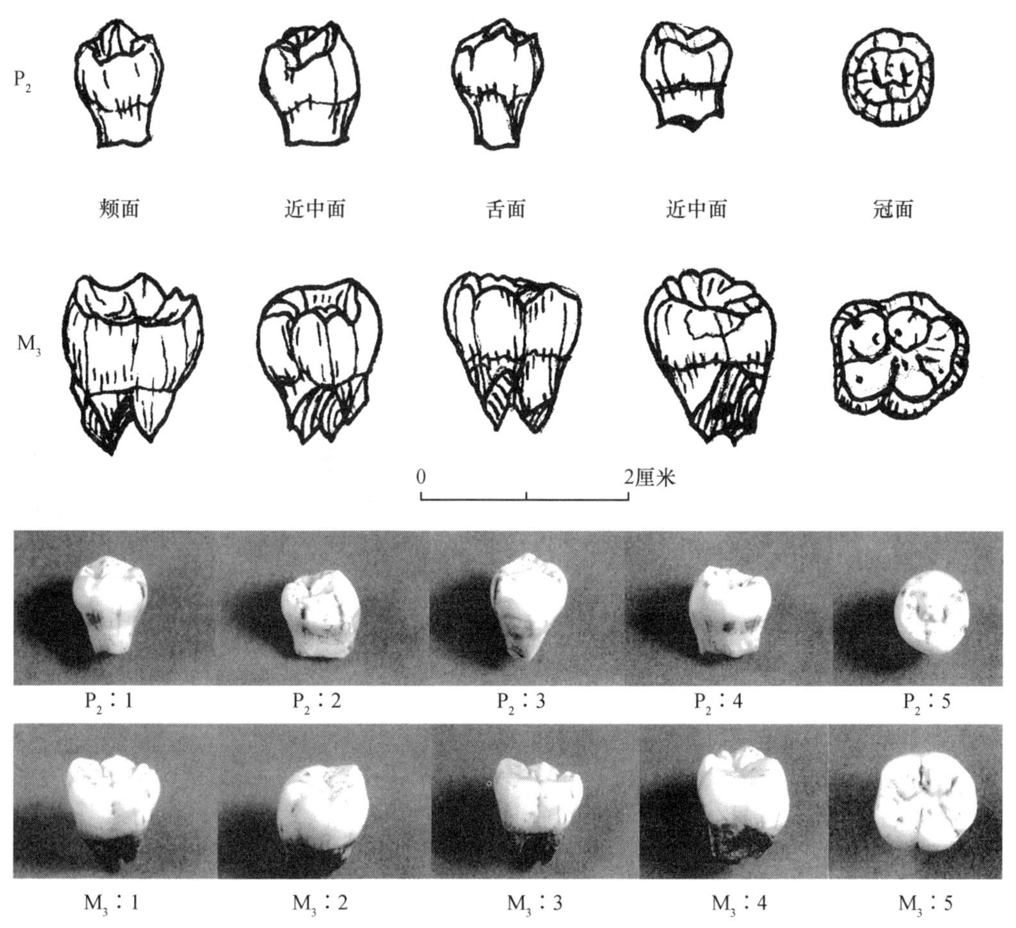

图一　云浮市蟠龙洞人类牙齿化石

三、比较研究

迄今为止，在广东地区发现古人类化石的地点并不多，除马坝人地点[2]和黄岩洞遗址[3]发现有头骨化石外，其余几个地点均发现牙齿化石，其中马坝狮子岩飞鼠洞出土的人左下颌骨上带有一颗左下第三臼齿（M_3）[4]，封开垌中岩则出土一颗右下第三臼齿（M_3）[5,6]，其他地点发现的牙齿化石均属于别的位置（表一）。

表一 广东地区古人类 M_3 牙齿化石的测量数据表（单位：毫米）

项目 \ 地点	马坝狮子岩飞鼠洞	封开河儿口垌中岩	云浮蟠龙洞
	左 M_3（PN04）	右 M_3	左 M_3
冠长	11.6	11.4	12.3
冠宽	10.7	10.5	10.8
冠高	7.1	7.0	7.2

从表一可以看出，三个地点出土的下第三臼齿（M_3）中以云浮蟠龙洞出土的牙齿 M_3 最为粗壮，牙齿构造（尖和沟）复杂程度则相差不大，但蟠龙洞出土之 M_3 的下次小尖比前两地点出土的下 M_3 都明显，齿带痕迹也清晰膨大，所以整颗牙齿显得更为硕壮。三者石化程度差别不明显。蟠龙洞出土的另一颗牙齿是人的第二前臼齿（P_2），这颗牙齿不大，牙根单支，似乎还未发育完全，齿冠面各尖没有磨损的痕迹，据此估计可能属于一颗乳齿，和已经磨损明显的 M_3 很可能分属不同的个体。两者年龄相差较大，M_3 可能属于 30 岁左右的青年个体，而 P_2 则属于 10 岁左右的儿童。

初步观察，这两颗人类牙齿的形态特征较为古老，判断属于早期智人化石。绝对年代比较，垌中岩为距今 14.8 万 ± 1.3 万年[5,6]，飞鼠洞参考马坝人头骨年代为距今 16.9 万 $\pm^{1.6}_{1.8}$万年和 12.9 万 $\pm^{1.1}_{1.0}$万年[7]。云浮蟠龙洞迄今还未进行绝对年代测定，只能结合伴生化石动物群的种类组合予以判断。

四、蟠龙洞化石动物群

1. 动物群的种属

经初步鉴定，蟠龙洞发现的第四纪化石哺乳动物群种类有 6 目 23 种：

灵长目

猕猴（*Macaca* sp.）

猩猩（*Pongo* sp.）

啮齿目

豪猪（*Hystrix* sp.）

竹鼠（*Rhizomys* sp.）

食肉目

大熊猫洞穴亚种（*Ailuropoda melanoleuca fovealis*）

华南虎（*Panthera tigris* cf. *tigris*）

猎豹（*Acinonyx* sp.）

西藏黑熊（*Ursus thibetanus*）

猪獾（*Arctonyx collaris*）

宽吻灵猫期望亚种（*Viverra zibetha expectata*）

灵猫（*Viverra* sp.）

长鼻目

东方剑齿象（*Stegodon orientalis*）

纳玛象（*Palaeoloxodon namadicus*）

奇蹄目

华南巨貘（*Megatapirus augustus*）

中国犀（*Rhinoceros sinensis*）

偶蹄目

野猪（*Sus scrofa*）

鹿（*Cervus* sp.）

水牛（*Bubalus* sp.）

野牛（*Bison* sp.）

赤麂（*Muntiacus muntiak*）

水鹿（*Cervus unicolor*）

鬣羚（*Capricornis* sp.）

巨羊（*Megalovis* sp.）

2. 相对年代与生态环境

云浮蟠龙洞、曲江马坝人和封开垌中岩以及邻近的封开罗沙岩、罗定下山儿洞，这五个地点的动物群都属于南方典型的大熊猫—剑齿象动物群，包含的种属有丁氏鼻猴、大熊猫洞穴亚种，东方剑齿象，华南巨貘、中国犀、南方猪、西藏黑熊、最后斑鬣狗、猎豹、华南豪猪、斑鹿、虎、水鹿、猕猴、赤麂等（表二）。但垌中岩动物群中迄今为止未发现猩猩化石和爪哇豺古老变种，马坝人动物群中则未发现猎豹和南方猪；更为突出的是马坝人和垌中岩两个动物群中迄今未发现巨羊化石，这是一种时代较早的化石，而蟠龙洞与下山儿洞动物群中却有巨羊化石。它的发现是否可以说明蟠龙洞动物群所反映的年代比马坝人和垌中岩两个地点早？如果这个判断无误，正好和人类牙齿化石本身所表现出来的结构较为原始的特征是一致的。依此，蟠龙洞人的年代有可能稍早于马坝人和封开垌中岩人，生存年代当为中更新世晚期之末或晚更新世早段，距今约为 10 多万年以前，属于远古时期“西江走廊”中古人类东进的一支。不过，最近的测年数据显示，马坝人化石的年代有可能更为古老一些，达到距今 23 万年[8]。这些情况为我们重新认识远古人类在岭南的生存时间提供了新的空间。此外，蟠龙洞动物群中的许多种属，如猕猴、猩猩、华南巨貘、水牛、水鹿、鬣羚、巨羊等种类都是适合热带、亚热带气候环境的动物，可见当时云浮地区的生态环境是比较潮湿和炎热的，处于间冰期的气候环境。这个时间内对应的间冰期只能是庐山冰期和大理冰期之间的间冰期，其相对年代正好与上述分析相吻合。

表二　广东几个化石动物群对比表

化石种属 \ 动物群	马坝动物群	垌中岩动物群	罗沙岩动物群	下山儿洞动物群	蟠龙洞动物群
猕猴 *Macaca* sp.	√	√	√	√	√
丁氏鼻猴 *Rhinoihecus tingianus*	√	√		√	
猩猩 *Pongo* sp.	√			√	√
黑鼠 *Rattus rattus*	√	√	√	√	
竹鼠 *Rhizomys* sp.					√
豪猪 *Athereus* sp.	√	√			√
华南家猪 *Hystrix subcristata swinhoe*	√	√	√	√	
爪哇豺 *Cuon davanicus*	√				
大熊猫洞穴亚种*Aieuropoda melaneleuca fovealis*	√	√	√	√	√
西藏黑熊 *Ursus thibetanus*	√	√	√	sp.	√
猪獾 *Arctonyx collaris*	√	sp.		sp.	√
花面狸 *Paguma larvata*	√		sp.		
宽吻灵猫 *Viverra zibetha expectata*	√				√
最后鬣狗 *Crocuta ultima*	√	√	√	√	
灵猫 *Viverra* sp.					√
鼬科 *Mustelidae.*		√	sp.		
猎豹 *Acinonyx* sp.		√		sp.	√
猫 *Felis* sp.	√				
虎 *Panthera* cf. *tigris*	√	√	√		√
东方剑齿象 *Stegodon orientalis*	√	√	√	√	√
纳玛象 *Palaeoloxodon namadicus*	√	√	√		√
华南巨貘 *Megatapirus augustus*	√	√		√	√
貘 *Tapirus* sp.	√		sp.		
中国犀 *Rhinoceros sinensis*	√	√		√	√
野猪 *Sus scrofa*	√		√		√
南方野猪 *Sus australis*（sp. nov.）		√			
野猪 *Sus* sp.	√	√			
赤鹿 *Muntiacus muntiak*	√	√	√	sp.	√
水鹿 *Cervus unicolor*	√	√	√	sp.	√
鹿 *Cervus* sp.					√
獐 *Hydropotes* sp.	√		√		
鬣羚 *Capricornis* sp.				√	√
山羊亚科 Caprinae indet.	√	√		.	
巨羊 *Megalovis* sp.				sp	√
水牛 *Bubalus* sp.	√	√	√	√	√
斑鹿 *Pseudaxis* sp.		√	√		
洞穴陆龟 *Testudo* cf . *tungia.*	√				

五、蟠龙洞人类牙齿化石地点发现的重要意义

云浮蟠龙洞出土的人类牙齿化石不仅为岭南地区人类化石的发现增加了一个地点，为在南江流域寻找旧石器文化遗存提供重要线索；更重要的是，这个地点出现在珠江流域主干流——西江中游的云浮地区，这里与盛产人类化石和旧石器文化遗址的封开、罗定地区连成一片，同时也是两条极为重要的文化古道——潇贺古道和南江古道所在的地方之一。这两条古道是沟通岭南和长江以及中原地区最早的人文古道，在对外贸易和文化交流开始后，成为海、陆丝绸之路的连接通道。远古时期，这里又是现代中国人起源并自南往北辐射的要道，在通道两侧和连接的地区，都有古人类生存和活动遗迹，留下了丰富的人类化石和文化遗存。因此，云浮蟠龙洞古人类化石的发现为现代中国人起源课题的研究提供了又一珍贵的实物材料。

从近年 DNA 分子生物学的研究成果得知[9]，世界古人类最后一次由非洲向外迁徙是始于距今 20 万～15 万年前，其中一支是在距今 7 万年前后才到达南亚和东南亚地区，并与当地的土著人群交融，逐步演化成为百越族群的祖先，其中心地区应就是今天珠江两大干流西江和北江的中上游地区，即南宁、云浮、肇庆、清远、韶关地区，并以此为基地，沿着三个方向辐射出去。一支往西北方向通过潇贺古道，穿过五岭到达了湘西和四川；一支往东，沿着珠江下游一直到珠江三角洲，并沿珠江另一支流——东江和沿海地区向东进入福建、浙江和台湾地区；第三支是沿着珠江上游和上游连接的各大支流辐射到雷州半岛、东南亚地区和云贵高原的东部地区。这种演变过程大约出现在距今 4 万年前后。

联系到近期的一些考古新发现，如韶关市武江北岸百望大桥头附近的旧石器地点[10]和香港西贡深涌黄地峒遗址发现的大型石器加工场[11,12]，与上述的辐射进程十分吻合。从多个学科的研究成果中，我们可以逐渐地把岭南地区旧石器时代晚期古人类的发展关系中找出一条比较清晰的演变轨迹来，这是现代中国人起源进程中非常重要的一环。

致谢：本项研究得到云浮市博物馆的支持和帮助，黎飞艳照相，刘亭利协助绘制地图，特此表示衷心的感谢。

注　释

[1] 陈耀升主编. 云浮文物志，1990 年内部出版：17－18.

[2] 吴汝康，彭如策. 广东韶关马坝发现的早期古人类型人类化石. 古脊椎动物与古人类，1959，1(4)：159－163.

[3] 宋方义，邱立诚，王令红. 广东封开黄岩洞洞穴遗址，考古，1983（1）：1－3；广东封开黄岩洞遗址综述. 纪念黄岩洞遗址发现三十周年论文集，广州：广东旅游出版社，1991：1－12.

[4] 宋方义，张镇洪，黄志高．广东曲江马坝狮子岩新发现的人类化石．纪念马坝人化石发现卅周年文集．北京：文物出版社，1988：8－13.

[5] 邱立诚，宋方义，王令红．广东封开发现的人类牙齿化石，人类学学报，1986，5（4）：311－313.

[6] 宋方义，张镇洪，邓增魁．广东封开垌中岩动物群和人牙化石研究．纪念黄岩洞遗址发现三十周年论文集．广州：广东旅游出版社，1991：28－40.

[7] 原思训等．华南若干旧石器时代地点的铀系年代．人类学学报，1986，5（2）：179－190.

[8] 高斌、沈冠军、邱立诚．马坝人地点南支洞铀系定年初步结果，暨南大学学报（自然科学版），2007，28（3）：308－311.

[9] 李辉．百越遗传结构的一元二分迹象．广西民族研究，2002（70）4：27－29.

[10] 2007 年调查资料，标本现存曲江区博物馆．

[11] 吴伟鸿等．香港西贡黄地峒遗址正式发掘与初步研究．岭南考古研究（第 5 辑），香港考古学会 2006：32－43.

[12] 吴伟鸿，王宏，谭惠忠，等．香港深涌黄地峒遗址试掘简报．人类学学报，2006，25（1）：56－67.

关于西侯度问题的思考

王益人

（山西省考古研究所）

摘要 西侯度遗址是我国乃至东亚地区首次发现的属于更新世初期的人类文化遗存。40多年来，学术界围绕西侯度遗址石制品产生了种种分歧和争议。就分歧和争议而言——属于科学研究的一部分——不足为奇。然而，西侯度遗址的问题之所以成为一个问题，不仅仅是石制品的人工痕迹是否可信，还因当时的人们对更新世初期到底有没有人类存在疑问，对早期人类打制的石制品的认识能力还很有限。换言之，西侯度遗址问题，不是因为客观存在的真实性，而是因为我们的主观认识的水平和解读能力存在偏差。因此，西侯度遗址存在的问题仅仅靠争论是无法从根本上得到解决的。2005年笔者对西侯度遗址进行了50余天的抢救性发掘。新的材料表明：西侯度石制品虽然受到河流搬运埋藏的影响，但人类行为及其特征毋庸置疑。本文通过对西侯度问题进行反思，认为学术研究最为重要的是要具有勇于探索的科学精神、严谨的科学态度和观察事物的方法。

一、引　言

西侯度遗址发现已经40多年了。自1959年发现以来，受到了学术界的广泛关注，同时由于遗址系河流相埋藏环境，石制品遭到了较为严重的磨蚀，学术界对此产生了一定的分歧和争议。就分歧和争议而言——属于科学研究的一部分——不足为奇。然而，西侯度问题之所以成为一个问题，不仅仅是针对石制品的人工痕迹是否可信的问题，还因为它发现于令当时的古人类学家、考古学家所诧异和难以接受的比“中国猿人及其文化”更早的三门系（与泥河湾期同属早更新世）地层中，更因为它的发现动摇了“中国猿人及其文化”作为人类始祖的地位，从而引发了一场旷日持久又具有神秘色彩的科学大辩论[1~7]。换言之，西侯度遗址的问题之所以成为一个问题，不是因为客观存在的真实性存在偏差，而是由于我们的主观认识水平和解读能力存在偏差。

“西侯度问题”是张森水先生1998年提出来的。他在《关于西侯度的问题》一文中，将西侯度遗址长期以来存在的学术争论作为一个问题提出来，并对遗址出土的“石质标本”进行了重新评估[8]，引起了新一轮的讨论[9~15]。然而，这些讨论都建立在对《西侯度》[16]一书中描述的32件标本的基础上。由于时代背景和发掘方法的局限，前两次发掘获得的石制品的考古学相关性信息十分有限。因此，就石器而论石器的讨论，无论谁是谁非，仍然是32件标本，仍然是一种两分的局面，很难有大的突破。我们希望通过再次发掘获得更多石制品以外的相关性资料，以期得到更加客观地结论，可惜由于种种原因未能如愿。2005年笔者对西侯度遗址进行了50余天的抢救性发掘。新的材料表明：西侯度石制品虽然受到河流搬运埋藏的影响，但人类行为及其特征毋庸置疑。本文对40年来的西侯度问题进行了反思，认为学术研究的基础虽然十分重要，但更为重要的是基本的科学态度、观察事物的方法。

二、背景与回顾

西侯度遗址是我国乃至东亚地区首次发现的属于早更新世初期的人类文化遗存。在西侯度遗址发现之前，人们普遍认为人类的最早祖先乃是距今50万年前的“北京猿人”（又称“中国猿人”或“北京人”）。要想突破这一认识并不是一件容易的事情。

从19世纪中叶达尔文创立进化论以来，人类对其自身的起源和历史就产生了十分浓厚的兴趣，也激励着一代代科学家为之奋斗不息。20世纪初，遥远而神秘的亚洲就早已令西方思想家、诗人和科学家们产生了伟大的《东方的幻想》。当时，欧洲大陆的古人类学已经获得一定进展，古生物学界的一些权威倾向于认为中亚地区很可能是人类起源的摇篮。1929年，裴文中先生在北京周口店发现“北京猿人”头盖骨化石震惊了世界，中国成了人类起源的中心。距今50万年前的“北京猿人”当之无愧地成为人类最早的祖先。这一发现的影响无疑是巨大且深远的，不但推动了中国第四纪地质、古生物、古人类及旧石器考古学的发展和成熟，而且使饱受争议的“爪哇猿人”被学术界认可。

1957年，贾兰坡、王建在《泥河湾期的地层才是最早人类的脚踏地》（以下简称《脚踏地》）一文中提出：中国猿人已经能够控制、管理和使用火，能够用三种方法打制石片，打制的石器已有了相当的分化和分工。中国猿人的体质特征虽然原始，但已经能直立行走并制造和使用工具。因此推断：“中国猿人不是最早的，在他之前的泥河湾期的地层中应有人类及其文化存在。”[17]这一观点立即引起学术界的高度关注。为了证明这一理论推断，他们把注意力放到了早更新世地层出露较好的山西省西南部。1957～1960年中国科学院古脊椎动物与古人类研究所和山西省文物管理委员会，在山西省芮城县风陵渡镇西北约7公里的匼河村一带进行调查发掘，发现11处旧石器地点，统称为匼河遗址。在此期间，他们于1959年在距匼河村东北3.5公里的西侯度村发现了时代为早更新世的轴鹿化石，并于次年春找到了“几件极有可能是人工打击的石块”[18]，拉开了西侯度遗址发掘研究的序幕。也许是巧合，也是在1959年，在被达尔文认为最有可能是人类起源地的非洲，英国古人类学家路易斯·利基带领的考古队在奥杜威峡谷苦苦寻求30年后得到回报，发现了大批石器和一件早期人类的化石——东非人包氏种。然而当时的信息很闭塞，无法实现相互间的交流和检验。在国内，匼河和西侯度遗址并不能完全得到学术界的认可，并且引发了一场历时近两年的一场颇具神秘色彩的科学大辩论。

三、辩论与歧异

说它具有神秘色彩是因为，这场被称之为中国“曙石器”之争的辩论侃侃訚訚地进行了将近两年，作为主角的“曙石器”的所指对象却始终没有出现，辩论围绕“中国猿人”和“匼河遗址的时代”等问题展开。其实，这场辩论的真正起因是那篇仅有3000多字的《脚踏地》和几件“极有可能是人工打击的石块”。

《脚踏地》的确对北京猿人的古老性形成了不小的冲击，成为这场辩论真正的诱因和主题。而匼河遗址的发现是这场辩论爆发的起点。匼河遗址由11个地点组成，其中6054地点的时代可能比“中国猿人”稍早[19]只是其原因之一；更要命的是那个匼河遗址的编外地点——6053地点——西侯度遗址。然而，从“曙石器”到“匼河遗址的时代”两年多的辩论，双方并没有把西侯度遗址扯进来，这是双方在辩论技巧和方式选择上的高明之处。因为，旧石器作为唯一能够保存至今的早期人类制作和使用过的工具，对于研究探讨早期人类的生存方式和石器打制技术的发展等与人类起源及演进相关问题有着十分重要的意义。然而由于时代久远，遗址和遗物所携带的信息的不完整，使得对早期人类及其行为的探索十分困难。100多万年到底有没有人类存在？他们打制的石器到底是什么样子？在当时是一个世界性的难题。因此，贾兰坡等希望在进一步工作的基础上获得更加可信的材料来讨论早期人类石制品的鉴别方法。裴文中先生则更愿意在讨论“曙石器”的基础上证明“中国猿人”之前的石器存在这样（性质）那样（时代）的疑点。

西侯度遗址在辩论中揭开了它神秘的面纱，1961～1962年王建先生率先领队进行的发掘，获得了一批很有价值的科学资料。从几件“极有可能是人工打击的石块”到包括动物化石、石制品和烧骨在内的大量物证，为《脚踏地》的理论推断作了很好的注解。

然而，裴文中先生坚持“曙石器”的观点，强调“中国猿人石器之前有人工打制的‘石器’，我觉得这种说法也难以成立”[1]，“至于说中国泥河湾期（即更新世初期）有人类或有石器，我们应该直率地说，至今还没有发现。”[1]这里虽然没有直接点出“中国猿人石器之前的‘石器’”所指何物，但环视当时中国境内更新世初期的发现，非“西侯度石器”莫属。视而不见也是一种态度。我们从没见过裴先生对西侯度遗址的任何文字评论。即便是在1985年出版的《中国猿人石器研究》[20]一书中，还是不点名地对西侯度石器表示怀疑*。

我曾听贾老与家父王建先生聊天时说过：西侯度6053地点发现石制品后，裴老坐

---

* 从张森水先生的《在中国寻找第一把石刀》和《关于西侯度的问题》中的论述和文献对照，确信1985年《中国猿人石器研究》一书中“因‘石器’人工性质无法肯定”的论述系指西侯度石制品无疑。

不住了，开始了与我们的辩论。多年后张森水、李炎贤的记述还原了这段历史。“西侯度发现的‘石器’曾在中国科学院古脊椎动物与古人类研究所（下简称研究所）内部对其性质进行过讨论，当时有两种不同的意见。贾兰坡等（下称辩方）认为，这些石器，无法用自然动力造成来解释，其人工性质可以肯定；另一种看法，以裴文中的观点为代表（下称证方），他们认为，由于西侯度地点出土的、被辩方鉴定为石器的标本上有严重的水流冲磨和碰撞的痕迹，颇似欧洲的“曙石器”，难以排除是由河流碰撞造成的可能性，应进一步做工作，不宜断然肯定。”[8]“西侯度的石制品实际上就是‘曙石器’（虽未直接见诸文字，但裴氏曾口头明确表示过）。”[13,14]由此判定，当时的“曙石器”所指确系“西侯度石制品”无疑。

事实上，这场辩论有没有西侯度及其石器已经不重要了。笔者认为这场关于“曙石器”问题的争论，对我国旧石器考古的研究和发展方向产生了积极的影响，对我国旧石器考古知识的普及所起的作用非常大。尤其是有关真假石器辨认以及“曙石器”问题的讨论是每一个从事旧石器考古研究的必修课。因此，即便到今天仍然是有意义的[21]。

这场辩论的神秘之处还在于，离开我们仅仅40多年，却产生了不同解读和歧异。有“中国第一次‘曙石器’之争”说，还有“所谓的中国猿人石器性质的讨论”说。“在此时期，在中国首次发生了所谓的中国猿人石器性质的讨论，实际上是与上述讨论密切相关的（指西侯度‘石器’的讨论——引者注），故有人从讨论问题的实质出发，称其是中国第一次‘曙石器’之争。针对这场学术讨论，笔者有幸听到过一位古生物学家的一席发人深省的谈话，大意是如果裴文中博士论文（Pei，1936）早一点译成中文发表，可能会避免这场争论。关于西侯度石质标本的性质，自1963年至文革结束，未曾公开讨论过，仍是仁者见仁，智者见智。”[8]

中国“曙石器”之争不知是何人赋予的。称之为中国“曙石器”之争倒也无妨，因为是裴先生《“曙石器”问题的回顾——并论中国猿人文化的一些问题》的论文打响了这场辩论的第一炮。针对这段描述家父王建先生有一段批语：“无人将这场辩论定位为‘中国猿人石器性质的讨论’，在这场辩论中也没人对‘中国猿人石器性质’表示过怀疑。”其实，这场辩论的主题既非“曙石器”，亦非“中国猿人石器性质”；而是那个比北京猿人早得多的“西侯度遗址”。“匼河遗址的时代问题”[5,6]只是一个副产品，因为“匼河遗址的时代”虽然与周口店期时代相当，但它的早晚挑战的是仍然北京猿人之前能否有石器存在的问题——卫奇等称之为“最古论”的问题[15]。从根本上说，这场争论的焦点为是否存在一个比“中国猿人”时代更早的人类及其文化的问题。至于裴老博士论文能否避免这场争论，是一个悖论。好像外文著作只有译成中文才能被国人理解，那中国的现代文明如何与世界同步呢?

歧异之二是有关《脚踏地》的。

这篇文章毫无疑问是中国旧石器考古研究史上最具创新精神的重要篇章。它解除了长期以来“中国猿人是人类最早祖先”的陈旧观念，为我们打开了一扇通往比“周口店期”更早的史前人类文化的大门，激励着人们到更为古老的地层中去寻找人类的足迹[21]。然而，多年来总有人闪烁其词，不想承认这一点，认为：早在20世纪30～40年代就已经提出类似观点，“在中国，注意从早更新统的地层中寻找旧石器时代的文化遗物有较长的历史。1935年步日耶称在泥河湾层发现的化石中找到用石器砍砸过的标本和一件粗大的手斧。德日进同时发表已见，持保留态度。……在步日耶和德日进的论文发表约10年后裴文中通过对中国猿人文化的研究，提出‘由上述各种石器证之，可知当时中国猿人之生活，实相当进步，已超过最原始及最简单之程序。即中国猿人之文化实非原始的文化，将来或可发见，较中国猿人时代更早之人类’(裴文中，1948)”[8]。“贾兰坡和王建也于50年代提出了‘泥河湾期的地层才是最早人类的脚踏地’的论断。虽然他们的论述时间不同，先后相隔数十年，但基本论调略同”[10]。

仔细阅读文献便会发现它们根本不同。1930年德日进（Teilhard de Chardin）和皮孚陀（J. Piveteau）在《泥河湾哺乳动物化石》* 一书中指出：“我们不知道这个时期是否已经生活着人类，但我们知道可能存在着人类。”“当最后三趾马经常来喝泥河湾湖水的时候，中国就有了人类”。[22]老实说，德日进和皮孚陀当年把泥河湾层作为第三纪末期的上新世地层（直到1954年我国才正式将泥河湾作为早更新世）来看待，这里表达了作者对泥河湾存在人类可能性的一种推测和美好愿望，并没有理论依据。而《脚踏地》从北京猿人的用火遗迹、石器打制技术、猿人体质进化特征等几方面作了综合分析，认为：中国猿人已经能够控制、管理和使用火，能够用三种方法打制石片，打制的石器已有了相当的分化和分工。中国猿人的体质特征虽然尚保留有猿的性质，但已经成了人，他们的脑量远远超过了猿类，他们的四肢具有现代人的形式。因此，在“与中国猿人时代相接的泥河湾期的地层中还应有更为原始的人类及其文化存在。”[17]

1948年裴文中先生在《中国史前时期之研究》中曾有过“中国猿人之文化，实非最原始的文化，将来或可发现较中国猿人文化更早之人类”[23]。虽然是推论，但当我们看到这里时，对裴先生的敬畏和疑惑油然而生。敬畏的是裴先生不愧为一代大家，早在1948年就几乎摸到了科学真理；但令今人费解的是为什么没有继续深化下去，为什么会180度大转弯，去讨论“曙石器”的问题？如果裴先生坚持1948年的观点，才真的有可能避免这场争论。

我不是说这场“曙石器”的讨论有什么不好，相反中国的旧石器考古学需要这样的讨论。这是老一辈科学家留给我们的精神财富，他们坚持真理勇于探索的精神值得我们学习[21]。而且目前学术界缺乏的正是这样一种精神和这样的学术讨论。

1978年由贾兰坡、王建合著的《西侯度——山西更新世早期古文化遗址》对西侯度遗址发现的石器、动物化石和烧骨等进行了全面细致的研究，确立了西侯度文化。这是自1962年辩论结束以后，西侯度遗址研究取得的最重要突破，引起学术界的高度重

---

* 《泥河湾哺乳动物化石》（法文）中译本于1980年山西省雁北地区文物工作站、山西省考古研究所、宁夏回族自治区博物馆和内蒙古自治区博物馆出资，由彭贤治、杜忠磐翻译，内部刊印。

视，国内外学者纷纷来并观察西侯度标本，发表自己的看法*。有摇头的、也有点头的，可以说意见莫衷一是。1996 年黄慰文、侯亚梅在《关于环西太平洋最早人类的活动——对六个中国早期人类遗址的观察》中表达了他们的看法[24]。紧接着张森水予以回击，掀起了新一轮有关西侯度遗址的讨论。与 20 世纪 60 年代的暗战不同，这一次是真刀真枪的对垒[8~15,24~27]。反对者坚持 40 年前"曙石器"的观点，认为：西侯度遗址的石质标本"有明显的水流碰撞和磨蚀痕迹"[8]，"'石制品'的人工性质存疑"[8]；而赞成者并不否认有水流磨蚀作用，但"石制品遭受水流的碰撞和磨蚀，只要还显示人工痕迹，石制品的性质就没有改变"[11]。

纵观这场辩论，早年由于时代和发现材料的局限，坚持"中国猿人"是最早的看法，虽然带有一定的主观因素，讨论还是从分析问题的角度出发的。但 40 多年以后，在大量考古发现面前，仍然把中国的旧石器文化都溯源至"由周口店北京猿人文化的祖型逐渐发展起来，向着长宽等比小型化方向发展"[25,26]，就有些不好理解了。西侯度遗址的问题自不必说，由于石制品磨蚀较为严重，遭人怀疑还比较正常。但是包括 20 世纪 80 年代发现小长梁、东谷坨等遗址仍然遭到种种质疑[27]，显然受到了"中国猿人最古论"的影响。

四、症结与对策

记得在世纪交替之际，学术界弥漫着"彻底否定"西侯度遗址的气氛。山西很多关心西侯度的同志甚至一些文物界领导曾问过我，西侯度是不是人类遗址？你怎么看，难道连篇文章都不敢写吗？

笔者认为，对西侯度石制品的人工性质提出质疑，是科学研究中再正常不过的事情了。客观存在是不会以人的主观意志为转移的，当我们的主观认识的水平和解读能力存在偏差的时候，就会出现这样那样的争论。谁都不能强迫别人承认自己的发现是无懈可击的。西侯度遗址石制品无论如何都不能说是无懈可击。既然存在问题（包括赞成者在内也提出了不少问题），就应当设法去解决。但问题的症结在那里？如何解决？关键在于如何审视存在的问题，如何解消别人的疑虑。

考古学属于观察性科学，因此解决分歧、争议和学术问题的一个很重要的方法就是获得更多的第一手资料。我们认为：进一步发掘获得更多石制品以及与之相关的考古学资料，是解决西侯度问题及其争论的最有效的方法。可惜由于种种原因未能如愿。2005 年 3 月，鉴于西侯度遗址正在遭到农民挖砂的破坏，山西省考古研究所组织力量，经省文物局同意并上报国家文物局，进行了一个多月的抢救性发掘。

然而，40 多年过去了，面对同样棘手的问题和来自方方面面的争议和压力，首要的问题是确定一个科学的发掘方法和明确的野外工作思路。发掘方法的科学性首先是针

---

* 1979 年笔者上学期间就常听家父说起来访学者观察西侯度标本的事，1982 年参加工作以后也曾多次参与了接待来访学者。

对遗址的具体情况和需要解决的问题设计出符合本遗址特点的发掘方案。那么，就必须梳理一下西侯度石制品存在的问题。

（1）磨蚀问题：是西侯度石制品遭受怀疑的一个关键因素。如果磨蚀不是那么严重，问题可能会简单得多。然而，“多数标本有流水冲磨的痕迹，人工痕迹模糊不清；但是也有几件标本痕迹较为清楚，很像是人工打击的石块”[13,14]是客观存在，谁都无法回避的问题。

（2）埋藏环境：不应当成为否定石制品人工性质的理由，但埋藏环境与人类遗存之间的关系及其解读十分重要。众所周知，世界上许多遗址属于河流埋藏环境，其石制品人工性质确切无疑；但也有非河流埋藏环境下，例如洞穴遗存同样会遭人怀疑。有学者认为西侯度“大部分标本的棱脊显示边缘修饰，但因为标本的严重磨损情况，其修饰可能由强流水冲动引起，虽然石片好像是有意制作的”[28]。并没有一棒子打死，而是表示了他们对标本与埋藏环境之间的关系怀疑。因此，对埋藏环境的研究也是解开西侯度之谜的重要步骤。

（3）河流埋藏环境下非人工特征的可能性：是有的。包括原研究者、笔者以及赞成西侯度石制品人类特征的学者，都不否认河流环境下有可能形成类似人工特征的自然破碎，说明河流中砾石撞击亦属于客观存在。因此，分析问题和解决问题的方法成了解开西侯度之谜的关键。

笔者认为：首先，尽管人工打击与自然破裂在破裂片疤的某些特征上（如打击点等）难以区分。但人类打制石器是一种有智力活动的技术，判别人工打制与自然破碎的关键在于石制品上的人工智能信息，而不是孤立地看几个片疤的问题。因为无论人工打击还是自然撞击，只要是在合适的位置、在点冲击力的作用下，岩石的破裂特征大致是相同的。然而，二者毕竟还是可以区分的。要不然的话，旧石器考古学立足之本就真成问题了——旧石器的学问也就不成其为学问了。

其次，河流埋藏环境下人工特征由于受到搬运埋藏环境的影响，在判别上有一定的困难是不争的事实，也是研究西侯度石器最重要的一点。30 年前西侯度石器的研究者就给出了三个鉴定标准[16]。考虑到水动力环境下砾石的破碎与磨蚀是一个连续不断的过程，因此，笔者认为不论是群体还是个体都应当显示出均一性。而存在于砾石层中的石制品，在原料、破裂方式和破裂的关联性上都是有选择的。这是自然破碎和人工打制的明显区别。然而，“中外学者怀疑它们是河流撞击所产生者不乏人在”（裴文中、张森水，1985；Clark and Schick，1988）。

由于上述三个方面都是客观存在，即便再次发掘仍然不可能有根本改变，为此有人担心最后还是一笔“糊涂账”。带着这样的问题和忐忑，我们确定野外发掘必须以复原西侯度遗址当时的埋藏环境和尽可能多地获取遗址的原始信息为突破口。采取了以下步骤。

（1）用 GPS 确定西侯度 6053E、6053W 以及本次发掘地点的地理坐标，标校本次发掘的探方基点和海拔。

(2) 确定发掘是否与20世纪60年代的发掘为同一层位。

(3) 采用目前国内外通行的全坐标定位方法——即以一平方米为一个发掘单位（一个探方），记录每一件标本的三维坐标和倾角、倾向，用红点标出标本出土时的最高点，黑色箭头标定其指北方向。

(4) 对每个探方的砂土过筛，以发掘的水平层位为单位，收集碎骨片和碎石屑。

(5) 选测了遗址中50余件较大砾石的倾角、倾向，以确定文化层的水流方向。

(6) 选取一个发掘单位（N99E101探方）进行原料分析，以确定西侯度遗址的原料环境和原料背景。将该探方出土的所有砾石全部取回进行岩性、大小、磨圆程度等方面的综合分析。考察石制品及砾石破裂痕迹的原料分布。

(7) 观察统计群体标本和个体标本的破裂痕迹和磨蚀程度，考察破裂痕迹的时间分布或空间分布。

五、收获与启示

本次共发掘54平方米，获得（有坐标记录的）石制品和动物化石碎片1500余件，还有大量筛选收集碎骨片和碎石屑。由于本文并非发掘报告，只能结合上述问题，粗略地将发掘的收获和启示汇报给大家。

(1) 地点与地层：本次发掘位于西侯度村北的后底口（6053W地点）外延的一道土梁上。从地层上看，与1961～1962年发掘应当属于同一个层位。石制品出土于交错砂层相加的两个很薄的砾石层中。上砾石层砾石的分选性较差，厚30厘米，上部较大，下部较小；砾径1～15厘米，以10厘米以下者为主，大于等于10厘米者只有8.7%；岩性以粉红色、紫红色石英砂岩为主，其次是石英岩；在砾石层顶部普遍胶结有很硬的粗砂，形成了一个厚度约5～10厘米的硬壳。下砾石层，较上砾石层要薄，岩性基本相同，顶部胶结有少量粗砂。此外，砾石层中还夹杂着很多直径不等的泥球，这些泥球磨圆程度相当好，最大者超过20厘米，内部结构为紫红色胶泥。

(2) 埋藏环境：根据砾石的倾角、倾向和地层堆积情况分析，这套河流相堆积的成分和来源可分为两部分；砾石层上下的交错砂层纯净、均匀，说明这里水流比较稳定，水动力环境应当为滨河相环境。根据我们对文化层中的砾石进行了随机测量，其倾向基本上为130°左右，这与现今的黄河流向基本相当。由此判断这套河流相堆积的主体很可能就是古三门湖或黄河故道形成的砂层。而文化层（砾石层）成分复杂，含有砾石、泥球、石制品和动物化石碎片，其主体是磨圆度很差的片麻岩或粗砂岩，它们在岩性、磨圆程度及水动力环境上与其上下的交错砂层有很大的矛盾。很显然，砾石层及其文化遗物并非主河道的产物，而是从主河道以外注入形成的。

(3) 原料分析：石制品原料的研究是旧石器考古中的一个重要环节，它对于了解原始人类打制石器时是如何选择和利用周围的岩石，甚至对于辨别人工痕迹还是自然撞击都有很强的参考价值。笔者在《周口店第1地点和第15地点原料分析》一文中曾经指出："过去对遗址中石器原料的研究方法显得过于简单，仅仅停留在描述性的岩性的甄别和比例的罗列上——以现代人对岩石学或矿物学的分类作为石器原料研究的最终成果。这样的研究并没有关心原始人在采集、使用这些石料时的认识过程和思维活动，脱离了考古学的本意。""我们对原料的研究不应当仅仅把眼光盯在那些遗址中常用的、或在遗址中使用过的石料上，还应该对遗址周围的所有石料进行广泛的调查和实验，从而对原始人在原料选择上的认识过程有所了解。""目前对石器原料的研究仅仅对遗址中出现的石料的种类及其比例进行研究是远远不够的，还必须注意到遗址周围原料的'背景参数'的研究。原料的特点包括硬度、均匀性、色泽、产地、可获得程度等。这些都是影响原始人打制石器的因素之一。只有对遗址周围的石料的来源、质地、可获得程度等因素有比较深入的了解，并结合遗址中出现的石料进行充分的对比，才能得出比较客观的结果。"[29]

因此，我们以 N99E101 探方为重点，将该探方出土的所有砾石全部取回进行岩性、大小、磨圆程度等方面的综合分析，得出了令人信服的结论。在我们取出的砾石中，有两种性质截然不同的成分。按直径大小进行区分，直径大于 2 厘米的与直径小于 2 厘米的砾石。它们在岩性、磨圆度来源等方面有很大的不同。

直径小于 2 厘米的砾石数量众多，但并非砾石层的主体——在砾石层中所占比例不大。根据其个体体积大小均值与总体体积之比估计约有上万件。它们磨圆很好，以石灰岩、砂岩、石英岩和石英为主。很显然，这些砾石是经历了长距离搬运和分选的结果。但它们夹杂在以大于 2 厘米的磨圆度很差的洪积物为主体的砾石层中，给我们的分析带来一定的困难。笔者冒昧地揣测，二者的来源不尽相同——这些小而磨圆好的砾石可能是从黄河上游带来，也可能是沉积在附近的砾石层遭破坏再次搬运的结果。

在 N99E101 探方中，直径大于 2 厘米的砾石与直径不等的泥球，在体积上形成了砾石层的主体。其中出土并用于分析的有 970 余件。这些砾石中约有接近 90% 的为质地松散的花岗片麻岩和粗粒砂岩，这两类砾石的颗粒特别粗、结构松散，有 10% 左右的石英、石英岩或石英岩状砂岩，从一些较大砾石上可以看出石英、石英岩与片麻岩互层或相夹。根据地质资料来看，其岩性与西侯度北边的中条山末端寒武、震旦纪岩层岩相[30,31]较为一致。

从石制品与砾石岩性的比较来看，有人工痕迹的石制品几乎全部为石英和各色石英岩石料，而独不见花岗岩和粗砂岩。我们根据 N99E101 探方中直径大于 2 厘米砾石的统计，远古人类所选择的用于打制石器的石英和石英岩，占全部砾石岩性的 10% 多一点，而石制品又占这两类砾石的 16.8% 。说明西侯度的远古先民对当地的石料有着十分清楚的认识，他们基本上只选择硬度、质地好的石英和石英岩来打制石器。如果说西侯度遗址的石制品是河流撞击形成的，那么机会应当是均等的，为什么会单单撞击石英和石英岩而不撞击其他岩性的砾石呢？仅此一点就充分说明，西侯度遗址中的石制品是人类刻意打制的。

（4）石制品的磨蚀和人工特征：本次发掘获得石制品上千件，目前还没有进行统计分析，其中虽然不乏人工特征明确的标本，但直观印象磨蚀严重者依然占多数。

本次发掘在石制品打击痕迹与自然碰撞的对比、原料环境、埋藏环境、河流流向、砾石层的来源和走向等许多考古学相关性信息的研究都取得了很大的突破。根据发掘所获资料的综合分析，西侯度石工业虽然受到河流搬运埋藏的影响，但人类行为及其特征毋庸置疑。西侯度石工业采用锤击和砸击法，二次加工制品比例很低，石核、石片、断块、碎屑占有很大比例。石制品中也有不少二次加工的精品和规范制品，而且有了一定的形制模式。充分说明西侯度遗址的石制品系人类选择特定的原料进行打击的结果。

（5）遗址的发掘与保护：这是本次发掘的另外一个收获。西侯度遗址自1961年发掘以后，先后被芮城县和山西省人民政府公布为重点文物保护单位，1988年国务院公布为全国重点文物保护单位。但除了学术界的争论以外，长期以来的搁置致使当地村民对遗址的保护意识也逐渐淡漠。这次发掘运城市和芮城县政府十分重视，当地村民也从中意识到这里不仅仅有砂，还埋藏着老祖先遗留下来的文化遗物。因此，这次发掘的另一个启示就是：对于一些重要的旧石器时代遗址来说，必要的发掘既可以解决学术争论和存在的问题，又能调动当地政府和群众保护遗址的积极性。

（6）20世纪60年代发掘无论从发掘的方法、理念和细致程度都与今天有着较大的差别。导致前后两次发掘的标本有着明显的差距。我们相信随着对这批新材料的深入研究，还会发现更多的问题和差距。不过这并不影响我们对西侯度遗址及其石器工业的认识和理解。这次抢救性发掘的意义在于解决了我国旧石器考古学界长期以来对西侯度遗址石制品人工性质的认定问题。证明了40多年前的发掘，是中国内地上首次发现了早更新世初期的石器文化，是一次具有里程碑意义的伟大发现。

谨以此文献给中国旧石器考古学的开拓者——贾兰坡先生诞辰一百周年。

注　释

[1] 裴文中．“曙石器”问题的回顾——并论中国猿人文化的一些问题．新建设，1961（7）：12－23.

[2] 贾兰坡．谈中国猿人石器的性质和曙石器问题——与裴文中先生商榷．新建设，1961（9）：54－67.

[3] 吴汝康．从曙石器问题谈到中国猿人是否是最早人．光明日报，1961年9月6日.

[4] 裴文中．中国猿人究竟是否最原始的“人”——答吴汝康、贾兰坡二先生和其他同志．新建设，1962（4）：28－41.

[5] 邱中郎．匼河文化遗址的时代问题．古脊椎动物与古人类，1962，6（3）：291－294.

[6] 贾兰坡．和邱中郎同志讨论匼河文化遗址的时代．古脊椎动物与古人类，1962，6（3）：295－298.

[7] 贾兰坡．中国猿人不是最原始的人——再与裴文中先生商榷．新建设，1962（7）：54－67.

[8] 张森水．关于西侯度的问题．人类学学报，1998，17（2）：81－93.

[9] 黄慰文．关于华北早更新世人类活动的问题．徐钦琦等主编：史前考古学新进展——庆祝贾兰坡院士九十华诞国际学术讨论会文集．北京：科学出版社，1999：63－68.

[10] 李炎贤．中国早更新世人类活动的信息．徐钦琦等主编：史前考古学新进展——庆祝贾兰坡院士九十华诞国际学术讨论会文集．北京：科学出版社，1999：141－153.

[11] 卫奇.《西侯度》石制品之浅见. 人类学学报. 2000，19（2）：85－96.

[12] 陈哲英. 关于《西侯度》存在的问题. 龙骨坡史前文化志，2000，2（2）：82－86.

[13] 李炎贤. 从西侯度石制品剖析石制品鉴定的误区. 龙骨坡史前文化志，2002（4）：28－40.

[14] 李炎贤. 关于西侯度的石制品的讨论. Lee Yong-jo ed，*Palaeolithic Men's Lives and Their Sites-Commemorating* 40 *years for Palaeolithic Studies*. 韩国：学术文化社. 2003：255－278.

[15] 卫奇，陈哲英. 匼河遗址群考证. 人类学学报，2004，23 卷（增刊）：145－161.

[16] 贾兰坡，王建. 西侯度——山西更新世早期古文化遗址. 北京：文物出版社，1978：1－85.

[17] 贾兰坡，王建. 泥河湾期的地层才是最早人类的脚踏地. 科学通报，1957，（1）：30－31.

[18] 贾兰坡，王择义，王建. 匼河——山西西南部旧石器时代初期文化遗址. 中国科学院古脊椎动物与古人类研究所甲种专刊第五号. 北京：科学出版社. 1962：1－40.

[19] 贾兰坡，王择义，王建. 山西芮城匼河旧石器时代初期文化遗址. 考古，1962，（8）：1－40.

[20] 裴文中，张森水. 中国猿人石器研究. 中国古生物志，新丁种第 12 号. 北京：科学出版社. 1985.

[21] 王建，王益人. 山西旧石器时代考古的发现与研究. 吕遵谔主编：中国考古学研究的世纪回顾·旧石器时代考古回顾. 北京：科学出版社，2004：111－145.

[22] Teilhard de Chardin P，Piveteau J. Les mammiferes fossils de Nihowan（Chine）. *Ann. Paleont*. 1930：19.

[23] 裴文中. 中国史前时期之研究. 上海：商务印书馆，1948.

[24] 黄慰文，侯亚梅. 关于环西太平洋最早人类的活动——对六个中国早期人类遗址的观察. 文物季刊，1996，（1）：68－74.

[25] 张森水. 中国北方旧石器工业的区域渐进与文化交流. 人类学学报，1990，9（4）：322－333.

[26] 张森水. 管窥新中国旧石器考古学的重大发展. 人类学学报，1999，18（4）：322－333.

[27] 张森水. 在中国寻找第一把石刀. 人类学学报，1997，16（2）：87－95.

[28] Clark，J. D.，K. D. Schick. Context and content：impressions of Palaeolithic sites and assemblages in the People's Republic of China. *Journal of Human Evolution*，1988，17：439－448.

[29] 王益人. 周口店第 1 地点和第 15 地点石器原料分析. 人类学学报，2004，23 卷（增刊）：130－144.

[30] 山西省地层表编写组. 华北地区区域地层表山西省分册（二）. 北京：地质出版社，1979：1－264.

[31] 张兆琪等. 中条山西南段基底岩系的地质特征. 地质调查与研究，2003，26（4）：193－199.

石片类型学新论

王益人

（山西省考古研究所）

摘要 石片是石制品中数量最多的一个类型。随着对石器打制技术探索的深入，石片的分类研究也从最初的形态和打制方法分类逐渐转变为打制技术类型分析。本文通过石片"背疤打击方向"的观察和统计分析，建立了一种全新石片分类模型。这种分类模型在石片的形态、类型与打制目的、过程之间建立起一种有机的联系，全面反映了石片打制的动态过程和操作程序。它将石片台面和背面的主要特征与破裂面有机地结合起来。实现了石片分类由局部特征向整体特征的转变、由静态类型向动态类型的转变。与以往的分类体系比较，这个分类系统将石片台面、背面上的所有特征以及与破裂面之间的关系都作为石片类型的变量进行组合，得出的每一个类型都具有其独立的考古学意义——打制过程和技术环节。

一、石片的分类及其类型学概述

石片是旧石器工业中最常见、数量最多、最为广泛的石制品类型。因此，石片的分类成为考古学家必须解决的问题之一。就像陈淳所言："分类是人类思考和处理问题的一种基本方法，自人类诞生以来恐怕就一直是日常生活中不可缺少的一部分，没有分类，任何工作和生活就不可能井然有序。"[1]

类型学是一个考古学专用名词。它与器物分类有关，但绝不等同于分类和类型本身，或者说不能简单地将分类和类型看做是类型学。类型学是通过类型分析剖析考古现象并为考古学阐释提供依据的一种方法，而不是以照着某个分类体系进行类型划分为最终目的。类型学概念实际上包括两部分内容：类型学框架和类型学方法。分类、类型、类型学框架和类型学方法是四个属于不同层次的概念，而类型学是它们的总括。作为指导器物类型研究的科学方法，它是由"分类→类型→类型学模型→考古学解释"这一系列研究步骤构成的完整学科分析体系，而不是专指哪一个具体的分类、类型或类型组合。

分类 是类型学中最基础、应用最为广泛的方法和手段。它应当具有三个基本要素：目的、对象和层次。首先，分类是有目的的，没有目的的分类毫无意义。张光直先生认为："所有的考古分类在动机上都是理论性的，因而可以被称为类型学（在本书中，类型学不等于分类，除非有明确的提示）。"[2]其次，分类是有对象的，大到宇宙小到原子核，分类无所不在。旧石器分类的对象——分类单位——可大可小，并且与分类目的紧密相关。它可以是一个大类群的分类，像石制品可分成石片、石核、石器等；也可以是一个独立定义类别的分类，如石片、石核、尖状器等都可细分为若干子类；还可以是某一器类上某个局部特征的分类，如石片的台面性质、尾端特征均可分类。再次，分类是有层次的，不同层次的分类其缘由、目的和标准各有不同。

类型 是分类的依据和最终结果，不同目的的分类其依据、标准和定义各不相同，必然形成不同的类型。换言之，不同类型有不同的分类定义，形成不同特征的类型。

类型学框架 或称之为类型学模型。它由不同层次的类型构成。同一层次上的分类得出同层次的类型。不同层次的类型组成类型模型，构成了一个完备的能够进行考古分析的类型系统或组织框架。

类型学方法 它是类型学的核心，是四个层次中的最高一级。它利用类型学框架对考古材料进行解释，从而将考古材料转化成对与人类活动相关的时代特征、技术特征和行为方式进行阐释的依据。

由“分类→类型→类型学模型”构成的过程——我们称之为类型学的“建模过程”，不同的分类目的和指导思想会得出不同的类型学模型。而由“类型学模型→考古学解释”构成的过程，我们叫做“阐释过程”或“类型学方法”。它虽然不直接参与分类，但确是类型学中最重要的一环，将类型学模型转化为考古学语言，服务于人类社会发展历史的研究。同时类型学方法也随着考古学理论的不断发展而改变，并对“建模过程”产生积极的指导意义，不断推动分类方法的改进。

随着考古学理论的完善和发展，人们不断寻求在石制品分类方法上有所突破。分类的目的不再是单纯为了解决时代划分、文化属性、文化关系等问题进行的，而是力求通过类型学方法提炼石制品中的各种结构与信息[3]，研究原始人的打制技术、操作步骤、行为方式。反思以往的石片分类或类型可以发现：①过去的石片分类很不系统，没有一个统一的类型学框架，形不成一个共同的类型学语言，在很大程度上制约了对石片技术和人类行为的深入研究；②除了打制方法的讨论外，既没有实验也缺乏理论。多数分类方法属于经验分类或通俗分类[1]的范畴；③分类目的不明确，类型定义不严格、不精确。

我国考古学方面的石片研究，大致经历了三个阶段。

第一个阶段（1929～1975 年），学术界一直在努力探讨腹面破裂特征及其打制方法的区分，总结出若干不同的打制方法和特征。从类型学角度来看，它包括了由“分类—类型—类型学模型—考古学解释”的类型学所有要素，是石片分类中最为完整的一个类型学“范例”。它以打制方法为分类标准→区分出锤击石片、碰砧石片、砸击石片等类型→形成了以破裂面特征为基础的类型学框架→从打制方法上阐释石片的形成及其打制技术，并借以确定技术传统和文化演变。

第二个阶段（1976～1993 年），研究对象有所拓展，石片的形状和局部细微特征，特别是台面和背面特征成为关注的焦点。但从类型学角度来看，这一阶段的研究并未形成一个较为完善的、普适性的类型学模型，也没有对石片分类做出考古阐释。

首先是以石片形态为标准进行的分类：这是一个几乎没有完成“建模过程”的分

类。多数类型没有明确的分类标准。有的按形状，有的按大小，甚至二者兼有。厚石片、宽大石片、小长石片、薄长石片等均属于描述性语言，在具体操作上难以适从。从"大石片砍砸器—三棱大尖状器传统"[4]、"北方主工业"[5]的考古分析模式，到"石叶"、"细石叶"为主要特征的旧石器晚期文化序列探讨[6]等研究可以看出，学术界试图以石制品（包括石片）的大小和形状进行"区域文化"研究和"文化传统"划分的学术思想，凸显了这一时期我国旧石器考古学以"形态类型"为模型的"直线进化论"和"文化历史观"的路径。

其次是以台面形态为标准的石片分类：从 20 世纪 70 年代中期至今，台面分类方法[7~9]及其逻辑性和科学性[10~13]一直是学术界讨论的热点之一。法国学者将石片台面分为：石皮台面（cortical）、片疤台面（lisse）、有脊台面（dièdre）、多疤台面（facetté）、宪兵帽子状台面（en chapeau de gendarme）、鸟翼状台面（en aile d'oiseau）、马刺状台面（en épron）、点状台面（punctiforme）和线状台面（linéaire）等[14]。我国学者对台面的研究始于 1976 年，贾兰坡等首次将台面特征应用在石片分类中[4]。之后，李炎贤对石片台面类型进行了较为全面的讨论，分为零台面、刃状台面、点状台面、线状台面、天然台面、素疤台面、有疤台面、有脊台面、修理台面等[7]。《观音洞》[8]和《河北阳原板井子石制的初步研究》[9]等报告加以采用。然而这些为了分类而分类的"研究"，除分类描述外，看不出它对石片打制技术和文化阐释有什么帮助。

严格地说，台面分类不属于类型学范畴，它只是类型学方法在台面上的应用。因为台面特征仅仅是石片的一个局部特征，对它进行的分类并不直接参与石片类型学框架的构建，只有将这个特征作为石片分类的依据，它才具有了类型学效能。分类是为了解决考古学中的实际问题，而不是为了看谁分的多分的细，谁有什么创造发明。我们认为：以台面特征为标准的石片分类没有考虑到分类的意义和有效性，没能为阐释人类行为提供依据。因此，无论是它的"建模过程"还是"类型学方法"均不成熟。

分类和类型是为考古研究服务的，必须考虑其分类的目的和意义，只有这样才是一个有效的分类。然而，上述台面的分类繁杂、随意、混乱，既不注重逻辑的统一[12]，也不考虑它的考古学意义与目的所在。我们提倡系统分类[15]：即在分类时必须考虑到分类的级别或层次。就像生物学分类中的纲目科属种一样，有一定的规律性和层次性；而且在每一个层次上，只能有一个分类标准。系统分类主要是整合原有的分类和类型，针对业已存在的不系统、考古意义不明确的分类或类型，使它们具有比较科学的分类体系，即使这些分类或类型的目的性和层次性体现出来，而不是将原来的分类全部推倒重来。笔者 2001 年曾就对石片台面系统分类作过一些探讨[3]，有关石片台面的系统分类应当如图一所示（今稍作改动）。从石片和石核的关系来考虑，具有考古学意义的类型，不外乎自然台面、人工台面、修理台面和不可辨台面 4 大类。第一级分类可分为：可分辨台面（discernible platform）和不可分辨台面*（un-discernible platform，用 U 表

* 不可辨台面石片——并非没有台面，其破裂面完整，但台面非常小，一般是在打击石片时被击碎的。因此，无法观察和判断其在石核上时的台面状态。这类石片的台面被称之为不可辨台面，包括点状台面或线状台面。

示）。第二级分类将可分辨台面分为自然台面（natural platform，用 N 表示）和人工台面*，在人工台面中还可区分出打制台面（artificial platform，用 A 表示）和修理台面**（trimmed platform，用 T 表示）。虚线以下的台面分类，虽然在形态上具有一定的分类特征，但对于反映打片前石核的台面状态意义不大，在本分类系统中属于非有效分类。

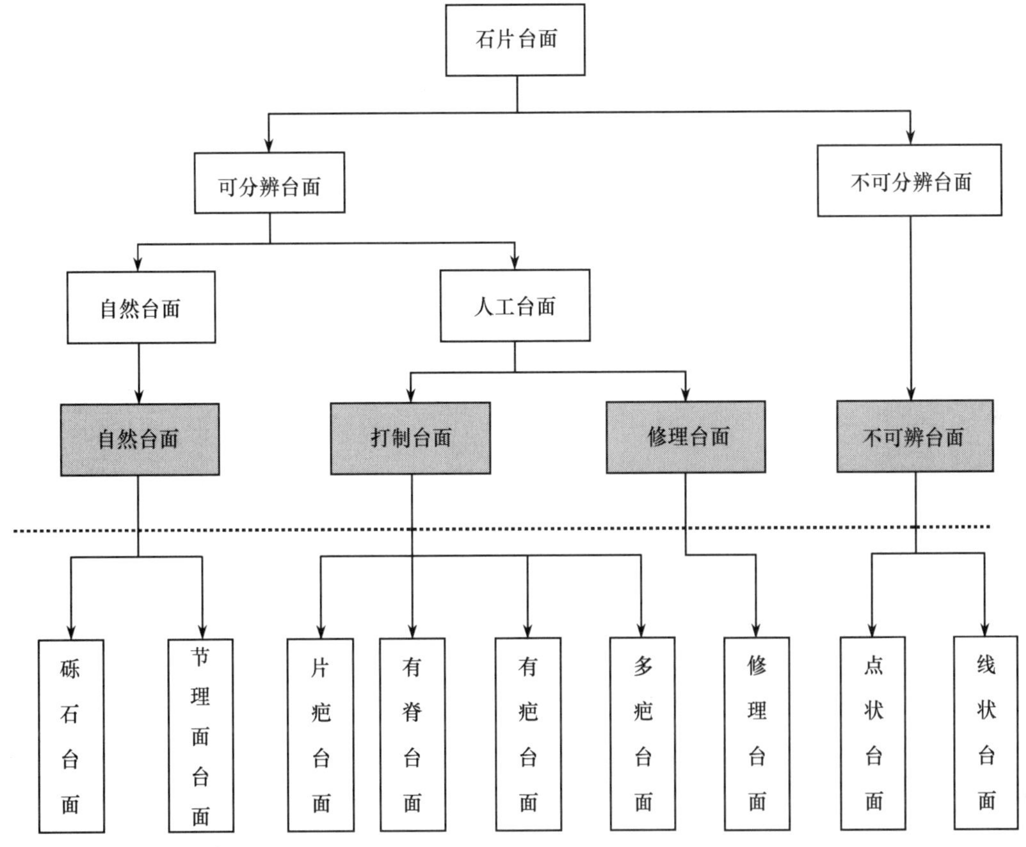

图一　石片台面的系统分类

再次是以背脊为研究对象的石片分类[16]：实际上是对石片形状和打制规律的研究，它指出了石片形状与背脊之间的逻辑关系，并以背脊形态作为分类的依据。其分类标准统一，类型学框架完整，在考古分析中有一定的积极意义。这一类型学模型虽然揭示了石片形状与背脊之间的依托关系，但考古学阐释过于简单，而且由于没有跳出形态类型的圈子，加之背脊控制理论较难理解，类型分析操作难度大，没有得到普及。

此外，1989 年，蔡回阳在《贵州普定白岩脚洞石片的初步研究》一文中对石片背

* 包括人工台面和半人工台面。半人工台面——石片台面上除石片疤外还带有部分石皮面。我们将此种带有石皮面的半人工台面归入人工台面。

** 修理台面和打制台面同属于人工台面，但是由于修理台面具有特意加工的特殊意义，因此有必要区别于一般的人工台面。而打制台面包括除自然台面、修理台面和不可辨台面以外的单片疤、多片疤等所有形态的台面。

疤以及与自然面的组合关系、比例关系进行了比较深入的研究[17]。并没有以背疤为特征进行类型学研究。

第三阶段（1994～），中国学者开始采纳美国学者 Nicholas Toth 的分类方法[18]，标志着石片研究进入了一个新的时期。这种分类方法以石片台面和背面的综合特征为依据，它的意义在于能够区分不同阶段产生的石片，进而分析和推断遗址中人类打片的行为和目的，对于解决遗址的性质和人类行为有一定的作用。但是在某些情况下不大适用，例如在脉石英砸击石片、单纯的修理石器废片（大部分石片的背面都不含有自然面）分析中都存在很大的困难。它与我们下面提出的类型学模型相比，就像幻灯与电影之间的区别一样，中间有很多类型缺环，而且没能将石片与石核紧密地结合在一起。

二、石片动态类型分析

1. 背景和理论基础

美国考古学家沃伦“将类型学的过程看作是从一批材料中寻找及发现规律和结构的过程，而不是将一种主观规则强加于材料的过程”[19]。石片打制有很强的规律性，但是人们囿于形态类型学的框架迟迟不能跳出形态分类的窠臼，没有在石片形态与打制规律之间建立起一种有效的相伴关系和分析方法。自 20 世纪 60 年代法国学者首先提出“操作链（*Chaîne opératoire*）”的概念，直到 80 年代欧美学者将其发展成比较系统的理论应用到考古学研究中，其主旨是从打制技术的角度分析石器形成的每个环节，包括原料采办、剥片程序、使用维修和废弃的全过程，并通过石器生产的工艺流程来了解人类在石器制作过程中的行为方式和技术特点，将石核、石片和石器看作是一个生产链条上不同阶段的产物。“操作链”仍然属于类型学范畴，成为石器分类的一个新的理论基础。

动态类型学（*dynamic typlolgy*）的概念产生自 20 世纪 60 年代末，80 年代以后为中国学者所重视[20]。其核心内容是以石器生产的过程和工艺技术为分类的基础。它与“操作链”所不同的是它更偏重于器物类型分析和打制工艺的复原。

石片打制离不开石核。因此，如何看待石片与石核的关系是石片动态类型学的一个关键。过去将石片与石核分隔开来，单独分类单独研究。这无疑影响了二者之间关系的建立，以及石片打制技术和操作过程的研究。我们在《石片形制探究》一文中曾经指出：“对任一石片的研究，都应当想到存在一个与之对应的‘石核’，并在意识上把它‘复原’到这上‘石核’上去。石片的台面，就是原石核的台面；石片的背面，就是原石核的剥片面。石片的台面和背面上的所有特征，都是打片前石核的固有状态。”[16]由此推知：石片背疤的打击方向就是石核上原有台面或背疤的打击方向。

石片背面片疤打击方向——简称“背疤打击方向”或“背疤方向”，是石片动态类型学的重要要素。因为，只有通过石片背疤方向与石片打击轴（破裂面打击方向）之间结构关系的分析，我们才能观察到石片在原有“石核”上未被打下之前的状态，以及这个“石核”在打制石片过程中进行翻滚、旋转等过程。更为重要的是通过它可以把石片的类型与打制过程有机地结合起来，进而完成石片打制技术和操作过程的复原。

2. 分类模型的建立

1992 年我们在确定丁村石片观察测量方法时，翻阅了当时能够找到的国内外有关分类、观察和测量的资料。收集到的石片观察测量项目有 52 种之多。最后我们确定了 34 个观察项目，对丁村遗址中的石片逐一进行了观察测量。其中，“背面片疤方向”就是借鉴日本学者芹澤長介等人在《岩戸遺跡发掘报告》中的项目设置[21]。如图二所示，Ⅰ表示背疤与石片破裂面打击方向相同，Ⅱ、Ⅲ、Ⅳ表示与石片破裂面打击方向分别呈 90°、180°和 270°交叉。但是，由于该报告仅仅将“背面片疤方向”作为一个观察项目，没有见到该观测项目的数据分析和考古学解释，无法了解他们设立这一项目的初衷。

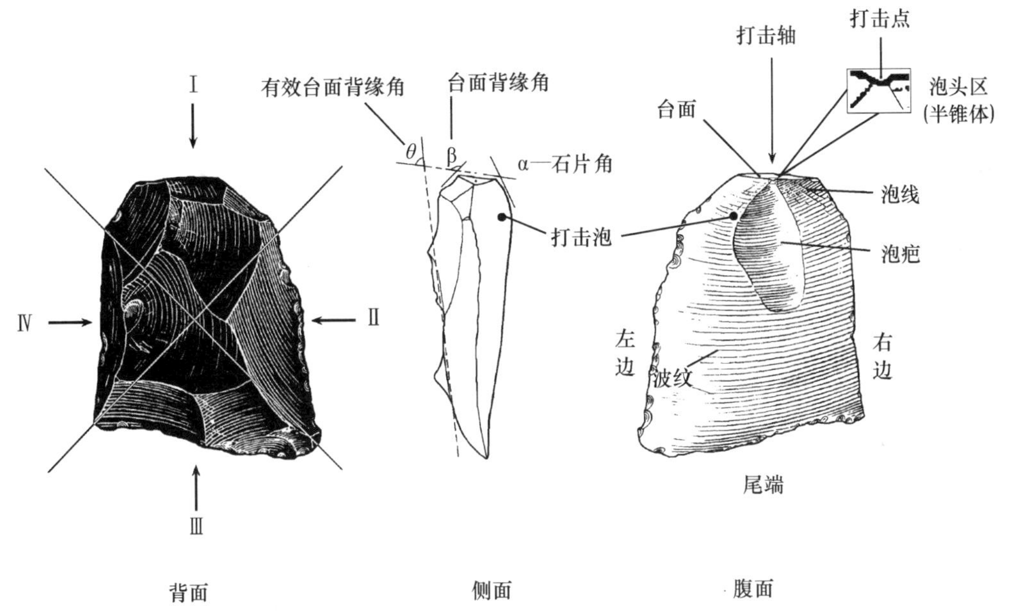

图二　石片背面的片疤方向示意图

事实上，在将丁村遗址中的“背疤方向”观察数据输入电脑进行分析之前，根本没有想到它具有类型学研究的可能。1994 年，我们曾用手工统计方法对丁村遗址各地点石片的个别特征进行了简单分析[22]。但“背疤方向”等许多观测项目由于数据十分庞杂，一时无法分析。2004 年我们用 Excel 对丁村 76∶006 地点的“背疤方向”统计分析发现，有十多种不同组合（表一），主要集中分布在Ⅰ或Ⅰ＋N 和Ⅰ＋Ⅲ或Ⅰ＋Ⅲ＋N 两种情形，而Ⅱ、Ⅳ两个方向的背疤组合较少。进一步研究发现“背疤方向”与打片过程中石核的旋转和翻滚有直接关系。例如：（Ⅰ或Ⅰ＋N）表明石片是同台面连续剥片；（Ⅲ或Ⅲ＋N）是仅将石核旋转 180°打片的情形；而（Ⅰ＋Ⅲ或Ⅰ＋Ⅲ＋N）说明将石核旋转 180°或两台面交替打片或砸击石片的情形。搞清了这几种石片背疤组合关系的考古学意义之后，我们对Ⅱ、Ⅳ方向背疤的各种组合关系逐一进行了推演，进而结合石片台面性质推演出 N、A、B、C、D、E 等六个大类 31 个背疤组合（石片打制过程）和 62 种类型（如表一所示）。然而，其中一些类型并没有出现在该地点中，因此我们将此方法扩展到所有地点的统计分析中，印证了这些类型的真实性。而且又发现了台面修整打片（T 型背疤石片）、双阳面石片（V 型石片）以及残断石片的背疤表达式。

表一　一般形态完整石片动态分类（或称之为技术类型）

背面＼台面		自然台面（N）	背面＼台面		打制台面（A）
自然背面	Ⅰ	N-N：无背疤（自然背面）自然台面石片	自然背面	Ⅳ	N-A：无背疤（自然背面）打制台面石片
自然背面＋人工背面	Ⅱ	Aa-N：Ⅰ＋N 型背疤石片	自然背面＋人工背面	Ⅴ	Aa-A：Ⅰ＋N 型背疤石片
		Ba-N：Ⅲ＋N 型背疤石片			Ba-A：Ⅲ＋M 型背疤石片
		Ca-N：Ⅰ＋Ⅲ＋N 型背疤石片			Ca-A：Ⅰ＋Ⅲ＋N 型背疤石片
		D1a-N：Ⅱ＋N 型背疤石片			D1a-A：Ⅱ＋N 型背疤石片
		D2a-N：Ⅳ＋N 型背疤石片			D2a-A：Ⅳ＋N 型背疤石片
		D3a-N：Ⅱ＋Ⅲ＋N 型背疤石片			D3a-A：Ⅱ＋Ⅲ＋N 型背疤石片
		D4a-N：Ⅳ＋Ⅲ＋N 型背疤石片			D4a-A：Ⅱ＋Ⅳ＋N 型背疤石片
		D5a-N：Ⅱ＋Ⅳ＋N 型背疤石片			D5a-A：Ⅲ＋Ⅳ＋N 型背疤石片
		D6a-N：Ⅱ＋Ⅳ＋Ⅲ＋N 型背疤石片			D6a-A：Ⅱ＋Ⅲ＋Ⅳ＋N 型背疤石片
		E1a-N：Ⅰ＋Ⅱ＋N 型背疤石片			E1a-A：Ⅰ＋Ⅱ＋N 型背疤石片
		E2a-N：Ⅰ＋Ⅳ＋N 型背疤石片			E2a-A：Ⅰ＋Ⅳ＋N 型背疤石片
		E3a-N：Ⅰ＋Ⅱ＋Ⅲ＋N 型背疤石片			E3a-A：Ⅰ＋Ⅱ＋Ⅲ＋N 型背疤石片
		E4a-N：Ⅰ＋Ⅳ＋Ⅲ＋N 型背疤石片			E4a-A：Ⅰ＋Ⅱ＋Ⅳ＋N 型背疤石片
		E5a-N：Ⅰ＋Ⅱ＋Ⅳ＋N 型背疤石片			E5a-A：Ⅰ＋Ⅲ＋Ⅳ＋N 型背疤石片
		E6a-N：Ⅰ＋Ⅱ＋Ⅳ＋Ⅲ＋N 型背疤石片			E6a-A：Ⅰ＋Ⅱ＋Ⅲ＋Ⅳ＋N 型背疤石片
人工背面	Ⅲ	Ab-N：Ⅰ型背疤石片	人工背面	Ⅵ	Ab-A：Ⅰ型背疤石片
		Bb-N：Ⅲ型背疤石片			Bb-A：Ⅲ型背疤石片
		Cb-N：Ⅰ＋Ⅲ型背疤石片			Cb-A：Ⅰ＋Ⅲ型背疤石片
		D1b-N：Ⅱ型背疤石片			D1b-A：Ⅱ型背疤石片
		D2b-N：Ⅳ型背疤石片			D2b-A：Ⅳ型背疤石片
		D3b-N：Ⅱ＋Ⅲ型背疤石片			D3b-A：Ⅱ＋Ⅲ型背疤石片
		D4b-N：Ⅳ＋Ⅲ型背疤石片			D4b-A：Ⅱ＋Ⅳ型背疤石片
		D5b-N：Ⅱ＋Ⅳ型背疤石片			D5b-A：Ⅲ＋Ⅳ型背疤石片
		D6b-N：Ⅱ＋Ⅳ＋Ⅲ型背疤石片			D6b-A：Ⅱ＋Ⅲ＋Ⅳ型背疤石片
		E1b-N：Ⅰ＋Ⅱ型背疤石片			E1b-A：Ⅰ＋Ⅱ型背疤石片
		E2b-N：Ⅰ＋Ⅳ型背疤石片			E2b-A：Ⅰ＋Ⅳ型背疤石片
		E3b-N：Ⅰ＋Ⅱ＋Ⅲ型背疤石片			E3b-A：Ⅰ＋Ⅱ＋Ⅲ型背疤石片
		E4b-N：Ⅰ＋Ⅳ＋Ⅲ型背疤石片			E4b-A：Ⅰ＋Ⅱ＋Ⅳ型背疤石片
		E5b-N：Ⅰ＋Ⅱ＋Ⅳ型背疤石片			E5b-A：Ⅰ＋Ⅲ＋Ⅳ型背疤石片
		E6b-N：Ⅰ＋Ⅱ＋Ⅳ＋Ⅲ型背疤石片			E6b-A：Ⅰ＋Ⅱ＋Ⅲ＋Ⅳ型背疤石片

表面上看，本分类系统是日本学者“背疤方向”与 Nicholas Toth 石片形态分类结合的产物，事实上并不那么简单。如果不能正确理解石片台面、背面与石核台面、剥片面之间的关系，单纯考虑“石片背疤方向”，并不能解决石片打制过程与石核的关系，形成全面反映其动态过程的类型和分类体系。

与前人的石片分类和类型比较，这一分类体系虽然类型较多，但体现的远古人类打片信息更加丰富。它全面揭示了“背疤”的考古学意义，并将石片的背面、台面与破裂面有机的结合在一起，形成了以背疤组合为特征的石片分类系统。此外，由于分类体系的制约，以往的研究不能将所有的石片类型放在同一个研究平台上讨论；而是分为完整石片和残断石片等分门别类的研究。在很大程度上影响了石片动态关系、打制技术乃至人类行为的探讨。实际上无论完整石片、残断石片，还是双阳面等特殊类型石片，它们产生的机理都是一致的。残断石片中除远端断片外，左半边石片、右半边石片、近端断片，均具备完整的台面。

3. 石片动态类型学框架及其分类意义

图三为 N、A、B、C、D、E 各类石片生产过程中石核的旋转、翻滚过程示意图。如果以石核第一次打片状态为基准的话，石核的前后旋转称为翻滚，左右顺时针或逆时针方向转动称之为旋转，以石核台面中心轴为轴的转动称之为转体。其类型划分反映了每件石片的剥制过程（石核上在被剥离以前的状态和石核的旋转和翻滚的过程）和工艺过程。因此，我们将这一分类体系称作石片动态类型。

N：N 型背疤石片，自然背面石片，依台面性质可分为：自然台面（N-N 型）、打制台面（N-A 型）修理台面（N-T 型）和不可辨台面（N-U 型）4 个类型。

A：（Ⅰ）或（Ⅰ+N）型背疤石片，系与破裂面打击轴同一方向的连续打击产生的石片。

B：（Ⅲ）或（Ⅲ+N）型背疤石片，连续几个打片后将石核旋转 180°之后的第一轮打击所产生的石片。

C：（Ⅰ+Ⅲ）或（Ⅰ+Ⅲ+N）型背疤石片，连续几个打片后将石核旋转 180°之后的第二轮或更多轮打击所产生的石片，也可理解为两个相对台面交替打片或砸击石片的情形。砸击石片背疤一般为（Ⅰ+Ⅲ或Ⅰ+Ⅲ+N）型，而台面多破损，因此，砸击石片一般可表述为：Ca-U 或 Cb-U。

D 型：（Ⅱ+X+N 或Ⅱ+X，X=0、Ⅲ、Ⅳ）型或（Ⅳ+X+N 或Ⅳ+X 型，X=0、Ⅱ、Ⅲ）背疤石片，由Ⅱ、Ⅳ和Ⅲ三个方向组合而成的各种背疤石片，系经过一轮打片后，将石核顺时针旋转 90°并夹杂着 180°旋转打击产生的石片。它代表了打下第一个石片后，将石核顺时针或逆时针旋转 90°之后以及夹杂着 180°旋转后第一轮打击所产生的石片。

E 型：（Ⅰ+Xn+N 或Ⅰ+Xn，X=0、Ⅱ、Ⅲ、Ⅳ，n=1、2、3）型背疤石片，由Ⅰ和Ⅱ、Ⅳ、Ⅲ三个方向组合而成的各种背疤石片，是经过一轮打片后，将石核顺时针旋转 270°（或者逆时针旋转 90°）并夹杂着 180°旋转打击产生的石片。它代表了连过一轮打片后，将石核顺时针或逆时针旋转 90°之后以及 180°旋转后二轮或多轮打击所产生的石片。这类石片带有各个方向的背面片疤，是最非常复杂的一种背疤组合，特别是 E6a 或 E6b 型背疤石片，它们产生的原因和方式方法多样，甚至可以说每一件石片的旋转方式都可能不一样。

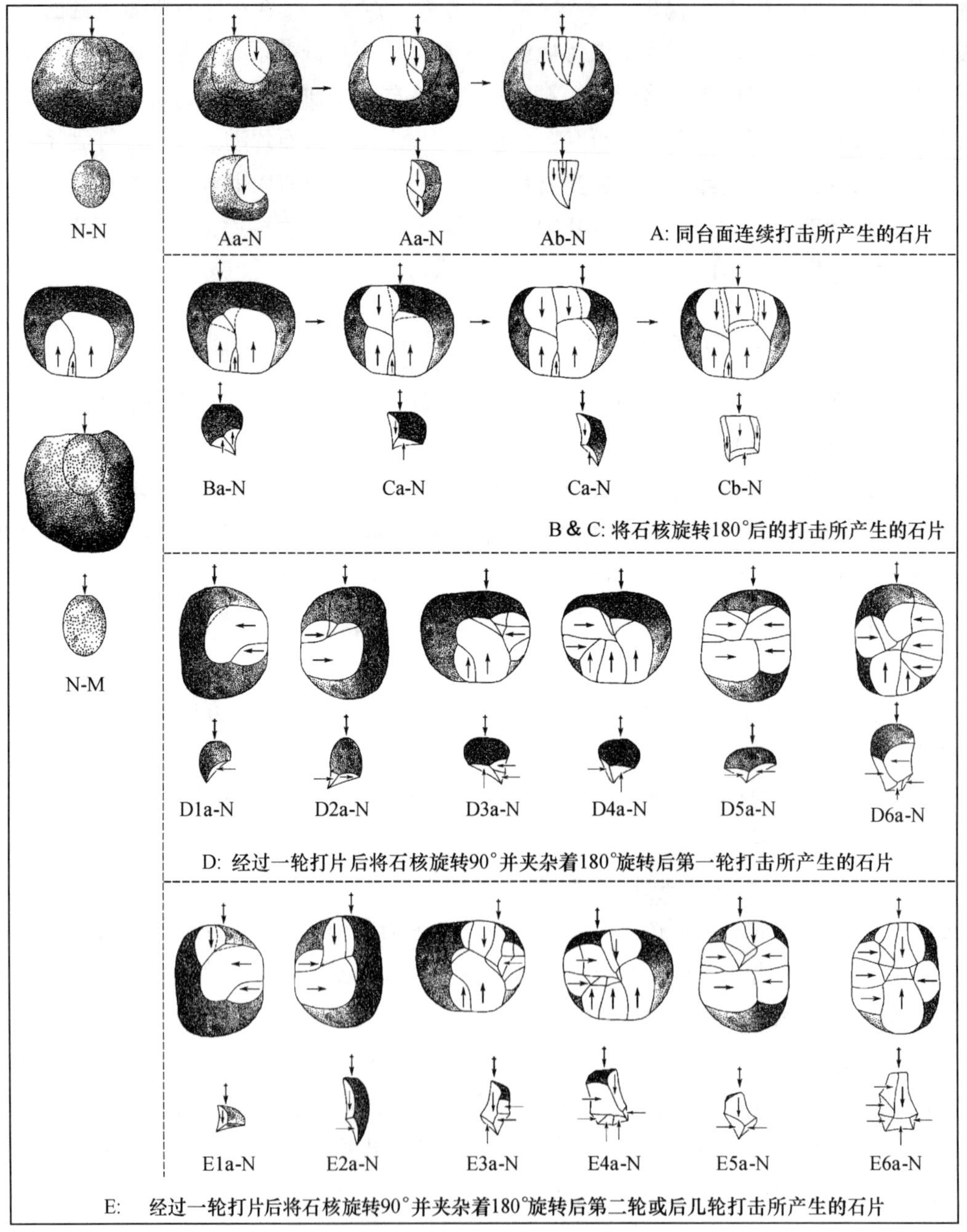

图三　石片动态类型示意图

T 型：（Tn = Xn′ + Xn + N 或 Tn = Xn′ + Xn，X = Ⅰ、Ⅱ、Ⅲ、Ⅳ，n = 1、2、3）* 型背疤石片，经过一系列剥片后，以石核台面前缘或石器修理的棱脊为主要剥片对象打下的石片。可以理解为石核台面修整打片（Core Trimming）。它包括石核更新台面石片（rejuvenation core flake）或细石核上的第一个台面调整打片或鸡冠状石叶（crested blade），甚至包括石器修理过程中打掉的有修理痕的棱脊（如雕刻器上打下的第一个雕刻器小片），或楔形石核修理台面时打掉的第一个雪橇形石片等。过去将这类石制品集中在一起讨论的机会很少，因为它们分散在不同的石器技术中。其实它们虽然"母体"差别很大，类型不尽相同，但在打制技术上还是比较类似。迄今为止，这类石制品除了一些典型标本的图示外，还没有一个从技术上进行统一描述和识别的标准。T 型背疤石片可以填补这一空白。

一般石片的背疤总是由边缘指向背脊的方向，而 T 形石片（图四）的"背疤方向"正好相反，是由背脊向石片的边缘方向打片。我们以Ⅰ、Ⅱ、Ⅲ、Ⅳ加"′"方式表示。它以

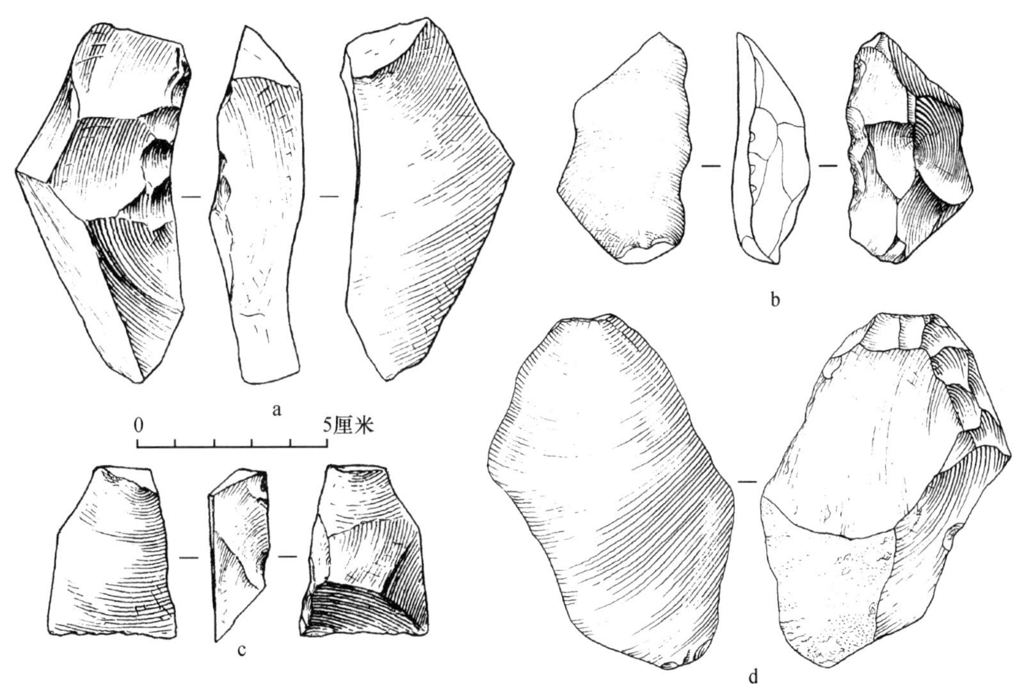

图四　石核台面修整打片（T 型石片）

a. T2b-N 型石片（JP2076，出自丁村 76:007 地点）　b. T6b-A 型石片（JP1301，出自丁村 77:01 地点）
c. T2a-A 型石片（JP2058，出自丁村 76:007 地点）　d. T4a-A 型石片（JP0839，出自丁村 76:006 地点）

* 这类石片的特殊之处在于由背脊顶部的一侧或两侧具有完整的片疤打击痕迹。因此，不论其他片疤的方向如何，均以带有"′"片疤方向作为这个类型的命名的依据。T1 表示（Ⅰ′+ X）型背疤石片，T2 表示（Ⅱ′+ X）型背疤石片，以此类推。其中 X 表示除加"′"以外的其他背疤的各种组合。T6（T2/4）型石片，即背疤为（Ⅱ′+ Ⅳ′+ X + N = T2/4a 型或 T6a 型）或（Ⅱ′+ Ⅳ′+ X = T2/4b 型片或 T6b 型）的石片——系以交互打击的石核台面前缘或棱脊为主要剥片对象，将石核向前翻滚一定角度后，再顺时针或逆时针旋转 90°打下的带有石皮背面或不带石皮背面的石片。同样 T5（T1/3）型石片，即背疤为（Ⅰ′+ Ⅲ′+ X + N = T1/3a 型或 T5a 型）或（Ⅰ′+ Ⅲ′+ X = T1/3b 型或 T5b 型）的石片。

背脊顶部的一侧或两侧向下剥离具有完整片疤的打击痕迹为特征。例如（Ⅱ′+Ⅳ′）型背疤石片，是以原有石核台面前缘——交互打制的棱脊——为背脊为主要剥片对象，将石核顺时针或逆时针旋转90°后打下的石片，这样的石片等于或类似于鸡冠状石片。

V型：（Vn = Xn″ + Xn + N 或 Vn = Xn″ + Xn，X = Ⅰ、Ⅱ、Ⅲ、Ⅳ，n = 1、2、3）型背疤石片，即双阳面石片或具有石片阳面背疤的石片（图五）。包括双阳面石片、局部双阳面石片（打下第一个双阳面石片或第二轮或更多轮打击所产生的石片）以及泡疤裂片。我们用加“″”方式表示背面保留的原来石片破裂面（Ventral surface）的情形。用V来表示这类石片，同台面双阳面石片用V1 = （Ⅰ″+X）表示。泡疤裂片用V1b-U表示，即背腹两面均为同方向破裂面（Ⅰ″型背疤）的不可辨台面石片。

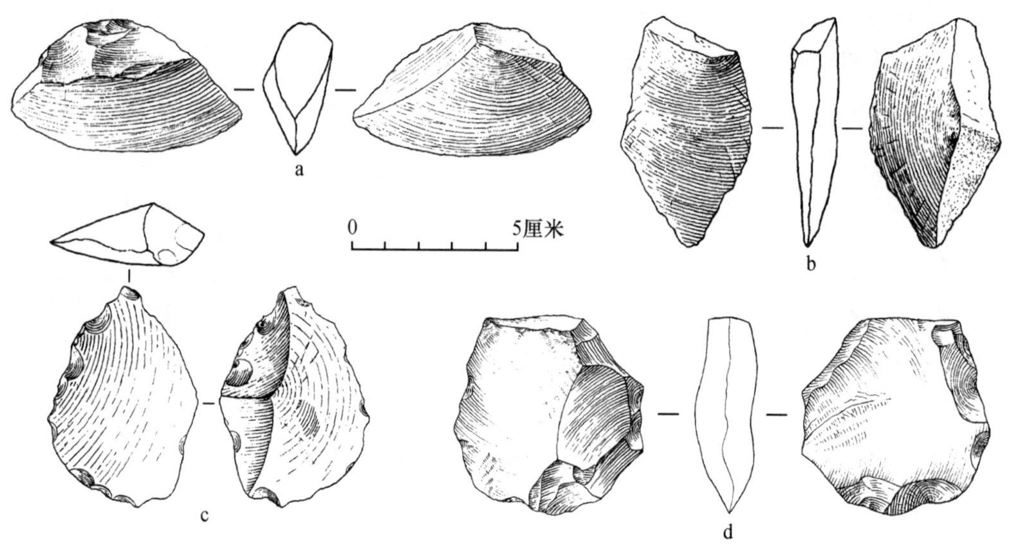

图五　双阳面石片（V型石片）

a. V1b-A型石片（JP1828，出自丁村77:01地点）　b. V2a-N型石片（JP1822，出自丁村77:01地点）

c. 用V3b-A型石片修制的锥钻（JP0518，出自丁村79:03地点）　d. V4b-A型石片（JP2139，出自丁村76:007地点）

三、讨论与总结

1. 石片动态类型在考古遗存中的应用

图六为丁村76:006地点的石片技术类型分析。我们可以对该地点的石片打制技术趋向作一个大致的评估。

（1）以同一台面连续打片（A型）为主，其次是将石核旋转180°后的连续打片（C型）；二者占到了全部石片的近70%。因此，连续打片为该地点石片的主流。

（2）将石核旋转180°后的第一轮打片（B型）很少，它与C型石片同为将石核旋转180°后产生的石片，但第一轮打片明显地比其后的连续打片要少得多。

（3）虽然将石核顺时针或逆时针旋转90°之后以及伴随180°旋转（D、E型）有众多变异类型，但在遗址中数量不多，其中第一轮打片（D 型）与第一轮之后的打片（E 型）比例差不多。

（4）T 型石片共 7 件，占总数的 3.91%，说明该地点修理台面虽然很少，但台面的更新或交换现象还比较多。

（5）V 型石片 5 件，占总数的 3.91%。

（6）从台面性质上看，人工台面者的比例远高于自然台面者；不可辨台面比例不高，仅占总数的 5.58%；此外，有 1 件修理台面者（Cb-T），其示范意义虽小，仍然有一定的意义。

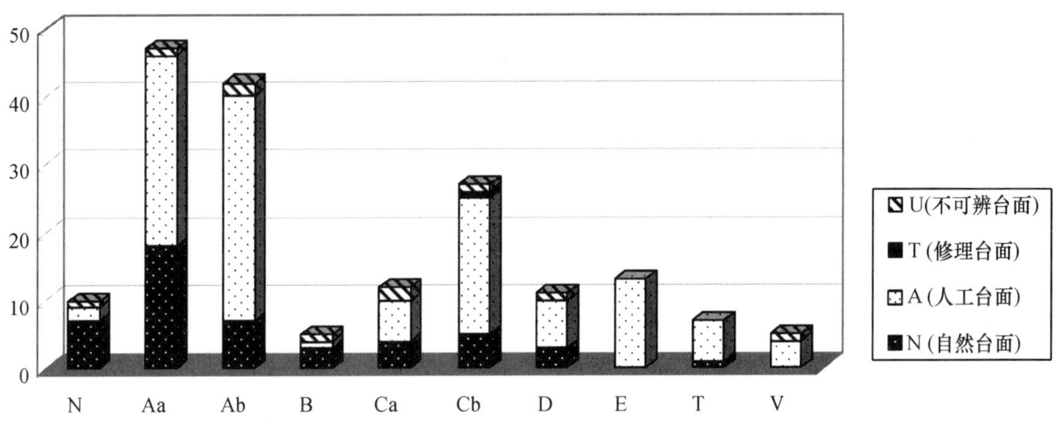

图六　丁村 76:006 地点石片背面片疤模式及技术类型柱状图

2. 石片的类型到底有多少

首先是石片的定义和内涵。石片既可以是从石核上打下来作为进一步加工石器的毛坯，也可以是在第二步加工中产生的废片。但二者在无论在形制上，还是在打制技术上并没有明显区别。我们认为从技术上区分石片与废片是很困难的，仅仅靠大小和形态也不足以区分，因此，我们统称为石片并分为：完整石片、残断石片和特殊石片三大类。

对于完整石片而言，石片的背面和台面均有自然面和片疤面两种形态的特征量。背面的片疤按图二所示分为Ⅰ、Ⅱ、Ⅲ、Ⅳ四个不同的打击方向，再加上石皮面或自然面（N）。石片背面共有 5 个特征元素。那么，这 5 个元素可以出现多少种不同的组合呢？

通过组合数学公式：$C_n^m = \frac{n!}{m!\ (m-n)!}$或 $C_n^{m-n} = \frac{n!}{m!\ (m-n)!}$ * 可知：

在 N 和Ⅰ、Ⅱ、Ⅲ、Ⅳ这 5 元素中取 1 个或 4 个元素进行组合可以出现 5 种不同的组合；在 5 个元素中去 2 个或 3 个元素进行组合时的组合数均为 10；而 5 个元素都在同一间石片的背面出现的情形只有 1 种。所以，石片背疤模式组合总数为：$C_5^1 + C_5^2 + C_5^3 + C_4^5 + C_5^5 = 5 + 10 + 10 + 5 + 1 = 31$（个）

* C_n^m：从 n 各元素中取出 m 个元素组合数。如果我们要得到 5 个元素中的所有组合数，就要将它们中的所有组合数相加。

我们按照石片背疤特征或旋转特征，将这 31 种背疤组合分为 N、A、B、C、D、E 六大类。此外加上 T、V 两个特殊类型石片，分别代表了八种不同的打片模式或技术程序。我们称之为主干类型。

T 型石片和 V 型石片，由于背面片疤方向或特征有别于一般石片，我们加以特殊的标记。按说它们的背面组合元素达到了 9 个，如果将它们组合得出的组合数多的惊人。但是，由于这里强调的是“背脊顶部的打击特征”或“背面上凸起的石片阳面背疤”。因此，这两类石片上的普通背疤的打击方向已不再是考虑的核心问题。在实际工作中，我们谨以带“′”和带“″”片疤的方向作为标定这两个特殊类型的依据，得出了 20 个特殊的主干类型。这样，完整石片的主干类型就达到了 51 个。

从台面的有效分类来看，石片台面可分为自然台面（-N）、打制台面（-A）、修理台面（-T）和不可辨台面（-U）4 个类型。如果将这 4 种形态的台面与 51 个主干类型进行组合，从理论讲完整石片的类型就可达到 204 个（表二）。此外，左半边石片(-l)、右半边石片（-r）和近端断片（-ps）三类残断石片，均有可能出现上述的 204 个类型中情形。它们组合起来的类型数量虽然很可怕，但真正出现在考古遗存中的机会不太多。因为，这些残断石片或废片是打制过程中的意外事件，并非人类行为可以操控的事件。在一个熟练的技术工人那里，这些意外事件出现的几率很少。尽管如此，将它们分离标定出来还是很有意义的。

表二　石片技术类型及其含义

符号及石片名称	技术含义及打片过程中石核的旋转程序
N-N：无背疤自然台面石片 * N-A：无背疤人工台面石片	从砾石上打下的第一个自然台面自然背面石片 从砾石上打下的第一个人工台面自然背面石片
Aa：（Ⅰ+N）型背疤石片	与破裂面同一方向连续打击产生的带有石皮背面的自然台面石片
Ab：（Ⅰ）型背疤石片	与破裂面同一方向连续打击产生的不带石皮背面的自然台面石片
Ba：（Ⅲ+N）型背疤石片	连续几个打片后，将石核旋转 180°之后的第一轮打击产生的带有石皮背面的自然台面石片
Bb：（Ⅲ）型背疤石片	连续几个打片后，将石核旋转 180°之后的第一轮打击产生的不带石皮背面的自然台面石片
Ca：（Ⅰ+Ⅲ+N）型背疤石片	连续几个打片后，将石核旋转 180°之后的第二轮或第三轮打击产生的带有石皮背面的石片
Cb：（Ⅰ+Ⅲ）型背疤石片	连续几个打片后，将石核旋转 180°之后的第二轮或第三轮打击产生的不带石皮背面的石片
D1a：（Ⅱ+N）型，或 D1b：（Ⅱ）型背疤石片**	连续几个打片后，将石核顺时针旋转 90°之后的第一轮打击产生的石片

* N-N 和 N-A 为同一个主干类型，-N 和-A 的后缀分别表示自然台面和人工台面。

** 为简化表述从该行起，各行中均将“带石皮背面”和“不带石皮背面”两个主干类型合在一起，二者在未被打下之前“石核”的旋转、翻滚过程相同，但背疤组合不同。

续表

符号及石片名称	技术含义及打片过程中石核的旋转程序
D2：（Ⅳ+N）型或（Ⅳ）型背疤石片	连续几个打片后，将石核逆时针旋转90°之后的第一轮打击产生的石片
D3：（Ⅱ+Ⅲ+N）型或（Ⅱ+Ⅲ）型背疤石片	连续几个打片后，将石核顺时针旋转90°打片后，再顺时针旋转90°以后第一轮打击产生的石片
D4：（Ⅲ+Ⅳ+N）型或（Ⅲ+Ⅳ）型背疤石片	连续几个打片后，将石核逆时针旋转90°打片后，再逆时针旋转90°以后第一轮打击所产生的石片
D5：（Ⅱ+Ⅳ+N）型或（Ⅱ+Ⅳ）型背疤石片	连续几个打片后，将石核旋转180°打片后，再顺时针或逆时针旋转90°之后第一轮打击所产生的石片
D6：（Ⅱ+Ⅲ+Ⅳ+N）型或（Ⅱ+Ⅲ+Ⅳ）型背疤石片	连续几个打片后，将石核连续旋转90°并不断实施打片之后，第一轮打击所产生的石片
E1：（Ⅰ+Ⅱ+N）型或（Ⅰ+Ⅱ）型背疤石片	连续几个打片后，将石核顺时针旋转90°之后的第二轮或更多轮打击产生的石片
E2：（Ⅰ+Ⅳ+N）型或（Ⅰ+Ⅳ）型背疤石片	连续几个打片后，将石核逆时针旋转90°之后的第二轮或更多轮打击产生的石片
E3：（Ⅰ+Ⅱ十Ⅲ+N）型或（Ⅰ+Ⅱ+Ⅲ）型背疤石片	连续几个打片后，将石核顺时针旋转90°打片后，再顺时针旋转90°以后第二轮或更多轮打击产生的石片
E4：（Ⅰ+Ⅲ+Ⅳ+N）型或（Ⅰ+Ⅲ+Ⅳ）型背疤石片	连续几个打片后，将石核逆时针旋转90°打片后，再逆时针旋转90°以后第二轮或更多轮打击所产生的石片
E5：（Ⅰ+Ⅱ+Ⅳ+N）型或（Ⅰ+Ⅱ+Ⅳ）型背疤石片	连续几个打片后，将石核旋转180°打片后，再顺时针或逆时针旋转90°之后第二轮或更多轮打击所产生的石片
E6：（Ⅰ+Ⅱ+Ⅲ+Ⅳ+N）型或（Ⅰ+Ⅱ+Ⅲ+Ⅳ）型石片	连续几个打片后，将石核连续旋转90°并不断实施打片之后，第二轮打击所产生的石片
T1：（Ⅰ′+X+N）型或（Ⅰ′+X）石片	将石核向前翻滚一定角度后，以台面前缘作为主要剥片对象打下的带有石皮背面或不带石皮背面的横背脊石片
T2：（Ⅱ′+X+N）型或（Ⅱ′+X）型石片	将石核向前翻滚一定角度后，再顺时针旋转90°并以台面前缘作为主要剥片对象打下的纵背脊石片
T3：（Ⅲ′+X+N）型或（Ⅲ′+X）型石片	将石核向前翻滚一定角度后，再顺时针或逆时针旋转180°并以台面前缘作为主要剥片对象打下的横背脊石片
T4：（Ⅳ′+X+N）型或（Ⅳ′+X）型石片	将石核向前翻滚一定角度后，再逆时针旋转90°并以台面前缘作为主要剥片对象打下的纵背脊石片
T5：（Ⅰ′+Ⅲ′+X+N）型或（Ⅰ′+Ⅲ′+X）型石片	以交互打击的棱脊或石核台面前缘为主要剥片对象，将石核向前翻滚一定角度后打下的横背脊石片
T6：（Ⅱ′+Ⅳ′+X+N）型或（Ⅱ′+Ⅳ′+X）型石片	以交互打击的石核台面前缘或棱脊为主要剥片对象，将石核向前翻滚一定角度后，再旋转90°后打下的纵背脊石片
V1：（Ⅰ″+X+N）型或（Ⅰ″+X）石片	与破裂面同一方向打击产生的带有石片腹面背疤的石片
V2：（Ⅱ″+X+N）型或（Ⅱ″+X）型石片	在原石片腹面左侧由背面向腹面实施打击打下的带有石片腹面背疤的石片
V3：（Ⅲ″+X+N）型或（Ⅲ″+X）型石片	在原石片腹面远端由背面向腹面实施打击打下的带有石片腹面背疤的石片
V4：（Ⅳ″+X+N）型或（Ⅳ″+X）型石片	在原石片腹面右侧由背面向腹面实施打击打下的带有石片腹面背疤的石片

3. 这一分类体系的考古学意义所在

迄今为止，我国学者的石片研究基本上仍然停留在分类的层面，并没有涉及类型学的实质内核。其实分类与类型学是两个不同层面的概念。“在中国的考古学术语中，往往将分类等同于类型学，而类型学常常被看做是分类的一种结果。”[1]张光直指出：就考古学来说，分类至少有以下的目的：①总结材料，使它们由量的变成质的，以便科学、经济和有效地表述它们；②在一个有意义的文化系统中描述并解释考古现象的单位；③确定考古资料特征的文化间的界线并寻找据文化比较的着眼点，而这些对发现和概括跨文化的模式与规律又是必不可少的[2]。

石器分类是一种研究手段，在资料积累阶段这种分类可能是无序的、探索性的。但当积累到一定程度，分类必将升华到类型学的高度。也就是说，每当我们标定石制品类型的时候，都应该考虑它的分类意义是什么？当然，如果有一个成熟的类型学体系，就不必如此费力，只需对号入座便可了解这件标本的考古学含义何在、进行更深层次的研究。

本文所论述的这个分类系统，通过对石片、台面以及背疤与石片打击轴之间的关系分析，建立了一个以“背疤方向”与自然面组合为主导，结合台面性质进行分类的石片类型学模型——石片动态分类体系。下面我们约略阐述它在考古分析中的意义。

（1）它完整反映石片的打制过程和技术环节。实现由静态类型向动态类型的转变，由局部特征向整体特征的转变。与以往的分类体系比较，这个分类系统将石片台面、背面上的所有特征以及与破裂面之间的关系都作为石片类型的变量进行组合，得出的每一个类型都具有其独立的考古学意义——打制过程和技术环节。

（2）实现了石片类型的标准化。每一个类型都有一个标准代码。就像跳水或体操运动员的空中转体动作一样，一看这个代码我们就可以知道它是如何转体、空翻和旋转的。同样，我们根据石片类型的代码，就可明确它未被打下之前，石核是如何转体、翻滚和旋转，直到剥离的过程。也就是说，我们从石片类型的名称上就可以知道它在石核上为被打下之前的“生命”轨迹。每一个类型、甚至每一个石片的打制过程和技术环节，均可明确地用一个统一的形式表述出来。因此，不论是哪里的石片，只要依照这个体系进行分类和标定，我们无须见到实物，从其代码上就可明了这个石片的打制过程和技术环节。

（3）实现石片类型的系统化。过去以石片的局部特征作为分类的基础，对石片的研究也因分类体系的制约，不能系统地将所有石片类型的特点放在同一个研究平台上讨论。实际上无论完整石片，还是残断石片（废片），它们产生的机理是统一的。所以只有将它们放到同一个分类系统的统一的平台上，才能看出它们相互间的关系。例如：D3a-N-ps 型石片，D3a 表示该石片的背面是由（Ⅱ＋Ⅲ＋N）构成的；-N 说明是自然台面；-ps 说明是一个近端残断的近端断片。所以，它是一个与 D3a-N 型石片技术特征一致的近端断片。我们不仅知道它是一个近端断片，而且还明确了它与 D3a-N 型石片的亲疏关系。

（4）具有系统分类的特点。其第一级分类统一以石片背疤方向为标准，将石片标定为N、A、B、C、D、E、T、V等8类。第二级分类以背面是否含有石皮面为标准，用a或b的角标表示。第三级分类以台面性质作标准分为：自然台面（-N）、打制台面（-A）修理台面（-T）和不可辨台面（-U）4类。第四级分类以完整、残断抑或特殊为标准。

（5）便于了解石核或石器的打制修理过程。从石片背疤的方向及其组合结构，可以推知它在石核上被打下之前“石核”的翻转、滚动过程。因此，通过遗址中不同石片类型的比例不但可以看出工匠的打片习惯和技术特点，而且可以推知这个遗址的石核类型，了解该遗址石核分布是否正常。如果有足够的石片的数量，即便没有发现石核，也可通过石片类型推知遗址中石核的大致特点。

（6）便于遗址之间石片打制技术的比较。我们知道，不同的人群、不同的打制者打制石片的习惯和技术特点会有所不同。因此，遗址之间的比较向来是考古学家考虑的一个问题。但没有一个普遍认可和统一的分类标准和模式是不可能的。只有实行统一的分类标准，才能在同一个平台上对话和讨论。本文的分类系统虽然类型数量较多，符号也较复杂，但标准化程度高。在考古学分类研究中，标准化程度越高，越有利于遗址间和文化之间的比较，比较研究的可信度就越高。

注　释

[1] 陈淳. 考古学理论. 上海：复旦大学出版社，2004：161－177.

[2] 张光直. 考古学——关于其若干基本概念和理论的若干的再思考. 沈阳：辽宁教育出版社，2002.

[3] 王益人. 旧石器考古学中的结构与信息. 文物季刊，2001（2）：31－40.

[4] 贾兰坡，卫奇. 阳高许家窑旧石器时代文化遗址. 考古学报，1976（2）：97－114.

[5] 张森水. 中国北方旧石器工业的区域渐进与文化交流. 人类学学报，1990，9（4）：322－333.

[6] 李炎贤. 中国旧石器时代晚期文化的划分. 人类学学报，1993，12（3）：214－223.

[7] 李炎贤. 关于石片台面的分类. 人类学学报，1984（3）：253－258.

[8] 李炎贤，文本亨. 观音洞——贵州黔西旧石器时代初期文化遗址. 北京：文物出版社，1986.

[9] 李炎贤，谢飞，石金鸣. 河北阳原板井子石制品的初步研究. 中国科学院古脊椎动物与古人类研究所参加第十三届国际第四纪大会论文选. 北京：北京科学技术出版社，1991：74－99.

[10] 卫奇. 石制品观察格式探讨. 邓涛、王原主编：第八届中国古脊椎动物学学术年会论文集. 北京：海洋出版社，2001：209－218.

[11] 李炎贤. 关于石片台面研究的一些问题——兼与卫奇先生商榷. 江汉考古，2004（2）：35－42.

[12] 卫奇. 关于石片台面研究问题的问题. 文物春秋，2006（4）：1－12.

[13] 卫奇. 就石片台面问题答李炎贤. 江汉考古，2006（4）：86－91.

[14] Tixier J.，Inizan M-L.，Roche H. *Préhistoire de la pierre taillée*1 *terminologie et technologie*. Paris，C. R. E. P. 1980.

[15] 王益人，王建. 下川雕刻器研究信息. 文物季刊，1998，3：25－57.

[16] 王建，王益人. 石片形制探究——旧石器考古研究的一种新的理论与方法. 考古与文物，1988（3）：12－30.

[17] 蔡回阳. 贵州普定白岩脚洞石片的初步研究. 人类学学报. 1989，8（4）：335－342.

[18] Nicholas Toth. *The Stone Technologies of Early Hominids at Koobi Fora*, *Kenya*: *An Experimental Approach*. Ph. D Dissertation. Berkeley: Univ. California, 1982: 73－75.

[19] Whallon R. Variables and dimensions: the critical step in quantitative typology. In: Whallon R. and Brown JA. eds. *Essays on Archaeological Typology*. Evaston, Illinois: Center for American Anthropology, 1982: 127－161. 陈淳：考古学理论. 上海：复旦大学出版社，2004：162.

[20] 阳原石核的动态类型学研究及其工艺思想分析. 人类学学报. 1984，3（3）：244－251.

[21] 芹澤長介. 岩戸——大分県大野郡清川村岩戸舊石器時代遺跡出土資料. 东北大学文学部考古研究会考古学资料集. 第2册，1978.

[22] 王建，陶富海，王益人. 丁村旧石器时代遗址群调查发掘简报. 文物季刊，1994，（3）：1－75.

织机洞遗址古人类活动及年代学与古环境背景

王幼平

（北京大学考古文博学院）

织机洞遗址位于河南省郑州市郊区荥阳崔庙乡的王宗店村，是沿石灰岩裂隙发育的岩厦式溶洞。洞口高达20余米，宽10余米，进深20余米（图一）。织机洞遗址的堆积总厚达20米以上。遗址位于嵩山余脉所形成的低山丘陵区，附近植被繁盛，郁郁葱葱。1990年以来，河南荥阳织机洞遗址已经过前后多次发掘（张松林等，2003）。从2001年开始，北京大学考古文博学院与郑州市文物考古研究所合作，再次对织机洞遗址进行发掘（邵文彬，2003；王幼平，2008）。

图一　织机洞洞口及部分堆积

一、地 层 堆 积

堆积特点说明，更新世人类使用这个巨大岩厦遗址主要有两个阶段：上部堆积，从古环境与年代学特点来看，应该属于晚更新世的较晚阶段，属于旧石器时代晚期；下部堆积，根据^{14}C年代与光释光等测年结果来看，其主体应该形成于距今4万年以前，是本次工作的重点。在洞口部分，这部分堆积可以划分出9层，如下：

第1层：表土层，棕黄色黏土质粉砂，含有灰岩碎屑。深0～0.60米。

第2层：土黄色黏土质粉砂，含有少量3～5厘米灰岩角砾。本层有光释光年代数据37.4±3.51kaBP。深0.60～1.60米。

第3层：钙板层，上部为灰白色，下部为砖红色，风化强烈，呈团块状，顶部起伏不平，厚度变化较大。含有少量石制品。深1.60～3.00米。

第4层：褐灰色钙质粉砂质黏土，含极少量灰岩碎屑，夹灰黑色锰质条带。含有少量的石制品。深3.00～3.65米。

第5层：褐灰色钙质粉砂质黏土，底部含薄层灰岩碎屑。含有少量石制品。本层有光释光年代数据46.5±4.12kaBP。深3.65～3.82米。

第6层：砖红色钙质黏土，含较多灰岩碎屑，砾径在3～5厘米左右，扁平状，含有大量的钙结核。本层底部颜色变深，出现灰黑色锰质条带。含有较多的石制品。本层有光释光年代数据48.1±11.1kaBP。深3.82～4.30米。

第7层：灰黑色砂质黏土，含有少量灰岩碎屑，发育钙质条带，西侧钙质条带较多。含有丰富的石制品。本层有光释光年代数据49.7±5.76kaBP。深4.30～4.59米。

第8层：灰褐色粉砂质黏土，夹灰白色钙板团块，夹有较多的灰黑色锰质条带，分布不均。含有少量的石制品。深4.59～5.26米。

第9层：褐灰色砂质黏土，混杂有大量的灰黑色锰质条带和灰白色钙质条带，条带弯曲，产状多变，但基本上与洞壁保持一致，为洞底落水洞充填物。本层中含有少量的石制品。深5.26～9.00米。

二、年代与环境

1. 孢粉组合与古环境特点

为了了解古人类活动时期的古环境特点，在研究剖面深0.60～5.26米的层位，按样长4厘米连续采集孢粉样品79个（夏正楷等，2008）。经过实验室经处理分析，共鉴定出孢粉科属39种，其组合如下（图二）。

孢粉组分表明，当时基本上属于以蒿属—藜科—禾本科组合为主的暖温带草原—疏树草原环境，气候比较温暖湿润。进一步的孢粉统计结果表明，下文化层底部（第8层/深4.59～5.26米）的孢粉组合以蒿属—禾本科组合为特征，没有阔叶树和灌木，指

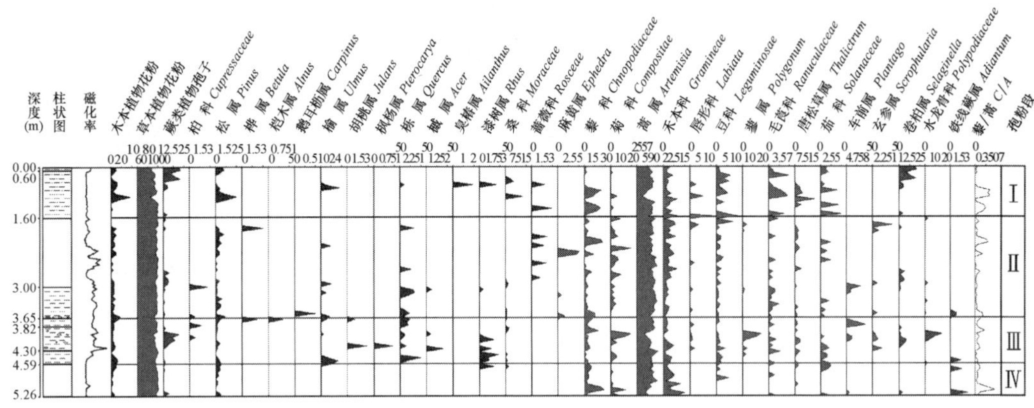

图二　织机洞下文化层孢粉图谱（据夏正楷等，2008）

示温带蒿属草原环境，气候比较温和干燥。下部（第7、6、5层，深3.52～4.59米），孢粉组合虽仍以蒿属—禾本科组合为特征，但木本植物中除松柏类之外，还出现较多的阔叶树，其中乔木有桦、榆、桤木、胡桃、栎、胡桃、枫杨、漆、槭等，灌木有桑等，属于生长有喜暖落叶阔叶树的暖温带疏树草原环境，气候比较温暖湿润。第5层出现了藜科和麻黄等耐旱植物，而胡桃、枫杨等暖温带阔叶树种消失，指示后期气候有变冷变干的趋势。中部（第4、3层，深1.60～3.00米）孢粉组合以蒿属—藜科—禾本科组合为特征，阔叶树明显减少，在第4层中尚可见少数的榆、胡桃、枫杨、栎、漆、槭等，而第3层中不见阔叶树，属于温带干燥草原环境，气候比较温和干燥。上部（第2层，深0.6～1.6米）孢粉组合以蒿属—禾本科组合为特征，阔叶树再次出现，属暖温带草原—疏树草原环境，气候出现向温湿方向发展的趋势（表一）。

2. 光释光的年代测定结果

为了解决织机洞遗址年代学研究的难题，系统测定不同层位的年代，我们选定发掘区北壁剖面作为光释光年代测定的采样点。这里剖面保存完好，地层保留齐全，从上向下以此采集了1～8层的光释光样品。样品的采集工作与发掘工作同步进行，并且由年代测定研究者具体负责，保证了样品采集的科学性。这些样品的测定结果具体如表二。

3. 小结

上述年代测定结果为认识织机洞遗址的时代，建立这个遗址的年代框架提供了可靠的数据。另外，织机洞下部堆积第7层经过初步测定的几个^{14}C样品的数据也集中在大于或接近距今4万年，这些数据如果经过树轮校正之后，应该更早些。第Ⅱ与第Ⅲ部分之间的^{14}C年代则为距今3.5万年左右。光释光的测年数据如表所示，也与此相吻合，因此可以确定，第7、8层的时代应在距今5万～4万年。

表一　文化层孢粉组合与环境（据夏正楷等）

阶段	层序深度/厘米	孢粉浓度粒/克	孢粉组合量（%）			气候生态环境特征
			草本	木本	蕨类	
晚期	第2层 60～160	2.8～41.4	72.2～100 蒿属—禾本科	0.0～37.5 阔叶灌木	0.0～20.8	温暖较湿 —疏树草原
中期	第3层 160～300	5.4～30.8	86.6～100 蒿属—禾本科	0.0～10.4 无阔叶树	0.0～3.1	温和干燥 温带草原
中期	第4层 300～352	20.0～67.1	91.3～98.4 蒿属—藜科—禾本科	2.0～8.7 阔叶树少，仅有榆、胡桃、枫杨、栎、漆、槭等。 灌木少	0.0～2.1	温和较干 温带草原
早期	第5层 352～382	22.4～53.6	80.9～96.3 蒿属—藜科—禾本科	3.7～18.3 阔叶树较多乔木有桦榆桤木胡桃栎等，灌木有桑和麻黄	0.0～0.9	温暖较干 疏树草原
早期	第6层 382～430	22.8～88.5	76.8～93.3 蒿属—禾本科	3.4～8.2 阔叶树较多，乔木有榆胡桃枫杨栎漆槭等	0.0～19.3	温暖较湿 暖温带疏树草原
早期	第7层 430～459	11.6～32.8	85.2～100 蒿属—禾本科	0.0～13.1 阔叶树较多，乔木有榆栎漆，灌木有桑	0.0～1.6	温暖较湿 暖温带疏树草原
初期	第8层 459～526	3.0～33.8	88.2～100 蒿属—禾本科	0.0～9.8 无阔叶和灌木	0.0～6.6	温和较干 温带草原

表二　织机洞遗址下文化层光释光测年数据

样号	层位	等效剂量（Gray）	年剂量率（Gray/ka）	年龄（ka）
B1	1		3.52±0.10	
B2	2	171.2±15.3	4.58±0.13	37.4±3.51
B3	3		7.85±0.29	
B4	4	389.1±40.4	3.93±0.11	99.0±10.65
B5	5	199.5±16.6	4.289±0.13	46.5±4.12
B6	6	244.8±55.9	5.09±0.16	48.1±11.1
B7	7	255.1±28.5	5.13±0.16	49.7±5.76
B8	8	307.6±24.8	7.579±0.294	40.6±3.63

织机洞遗址的堆积与洞外黄土—古土壤剖面的对比研究也表明，下部各文化层人类活动时期在洞外黄土堆积区是古土壤（L_1S）发育时期。这种情况与上述年代数据也很一致。而我国黄土研究表明，这一阶段形成的古土壤不仅见于郑州—洛阳一带，而且见于整个黄土高原（夏正楷等，1999）。这意味着织机洞遗址与我国北方广大地区一样，当时都处于比较温暖湿润的间冰阶气候。适宜的气候环境不仅有利于古土壤的形成，而且也为人类活动提供了良好的生态环境和广阔的生存空间。

三、石器工业与人类活动

织机洞遗址的下部堆积发现的石器工业明显可以分为两种类型：即以1～7层为代表的石片石器工业，以8、9层为代表的砾石石器工业。

1～7层经过初步整理的石制品有数千件。这些石制品的原料主要为石英，其次为燧石，还有少量的石英砂岩与石英岩等原料的使用。这些原料除了石英砂岩与石英岩系来自洞前河滩的砾石，其余均系采自数公里以外的出露的基岩岩脉或风化的岩块与结核。从石制品发现的特点来看，燧石的质量较差，多是片状小块，很难见到形体较大者。石英的质量较好，原料的体积也较大。这可能是石英原料占比例较高的主要原因（图三）。

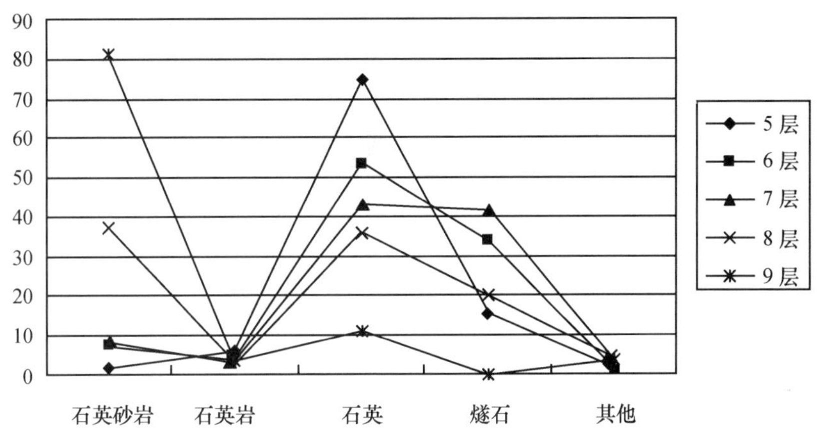

图三　织机洞遗址第5～9层石料比较

这一阶段所发现的石核主要是不规则形者。石核绝大部分是锤击技术的产品。台面形状不规则，亦不经过修理，仅利用原料的自然面或打击产生的石片疤直接打片。故利用率很低，一般只剥下几片即废弃。石片的数量很多，但多数的形体也不规则，很少见到三角形或较规则的长石片。除锤击技术外，少数标本可能是砸击技术的产品。

经过修理的工具的数量多达千件，可以分为边刮器、端刮器、凹缺刮器、尖状器、石锥、雕刻器与砍砸器等。其中边刮器、尖状器与石锥等还可以分出不同的类型。这些工具的修理也多比较简单，较少经过仔细加工、形体规整的精制品。加工主要也应是硬锤技术，并且以正向加工为主，反向加工者数量不多，没有见到两面加工技术的存在（图四、图五）。

织机洞遗址8、9层所发现石制品的数量明显不如前者，经过整理者仅有100多件。这一阶段石器原料的使用情况与早期相比，种类发生很大变化，石英岩与砂岩的比例明显增高，占绝对优势，石英与燧石等则明显减少。原料的来源也明显不同，主要系来自洞前河滩的砾石，形体较前明显增大。

图四　第 7 层的燧石石器

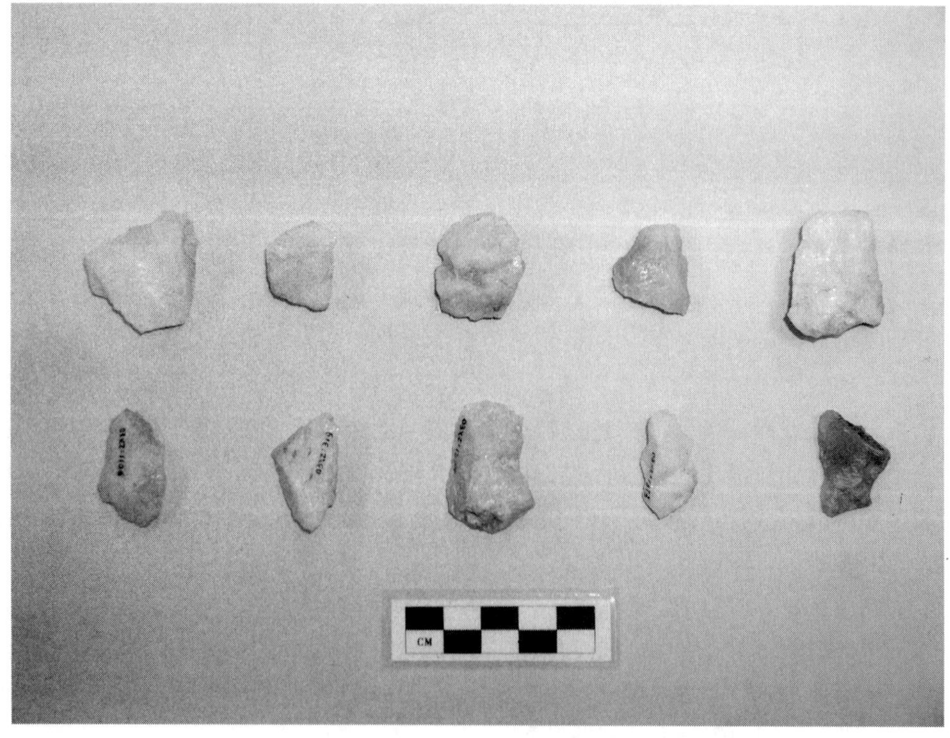

图五　第 7 层的石英石器

从发现的石核与石片来观察，两者剥取石片的技术并没有发生明显变化。都是以锤击技术直接生产石片为主，也不见预制石核与修理台面的情况出现。砸击技术的使用迹象也很少见到。不过从经过修理的工具类型来看，两者则有明显的变化。8、9层的工具中，砍砸器等重型工具的比例逐渐增多，石器的体积与重量明显增加（图六、图七）。

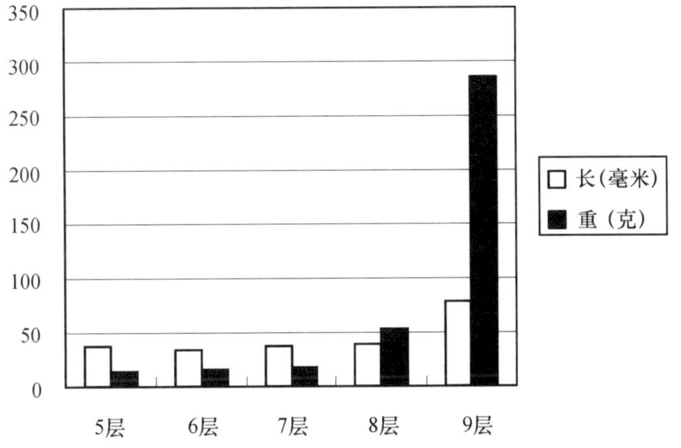

图六　织机洞遗址第5～9层石器平均长度与重量

图七　第9层的砾石石器

织机洞遗址所保存的更新世的堆积巨厚，主要部分属于晚更新世中、晚阶段，在时代上跨越了从旧石器时代中期到晚期的发展。在其堆积连续的剖面上的多个层位中都有石制品等早期人类的文化遗存发现，清楚地反映了早期人类曾连续使用该洞穴。从旧石器时代中期一直到晚期，其文化特点也发生明显变化。这些变化主要反映在石器原料的选择、石制品形体的大小以及工具组合等方面。这些变化显然与当时人类活动的变化密切相关，是人类行为特点发展演变反映在其文化遗存上的结果。

无论是石料经济的变化，或是石器工业的演变，这些远古文化现象折射的实际上还是早期人类行为的变化。透过织机洞遗址的发现，我们可以观察到这个遗址的早期居民更偏重于就近选取石器原料，就地加工出石质工具。大型的砍砸工具在他们的生产生活中扮演着更重要的角色。这些工具加工简单，多为权宜型石器。从居住地到石器原料产地以及加工和使用石器的场所均在相对较小的范围内。这种情况暗示，织机洞遗址早期居民可能更多在遗址附近活动，砍砸等重型工具在他们的生活中承担着主要任务。

上述情况到第 7 层以后发生急剧变化。此时织机洞的居民开始放弃附近河滩丰富的石英砂岩与石英岩原料，转而到远处山区去寻找燧石与石英等适合加工小型利刃工具的石料。就已经找到的燧石产地可知，此时人类采集石料活动的半径至少已有 6、7 公里之遥。而石英的产地可能更为遥远。从织机洞遗址内大量的燧石与石英等石料及石制品来看，此时织机洞居民经常性活动的半径至少在距居住地 6、7 公里外。精致的轻型工具便于携带到远距离的工作地。无论是到远距离的原料产地去搬运石料的行为本身，还是应用这种原料所生产出的石制品的便携性与适用功能，都明确说明此时织机洞居民的活动范围更为广泛。他们更多的活动则是应用小型利刃工具完成。

更大的活动范围，更复杂工具的应用等新出现的情况，都说明此时织机洞居民的行为较早期更为复杂化。这一转变发生在距今 5 万～4 万年之间，此时正值最后冰期最盛期之前的间冰阶。对于织机洞遗址以及周围古环境的综合研究显示，当时人类生活在温暖湿润的气候条件下，周围的植被以森林草原为主。近年来晚更新世环境变迁研究的详细成果说明，在气候环境整体变干冷的发展趋势之下，中间也有转暖湿的阶段，距今 5 万～3 万年，也就是织机洞早期居民生活阶段正是在此大的暖期环境背景之下。旧石器考古研究结果显示，通常情况下在暖湿的森林或森林草原环境中生活的早期人类，其石器组合多以大型的砍砸工具为主；生活在干凉的草原环境条件下的人群则多依靠小型利刃工具来维持生存。然而织机洞遗址早期居民在总体未变的温暖湿润环境条件下，石器工业却发生显著变化，从大型的砾石石器工业转变为小型石片石器工业。这一变化显然难以用环境适应的因素来解释，而应当另有其更深层次的原因。

联系人类演化的整体背景来看，织机洞早期居民生活时期正是现代人类出现并迅速发展的关键阶段。虽然没有人类化石等直接证据的发现，但织机洞遗址内丰富的古人类文化遗存却清楚地显示了这个阶段人类行为的演变特点。8、9 层的石器工业及相关材料显示，早期的居民就近选取石器原料，生产权宜型工具，主要是适应小范围并相对简单的活动。第 7 层及以晚者，则开始远距离运输石料，仔细修理数量众多的精制工具，更适应大范围的复杂活动。生产与生活等活动的复杂化，生存领域的扩大等特点正是现代人所特有的行为特点。在织机洞遗址所发生的这一转化，显然不会是简单地对环境适应，而可能是与现代人及其行为的出现密切相关。

类似织机洞最下层的以砾石为原料的形体较大的石器工业，在织机洞遗址邻近及华北南部地区的晚更新世较早阶段分布很广泛，到晚更新世的晚期都很明显地被类似织机洞晚期的形体较小的石片石器工业取代。这种现象在近年来中国南方甚至朝鲜半岛的旧石器考古发现中也很常见。很显然，织机洞遗址巨厚的地层堆积与多层石器文化的发现，尤其是两种不同类型石器工业的演化特点，为认识中原乃至整个东亚地区晚更新世旧石器文化发展提供了一个非常重要的窗口。透过这个窗口，我们可以更清楚地审视近些年来在我国各地乃至整个东亚地区新发现的晚更新世旧石器文化材料及其所反映的晚更新世人类行为的发展特点。

附记：谨以此文纪念贾兰坡先生百年诞辰。本文日文译稿曾刊于 *Basic Studies of the Paleolithic Chronology and Paleoenvironmental Changes in East Asia* 研究成果报告书，日本同志社大学文学部，2008 年。

参 考 文 献

邵文斌 . 2003. 织机洞遗址 2001 年的发现与初步研究 . 北京大学硕士学位论文 .

王幼平 . 2008. 织机洞的石器工业与古人类活动 . 考古学研究（七）——庆祝吕遵谔先生八十寿辰暨从事考古教学与研究五十五年论文集，北京：科学出版社 .

夏正楷等 . 1999. 洛阳黄土地层中发现旧石器 . 第四纪研究，(3).

夏正楷等 . 2008. 郑州织机洞遗址 MIS3 阶段古人类活动的环境背景 . 第四纪研究，(1).

张松林等 . 2003. 织机洞旧石器时代遗址发掘报告 . 人类学学报，22（1）.

水洞沟遗址调查与发掘的新进展

高　星[1]　王惠民[2]　裴树文[1]　冯兴无[1]　陈福友[1]

（1. 中国科学院古脊椎动物与古人类研究所　2. 宁夏文物考古研究所）

摘要　水洞沟遗址是中国北方最有特色的旧石器时代晚期遗址，因出土预制石核和石叶，以及加工精美的石器而在讨论史前东西方人群迁徙和文化交流方面备受瞩目。为解决遗址区古人类活动范围、地层关系与文化渊源序列、古人类技术演变和环境背景等学术问题，课题组近来开展了一系列野外工作，包括区域调查、考古发掘、系统地质样品采集和分析测试。本文报道了这些新工作的初步成果，对水洞沟遗址的深入研究提供了重要资料和信息。

一、背景介绍

宁夏是中国旧石器时代考古的起源地之一。1923 年法国古生物学家德日进（Teilhard de Chardin）和桑志华（E. Licent）在内蒙古和宁夏地区进行古生物和考古调查时，于灵武县水洞沟发现了旧石器时代遗址，编号了 5 处地点，并对第 1 地点进行了首次发掘[1]。1960、1963 和 1980 年该地点又经过三次发掘，出土了丰富的史前文化遗存和动物化石[2~4]。从第 1 地点共发现石制品 1 万多件。原料以硅质灰岩为主，其次为石英岩，再次为砂岩、燧石等。石制品中有一定数量的带有勒瓦娄哇技术风格的石核，具有明显的预制石核与修理台面的特点，存在大量的规范的石叶，以及用石叶加工而成的精致石器，构成该遗址石制品组合在华北旧石器时代文化体系中的独特特点，显示与西伯利亚和欧洲旧石器时代中晚期文化的相似性。石器类型以刮削器居多，另有端刮器、尖状器和凹缺刮器；砍砸器很少。骨器包括用动物骨片磨制而成的骨锥。其他文化遗物包括一件用鸵鸟蛋皮做成的带有穿孔的环状装饰品，边缘略经打磨。此外，遗址里还发现用火遗迹。

水洞沟遗址自发现以来，中外学术界予以高度关注，对该遗址独特的文化特点、石器技术水平和其所反映的古人类种群属性和行为方式开展了热烈的讨论，其核心问题是：水洞沟文化是本土的还是外来的？它的来源是哪里？去向又如何？水洞沟的石叶工业与稍晚的华北细石器文化关系怎样？这些问题涉及晚更新世古人类群体的迁移、交流和东西方古文化关系，以及当时的古环境背景。在近来东亚现代人类起源问题成为人类学和考古学研究的热点课题的情形下，水洞沟遗址中包含的西方文化与技术因素更加引人关注，学术界对该遗址的材料和信息提出了新的和更高的要求。

前4次对水洞沟遗址的发掘全部在第1地点的一个局部范围内进行，揭露面积很小（总共不足100平方米），发现的旧石器时代层位只有一个。由于时代的局限性，前期发掘时方法粗放，标本获取不全，未关注遗物分布和埋藏状况，没有同步获取年代学和沉积学、环境学样本，出土标本在国内外分散存放（尤其是第1、2次发掘），没有进行系统的研究。由于上述原因，围绕遗址的分布范围、地层、年代、环境和文化特点等一系列学术问题没有确切的答案，制约了研究工作的深入进行。

水洞沟为一处大型露天遗址，遗址的沉积物为河湖相粉细砂。历史时期发育的一条季节性小河——边沟将遗址从中部切割开来，河两岸形成陡峭的崖壁。长期的雨水冲刷和自然风化使遗址表面支离破碎，考古发掘和自然切割的剖面不断倒塌，遗址堆积不断向边沟的两岸退缩。

为了探明水洞沟遗址的分布范围和周边地区的地质、地层情况，中国科学院古脊椎动物与古人类研究所和宁夏文物考古研究所于2002年4～5月和2003年4月先后两次在边沟流域及附近地区开展地质与考古调查，新发现近20处地点，在地表和断层上采集到一批石制品、动物化石和木炭、灰烬等文化遗物，对水洞沟遗址的分布范围和考古价值取得了新的认识[5]。为解决水洞沟遗址以前工作遗留的一些学术问题，进一步确定水洞沟文化的性质、内涵和古人类行为特点，弄清新发现的地点与原有地点的关系，及时抢救出即将坍塌部位地层中的考古材料和信息，中国科学院古脊椎动物与古人类研究所与宁夏文物考古研究所组成联合考古队，于2003～2005年和2007年对遗址5处地点进行了系统的考古发掘，取得了丰硕的收获[6]。

二、考古调查

本次田野调查前期工作是在判读1/50000地形图和详细行政区划图的基础上，在水洞沟遗址边沟沿岸和宁夏南部的彭阳地区等第四系沉积分布集中且有河流发育的区域进行。在调查过程中，运用GPS对新发现的地点进行定位，对地层和遗物进行记录和描述。后期考察重点对新发现的地点进行逐一核实，对文化层和文化遗物的原生性进行判断，对地层剖面详细描述并绘制剖面图，对个别地点进行小规模试掘。

1. 边沟地区

边沟地区的调查工作从水洞沟1号地点出发，沿边沟向上游对地层剖面认真观察，重点部位是第Ⅰ级阶地堆积。初步调查时在20余处地点发现石制品，后经核查，确定了位于水洞沟、张家窑、施家窑3个集中分布的区域中的14个地点（图一）。考察队对各地点的剖面进行调查对比，初步确认存在两个文化层位：上部层位处于马兰期堆积上部，下部层位处在马兰期堆积下伏粉砂、亚黏土层中，下部层位有哺乳动物化石暴露。其中7号地点在遗址上游110°方向300米处，剖面上部为厚度约4～5米的马兰期河漫

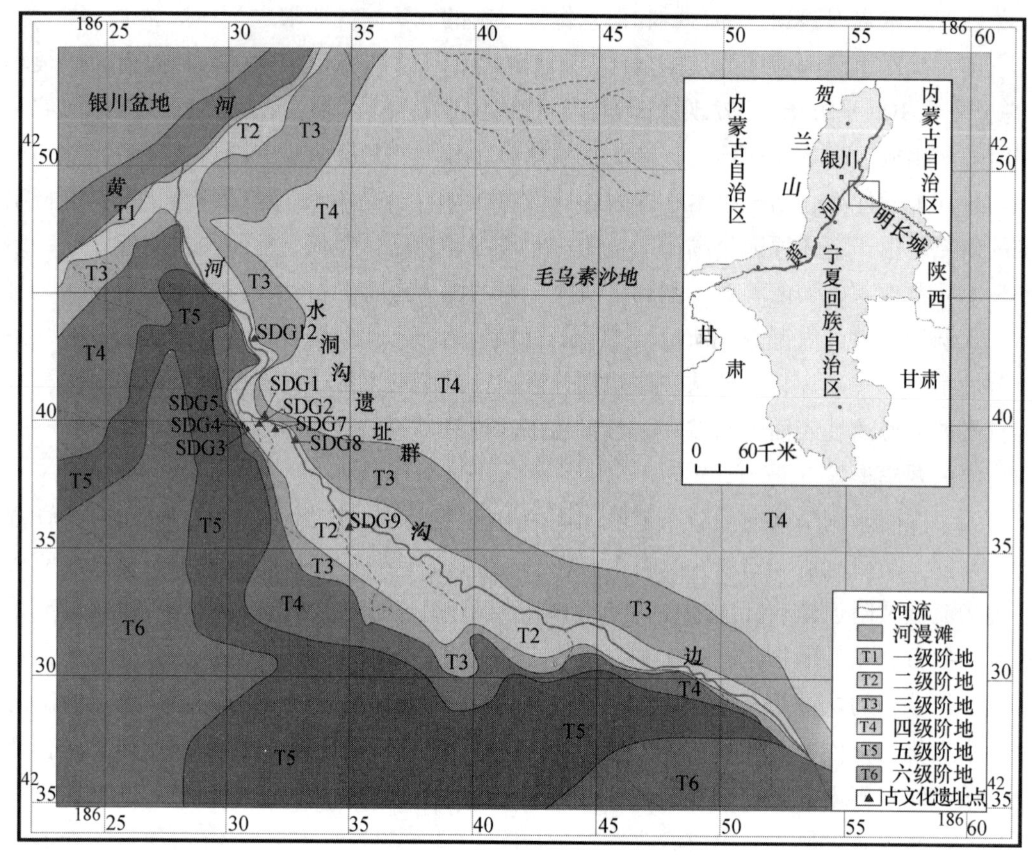

图一　水洞沟遗址地点群分布图

滩相沉积；中部为文化层，岩性为黏质粉砂和粉砂质亚黏土，石制品丰富，主要有石核、石片以及砍砸器、刮削器、尖状器等，原料以硅质白云岩为主，文化层内伴生哺乳动物化石；下部为砾石层。8 号地点处于 1 号地点 120°方向约 2000 米处，石制品见于距地表约 40 厘米的地层中。9 号地点分布在边沟上游，文化层内发现大量与水洞沟文化相似的石制品。这几处地点有良好的工作前景，进一步发掘和研究对探讨水洞沟石叶工业的分布和源流、发展具有重要意义。

2. 彭阳地区

彭阳地区的调查主要集中于彭阳县城周围的茹河两岸。这里第四系地层较为发育，沉积厚度大，流水后期切割使地层露头良好。此次调查共发现位于岭儿村和刘河村共 5 个地点，文化层位于第 I 级阶地灰色粉砂层内，石制品丰富。在岭儿村 1 号地点和刘河村 1 号地点发现和采集石制品 60 余件，主要有石核、石片、断块和尖状器、刮削器、雕刻器等，原料为燧石、石英岩等。文化层内包含哺乳动物化石，多为牙齿和肢骨碎片。初步判断这些地点与水洞沟遗址年代相近。根据地理环境和采集到的遗物分析，昔日这里是一片水源充足、草木丛生、禽兽繁衍的山林沃野，生态环境良好，为人类的生产和生活提供了充裕的条件。

本次调查发现的线索和遗存扩大了宁夏旧石器遗址的分布范围。从调查发现的石制品特点来看，原料取自上更新统下伏砾石层，岩性主要为石英砂岩、石英岩、白云岩、燧石和硅质灰岩等。剥片技术除常见的锤击法和砸击法外，还可能使用了软锤技术；石器类型以刮削器居多，水洞沟遗址常见的石叶和端刮器等类型较为常见。两个文化层的发现说明古人类在宁夏地区至少有两个较为集中的生存活动期。新发现的旧石器材料丰富了水洞沟文化的内涵，对研究石叶工业的起源、传播脉络和我国细石器工业的起源，以及建立区域旧石器时代文化演进的时空序列与框架，具有潜在的意义。

三、考 古 发 掘

1. 目的与设计

本次发掘力求解决的学术问题及工作思路包括：发掘不同地点以探明古人类活动的范围和诸地点间的关系；寻找不同的层位以探讨水洞沟文化的源流及演变，并建立区域文化发展序列；用现代田野方法获取完整的科学资料与信息，包括遗物分布状况和埋藏学资料；同步开展多学科交叉研究，包括考古学、古人类学、古环境学、地质学、年代学和沉积学；将获取的标本和资料作为同一研究体系的有机整体，开展对水洞沟遗址的系统而深入的研究。

为实现上述设想，我们对发掘工作确立了"全方位获取科学信息"、"不图数量，而求质量"、"不追求标本的多少而致力于建立规范"、"做小、做细、做精"的原则。本次发掘借鉴了现代西方的一些田野方法和标本观测、记录、处置方式，力求获取完整的科学信息，建立中国旧石器考古田野规范：特制适合旧石器遗址特点的、观测项目全面的野外发掘记录本和器物标签；采取发掘区整体揭露的方式，以5厘米为一个水平层，并严格分辨和控制自然层位；多学科现场同步协作，在发掘现场进行磁化率探测并采集地质、地层、年代和环境样品以供多方面的分析和测试；对任何遗迹和遗物都进行编号、记录和采集，对每件标本进行三维坐标和产状测量，对每件石制品单独装袋以防止相互摩擦、碰损；对每个探方、每个水平层的废弃土单独过筛，防止微小标本的丢失和不同单元的标本混合，并对一些重点探方和部位的废弃土进行浮选，以提取植物种子等材料；发掘时规范野外记录程序，致力建立文字、照片（光学和数码）、录像和绘图一系列完善的资料系统；在发掘期间及时对标本进行整理，对野外测量数据进行计算机录入和分析。

发掘队配备了测绘仪器（水准仪和全站仪）（图二）、光学和数码照相机、摄像机、笔记本电脑、GPS定位仪等，购置了大量的型号不同的封口塑料袋，对发掘方法、观察与记录的内容和方法、标本处置方式、室外室内工作流程以及野外取样的种类和数量（密度）进行了规划，对工作队成员进行了培训和分工。几年来参加考古发掘的专业人员来自下述单位：中国科学院古脊椎动物与古人类研究所、宁夏文物考古研究所、中国科学院地质与地球物理研究所、中国科学院地球环境研究所、浙江文物考古研究所、

图二　用全站仪测量出土标本的三维坐标

云南省文物考古研究所、北京大学、吉林大学、厦门大学、兰州大学、郑州大学、山东大学、南京师范大学等。集中如此多单位和众多具有高学历的专业人员在一个遗址进行发掘，在中国旧石器时代考古学史上尚属首次。

2. 发掘过程与初步结果

近几年发掘区域重点选择在第 2 地点。该地点位于第 1 地点南侧，与后者隔岸相对，地层出露完整且厚度大，对与第 1 地点进行地层对比和探明整个遗址的地层序列十分重要。在第 2 地点的地表可见丰富的石制品和动物化石，在剖面上可见到厚层的用火烧烤面和灰烬、木炭，文化遗物、遗迹丰富。该地点的西侧是遗址地层剖面坍塌最严重的部位，裂隙发育，珍贵的科学资源每年都在流失，抢救发掘十分必要。

为对遗址区有更全面的了解并探明新发现地点的科研价值，我们在发掘第 2 地点的同时对第 7、8、9 和 12 地点也进行了小规模发掘。

(1) 第 2 地点

自 2003 年以来 4 次发掘皆以此地点为重点，累积发掘面积约 100 平方米。该地点堆积上部是厚层的黄灰色河漫滩相粉细砂层，间有灰白色条带，分层不很明显。靠近底部出露湖沼相褐色淤泥（图三）。发掘表明该地点在河漫滩相粉细砂层下部有 5 个含文化遗物的层位。第 1 文化层（从上向下排序）出土丰富的石制品和少量破碎的动物化石。石制品分布密集，大多为制作石器留下的燧石断块和碎屑碎块、碎屑，很少有成型的器物。前 3 年发掘时在该层发现细小炭粒，获取测年标本不易。2007 年发掘时发现

图三　水洞沟2号地点发掘场景

一片面积较大且集中分布的灰烬，内含丰富的木炭，为研究史前人类在这一时段的生存状态和用^{14}C方法测年，提供了珍贵的资料。第2文化层石制品更加丰富、密集，多以燧石为原料，石英岩次之，大多个体小，多为断块和废屑，但少量刮削器加工精美。除石制品外，该层还出土用鸵鸟蛋壳制作的精美的环状装饰品。这些装饰品分布零散，个体很小，形如纽扣，多单向钻孔，有的边缘保留琢击或压制的疤痕，有的标本上有赤铁矿粉残迹（图四）。发掘中发现大量集中的灰烬和厚约10厘米的棕红色烧土面，表明古人类曾在遗址连续生活过很长的时间。这些材料表明该地点当时是一处古人类生存的现场，保留下古人类制作石器、加工装饰品、从事生产和消费的原生物质遗存，勾画出一幅篝火长燃、生生不息的生动历史画卷。其下的3个层位经发掘的面积小，只清理出少量石制品，其时代和文化面貌尚不十分清楚。对整个剖面进行了磁化率测试和系统的取样，以供光释光测年、孢粉分析、粒度分析、磁化率分析、微结构分析等，从而建立遗址的时代框架，复原古人类生存的环境背景，探讨遗址形成的各种营力和过程。

（2）第7地点

位于第1地点110°方向（边沟上游）300米处。2003～2005连续三个年度在此发掘，布1米×1米的完整探方23个，不完整探方5个，发掘面积25平方米。该地点在厚层河漫滩相粉细砂层之下即为文化层，厚约3米。在三年的发掘中出土石制品约8000

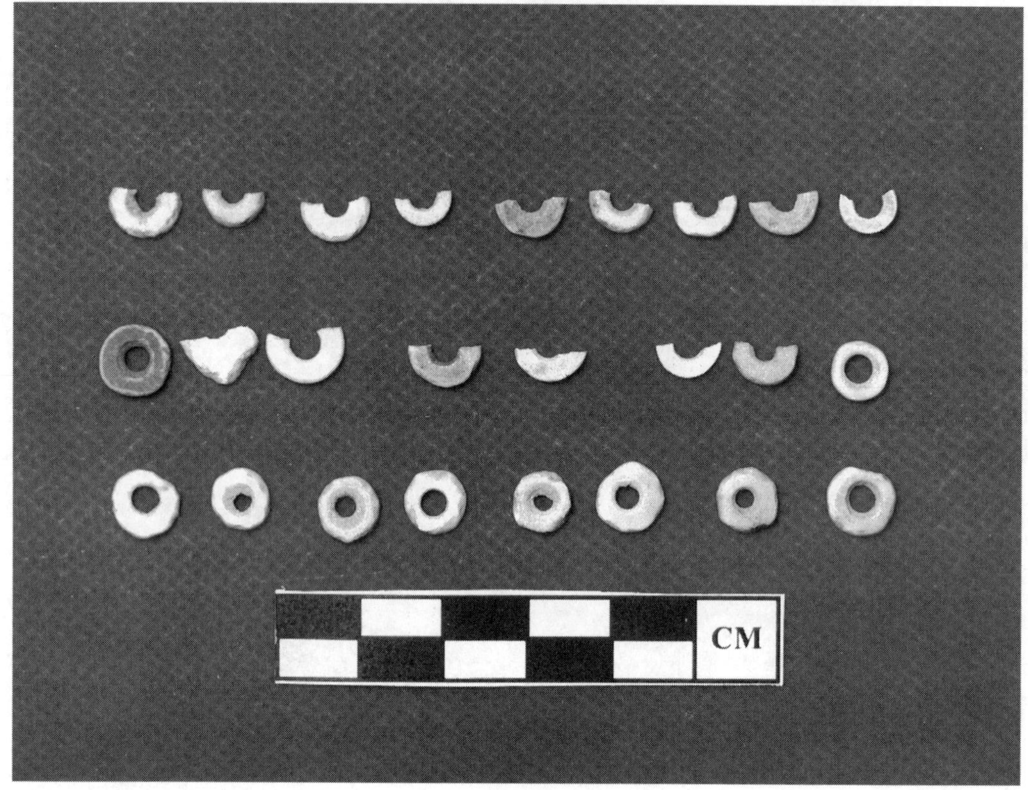

图四　水洞沟 2 号地点出土的装饰品

件，出土与第 2 地点相似的用鸵鸟蛋皮制作的装饰品数枚，并出土一些动物骨骼和牙齿化石。该地点的石制品大多为断块和碎屑，加工成器的标本很少，原料以燧石和石英岩为主（图五）。从石制品特点和装饰品来看，该地点与第 2 地点的第 2 文化层很接近，测年也支持了这种判断。动物化石较第 2 地点略为丰富，个体也要大一些，尤其在文化层下部集中且多为较完整的大块肢骨。动物化石总体来说保存状况不好，风化破碎严重。文化层中未见集中分布的灰烬，但有零星的木炭。该地点地层复杂，水流的侵袭、扰动明显，地层中铁锈状条带和透镜体发育，文化遗物经历一定的扰动。但从遗物缺乏分选和定向排列情况看，长途搬运可以排除，似为泉水的扰动，文化面貌基本保持，但遗物、遗迹间的原生共存关系在一定程度上已被破坏。

（3）第 8 地点

位于第 1 地点 120°方向（边沟上游）2000 米处。在紧靠崖壁处布完整的 1 米 ×1 米探方 14 个，不完整探方 4 个，发掘面积 16 平方米。该地点上部地层剥蚀严重，在残存的粉细砂层 20 厘米以下即为文化层，厚约 40 厘米，出土标本 801 件。除 8 枚用鸵鸟蛋皮制成的环状装饰品外，其他为石制品。装饰品与第 2 地点出土者在大小、形态和工艺方面很相似，但保留琢击或压制痕迹、磨制程度轻的比例似乎更高。石制品多以燧石为原料，石英岩次之，大多个体小，以断快、碎屑居多。地层中有大量零散的炭粒，局部

图五 水洞沟7号地点出土的石制品

地方有集中的灰烬层。该地点只有1个文化层，文化层之下为纯净致密的粉细砂层。从装饰品的特征看，第8地点的文化层应与第2地点的第2文化层相对应。

（4）第9地点

在第8地点的东南方向，2007年首次发掘，布1米×1米探方12个，发掘面积12平方米，发掘深度约0.9米。该地点剥蚀严重，在地表约5～10厘米下便是文化层，文化层薄且只有一个层位，出土石制品近400件。出土标本中有一定数量的石叶和具有勒瓦娄哇风格的石核（图六），许多石片上体现出修理台面和预制石核的特征，这对确认水洞沟遗址的石叶遗存的确切层位与时代，具有突破性的意义。

（5）第12地点

位于第1地点的西北，地界已属内蒙古自治区。该地点于2005年发现，2007年首次发掘，布方12个，发掘面积12平方米。该地点的地层、堆积、时代和文化内涵与上述水洞沟各个地点明显不同，代表古人类在各地区的一个特殊的生活时期。该地点文化层在目前地表约2米之下，为一黑褐色灰炭与砂土混合层，厚度约40～80厘米，有的地方可达近200厘米。文化层富含古人类留下的石制品、灰烬、木炭、动物碎骨等，有大量因火烧而断裂的小石块，石制品和动物化石多有被烧过的痕迹，显然古人类用火是该地点文化遗存形成的主因。但由于灰层堆积厚且不单纯，很难被推断为古人类活动的原生堆积，自然营力的搬运改造应该起过一定的作用，因而对遗址的埋藏学和沉积环境

图六　水洞沟 9 号地点出土的石核

分析将是重要的课题。文化遗存中有传统的石核、石片，也有精美的细石核、细石叶，有的标本经过了磨制加工，但未见陶片。初步测年数据约为 1 万年前。寻找水洞沟遗址序列中的细石器遗存与层位，建立古人类在该地区生存与文化发展的更为完善的时空框架，一直是本次系列科考活动的重要目标之一，第 12 地点的发现与发掘成为考古队近年最重要的收获。

四、小　　结

近几年我们在水洞沟遗址开展的发掘活动具有这样一些特点：主动考古发掘、课题研究与遗址保护、科学资源的抢救相结合；多单位、多学科同步协作；全部由专业人员从事发掘；招募大专院校文博考古院系的志愿者参与工作；田野工作与人才培训、实验实习相结合；力求完善田野方法，获取完整的资料与信息，建立古人类演化与生存行为的相对精细的时空和环境框架；致力于建立旧石器时代考古发掘、记录与研究规范。

通过新的调查和发掘，在水洞沟遗址区的多个地点发掘出多个文化层位。初步年代测定表明，以第 2 地点的第 1～2 文化层和第 1、7、8、9 地点揭示的旧石器时代文化层为代表的晚更新世人类在该遗址生存的时间主要是距今 2. 9 万～2. 5 万年之间；第 12 地点是古人类在更新世末叶向全新世转变期间留下的遗存，而第 2 地点的 3～5 层代表着更早的人类生存行为，确切的年代还在测试中。这些地点的发现和不同层位关系的确定，扩大了水洞沟遗址的时空范围，初步建立起古人类在该地区生存所留下的文化序列。发掘出土的石制品类型多样，包括石核、石片、刮削器、砍砸器、尖状器、雕刻器等，对研究水洞沟石器工业的器物组合和技术流程具有重要意义；完整的考古信息单元的获取和一批特点鲜明的石制品的发现对科学分析水洞沟文化的组分，界定水洞沟文化的性质和其与北方（蒙古、中亚和西伯利亚）、西方（西欧、西亚）旧石器时代中、晚期文化关系，为寻找在中国独具特色的水洞沟文化体系的分布范围和来龙去脉，为探讨华北古人类群体的演化与迁徙过程和旧石器晚期考古学文化的多样性发展过程与机制，提供了重要资料，奠定了良好的基础。尤其是在遗址首次发掘出土用鸵鸟蛋皮制作的环状装饰品，其制作工艺包括了打（压）制或琢制毛坯、磨光和穿孔。这些装饰品小巧、规范，为目前在中国发现的旧石器时代同类遗物中制作最为精美者，极大地丰富了水洞沟文化的内涵，为研究当时人类的生产力水平、行为模式和审美能力，提供了重要的信息。

遗址地层中保存完好的灰堆、木炭、烧石、烧骨和大量制作石器产生的断块、碎屑表明水洞沟遗址的诸多地点为原生地层堆积，保留了古人类在遗址从事生产和生存活动的原始信息，遗物、遗迹密集分布，是开展旧石器时代遗址考古埋藏学研究和探讨古人类行为特点的理想场所。通过细致和高精度的发掘、测量和记录，考古队得到遗址埋藏学和遗物、遗迹分布关系的资料和信息，对弥补以前田野工作的缺欠，正确判断遗址的性质、各种营力的作用和拥有材料的完整性，校正自然与人为因素导致的认识偏差，具有重要的作用。考古队系统提取了遗址堆积的古环境和年代样品，对这些样品的分析和测试将使我们对古人类生存年代和环境的研究建立在更科学、更精确的基础之上。

附记：本研究得到中国国家自然科学基金面上项目（40472016）和国家重点基础研究发展规划（973）项目（2006CB806400）的资助。

注　释

[1] Licent E，Teilhard de Chardin P. Le Paleolithique de la Chine. *L' Anthropologie*，1925，35（4）：201－234.

[2] 贾兰坡，盖培，李炎贤．水洞沟旧石器时代遗址的新材料．古脊椎动物与古人类，1964，8（4）：75－83.

[3] 宁夏博物馆，宁夏地质局区域地质调查队．1980年水洞沟遗址发掘报告．考古学报，1987（4）：439－449.

[4] 宁夏文物考古研究所．水洞沟——1980年发掘报告．北京：科学出版社，2003.

[5] 高星，裴树文，王惠民，等. 宁夏旧石器考古调查报告. 人类学学报，2004，23（4）：307－325.

[6] 高星，王惠民，裴树文，等. 中国学者重新发掘宁夏水洞沟遗址．中国文物报，2003年12月19日1－2版．

漳州莲花池山旧石器遗址埋藏过程与地层的初步研究

范雪春[1]　彭　菲[2,3]　杨丽华[4]　阮永好[4]

（1. 福建博物院　2. 中国科学院古脊椎动物与古人类研究所　3. 中国科学院研究生院　4. 漳州市文物管理委员会）

摘要　漳州莲花池山旧石器遗址第二次发掘从红土堆积中揭露出三个连续的、不同时代的文化层，已出土石制品共计234件。本文根据此次发掘的材料对遗址的埋藏性质、埋藏过程及其与地层的关系进行初步探讨。作者认为：莲花池山旧石器遗址属于原地埋藏，但三个文化层均受后期片流影响，其中上、中文化层所受影响较为严重，而下文化层则较小。对比漳州周边地区已知的年代学数据，莲花池山旧石器遗址的年代置于中更新世晚期到晚更新世是适宜的。

一、前　　言

漳州莲花池山旧石器遗址发现于1989年；1990年由福建省博物馆、漳州市文化局和中国科学院古脊椎动物与古人类研究所联合对该遗址进行了首次发掘，从上下砖红土间的砂砾层中采集到27件石制品；尤玉柱、范雪春等于1991年对此次发掘作了初步报道[1]。2005～2006年，为了配合漳州城市基本建设，福建博物院考古研究所、漳州市文物管理委员会联合对莲花池山旧石器遗址进行了第二次发掘。此次发掘共揭露出三个连续的、不同时代的文化层，出土的石制品共计234件。根据两次发掘，莲花池山共存在四个文化层，相关发掘简报已经刊载在中国古脊椎动物学会第十次年会暨第一次中国第四纪研究会古人类与旧石器分会首次学术会议（2006年11月，福建三明）出版的论文集中[2]。本文根据第二次发掘的材料对莲花池山旧石器遗址的埋藏性质、埋藏过程及其与地层的关系进行更深入的探讨。

埋藏学（Taphonomy）一词最早由苏联古生物学家叶菲列莫夫于1940年明确提出，由希腊语的Taphos（意为墓、埋葬）和nomos（规律）两词组成，其意系指专门研究生物死亡、破坏、风化、搬运、堆积和掩埋的整个过程，以及在这一过程中所受到的各种各样因素影响而发生变化的一门学科。埋藏学与考古学的结合是在“新考古学”思潮的影响下于20世纪60年代末期和70年代初迅速兴起的。尤玉柱根据对我国第四纪地层的研究提出，生物遗体或人类文化遗物的埋藏受到以下若干因子的影响：风化程度、沉积物性质、掩埋速度、搬运介质、沉积碎屑物成分和粒度以及大地构造[3]。对考古遗址进行埋藏学分析将有助于了解遗址的形成、发展及废弃过程，为研究者诠释古人类的生存行为模式提供帮助。

近年来，我国南方红土地层中旧石器地点和遗址迭有发现，并有学者对其进行过埋藏学研究[4~7]。由于南方具酸性的红土堆积中难以发现哺乳动物化石，故这类遗址的埋藏学分析只能着重对地质地貌和沉积物性质的分析，以此解释遗址的形成过程及其与地层的关系。

二、地质地层概况

漳州地区分布大片花岗岩、黑云母花岗岩、晶洞花岗岩、花岗闪长岩以及二长岩等侏罗纪侵入岩；局部出露的早期沉积岩包括三叠纪文宾组、侏罗纪梨山组和南园组。区内发育的两组断裂分别呈北北东—南南西和北西西—南东东延伸，并控制第四纪地层的分布及发育类型。根据福建省区域地质调查队、福建省水文地质大队以及尤玉柱和蔡保全等的研究[8~11]，认为漳州地区第四纪地层在内陆大体存在残积物、冲积物和混合型堆积物（残积、坡积、冲积或洪积）三大类型；而海滨地带冲积、残积、洪积、海积和风积成因的地层大多呈与海岸大致等同的带状分布。

莲花池山旧石器遗址地理坐标为：东经117°39′38.6″，北纬24°32′23.3″，遗址位于漳州市北郊的红土台地上，海拔24米，距市中心6千米。漳州市北的红土台地由中更新世残积层和片流层组成，并广泛分布于盆地当中，分布的海拔为15～50米[12]。第二次发掘揭露出的大型剖面高3.6米，长13.2米，地层层次分明，各层之间迭覆关系清楚，但岩性和厚度的变化都相当大（图一）。

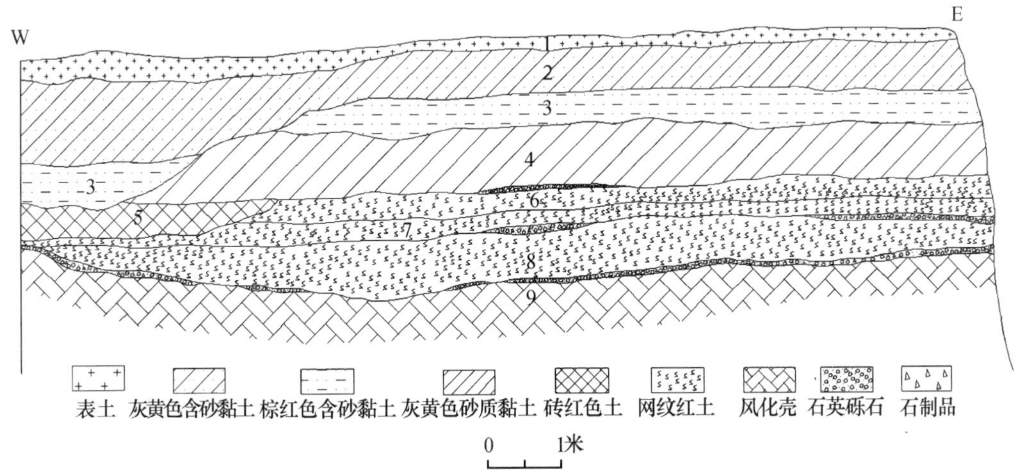

图一　莲花池山遗址发掘剖面图

1. 灰黑色砂质土（Grayish brack sandy soil）　2. 灰黄色含砂黏土（Grayish yellow sandy soil）　3. 棕红色含砂黏土（Brownish red sandy soil）　4. 灰黄色砂质黏土（Grayish yellow sandy clay）　5. 砖红色红土（Brick red clay）　6. 上网纹红土（Upper reticulated red clay）　7. 中网纹红土（Middle reticulated red clay）　8. 下网纹红土（Lower reticulated red clay）　9. 风化壳（Shuck）

莲花池山遗址南区发掘剖面北壁揭露的地层可分为 9 个小层，层序从上至下为：

全新统

（1）灰黑色砂质土（耕作土），Munsell 土色表代码为 7.5YR/Dark Gray，富含腐殖质，偶夹粗砂或细小砾石，含大量植物根茎。厚 20 ~ 40 厘米；

（2）灰黄色含砂黏土，Mursell 土色表代码为 7.5GY4/1 Yellow，黏性较大，其中夹杂各历史时期的砖瓦碎块。厚度变化大，厚 30 ~ 172 厘米；

（3）淡棕红色含砂黏土，Musell 土色表代码为 7.5BR7/2 Pinkish Red，不含或少含细砾石，偶见砖瓦碎片。厚 15 ~ 105 厘米；

~ ~ ~ ~不整合~ ~ ~ ~

更新统

（4）灰黄色砂质黏土，Musell 土色表代码为 10 YR 7/6 Yellow，色泽均匀，质地较纯，层中具微细孔隙。厚 65 ~ 90 厘米；

~ ~ ~ ~侵蚀面~ ~ ~ ~

（5）砖红色黏土（即下红土层），Musell 土色表代码为 10R 4/8 Red，颜色鲜艳，物质成分单一，黏度大，底部见有砾石 - 粗砂透镜体，含石制品（即上文化层）。厚 40 ~ 125 厘米；

~ ~ ~ ~侵蚀面~ ~ ~ ~

（6）上网纹红土，Musell 土色表代码为 10R 5/8 Red，棕红色，具大量菌丝状灰绿色斑纹，黏性较大。底部具砾石条带，含较多石制品（即中文化层）。厚 35 ~ 75 厘米；

（7）中网纹红土，Musell 土色表代码为 10R 5/8 Red，棕红色，含大量菌丝状灰绿色斑纹，黏性大，底部夹砾石条带，含大量石制品（即下文化层）。厚 45 ~ 80 厘米；

~ ~ ~ ~侵蚀面~ ~ ~ ~

（8）下网纹红土，Musell 土色表代码为 10R 5/8 Red，紫红色，含大量菌丝状灰绿色斑纹，黏性较大，从上到下细砂含量增多。厚 45 ~ 95 厘米；

~ ~ ~ ~不整合~ ~ ~ ~

（9）下伏：风化壳，Musell 土色表代码为 7.5 5/6 Red，紫红色，以黏土为主，其中夹杂大量尚未风化的石英、长石颗粒。厚 12 ~ 25 厘米。其下为母岩：花岗岩。

全新统与更新统层间具有明显的不整合面，说明在更新世结束后曾有一次区域性强烈剥蚀和侵蚀过程。在更新世地层中，顶部灰黄色砂质黏土层与其下的砖红土、砖红土与网纹红土层间都有清楚的侵蚀面。侵蚀面以砾石条带将上、下地层分开，显然代表在更新世期间，至少有 4 次剥蚀和侵蚀过程，而本次发掘出的三个文化层分别位于网纹红土顶部、中部和底部的三个剥蚀面上。

三、石制品的埋藏

莲花池山旧石器遗址目前所获的石制品共计234件，其中上文化层21件，中文化层99件，下文化层114件。上文化层出土的石制品组合为石核、石片、断块及石锤；中文化层的石制品组合为石核、断块、石片、砍砸器、刮削器；下文化层的石制品组合为石核、断块、石片、石锤、砍砸器、尖状器和手镐（表一）。

表一 莲花池山旧石器遗址石制品类型统计

类型 文化层	石核		石片		石器		断块		合计
	N	%	N	%	N	%	N	%	
上文化层	2	9.52	9	42.86	1	4.76	9	42.86	21
中文化层	20	20.20	35	35.35	8	8.09	36	36.36	99
下文化层	22	19.30	17	14.92	9	7.89	66	57.89	114

石制品均加工简单，修理痕迹粗糙，很少能见到细致的修理；类型较少，缺乏典型的砍砸器、刮削器和尖状器；打片方法以砸击和锤击为主，石料的利用率低，从大量不规则石片中可以看出制作者控制石片形态的能力较差；石制品原料单一，仅脉石英和水晶晶体两种，虽然也有石英岩、铁质岩和风化严重的砂岩，但人工痕迹并不明显。该遗址的文化面貌有别于南方主工业的砾石石器系统。

从发掘情况来看，上、中文化层自东北向西南呈条带状分布，且略呈15°倾斜，石制品分布零散，而下文化层在发掘区内则普遍存在。三个文化层所出土的石制品从器型看差别明显，但磨蚀程度都较低。值得注意的是，莲花池山遗址下文化层揭露出来的砾石层面，其石制品的排布和自然流水作用下形成的小石块呈混杂分布状态，文化层的层面略有起伏，总体上看都自东北朝西南方向倾斜，角度约15度。地层中夹杂的小石块形状各异，大小参差，成分除脉石英外，还有砂岩、石英砂岩、铁锰结核等，巨大的脉石英岩块和结晶完好的水晶晶体，既不是当地和附近有存在的岩石，也绝非因片流作用所能形成的。鉴于这些脉石英岩块和块状水晶晶体在层面上呈现无序分布、无定向性以及其间夹杂着大量具有人工痕迹的断块、碎块和石片判断，可能是人为搬运的结果（图二）。在下文化层砾石层面中，有一直径约1.5米的不规则区域内，脉石英岩块、石制品均很少，基本为空白区。房迎三也报道过安徽宁国毛竹山地点[7]存在与莲花池山的下文化层相类似的情况。

根据对发掘区的总体分析，作者认为莲花池山旧石器遗址属于原地埋藏类型，上、中文化层的形成原因是古人在原有的砾石侵蚀面上活动后，后期流水冲刷导致原有的文化层仅以条带状残存下来，而主体部分业已不复存在；下文化层因所受水流作用较小故基本保持原有的面貌。

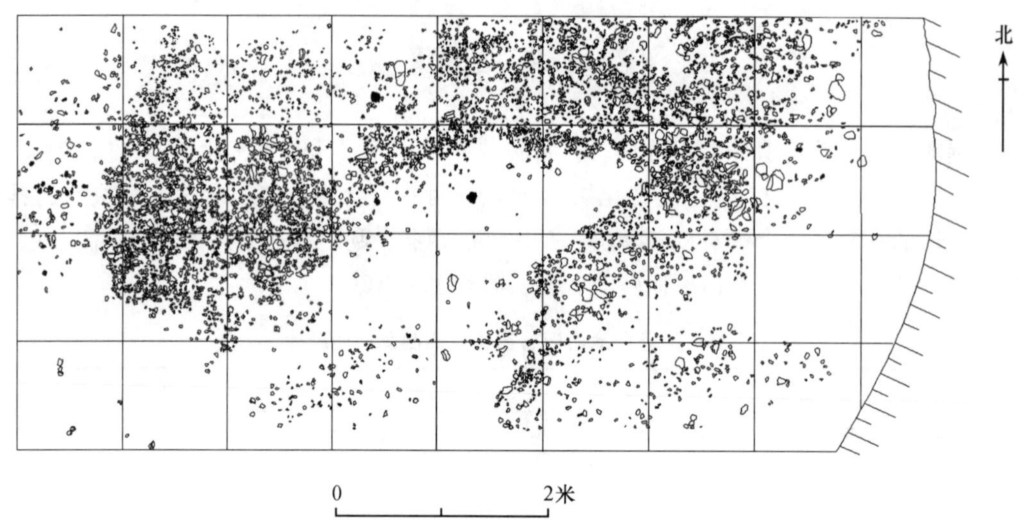

图二　莲花池山旧石器遗址下文化层石制品埋藏状态

四、讨　　论

1. 漳州地区红土及网纹红土年代的讨论

至今漳州地区乃至闽南广大区域尚未见到更新世早期土状堆积物和冲积相沉积物，而普遍见及的是砖红土和网纹红土。从大量剖面观察，砖红土中间都有一层砾石条带将其分为上、下两个部分，并作为晚更新世下部和中部的分界，年龄约在距今7万年；上砖红土层年龄当小于7万年；其下砖红土层年龄应大于7万年，小于13万年。砖红土底部以明显大角度不整合与红白相间的网纹红土相接触。

我国南亚热带和热带地区网纹红土形成的起始时间可能很早，从更新世早期一直延续到中更新世晚期，但福建闽南地区网纹红土尚无超出早更新世的确切证据。目前闽南地区网纹红土以下的底砾石层热释光测年数据多数不超过40万年，如厦门同安泥山村网纹红土底部砾石层年龄为距今17.1万±1.8万年；漳州市西南郊北乡村附近网纹红土底部砾石层测年为距今23.3万±3.5万年；漳州市西郊天宝山麓地带网纹红土的底砾石层测年为距今39.3万±3.3万年；漳州市以北50公里华安丰山相同层位砾石层测年距今26万±3万年；漳浦县赤湖镇二乾村砾石层测年距今24.5万±3万年；仅有漳州市西郊香山村砖红土底砾石层的测年距今45.5万±4.9万年的数据大于距今40万年。根据大量年龄测定可以判断，闽南广大地区网纹红土形成时间较晚，中更新世中、晚期是闽南地区网纹红土的主要形成时期，而更新世晚期则是砖红土形成时期。

上述闽南砖红土、红土和网纹红土系列中，各层和各层之间都存在侵蚀面、剥蚀面或不整合作为分界；上红土层的顶部，通常被一层黄红色砂质黏土所覆盖，该层岩性较疏散，多具空隙，似与长江下游所谓的下蜀土相类似，夏正楷教授认为更可能与风积成因有关，其物质来源可能是末次冰期时出露的大陆架*。网纹红土下伏的普遍是花岗闪长岩风化壳，个别地段是花岗岩风化壳或早期残积物。

2. 遗址形成过程剖析

结合以上所述，可对莲花池山旧石器遗址的埋藏过程作如下动态分析。

莲花池山遗址的地层堆积过程经历了相当长的时期，从中更新世早期开始直至晚更新世晚期才结束。早在中更新世早期，莲花池山处在漳州市北郊花岗岩山区的南坡，在高温、湿热气候环境条件下，强烈的风化作用，使花岗岩逐渐形成宽阔的、微微向南倾斜的基岩侵蚀台地。在这基础上，自中更新世中期起，开阔的侵蚀台地上接受了最早的沉积物——黏土层。经过长期风化和淋漓作用逐渐形成了下部网纹红土层。

当下部网纹红土形成后，整个漳州区域经历了一个短暂的沉积停顿时期，已经形成的下部网纹红土表面，在片流的冲蚀下，呈现略有起伏的地表面和浅的流水小沟槽，与此同时，片流携带的泥沙和细小砾石停积在地表的凹部以及小沟槽中，这便是薄的砾石层形成的原因。鉴于莲花池山的地貌位置，南侧面对开阔的近海低地，北侧背靠中、低群山，东面临近福建重要河流之一九龙江，因此远古人类就选择在这里生活和制作工具的时间相当长，遗留下大量下文化层石制品。

经历一段时间之后，遗址又开始新一轮堆积，形成中部网纹红土层，并叠覆在薄的砾石层之上。中部网纹红土层形成后，远古人类再次来到此地制作工具和生活，但时间并不很长，故中文化层存留的石制品有限。中更新世中期晚一阶段，莲花池山再次迎来新的堆积期，上网纹红土重新叠覆在已经沉积了的中、下网纹红土之上。

中更新世晚期开始，莲花池山一带发生新一轮侵蚀期，莲花池山南坡随着较强烈的冲刷和侵蚀作用，原有相对平坦的台地面发生重大的变化，既形成波状起伏的地表，又使文化层切成向南倾斜的坡面（约15度），并在莲花池山南麓以大角度插入漳州平原。流水冲刷的同时带来泥土、砂和砾石，远古人类又一次在这里生活和制作石器，这就是上文化层。晚更新世始，莲花池山出现一次快速沉积，台地上集聚的大量黏土物质在湿热条件下形成了下部砖红土层。下部砖红土层堆积结束后遭受一轮侵蚀和堆积，在侵蚀过程中砂砾的堆积为人类提供制作石制品的条件，但仅是很短暂的时间，再次的快速堆积形成上部砖红土层。

当莲花池山遗址最上部的砖红土层形成后才真正结束遗址的整个埋藏过程；末次冰期风成砂质黏土沉积完成对漳州北郊红土台地的覆盖。

注　释

[1] 尤玉柱，范雪春. 漳州旧石器时代文化遗物. 尤玉柱主编：漳州史前文化，福州：福建人民出版社，1991：19－27.

[2] 范雪春，彭菲，陈子文，等. 福建漳州莲花池山旧石器遗址发掘简报. 董为主编：第十届中

* 资料系个人交流所得。

国古脊椎动物学学术年会论文集．北京：海洋出版社，2006：217－232.

[3] 尤玉柱．史前考古埋藏学概论．北京：文物出版社，1989：1－262.

[4] 房迎三．水阳江旧石器地点群埋藏学的初步研究．人类学学报，1992，11（2）：134－142.

[5] 房迎三，李徐生，杨达源．江西新余旧石器地点的埋藏环境与时代．人类学学报，2003，22（2）：139－144.

[6] 黄培华，李文森．湖北郧县曲远河口的地貌、第四纪地层和埋藏环境．江汉考古，1995（4）：83－86.

[7] 房迎三，黄蕴平，梁任又，等．安徽宁国毛竹山发现的旧石器早期遗存．人类学学报，2001，20（5）：115－124.

[8] 尤玉柱，蔡保全．漳州地区第四纪地层与古环境．尤玉柱主编：漳州史前文化，福州：福建人民出版社，1991：1－5.

[9] 童永福，福建第四纪沉积概况．中国第四纪研究．1985，6（1）：99－106.

[10] 尤玉柱，蔡保全．福建更新世地层、哺乳动物与生态环境．人类学学报，1996，15（4）：337－345.

[11] 王雨灼．福建第四纪地层的划分．福建地质，1990，9（4）：289－306.

[12] 付萍．漳州盆地第四纪钻孔地层划分、对比与沉积环境分析．中国地质大学（北京）硕士学位论文．2005.

贾兰坡与中国细石核分类问题研究

朱之勇

（云南大学人文学院历史系）

摘要 贾兰坡先生是最早对我国境内的细石核进行分类研究的学者之一。先生认为棱柱状石核、锥形石核（铅笔头形石核）、楔形石核和扇形石核（船形石核）是我国细石器组合中最具有代表性的遗存。当前学界对棱柱状石核、锥形石核的分类，意见基本一致；而对楔形石核与船形石核的划分则不甚统一。本文对一些较具代表性的论文中有关这两类细石核的划分情况进行了列举、分析，并对该问题提出了一点自己的看法。

贾兰坡先生是我国最早从事细石器研究的学者之一。20世纪70年代，先生为探索细石器起源等问题，在我国的北方地区曾进行了长时间的考古调查[1]。在掌握大量实物资料和文献资料的基础上，形成了其著名的研究论文《中国细石器的特征和它的传统、起源与分布》[2]。该文对中国细石器的特征、细石器遗址的分布状况以及广泛分布于东北亚——西北美的细石器起源等问题进行了详细的研究，其观点至今仍对中国细石器相关问题的研究有着很大的影响。今天，在贾老等老一辈学者们开拓成果的基础上，中国细石器研究已经有了更为深入的发展，特别是贾老当年所关注的上述问题亦有着进一步的深入研究。在此，本文仅将贾老当年关注的细石核分类问题的发展状况及所存在的问题，进行归纳、分析，以纪念贾老百年之诞辰。

细石核是研究中国细石器特征的重要遗存，从细石核上可以了解到生产细石叶的技术和程序，因此贾老对其格外重视。在《中国细石器的特征和它的传统、起源与分布》一文中，贾老指出在我国的许多细石器文化遗址中，常见到的石核有盘状石核、多面体石核、两极石核、棱柱状石核、锥形石核（铅笔头形石核）、楔形石核和扇形石核（船形石核）等。前三种石核，在我国的旧石器时代遗址，特别是周口店北京人遗址、许家窑遗址和峙峪遗址中所常见；最重要的是后四种，几乎为我国及其相邻地区的细石器组合中所专有，而在几何形细石器组合中则很少见到。为此，他在文章中对棱柱状石核、锥形石核、楔形石核和扇形石核（船形石核）的特征及形成机制进行了详细的分析、介绍。贾老从玉器厂老工人制作烟袋嘴的过程中得到启发，认为棱柱状石核在剥落石叶之前，必先打制出荒坯，然后将石核的荒坯的两头都打击成台面，从两头剥落石叶，最后则成为棱柱状石核；如果从一头剥落石叶，最后则形成锥形石核。无论是棱柱状石核还是锥形石核，台面一般都被修理过。修理的目的并非单纯地为了使台面平整，而更主要是使台面出现细碎的鳞片状疤痕，用间接法打制石叶则不致使中间物体的尖头滑动，易于掌握。总之，棱柱状石核和锥形石核虽然在地区性上有一定的意义，而在技术上二者并没有什么区别。除了上粗下细的荒坯，从粗端剥落石叶，必然形成锥形石核；即使是两端等大的石核荒坯，如果只从一端剥落石叶，最后也会形成锥形石核，因为剥落的石叶的尾端不仅都向内弯，一般也多较厚。对于楔形石核和船形石核，贾老认为是由华北地区细石器文化组合中常见的两面加工的舌形器物改制而成的，楔形石核恰为舌形器物的1/2，而船形石核则恰为舌形器的1/4。如果把舌形器物从一面的中部截成两半，再把断面修理成台面，然后从和台面相邻的一侧边缘挨次用间接法剥落细石叶，即成“半楔形石核”；从两侧边缘挨次剥落石叶，即成楔形石核。在技术上来讲，船形石核较之楔形石核并没有什么特殊的意义，两者应属同一技术模式。如果把已截断的舌形器物的一半，垂直地再从中间剖开，即把舌形器四分，把新的断口修理成台面，然后从和台面正角相交的一侧剥落石叶，即形成船形石核。

从笔者掌握的资料来看，贾老应该是最早对我国境内的细石核进行分类研究的学者，今天我们对细石核分类的认识仍不出其所概括的范畴。通过阅读贾老及其他学者的有关细石器研究的论文，笔者感受到，棱柱状石核和锥形石核的特征较为明显，比较容易让后学者所把握，迄今似没有学者对其产生疑义。但对楔形石核与船形石核的划分，各家论述似多有不同，不免让笔者有些困惑。现将一些较重要的论文中有关这两类细石核的划分情况列述如下，以便检讨分析。

盖培等在《虎头梁旧石器时代晚期遗址的发现》一文中认为，楔状石核总的特征是呈楔状，好像两个楔状体结合在一起：上端（台面所在的一端）宽，下端（与上端相对的一端）窄；前端（石叶阴痕所在的一端）宽，后端（与前端相对的一端）窄[3]。

安志敏在《海拉尔的中石器遗存——兼论细石器的起源和传统》一文中认为，该遗址中船形石核的特点是呈扁平三角形，平顶锐底，呈船底状。系选用扁平砾石从两面加工成带刃缘的盘状体，个别还残存局部的砾石面，然后打下一段，修成半圆形扁锥体的石坯，以平坦的劈裂面作为台面，沿一端向下连续剥片，遗留了并排的条状疤痕。而楔形石核的特点是体高而窄，底缘及侧缘均呈锐利的刃部，也是从台面的一端剥片，遗留有条状疤痕[4]。

陈淳在《中国细石核类型和工艺初探——兼谈与东北亚、西北美的文化联系》一文中指出，楔形石核最主要的特征是对剥片无直接关系的楔状缘进行修理。形态又有宽、窄之分。宽型楔形石核的核身两面加工，由楔状缘向台面和工作面方向压片，疤痕浅长，有的标本一面为破裂面或节理面，仅在缘部作少许修理。窄形楔形石核核身前后窄，工作面也比宽型长得多，尽管石核在剥片中会变化，但工作面是稳定的。楔形石核的宽窄在某种意义上是相对的，因为石核剥片会由宽变窄，但在一个遗址中，这种宽窄是依其荒坯而定。船形石核的特征是台面宽，核身厚，似船形。台面为破裂面或节理面，不修理。核身从台面向下修制，与楔形石核核身由楔状缘向台面、工作面方向修制相反。有的底端不为刃状缘而为一小平面[5]。

王向前等在《山西蒲县薛关细石器》一文中认为，楔状石核的特征是核身横宽扁平，台面狭长多作修理。在核身较厚的一端剥片，剥片面（工作面）遗有多条细石叶疤，其相对端（尾端）向两面修理成弧刃。石核轮廓从侧立面观，多呈扇形或三角形。船形石核一般较小，核身侧立面观为船底形或梯形。台面为劈裂面或自然面，多不修理，轮廓呈椭圆形。绝大多数由一端压片，工作面遗有多条细石叶疤[6]。

解希恭等人执笔的《山西吉县柿子滩中石器文化遗址》一文中认为，楔状石核总的特点是台面经过预制，剥片端较宽厚，相对端修成弧刃，侧视呈楔形或扇形。船形石核的特点是台面均经过修理预制，两端基本平衡，剥片大部在台面之一端，两端剥片面较少，底端圆弧，侧视呈船底形或梯形[7]。

王建等在《下川细石核形制研究》一文中认为，楔状石核的台面多呈柳叶形或三角形。剥片面位于台面最大径的一端，成棱锥面。底部为一条由剥片面底端至台面后端的楔状缘；楔状缘由缘部向台面和剥片面方向修制。从剥片面正视，楔状缘恰似锥状石核的底尖。船形石核的特征为平台面（多为节理面或石片腹面）；剥片面位于台面最大径的一端；核身较宽；周身均由台面向下打片修理；底部为钝棱或小平面。同时作者还指出，船形石核与宽型楔状石核均在台面最大径的一端剥片，形状颇相似，所以往往归于同一类型，或称为楔形，或称为船形。其实，这两种石核还是有所区别的。下川船形石核的台面均为较宽的平面，一般不做修理。核身均由台面周边向底部打片修理，使底部成为钝棱或小平面。宽型楔状石核的台面较窄，以打制台面居多并在剥片过程中不断进行修理。尤其是楔状缘均由底部向台面方向打制修理，使之成为“刃”状。两者相比迥然不同[8]。

综合以上各家的论述，可看出对楔形石核与船形石核的划分主要着眼于三点。一点是从石核的侧面观来看，楔形石核呈楔形、三角形，而船形石核则呈船底形或梯形；另一点是从核身的修理状况来看，楔形石核的核身多是从楔状缘向台面和剥片面方向修理，而船形石核的核身则多是由台面周边向底部打片修理，使底部成为钝棱或小平面；最后一点则是从台面的生成状况来看，多数学者认为船形石核的台面一般不做修理，多为节理面或自然面，而楔形石核的台面则多经过预制修理。而笔者通过对虎头梁遗址中的细石核材料进行研究时发现，该遗址中的一些细石核在预制阶段、剥片阶段时，其侧面观均呈船底形，而进入到中止阶段和终极阶段时则呈现出楔形、三角形。这说明一件细石核的外部特征是随着剥片的进行而不断变化的，仅以外部形态来划分楔形、船形石核似还有商榷之处。另外，据笔者的观察，虎头梁遗址中的部分楔形石核的核身修理情况也比较复杂，既有从楔状缘向台面和剥片面方向修理的情况，亦有从台面向楔状缘方向修理的情况，甚至在同一件石核上两种情况同时存在。因此在确定石核类型时笔者仅着眼于楔状缘的存在，即将那些存在有楔状缘的细石核皆称之为楔型石核[9]。与核身的修理情况相似，台面的生成状况也同样比较复杂，以虎头梁遗址中的楔型石核为例，有的台面经过预制修理，有的则是节理面或自然面。由此看来，台面的生成状况是依石核毛坯的自然状况及古人的需要而定的，似乎与石核的类型划分没有多大关系。笔者认为目前学界对楔形石核与船形石核的划分还存在着模糊之处，一些提出来的分类标准从动态类型学的角度来看没有实际意义，从石核的生成机制上来看也并不绝对。两类细石核在很大程度上可归入到同一类型之中。

注　释

[1] 贾兰坡. 悠长的岁月. 长沙：湖南长沙出版社，1997：221－236.

[2] 贾兰坡. 中国细石器的特征和它的传统、起源与分布. 古脊椎动物与古人类，1978，16（2）：137－143.

[3] 盖培，卫奇. 虎头梁旧石器时代晚期遗址的发现. 古脊椎动物与古人类，1977，15（4）：293.

[4] 安志敏. 海拉尔的中石器遗存——兼论细石器的起源和传统. 考古学报，1978（3）：293.

[5] 陈淳. 中国细石核类型和工艺初探——兼谈与东北亚、西北美的文化联系. 人类学学报，1983，4（2）：332－336.

[6] 王向前，丁建平，陶富海. 山西蒲县薛关细石器. 人类学学报，1983，2（2）：164.

[7] 山西临汾行署文化局. 山西吉县柿子滩中石器文化遗址. 考古学报，1989（3）：309.

[8] 王建，王益人. 下川细石核形制研究. 人类学学报，1991，10（1）：5－7.

[9] 朱之勇. 虎头梁遗址楔型细石核研究. 人类学学报，2006，25（2）：130.

内蒙古和林格尔县土城子遗址秦汉时期人骨研究

张全超[1,3]　陈永志[2]　朱　泓[3]

（1. 中国科学院古脊椎动物与古人类研究所　2. 内蒙古自治区文物考古研究所　3. 吉林大学边疆考古研究中心）

摘要　本文对内蒙古和林格尔县土城子遗址出土的14例秦汉时期的颅骨（男性10例，女性4例）进行了人类学的观察和测量，认为该组颅骨在种族特征上可归入现代亚洲蒙古人种中的东亚人种范围。在若干古代和现代对比组中，土城子秦汉组居民的体质特征与土城子战国组、毛饮合并B组、近代华北组最为接近。

土城子遗址地处阴山南麓、黄河北岸，南距和林格尔县城12公里，北距呼和浩特市38公里，位于东经112°，北纬41°。遗址南靠东西摩天岭群山，北连土默特平原，东西两侧丘陵起伏不平，是中原连接漠北的山口要冲地带。1997年至今，为配合达—丰输电线路建设、209国道改造工程、盛乐经济园区的开发，内蒙古自治区文物考古研究所与和林格尔县文物管理所连年对和林格尔土城子遗址及其周边墓葬进行了抢救性的考古发掘，发掘春秋晚期—辽金元不同历史阶段的墓葬1680座，其中春秋晚期10座、战国时期1023座、秦汉时期357座、魏晋时期51座、唐代186座、辽金元时期5座，年代不详者48座。出土铜器、铁器、玉器、陶器、石器等各类器物万余件[1]。本文研究的人骨材料出自1997～2002年度发掘的秦汉时期墓葬，即前6次发掘的材料，由于该批材料保存较差，仅对其中可供观察和测量的14具成年个体标本（男性10具，女性4具）进行了观测，现将研究结果报告如下。

一、观察与测量

1. 颅骨的形态观察

颅骨非测量性形态特征的观察标准依据《人体测量方法》[2]和《人体测量手册》[3]的相关著述。

土城子秦汉组颅骨标本的形态特征可以概括为：颅形多为卵圆形，其次为椭圆形，眉弓凸度中等居多，额部中等倾斜者较为常见，颅顶缝结构普遍发育简单。乳突男性较为发达，而女性则以中等发育或发育较小者居多。眶型以长方形为主，其次为椭圆形。梨状孔心形和梨形各半。梨状孔下缘以鼻前窝型和鼻前窝沟型为主，鼻前棘较为低矮，多为 Broca Ⅰ型，犬齿窝均欠发达，鼻根凹多数表现为0级，翼区以H型为多见，颧骨上颌骨下缘转角处多欠圆钝，腭型多为椭圆型，少量为U型，腭圆枕以丘状为主，颏形以方形为主，下颌角区以外翻者居多，下颌圆枕和铲型门齿均有较高的出现率。

2. 颅骨的测量性特征

从土城子秦汉组颅骨测量性特征的分类结果来分析，该组男性颅骨的主要体质特征可以概括为：一般具有中颅型、高颅型和狭颅型相结合的颅形特点，中等的面宽绝对值，和中等的上面高度，偏低的中眶型和偏阔的中鼻型，中等程度扁平的面形。

女性组在主要颅面部测量特征上，与男性组相比，除鼻型稍阔以外，其余各项性状与男性基本一致。

鉴于本文颅骨标本上所反映出的简单的颅顶缝、欠发达的犬齿窝和鼻根凹、扁平的面形、转角处欠圆钝的颧骨上颌骨下缘、下颌圆枕、铲型齿和鼻前窝型梨状孔下缘的较高出现率等特点，我们认为该组颅骨应归属于亚洲蒙古人种的范围。

二、比较与分析

1. 与亚洲各近代组的比较

为了进一步考察土城子秦汉组古代居民与现代亚洲蒙古人种各个地区居民在种族类型上的渊源关系，我们共选择华北组、抚顺组、爱斯基摩（东南）组、爱斯基摩（勒俄康）组、楚克奇（河滨）组、楚克奇（驯鹿）组、蒙古组、布里亚特组、通古斯组[4,5]等9个近代颅骨组进行比较（表一）。本文采用计算土城子秦汉组与各近代组之间欧氏距离系数的方法进行定量分析，并根据欧氏距离系数绘制聚类图。所有的统计分析都在SPSS11.5 for windows 下完成的（下同）。

表一　土城子秦汉组与各近代颅骨组的比较（男）

（长度：毫米；角度：度；指数:%）

比较项目	土城子秦汉组	华北组	抚顺组	爱斯基摩(东南)组	爱斯基摩(勒俄康)	楚克奇(河滨)组	楚克奇(驯鹿)组	蒙古组	布里亚特组	通古斯组
1 颅长(g-op)	183.27	178.50	180.80	181.80	183.90	182.90	184.40	182.20	181.90	185.50
8 颅宽(eu-eu)	139.64	138.20	139.70	140.70	143.00	142.30	142.10	149.00	154.60	145.70
17 颅高(ba-b)	141.60	137.20	139.20	135.00	137.10	133.80	136.90	131.40	131.90	126.30
9 最小额宽	90.56	89.40	90.80	94.90	98.10	95.70	94.80	94.30	95.60	90.60
45 颧宽(zy-zy)	137.00	132.70	134.30	137.50	140.90	140.80	140.80	141.80	143.50	141.60
48 上面高(n-sd)	73.64	75.30	76.20	77.50	78.20	78.00	78.90	78.00	77.20	75.40
52 眶高 R	33.68	35.50	35.50	35.90	35.90	36.30	36.90	35.80	36.20	35.00
51 眶宽(mf-ek)R	43.46	44.00	42.90	43.40	44.50	44.10	43.60	43.20	42.20	43.00
54 鼻宽	26.64	25.00	25.70	24.40	23.50	24.60	24.90	27.40	27.30	27.10
55 鼻高(n-ns)	53.34	55.30	55.10	54.60	54.70	55.70	56.10	56.50	56.10	55.30

续表

比较项目	土城子秦汉组	华北组	抚顺组	爱斯基摩(东南)组	爱斯基摩(勒俄康)	楚克奇(河滨)组	楚克奇(驯鹿)组	蒙古组	布里亚特组	通古斯组
72 面角(n-prFH)	81.00	83.39	83.60	83.80	85.60	83.20	83.10	87.50	87.70	86.60
8:1 颅指数	76.10	77.56	77.30	77.60	77.50	77.90	77.20	82.00	85.10	78.70
17:1 颅长高指数	78.44	77.02	77.10	[74.26]	[74.55]	[73.15]	[74.24]	[72.12]	[72.51]	[68.09]
17:8 颅宽高指数	101.19	99.53	100.00	[95.95]	[95.87]	[94.03]	[96.34]	[88.19]	[85.32]	[86.68]
52:51 眶指数 R	77.52	80.66	83.00	83.00	80.80	82.40	84.50	82.90	86.00	81.50
54:55 鼻指数	49.97	45.23	46.90	44.80	43.00	44.70	44.50	48.60	48.70	49.40
9:8 额宽指数	65.42	64.69	[65.00]	[67.45]	[68.60]	[67.25]	[66.71]	[63.29]	[61.84]	[62.18]

注:[ ]中的数值是根据平均数计算所得的近似值

根据表二的欧氏距离系数值,我们进一步对其进行聚类分析(Cluster analysis),制出聚类图一,清晰的反映出了土城子秦汉组与各近代组之间的关系,在小于刻度20的范围内,10个颅骨组大致可以区分为两个聚类群,第一聚类群(1～7组)除土城子秦汉组以外,基本代表了现代蒙古人种中的东亚和东北亚类型群体,第二聚类群(8～10组)主要代表了现代蒙古人种中的北亚类型群体。而刻度在小于15的范围内,第一聚类群(1～7组)又分为两个小的聚类群,第一小类(4～7组)代表了现代蒙古人种东北亚类型群体,第二小类(1～3组)包括了土城子秦汉组与代表现代蒙古人种东亚类型的群体。土城子秦汉组与现代蒙古人种中的东亚类型群体聚为一类,可见该组古代居民与现代蒙古人种东亚类型居民在颅骨特征上较为一致。

表二　土城子秦汉组与亚洲蒙古人种各近代组之 *Dij* 值(男性)

	1	2	3	4	5	6	7	8	9	10
1	0.00									
2	11.07	0.00								
3	11.78	9.09	0.00							
4	14.23	10.23	13.85	0.00						
5	16.40	15.31	17.97	6.97	0.00					
6	17.00	14.41	17.93	4.96	5.98	0.00				
7	15.44	13.88	15.61	5.77	6.49	5.18	0.00			
8	24.28	22.19	27.29	15.14	15.28	12.45	15.21	0.00		
9	29.96	28.40	33.57	21.50	20.84	18.82	20.81	8.14	0.00	
10	26.02	23.95	28.50	17.74	19.24	15.24	18.52	9.91	15.57	0.00

注:1. 土城子秦汉组　2. 华北组　3. 抚顺组　4. 爱斯基摩(东南)组　5. 爱斯基摩(勒俄康)组　6. 楚克奇(河滨)组　7. 楚克奇(驯鹿)组　8. 蒙古组　9. 布里亚特组　10. 通古斯组

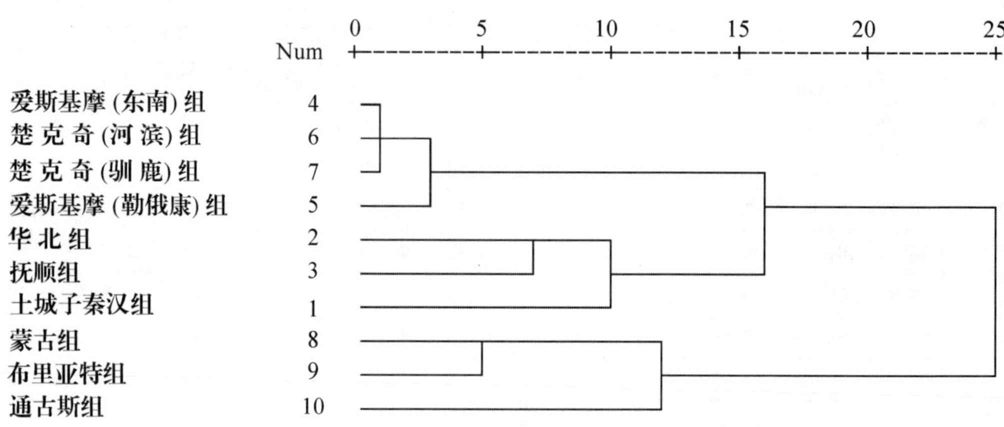

图一 土城子秦汉组与亚洲蒙古人种各近代组之聚类图

2. 与各相关古代组的比较

为了进一步探讨土城子秦汉时期居民与各相关古代居民在人种类型上的关系，本文选择了与其在时空范围相关的土城子战国组[6]、将军沟组[7]、毛饮合并A组、毛饮合并B组[8]、朱开沟组[9]、彭堡组[10]、井沟子组[11]等7个古代颅骨组，仍然采用计算欧氏距离系数的方法进行定量分析，并根据欧氏距离系数绘制聚类图，具体项目见表三，比较的结果见表四。

表三 土城子秦汉组与其他古代颅骨组比较(男性)

（长度:毫米;角度:度;指数:%）

马丁号	项目↓组别→	土城子秦汉组	土城子战国组	将军沟组	毛饮合并A组	毛饮合并B组	朱开沟组	彭堡组	井沟子组
1	颅长	183.27	180.33	181.00	182.04	182.20	179.07	182.20	184.43
8	颅宽	139.64	140.27	138.10	142.02	139.76	139.89	146.80	147.88
17	颅高	141.60	140.97	140.00	136.88	142.72	138.10	131.90	131.50
9	最小额宽	90.56	92.06	90.55	90.50	90.64	90.84	96.00	93.83
45	颧宽	137.00	136.22	133.70	134.64	135.47	135.20	139.80	143.67
48	上面高(sd)	73.64	75.56	73.58	74.50	74.26	71.77	77.80	76.00
52	眶高R	33.68	34.18	33.42	33.88	33.70	33.36	33.80	32.84
51	眶宽R	43.46	43.62	43.56	43.85	42.91	43.93	42.60	43.34
54	鼻宽	26.64	26.51	26.31	25.97	26.84	26.97	26.80	27.66
55	鼻高	53.34	54.69	55.10	55.10	54.70	52.40	58.60	57.72
72	面角	81.00	82.47	84.25	86.00	83.55	87.33	90.70	89.80
8:1	颅指数	76.10	77.56	76.30	78.10	76.79	78.22	81.09	80.39
17:1	颅长高指数	78.44	77.75	77.26	75.54	78.38	77.58	72.39	71.76
17:8	颅宽高指数	101.19	100.36	101.48	96.63	101.57	98.57	89.65	89.51
52:51	眶指数R	77.52	78.41	77.72	77.41	78.73	76.00	79.46	75.88
54:55	鼻指数	49.97	48.63	47.41	47.21	49.09	51.74	46.24	47.99
9:8	额宽指数	65.42	66.53	65.85	64.10	64.91	64.18	65.11	61.77
77	鼻颧角	143.20	144.06	145.00	150.23	145.55	149.32	146.60	153.57

表四　土城子秦汉组与其他古代组之间的 *Dij* 值(男性)

	1	2	3	4	5	6	7	8
1	0.00							
2	5.30	0.00						
3	6.80	5.38	0.00					
4	12.52	10.39	9.57	0.00				
5	4.74	4.55	4.81	10.48	0.00			
6	11.61	10.45	9.43	8.05	9.97	0.00		
7	23.40	20.43	21.84	15.45	22.34	19.94	0.00	
8	25.64	23.89	24.90	16.70	24.75	20.72	10.47	0.00

注:1. 土城子秦汉组　2. 土城子战国组　3. 将军沟组　4. 毛饮合并 A 组　5. 毛饮合并 B 组　6. 朱开沟组　7. 彭堡组　8. 井沟子组

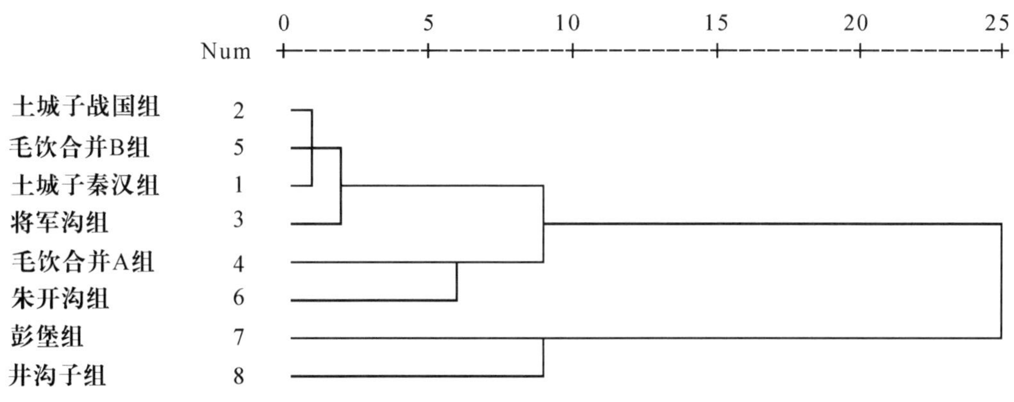

图二　土城子秦汉组与其他古代人群关系的树状聚类图(男性)

图二直观地反映出了土城子秦汉时期居民与其他相关古代居民之间的关系,在刻度小于25的范围内,8个颅骨组大致可以区分为两个聚类群,第一聚类群包括:土城子战国组、毛饮合并 B 组、土城子秦汉组、将军沟组、毛饮合并 A 组、朱开沟组,代表了与现代蒙古人种东亚类型颅骨形态特征相似的群体;第二聚类群包括彭堡组和井沟子组,代表了与现代蒙古人种北亚类型颅骨形态特征相似的群体。第一聚类群在刻度小于10的范围内又分为两个小的聚类,第一个小聚类包括:土城子战国组、毛饮合并 B 组、土城子秦汉组、将军沟组等代表"古中原类型"[12]的群体,第二小聚类包括:毛饮合并 A 组、朱开沟组等代表"古华北类型"[13]的群体,体现了从早期青铜时代到早期铁器时代,"古华北类型"居民在内蒙古中南部地区的延续。

三、结　　论

土城子秦汉时期居民的人骨标本是内蒙古中南部地区该时段具有代表性的古人种学资料,在探讨该时期中原列国北扩疆土与北方民族南下冲突融合的历史过程问题上具有重要的学术价值,根据上述的人种学分析,我们得出以下几点结论。

(1) 颅形多为卵圆形,其次为椭圆形,眉弓凸度中等居多,额部中等倾斜者较为常见,颅顶缝结构普遍发育简单。乳突男性较为发达,而女性则以中等发育或发育较小者居多。眶型以长方形为主,其次为椭圆形。梨状孔心形和梨形各半。梨状孔下缘以鼻前窝型和鼻前窝沟型为主,鼻前棘较为低矮,多为 Broca Ⅰ型,犬齿窝均欠发达,鼻根凹多数表现为 0 级,翼区以 H 型为多见,颧骨上颌骨下缘转角处多欠圆钝,腭型多为椭圆型,少量为 U 型,腭圆枕以丘状为主,颏形以方形为主,下颌角区以外翻者居多,下颌圆枕和铲型门齿均有较高的出现率,这些性状都显示了其具有亚洲蒙古人种的形态特点。

(2) 主要的颅、面部形态特征可以概括为:一般具有中颅型、高颅型和狭颅型相结合的颅形特点,中等的面宽绝对值,和中等的上面高度,偏低的中眶型和偏阔的中鼻型,中等程度扁平的面形。

(3) 与现代亚洲各个蒙古人种的欧式距离的计算结果表明:土城子秦汉时期居民与近代华北、抚顺居民在颅骨的基本形态特征方面最为接近。可见,该组古代居民与现代蒙古人种东亚类型居民在颅骨特征上较为一致。

(4) 与相关古代居民聚类分析的结果显示:在 7 个古代对比组中,本文标本与土城子战国组、毛饮合并 B 组、将军沟组等来自中原地区的“古中原类型”居民在人种类型较为一致,而与内蒙古中南部地区的土著居民“古华北类型”的代表毛饮合并 A 组、朱开沟组以及代表“古蒙古高原类型”的彭堡组、井沟子组都存在一定程度的形态学差异。推测该组居民很有可能是秦汉时期中央政府为巩固边疆统治,防御匈奴而从中原迁来的移民。

附记:本研究得到国家文物局文物保护科学和技术研究课题(20070115),中国博士后科学基金资助项目(20060390520),吉林大学哲学社会科学研究项目—博士科研启动基金项目(2006BS33)资助。

致谢:本文所使用的颅骨标本是由内蒙古自治区文物考古研究所提供的,在此致以衷心的感谢。

注　　释

[1] 内蒙古文物考古研究所. 和林格尔县土城子古城考古发掘主要收获. 内蒙古文物考古,2006(1):9-16.

[2] 吴汝康,吴新智,张振标. 人体测量方法. 北京:科学出版社,1984:14-15.

[3] 邵象清. 人体测量手册. 上海:上海辞书出版社,1985:34-56.

[4] 潘其风,韩康信. 柳湾墓地的人骨研究. 青海省文物管理处考古队、中国社会科学院考古所编:青海柳湾——乐都柳湾原始社会墓地,北京:文物出版社,1984:261-278.

[5] 韩康信. 沈阳郑家洼子的两具青铜时代人骨. 考古学报,1975(1):157-164.

[6] 顾玉才. 内蒙古和林格尔县土城子遗址战国时期人骨研究. 吉林大学博士学位论文,2007.

[7] 张全超,曹建恩,朱泓. 内蒙古和林格尔县将军沟墓地人骨研究. 人类学学报,2006,25(4):276-284.

[8] 张全超．内蒙古和林格尔县新店子墓地人骨研究．吉林大学博士学位论文.2005.
[9] 潘其风．朱开沟墓地人骨的研究．内蒙古文物考古研究所编著:朱开沟——青铜时代早期遗址发掘报告,北京:文物出版社,2000:340－399.
[10] 韩康信．宁夏彭堡于家庄墓地人骨种系特点之研究．考古学报,1995(1):109－125.
[11] 朱泓,张全超．内蒙古林西县井沟子遗址西区墓地人骨研究．人类学学报,2007,26(2):97－106.
[12] 朱泓．中原地区的古代种族．吉林大学边疆考古研究中心编:庆祝张忠培先生七十岁论文集．北京:科学出版社,2004:549－557.
[13] 朱泓．中国东北地区的古代种族．文物季刊,1998(1):54－64.

百色盆地高岭坡遗址古人类的利手分析

袁俊杰

（广西师范大学历史文化与旅游学院）

摘要　百色盆地高岭坡遗址是百色旧石器研究史上第一个经过系统发掘的遗址，在我国手斧工业研究中具有重要地位。本文依据神经生物学和实验考古学的方法对该遗址的石制品进行了古人类群体的利手研究，验证了美国学者 N. Toth 利手分析方法的可行性，显示高岭坡遗址的古人类群体不存在明显的利手偏好。

一、前　　言

百色盆地位于旧大陆的特殊位置，连接华南与东南亚，右江贯穿其间，两岸的河流阶地和盆地周边的洞穴成为古人类良好的栖息繁衍之地[1,2]。本文所研究的高岭坡遗址位于百色盆地东南方向的百色市田东县林逢镇檀河村，地理坐标为东经 107°11′57″，北纬 23°33′60″。高岭坡遗址是中科院古脊椎动物与古人类研究所参与百色盆地旧石器研究以来首个经过正规发掘的遗址，本文所研究的材料是于 1988、1989 年和 1991 年三年野外发掘所获得的 65 件石片。

近些年来，百色盆地的旧石器因其年代的久远性和具有与西方相似的阿舍利技术而被国际学界所关注[3~5]。作为旧大陆人类迁徙与演化研究不可或缺的重要文化遗物，百色盆地丰富的旧石器为研究当时古人类的行为和技术特征提供了最直接的载体。对于史前遗址石制品的研究，除了传统的类型学研究以外，国际学术界已将更多的目光关注在古人类的行为和认知能力分析上[6~13]，这些新的思路有助于获取更多的史前人类行为和认知能力的信息。

利手（Handedness）是一个神经生物学的术语，一般是指人类运动行为中的优势手现象。在人类的运动行为中，还有两大未解之谜，这就是直立行走和右利手。人类存在着极其明显的利手现象，这种利手现象主要表现在一些用手的复杂操作上，如写字等[14]。不对称地偏向使用一侧的手（利手）是人类的特征[15]。在现代人群中，大约有 90% 的人是右利手（Right-hander），大约 10% 的人为左利手（Left-hander）。其中在男性中，右利手占 80%，左利手占 9%，两利手（Ambidextrous）占 11%；在女性中，右利手占 66%，左利手占 2%，两利手占 32%，两性间存在着一定的差异[16]。尽管在现生的非人灵长类中也存在类似的利手行为，但比例远没有达到如此悬殊，大约为 1∶1。

如黑猩猩在用手持握和工作时并没有显示出明显的群体偏侧性（Populational laterality）[17]。从现有的研究来看，人类的利手和大脑的偏侧化是紧密联系的，不仅仅存在于现生的人类，而且从化石人类的脑内膜中也有所反映[18~22]。这就提示现代人群中右利手的偏侧化有着本质上的基因改变，这种改变可能早在人猿沿着不同进化路线分野时就已经存在了[23]。

对史前遗址中的古人类群体进行利手分析，可以通过古神经证据（如对颅内膜的研究）来得到大脑偏侧化情况，并进一步反推当时人类的利手情况；而大量的史前遗址仅有文化遗物（如旧石器）的发现，并没有伴生古人类化石，如何从石制品的研究中找到古人类群体的利手证据，这是个全新的课题。实验考古学和神经生物学的方法可以帮助我们对史前人类的利手情况及其可能的神经结构改变进行推断。就目前笔者所掌握的资料来看，仅有美国考古学家 N. Toth 对肯尼亚库彼福勒（Koobi Fora）遗址和西班牙安布罗纳（Ambrona）遗址古人类群体所作的利手分析[24]。虽仅有一个孤例，但其中的研究方法值得借鉴，笔者也尝试用同样的方法对百色盆地高岭坡遗址的古人类群体进行了利手行为方式的推断。

二、研究方法和材料

（一）N. Toth 的利手实验

在对肯尼亚库彼福勒遗址和西班牙安布罗纳遗址石制品的研究中，Toth 发现打制石片时手持握的石核偏向于顺时针方向的旋转（从上向下观察）。此后，他对早期石器打制的实验模拟研究也显示上述这种非随机的模式一直存在于右利手打制的工具制作者中。Toth 据此推断早在早更新世时，那时的古人类的大脑就已经有了明显的偏侧化，大脑的两个半球已经有了更多的功能分化。

右利手的工具制作者在连续打制一系列具有叠覆关系的石片时，左手持握的石核往往因手腕的解剖特性而呈顺时针方向旋转，从而产生了具有右手源石片（right-oriented flakes）特征的石片（图一）。包括 Toth 本人在内的右利手工具制作者在模拟打制时都出现了这种现象，相反的结果也出现于左手打制者当中。

以右手源石片（right-oriented flakes）为例，它的鉴定特征是，石片台面向上（不论是人工台面还是自然台面），背面朝向观察者，右侧有石皮者皆为右手源石片；左手源石片（left-oriented flakes）的鉴定特征则与此相反（图二）。

Toth 用了七年的时间研究了早更新世的奥杜威工业、肯尼亚库彼福勒遗址和中更新世的西班牙安布罗纳遗址，并将重点放在对早期人类的技术和适应性的研究上。其中在对库彼福勒遗址的研究中，Toth 的工作还包括对典型早期石核的实验复制。在对 125 个石核的打制实验中，共复制产生了 1569 件直径大于等于 2 厘米的石片，这里有 386 件石片符合左右手源石片的鉴定特征，通过分析得到右手源石片与左手源石片的比例是

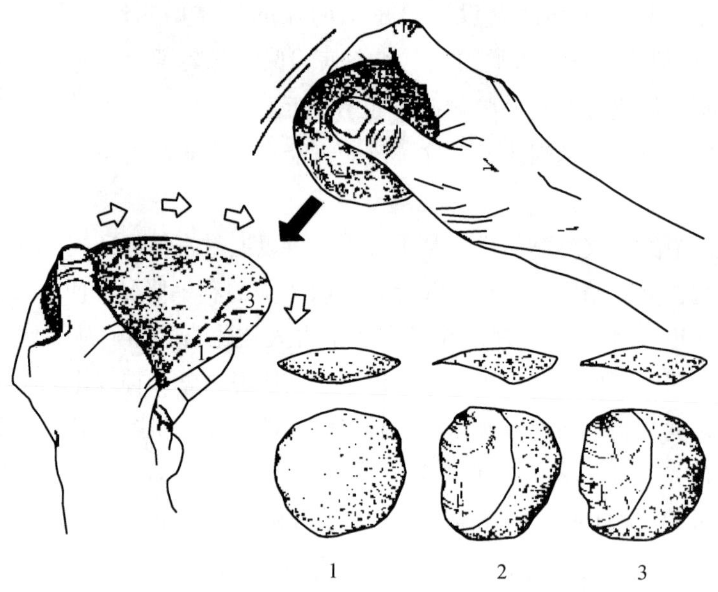

图一　顺时针方向打制右手源石片示意图（依 Stanley H. Ambrose，2001）

2、3 均为右手源石片

56∶44，这个比例经常出现在右手打制的实验复制中（Toth 本人也是右利手）。而库彼福勒遗址中有 303 件石片符合石片左右手源鉴定的特征，右手源石片和左手源石片的比例为 57∶43。安布罗纳遗址中有 79 件石片符合左右手源石片鉴定特征，右手源石片和左手源石片的比例为 61∶39，大于库彼福勒遗址的 57∶43（通过统计分析，上述结论 $P<0.05$ ）。

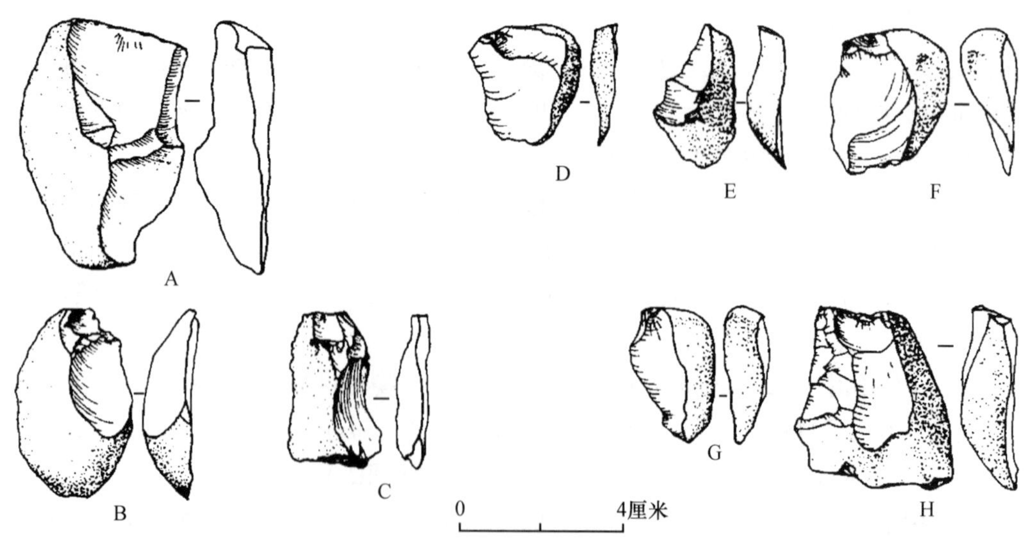

图二　N. Toth 划分的左手源石片和右手源石片示意图

A、B、C 为左手源石片　D、E、F、G、H 为右手源石片

从以上数据可以看出这两个史前遗址的古人类群体是一个右利手偏好的群体。

（二）高岭坡遗址的利手实验

1. 实验被试

该实验的被试由三部分组成：笔者、一名美国学者*和百色田东县第一中学的32名高中学生，具体情况见下表（表一）。

表一　被试情况统计表

被试组成	性别	年龄	利手
笔者	男	28	右利手
美国学者	女	46	左利手
田东中学高中生	男17人，女15人	平均16.5岁	左利手2人，右利手30人

2. 实验步骤

（1）原料采集

考虑到对高岭坡遗址古人类群体进行利手分析，笔者在模拟打制的原料选择上坚持原地采集的原则，这样就保证石料的岩性构成与遗址中的石制品一致。因为在旧石器考古中，原料不仅是制作石器的物质基础，而且是影响石器工业特征的重要因素[25]。

现在的高岭坡遗址附近有着广泛的砾石层的出露，我们采集石料用一种随机的方式，并不刻意追求砾石的天然形态，总共采集石料约350千克。后经过鉴定，岩性包括石英砂岩、石英岩、石英、粉砂岩和硅质岩（图三），与遗址中石制品岩性相当，总共有效打制46件石核。

（2）被试情况与利手确定

考虑到是对高岭坡遗址古人类群体进行利手分析，在模拟打制实验被试的选择上，我们选取了遗址所在的田东县第一中学的32名高中生。

对于利手的确定，最常用的界定方法是以书写的用手为主[26]。一般来讲，利手只是根据书写、进食等少数几个动作来确定的；也有更进一步以拿筷、执笔、投掷、提物、刻划、玩牌及玩球等习惯中的3项以上确定的[27]。笔者根据学生的特点确定了4项标准让学生选择：拿筷、写字、打锤子和投掷铅球，以符合其中3项及以上的来确定利手情况。之所以选择打锤子作为指标之一，是因为模拟硬锤打制石器类似于打锤子的挥动。曾有学者研究表明，打锤子比写字更具有右利手的偏侧化[28]。基于此，我们专门设计了问卷来获取被试的基本情况和利手情况（附录）。

---

* Catherine A. Forster是美国纽约州立大学石溪分校（Stony Brook）解剖学系的副教授，2006年夏访问中科院古脊椎所，笔者与其交谈设计的利手实验时得知她是个左利手，故而邀请她做一次模拟打片，她非常爽快地接受了邀请，尽管此前她并没有任何打制经验，但是做起来非常认真，留下了珍贵的左手打制的石片样本。

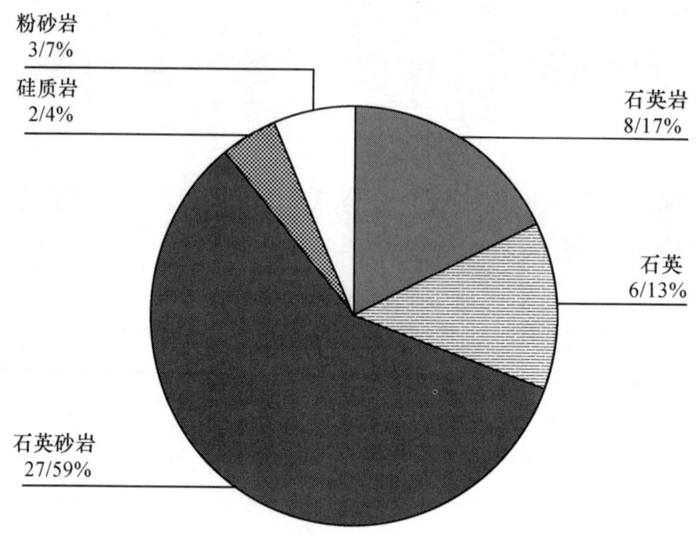

图三　田东利手实验石核的岩性构成（数量/百分比）

这批学生中有男生 17 名，女生 15 名；有 25% 的学生从不了解石器，75% 的学生了解一点儿石器；78. 1% 的同学从未有过打制石器的经验，有 21. 9% 的同学曾有过打制石器的经验。依据上述利手的鉴定指标，最终确定 32 名学生中左利手有两名（男、女各 1 名），其余皆为右利手。

（3）打制示范

实验开始前，笔者先将实验目标确定为模拟打制石器，而没有告诉被试实验目的是做利手分析，这样就尽可能地避免一些人为的干扰。笔者首先给被试简单交代了一些术语（如打击台面，台面角，毛坯，两面加工等）并亲自做了打制示范，并嘱咐要根据毛坯的形态，自己决定打制什么器形及确定哪种加工方式（如用单面加工还是两面加工）。

（4）正式打制

正式打制时，笔者交代每一名被试，如果打制的石核因为岩性节理而损坏则要更换原料继续打制（损坏的石核则不记入统计当中）。每个人打下的石片要连同石核收集起来，放入标本袋中并写上自己的名字，做到标本和人一一对应。

3. 实验结果

（1）各类被试打制情况统计

具体数据见表二。

（2）遗址和实验组利手情况的对照分析

高岭坡遗址中总共有 65 件符合利手源石片特征的石片，其中左手源石片 30 件，右手源石片 35 件（图四），通过 x^2 检验得出，左、右手源石片数量没有显著差异（$x^2 = 0.39$，df = 1，$P > 0.5$）。这说明样本中没有反映出利手源石片的差异。

表二　被试打制石片统计表

被试组成	利手	打制有效石片总数*	利手源石片数目和比例	左手源石片数目和比例	右手源石片数目和比例
笔者	右利手	31	12（38.7%）	4（33.3%）	8（66.6%）
美国学者	左利手	16	4（25%）	4（100%）	0
田东第一中学学生	左利手2人	0	0	0	0
	右利手30人	378	63（16.7%）	20（31.7%）	43（68.3%）

本实验由于三类被试不同质，所以在进行后面的遗址和实验对比分析时，笔者仅选取了田东一中的学生作为对照组（图五）。通过卡方检验得出：在实验组中，左手源石片20件，右手源石片43件，根据x^2检验的结果，右手源石片数量显著地多于左手源石片数量（$x^2=8.40$，$df=1$，$P<0.01$）。这说明实验群体是一个右利手为主体的人群，模拟打制中产生更多的右利手石片。

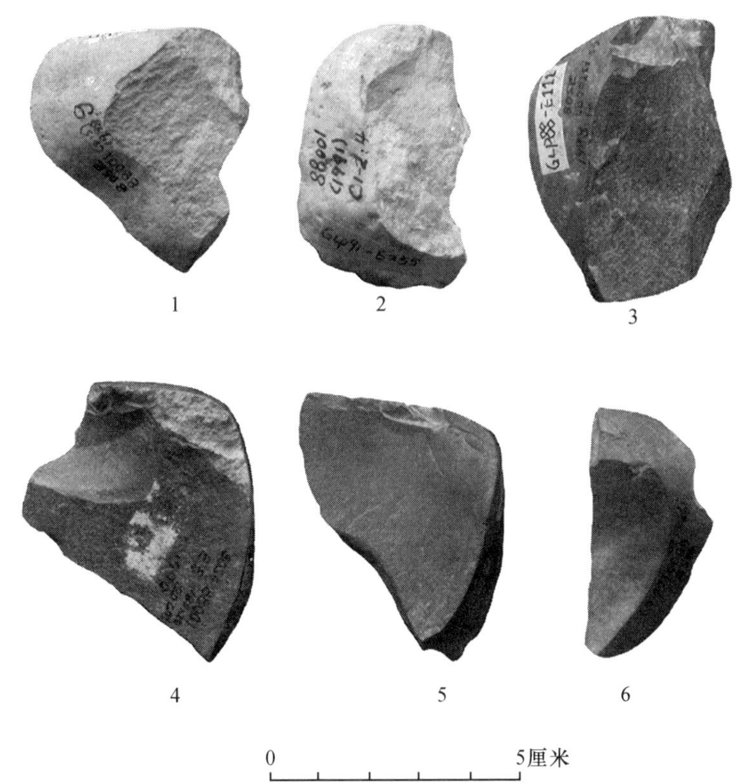

图四　高岭坡遗址中的部分利手源石片
1～3为左手源石片（left-oriented flakes）　4～6为右手源石片（right-oriented flakes）

* 这里指的有效石片也是比照N. Toth在*Archaeological Evidence for Preferential Right-handedness in the Lower and Middle Pleistocene, and Its Possible Implications*文中的标准，以石片直径大于等于2厘米来确定。

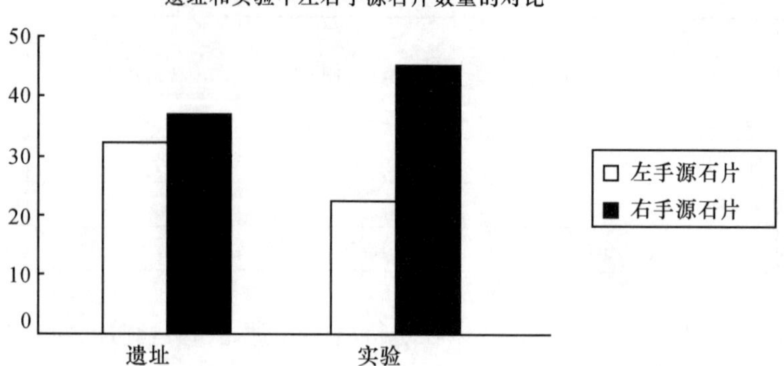

图五　田东第一中学利手实验对照组和高岭坡遗址中利手源石片柱状图

三、结　　论

田东第一中学利手实验对照组通过方差分析，P<0.01，说明左手源石片与右手源石片数量上差异显著。田东被试中有30人是右利手，2人是左利手，上述结果显示Toth的方法是可行的，右利手的被试更多的能打制出右手源石片特征的石片。

遗址组通过方差分析，P>0.5，说明左手源石片与右手源石片数量上差异不显著。这样的结果有如下几种可能：

（1）高岭坡遗址中古人类群体并没有利手的显著偏好；

（2）笔者论文研究的材料仅仅是高岭坡遗址石制品的“冰山一角”，现有的利手源石片并不能代表整个遗址石制品的面貌，留待以后更多材料的补充再来阐释遗址古人类群体的利手情况。

总之，上述实验证明Toth的分析方法是可行的，用他本人的话说，该方法可以应用到绝大多数考古遗址的石制品研究中。

附记：本文是作者硕士论文的一部分。在对百色盆地高岭坡遗址的研究过程中我的导师中科院古脊椎动物与古人类研究所侯亚梅研究员给予了悉心的指导。文中的统计和实验设计得到了中科院心理研究所白湘云同学的大力帮助。笔者在此一并致谢！

本研究获得国家自然科学基金特殊学科点人才培养基金（J0630965），中国科学院院长专项基金资助，特此致谢。

注　　释

［1］　王頠，Potts R.，侯亚梅，等. 广西百色盆地么会洞新发现的早更新世人类化石. 科学通报，2005，50（17）：1879－1883.

［2］　曾祥旺. 广西田东县定模洞人类化石及其文化遗存. 考古与文物，1989（4）：1－6.

［3］　Gibbons A. In China，a Handier Homo erectus. *Science*，1998，279（5357）：1636.

[4] Gibbons A. Chinese Stone Tools Reveal High-Tech Homo erectus. *Science*, 2000, 287 (5458): 1566.

[5] Hou Yamei, Richard Potts, Yuan Baoyin, *et al.* Mid-Pleistocene Acheulean-like Stone Technology of the Bose Basin, South China. *Science*, 2000, 287 (5458): 1622 – 1626.

[6] Chase P G. Tool-making Tools and Middle Paleolithic Behavior. *Current Anthropology*, 1990, 31 (4): 443 – 447.

[7] Heinzelin J D, Clark J D, White T, *et al.* Environment and Behavior of 2. 5-Million-Year-Old Bouri Hominids. *Science*, 1999, 284 (5414): 625 – 629.

[8] McNabb J, Binyon F, Hazelwood L. The Large Cutting Tools from the South African Acheulean and the Question of Social Traditions. *Current Anthropology*, 2004, 45 (5): 653 – 677.

[9] McPherron S P. Handaxes as a Measure of the Mental Capabilities of Early Hominids. *Journal of Archaeological Science*, 2000, 27: 655 – 663.

[10] Toth N. Behavioral inferences from Early Stone artifact assemblages: an experimental model. *Journal of Human Evolution*, 1987, 16 (7/8): 763 – 787.

[11] Wynn T. Two Developments in the Mind of Early Homo. *Journal of Anthropological Archaeology*, 1993, 12 (3): 299 – 322.

[12] Wynn T. Archaeology and cognitive evolution. *Behavioral and Brain Sciences*, 2002, 25 (3): 389 – 438.

[13] Wynn T, Coolidge F L. The expert Neandertal mind. *Journal of Human Evolution*, 2004, 46 (4): 467 – 487.

[14] 罗跃嘉．认知神经科学教程．北京：北京大学出版社，2006：78 – 92.

[15] Warren J M. Handedness and laterality in humans and other animals. *Physiological Psychology*, 1980, 8: 351 – 359.

[16] 秦震．临床神经生理学．上海：上海科学技术出版社，1984：587 – 632.

[17] McGrew W C, Marchant L F. In Great Ape Societies. Cambridge: Cambridge Univ. Press, 1966: 255 – 272.

[18] Galaburda A M, LeMay M, Kemper T L, *et al.* Right-Left Asymmetries in the Brain. *Science*, 1978, 199: 852 – 856.

[19] Gundara N, Zivanovic S. Asymmetry in east African skulls. *Am J Phys Anthropol*, 1968, 28: 331 – 337.

[20] LeMay M. Morphological cerebral asymmetries of modern man, fossil man, and nonhuman primate. *Ann N Y Acad Sci*, 1976, 287: 168 – 170.

[21] LeMay M. Asymmetries of the skull and handedness-Phrenology revisited. *Journal of Neurological Sciences*, 1977, 32: 243 – 253.

[22] Rubens A B. Asymmetry of the lateral (sylvian) fissures in man. *Neurology*, 1976, 126 (7): 620 – 624.

[23] Schick K D, Toth N. Making silent stones speak: Human evolution and the dawn of technology. New York: Simon & Schuster. 1993: 108 – 146.

[24] Toth N. Archaeological Evidence for Preferential Right-handedness in the Lower and Middle Pleistocene, and Its Possible Implications. *Journal of Human Evolution*, 1985, 14 (6): 607 – 614.

[25] 谢光茂．原料对旧石器加工业的影响．广西民族研究，2001 (2): 99 – 102.

[26] 梅锦荣．神经心理学．台北：桂冠图书股份有限公司，1991：65 – 69.

[27] 张联珠，刘彩仙，倪春娟，等．汉族左利人群指纹和趾纹的研究．人类学学报，2002，21 (2): 147 – 154.

[28] Annett M. A classification of hand preference by association analysis. *British Journal of Psychology*, 1970, 61: 303 – 321.

附录　田东县第一中学利手实验问卷

田东实验被试情况登记及实验说明

同学：

您好！欢迎您参加我们的实验。

在实验开始之前，请您先回答以下几个问题，请务必按照您的真实情况回答，实验结束之后我们会送给您一些礼物，谢谢您的合作！

1. 姓名：
2. 年龄：
3. 性别：　（1）男　（2）女
4. 年级：　（1）高一　（2）高二　（3）高三
5. 您了解石器吗？　（1）不了解　（2）了解一点儿　（3）知道很多
6. 您以前打制过石器吗？（1）从来没有　（2）打制过
7. 您吃饭一般用哪只手？（1）左手　（2）右手
8. 您写字一般用哪只手？（1）左手　（2）右手
9. 假如给您一个锤子，让您砸一只钉子，您会用哪只手来砸？
   （1）左手　（2）右手
10. 上体育课时，有投掷铅球项目，您是用哪只手？
   （1）左手　（2）右手

下面，我们就开始做实验，这个实验想请您来模仿猿人打制石器。大家知道，猿人通过两个石头的互相碰撞得到石器，并用作工具来割肉、挖掘等，现在我们请您也来尝试一下这个过程，在这之前会有老师给你们示范，你们按照老师的要求来做，在打制的过程中不要互相交流，也不要相互模仿，有问题请举手，再次感谢您的合作！

这个实验是一个自愿参加的实验，如果您有兴趣参与，请在下面签上您的名字！实验稍有风险，请自己定夺！

签名：

2006 年 12 月 23 日星期六

关于东北地区旧石器时代晚期洞穴遗址的几点认识

王春雪[1,2]　赵海龙[3]

（1. 中国科学院古脊椎动物与古人类研究所　2. 中国科学院研究生院
3. 吉林省文物考古研究所）

摘要　东北地区存在数量较多的旧石器时代洞穴遗址，这些遗址在时间上主要集中于旧石器时代晚期；空间分布上，主要集中在东北地区中东部及东南部。本文主要对东北地区旧石器晚期洞穴遗址的发现与研究现状以及将来工作侧重的方向进行分析概述，分析了洞穴遗存的文化特征和工业类型，从古环境、旧石器文化以及遗址的保护与开发利用等方面提出了自己的看法，指出在对该区域内进行广泛的旧石器考古调查和发掘，借助多学科方法和手段对重要遗址进行深层次的研究的同时，也要注意遗址的保护与开发，对公众开展充分的科普知识教育。

一、引　　言

人类在地球生物中是一个特殊的类群，其特殊性就在于他能制造和使用复杂的工具，具有特殊的生存方式。对古人类技术、行为和生存模式的研究是旧石器时代考古学的范畴。这一学科通过对埋藏于地下的古人类生产与生存活动所遗留下来的遗物、遗迹及其空间分布关系的发掘与研究，探讨人类对特定环境的适应方式、所占有的食物和生活资源的种类及获得的方法和途径，其活动区域的大小及其对土地的开发利用方式以及与其他生物的相互依存关系[1]。

东北地区主要包括黑龙江、吉林、辽宁三省和内蒙古自治区的东部，其北部包括内蒙古呼伦贝尔地区和黑龙江流域，东邻俄罗斯滨海地区，西、北与蒙古和俄罗斯相接壤，是中、蒙、俄三国的交界地带[2]。该地区地处北半球中纬度欧亚大陆东缘地带，是第四纪环境演变的敏感区域，由于其特殊的自然环境和地理位置，决定了其在第四纪晚期可能为古人类文化交流的“走廊”，对于研究东北亚地区旧石器时代文化的扩散与交流有着深远意义。以前也有学者对该地区和周边地区的文化关系进行过探讨[2,3]，本文主要从古环境、旧石器文化、遗址保护与开发利用等不同角度对东北地区旧石器时代晚期洞穴遗址进行探讨，阐释这一地区旧石器时代文化的研究成果对于了解北亚、东北亚地区的远古历史也具有非常重要的意义。

二、东北地区旧石器时代晚期洞穴遗址的分布情况

东北地区幅员辽阔，地形多样。地势总的来说，周边高，中间低。该区西部有燕山、七老图山和大兴安岭，北部为伊勒呼里山和小兴安岭，东部是张广才岭、老爷岭和长白山[2]。这些山脉连在一起，构成了一个较高的半环形山地区。其内环抱的是松嫩平原和辽河平原。东北外围则有通过松花江谷地与松嫩平原相连的三江平原。得天独厚的地理环境，决定了东北地区动植物资源十分丰富。这都为生活在这里的古人类的生存与发展提供了便利条件。

自20世纪50年代初至90年代末，东北地区已发现旧石器时代石器和动物化石地点共20余处（据已发表材料）[1,4,5]。近年来，东北地区新获得了吉林图们下白龙[6]、

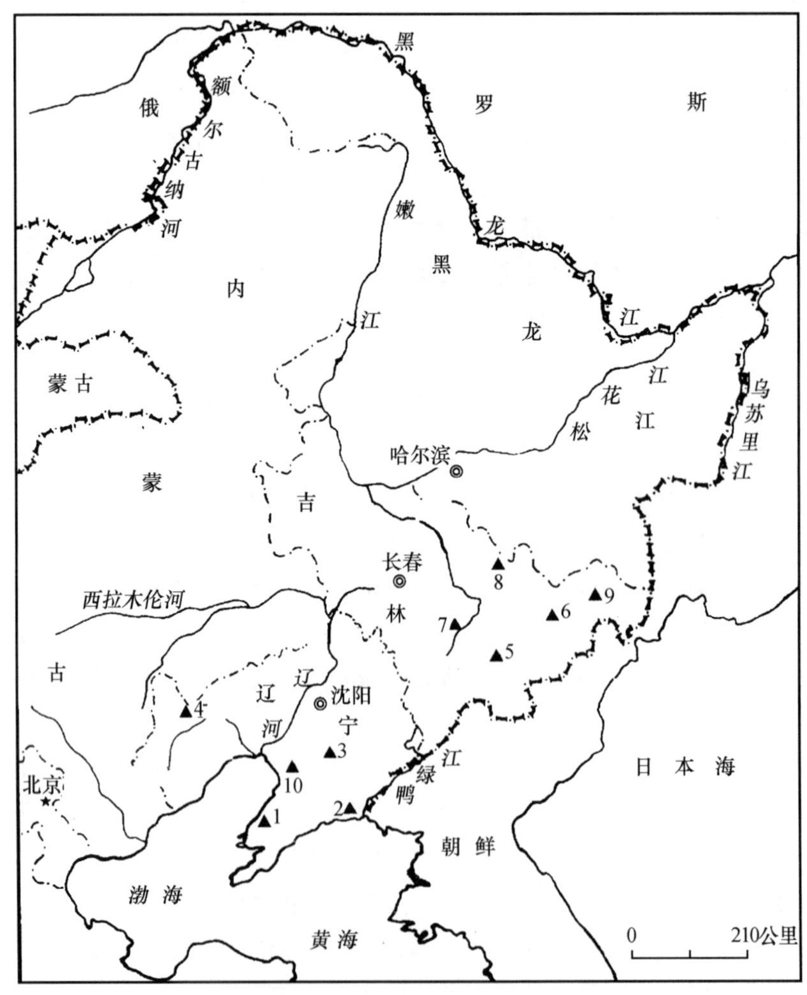

图一　东北地区的旧石器时代晚期洞穴遗址分布图

1. 大连古龙山　2. 丹东前阳　3. 本溪庙后山　4. 喀左二布尺　5. 抚松仙人洞　6. 安图石门山　7. 桦甸仙人洞　8. 蛟河仙人桥洞　9. 汪清新兴村洞穴　10. 本溪庙后山东洞

岐新 B、C 地点[7]、龙井后山[7]、和龙柳洞[8,9]、珲春北山[10]、和龙石人沟[11,12]、抚松新屯西山[13]、辉南邵家店[14]、安图立新[15]、安图沙金沟[16]、和龙青头[17]以及黑龙江神泉[18]、十八站遗址[19]等 14 处旧石器时代遗址或地点的新材料，使得东北地区的旧石器时代遗址数量增加到 30 余处。从图一上可以看出，东北地区旧石器时代晚期洞穴遗址主要分布在东北地区的中东部和西南部。目前，从我们发现和已掌握的考古资料看，东北地区旧石器时代晚期洞穴遗址共计 11 处，主要分布在嫩江流域和下辽河以东地区，大凌河流域、鸭绿江流域以及图们江流域也有零星分布。其中，本溪庙后山东洞、海城小孤山、大连古龙山、桦甸仙人洞、抚松仙人洞等地点已经做过将为详细的调查和发掘，并发表了调查报告和研究成果，为研究东北地区旧石器时代晚期文化提供了一批翔实可靠的实物资料。

三、东北地区旧石器时代晚期洞穴遗址概况

1. 抚松仙人洞遗址[20]

该遗址位于吉林省抚松县东南 2 公里处，地理坐标为东经 127°17′，北纬 42°18′。海拔为 551 米。1992、1994 年分别对其进行了调查，发现了一批动物化石和石制品，主要出自于第 3 层的黄褐色亚黏土层。石制品包括石片、刮削器和砍砸器，共 5 件（图二，9、10、12）。原料为石英斑岩和玄武岩，打片技术均采用锤击法，修理工具采用锤击法向腹面加工为主。石器比较粗大，根据石制品特征来看，属于大石器类型。与石制品半生的动物化石石化程度较浅，多破碎，未见完整的头骨与骨骼。哺乳动物化石的种类属于东北地区猛犸象—披毛犀动物群中常见的种属，因而可以看出当时遗址周围是一片森林草原环境。

2. 蛟河仙人桥洞遗址[21]

该遗址位于吉林省蛟河市拉法镇小砬子山仙人桥下，南距蛟河市约 10 公里，西南距拉法镇约 1.5 公里，北距新站镇约 5 公里，地理坐标为东经 127°20′，北纬 43°50′。仙人桥处于小砬子北侧，海拔 481 米。仙人桥洞的洞口现高 0.75 米，宽 1.8 米，长 13.1 米。洞口朝向为 320°。石制品主要出土于黄色亚黏土夹碎石层。由于试掘面积小，仅发现两件石制品，为刮削器和尖状器（图二，3、5），石料为绿色硅质岩和细粒花岗岩，毛坯均为锤击石片，工具修理为锤击法向背面加工。研究者根据洞穴分布的高度、堆积的岩性和石器特征等分析，该遗址属于旧石器时代晚期。

3. 安图石门山遗址[22]

该遗址位于吉林省安图县明月镇东南 2.5 公里的石门山村附近，地理坐标为东经 128°55′，北纬 43°5′。1963 年发现，1964 年对石门山洞穴残留的堆积进行了清理，从中发现了大量的哺乳动物化石和一枚古人类牙齿化石。哺乳动物化石共 19 种，大部分为

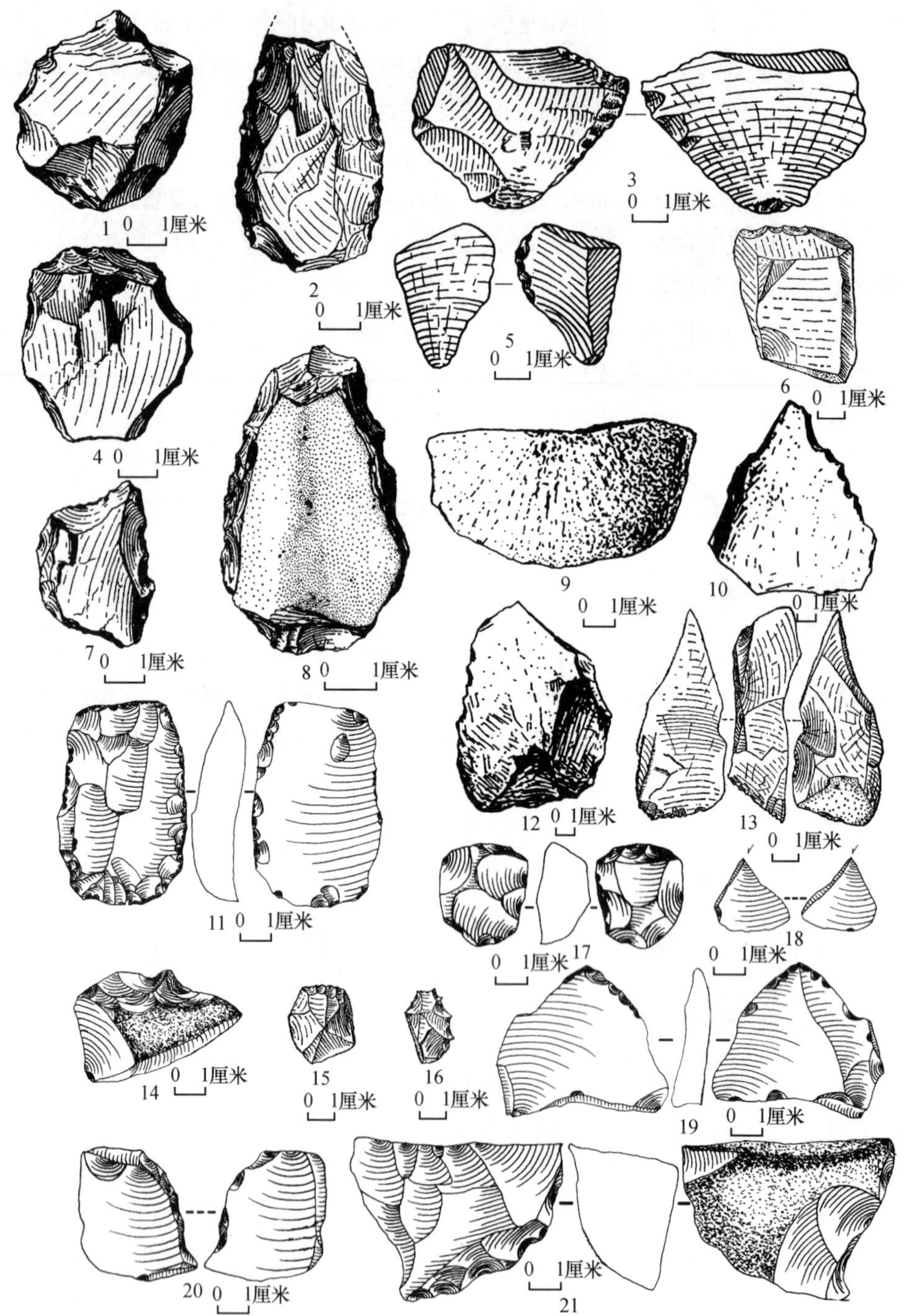

图二　东北地区旧石器时代晚期洞穴遗址发现的部分石制品

1、15. 石钻　4、5、10～12、15、16. 刮削器　2、3、7、19. 尖状器　6. 石核　8. 手斧　9、13. 石片　17. 锛形器　18. 雕刻器　20. 琢背小刀　21. 砍砸器

（1、2、4、7、8 出自海城小孤山遗址；3、5 出自蛟河仙人桥洞；6、13、15、16 出自大连古龙山；9、10、12 出自抚松仙人洞；11、14、17～21 出自桦甸仙人洞）

县带动群众的种属，均属于猛犸象—披毛犀动物群。结合地层岩性和动物化石以及植被材料的分析，该洞穴及其毗邻的生态环境属于森林—草原环境，气候比较寒冷。

4. 桦甸仙人洞遗址[23~25]

仙人洞位于吉林省桦甸市西北约23公里的寿山上，西南距榆木桥子镇约2.3公里，东北为北安屯，地理坐标为东经126°37′，北纬43°09′。寿山属于哈达岭山脉，南北走向，海拔510米，山体由二叠纪下统范家屯组厚层灰岩构成，周围群山环抱，山峦起伏。其东麓为南北走向的寿山河，发源于太平岭的西侧，流经金砂河、挥发河后汇入松花江。仙人洞位于寿山的东坡上部，海拔为460米，距地面高110米。洞口南偏东12°，高2.87米，宽3.1米。洞全长约300米，洞内有人类活动堆积的部分可以分为前后两室，前室长约9米，宽敞明亮；后室长约25米，略低于前室，呈甬道形，较阴暗潮湿，洞内堆积总面积约100平方米。1991年发现，1993年对其进行正式发掘，发掘面积17平方米，堆积厚度达2.66米。文化遗物主要出土于第2～4层（分别为黄色、黄褐色、红褐色亚黏土）内，根据年代测试、石器技术类型、磨制骨器的出现等方面分析，将该遗址分为上（第2层）、下（第3、4层）两个文化层。

共获得石制品197件，打制骨器18件，磨制骨器1件以及大量的动物骨骼化石（图二，11、14、17～21；图三，1～4）。石制品原料以角岩为主，其次是石英、石英岩、硅质灰岩和流纹斑岩，其他原料较少。石制品以小型为主，中型次之，大型、微型较少。石制品中断片所占比重最高。剥片技术以锤击法为主。工具类型有刮削器、尖状器、砍砸器、雕刻器、锛形器及石钻，毛坯以石片为主，少量为断块。其中刮削器的数量最多。工具修理采用锤击法，修理方式以正向加工为主，复向、反向加工较少，加工多较粗糙。此外，存在少量的打制骨器，类型包括刮削器、尖状器（雕刻器打法）和凿状器，上文化层出现了通体磨光的骨器。该遗址上、下文化层之间在地层上没有不整合现象，在文化特征上，具有相似的主要特征：原料主要为角岩、石英岩、石英等，主要为就地取材；打片以锤击法为主；石制品以小型为主；石制品的组成中，断片和完整石片的数量很多，而第三类工具的数量较少；第三类工具[26]的毛坯以石片为主，类型比较单一，加工比较粗糙，以向背面加工为主；存在少量的骨制工具等。这些特征表明，该遗址的文化是一脉相承的。上述研究表明，仙人洞遗址具有以小石器为主体的中国北方主工业[27]的普遍特征。

该遗址上文化层的骨化石（93HX. AT21②:4）采用加速器质谱（AMS）^{14}C年代测定（未作树轮年代校正）的年代距今34290±510年，结合上文化层出现的石器器型及通体磨制骨器等分析，其年代为旧石器时代晚期。下文化层出土的骨化石（93HX. AT21④:61、65）用铀系法测定，其年代距今为16.21万±1.80（1.58）万年。由于下文化层缺少第3层的年代数据，而第3、4层在地层上连续，并且文化特点相同，而与第2层存在较大的差异，可以归于同一时期。因而，认为下文化层的年代定为旧石器时代的早期之末至中期。该遗址的石、骨制品和动物骨骼化石表面未发现冲磨痕迹，应属于原地埋藏。从整体情况分析，遗址年代跨度大，地层堆积的厚度相对较薄，文化遗物相对

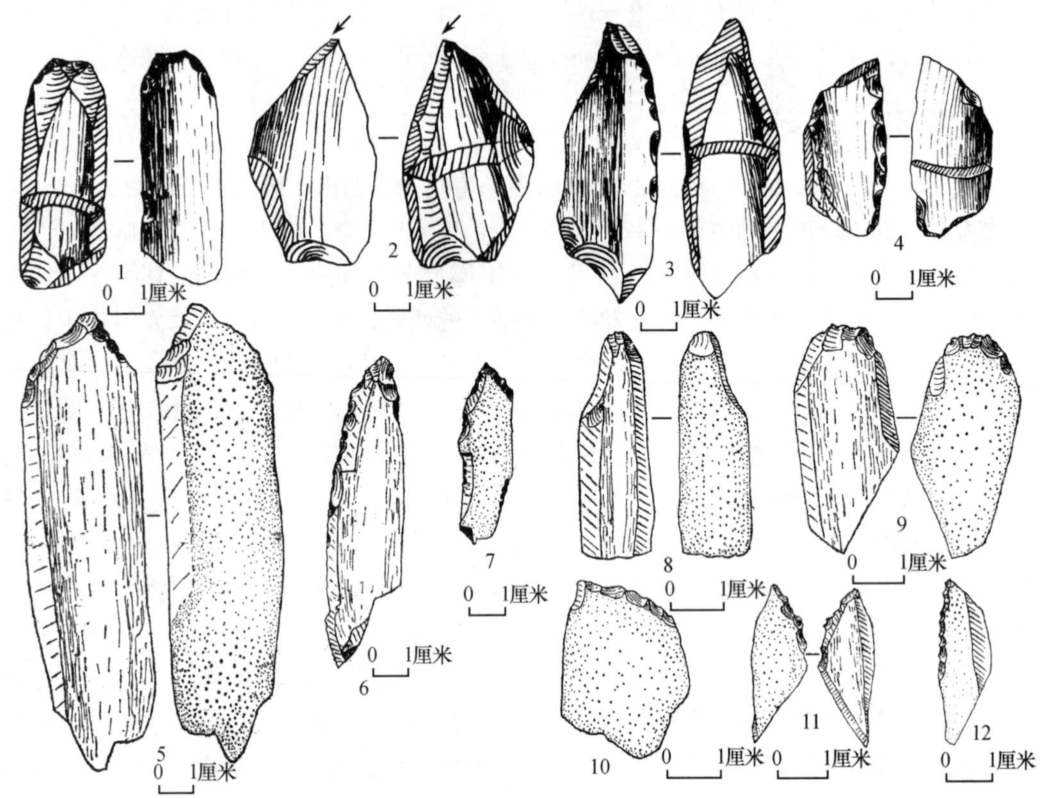

图三　东北地区旧石器时代晚期洞穴遗址发现的部分骨制品

（1～4 出自桦甸仙人洞遗址；5～12 出自大连古龙山遗址）

较少，分布不集中来看，该遗址可能是一处季节性的居住址。

5. 汪清县新兴村洞穴[28]

该地点位于吉林省汪清县西北约 26 公里的蛤蟆塘乡新兴村东山采石场。洞穴系裂隙堆积，洞穴基岩为下二迭统庙岭组石灰岩。裂隙已被黄色亚黏土和碎石填充。在裂隙中未见石制品，但获得一些具有人工打击的碎骨和一些哺乳动物化石。人工打击的碎骨主要有披毛犀尺骨、野马的肱骨、趾骨、掌骨、鹿的掌骨，骨骼大部分是由骨内壁向外壁打的。与人工打击骨片共存的哺乳动物化石共 6 种。动物化石经^{14}C 测定，年代在距今 2.1 万年前后。

6. 丹东前阳人遗址[29]

该遗址位于辽宁省丹东市西南约 36 公里处，地理坐标为东经 124°2′，北纬 32°75′。山体基岩由奥陶纪马家沟组灰岩组成，洞穴标高 89.83 米，洞口朝向为南偏西 30°。该遗址是 1982 年发现的，同年 5 月对其进行正式发掘，发现了一批人类化石、哺乳动物化石以及石制品。文化遗物主要出自第三层的黄色黏土含角砾层。人类化石分属两个个体，十分接近中国华北人类型。石制品共 6 件，其中 3 件出自地层，为砍砸器和石片，原料为脉石英和变质岩；采集品3件，为石核、石片、刮削器，原料为石英砂岩和安山岩。剥片方法除了锤击法外，还存在砸击法，工具修理主要为锤击法向背面加工。哺乳动物化石共计18种，均属于东北晚更新世动物群。从这些动物的生活习性来看，绝大多数为适于山林灌木丛生活的类型。遗址年代经^{14}C测定为距今18620±320年。

7. 本溪庙后山东洞遗址[30]

该遗址位于庙后山东南坡上，距庙后山遗址东约100米，标高350米。该遗址东西长19米，南北宽9米，面积171平方米，发掘面积24平方米。堆积厚7.5米，共分为5层，出土了人类化石、哺乳动物化石和石制品。哺乳动物化石主要出自角砾含棕黄色黏质砂土层和棕黄色土夹灰岩角砾层内，人类化石和石制品均出自于后者。石制品仅1件，为人工打击的锤击石片，原料为石英砂岩。

8. 海城小孤山遗址[31]

该遗址位于海城市孤山乡小孤山村东南海城河右岸的三角山坡下，山体基岩由前震旦纪白云质大理岩、云母片岩、变质岩和侏罗纪花岗岩等多种岩石构成。其距海城县城约30公里，距沈阳市约120公里，地理坐标为东经122°58′30″，北纬40°34′53″。洞口朝向为南偏西，宽5.8米，深19米，洞室面积约90平方米。洞内堆积厚度达6米，文化遗物主要出于第2～3层的黄色粉砂砂质黏土层。

小孤山遗址共出土石制品两万件。石制品原料主要是脉石英，其次是石英岩、闪长岩、砂岩、玉石等。石器制作主要采用锤击法和砸击法，器型包括刮削器、砍砸器、尖状器、雕刻器、石球、石钻和手斧等（图二，1、2、4、7、8），其中刮削器是石器的主要类型，约占石器总数的1/3，刮削器按其刃缘形态又可分为单刃、双刃、圆刃、拇指盖状等，工具加工主要采用锤击法，加工方式采用错向加工和交互打击，也有向背面加工的。尖状器制作比较特殊，对其刃部修理采用指垫法，器型规整、制作精致。此外，该遗址还出土了一批制作精美、工艺水平高、最富特色的骨制品，骨器主要包括骨针3件、双排倒刺型鱼镖和标枪头各1件，装饰品有穿孔兽牙4件、穿孔蚌饰1件。根据其文化特征可以看出，小孤山石器工业与我国华北小石器传统有密切关系，大部分石器以中小型为主，石器类型丰富，数量较多的钻具是华北其他旧石器文化所不多见的。关于该遗址的测年，经热释光测定距今4万～2万年前。

9. 大连古龙山遗址[32]

该遗址位于辽宁省大连瓦房店市镇郊附近的古龙山东坡，地理坐标为东经122°01′59″，北纬39°41′15″。洞口海拔标74.8米，高出当地河水水面约15米。1981年，该遗址被发现，同年秋和1982年夏，连续进行了两次正式发掘，在红色粉砂质黏土层中发现了大量哺乳动物化石和文化遗物（图二，6、13、15、16；图三，5～12）。石器品仅4件，其中刮削器2件，另外有石核和石片，石器原料有脉石英、燧石、石英砂岩。刮削器器型较小，采用锤击法，偶尔用转向打法，修理主要是向背面加工。遗址出土的碎骨和骨制品多达上万件，后者又可分为初级产品、管状骨制品和片状骨制品。骨制品修理主要为向外壁加工为主，复向和内向其次，错向最少。据出土化石统计，古龙山动物群共有 77 个种，其主要成员是东北地区猛犸象—披毛犀动物群的常见种属。该遗址经绝对年代测定为距今 4 万～1.7 万年前。

10. 喀左二布尺遗址[33]

该遗址位于辽西大凌河上游喀左县大城镇二布尺村的卧龙山上，地理坐标为东经 119°18′，北纬 41°08′。洞口高出河水面 30 米，基岩为奥陶纪石灰岩，化石和石器出土于灰黄色亚黏土层中。石制品仅发现 4 件，其中锤击石片 1 件，复刃、端刃、直刃刮削器各 1 件。原料为燧石、玛瑙，器型较小，修理主要是锤击法向背面加工，属于小石器工艺传统。根据该遗址动物群和石器制作技术分析，研究者认为该遗址年代可能为旧石器时代晚期之末。

四、关于东北地区旧石器时代晚期洞穴遗址的几点认识

1. 东北地区旧石器时代晚期洞穴遗址所处的主要文化特征

从环境因素来看，晚更新世以来，虽然区域地质构造趋于稳定，但自然环境演变化仍很显著，其特点是伴随全球古气候变化，出现了干湿冷暖的交替和相应的生态系统变化。根据孢粉资料分析，我国东北地区在晚更新世晚期气候有三次波动。前后两次寒冷干燥，中间一次则表现为温暖湿润[34]。同时我国东北地区在晚更新世晚期发生了两次真猛犸象集中向南扩散事件[35]，这说明我国东北地区在晚更新世后期存在着较大的气候波动。距今 4 万～2 万年，松嫩平原森林面积明显扩大，草原面积缩小，古气候回温转湿，广泛分布猛犸象—披毛犀动物群；距今 2 万～1.1 万年，孢粉组合中草本植物花粉占绝对优势，主要为耐干旱属，木本花粉较少，仅为寒温带成分，构成荒漠冻原—稀树草原耐干冷环境的植被景观[36]。这一时期为北方末次冰期中最寒冷的时期，导致动物群与一部分古人类向外迁徙。

东北地区发现的旧石器时代洞穴遗址，从时间上看，大多数集中于旧石器时代晚期遗存，从分布地域上来看，主要集中在东北地区的中东部和东南部区域内。根据遗址当时所处的古环境来看，总体观察东北地区旧石器晚期洞穴遗存，它们具有一定的相似性：

（1）石器原料种类繁多，主要以石英岩、石英砂岩、脉石英、角岩等为主，黑曜岩、燧石、玛瑙等优势原料也占相当大的比重。

（2）剥片技术以锤击法为主，也存在砸击法和间接剥片法。

（3）石器以小型石器为主，中型次之，大型较少，工具修理主要以锤击法向背面加工为主，此外还存在指垫法和压制法修理。工具毛坯主要以石片等片状毛坯为主，块状毛坯较少。石器类型复杂多样，主要有刮削器、尖状器、砍砸器、雕刻器、石钻、石球

等。其中以各种类型的刮削器为主要工具类型，以单刃刮削器为主。

（4）出现了一系列制作精美的骨器和装饰品，如海城小孤山遗址出土的骨针、双排倒刺骨渔叉、穿孔的动物犬齿等，这体现了旧石器晚期古人类文化的进步性。

（5）遗址内所伴出的哺乳动物化石均属于东北地区的猛犸象—披毛犀动物群，反映了当时的环境属于气候寒冷的森林草原环境。

（6）东北地区旧石器时代晚期洞穴遗址古人类的适应生存方式上有着较大的相似性，在整个东北亚地区旧石器文化发展进程来看，其文化的先进性和相似性体现在以下几个方面：

（1）石器加工技术和狩猎工具的改进上。剥片方式从直接打制到间接剥片法，修理方式从锤击法到压制法，工具类型更为复杂多样，复合工具广泛使用于狩猎活动中，可以制作骨针缝制兽皮。

（2）以大型动物为主要狩猎对象，如猛犸象、披毛犀、大角鹿等。

（3）生活范围扩展到气候寒冷的冻原环境中。

有学者提出，从东北地区诸遗址的年代和发展关系可以看出东北地区石器工业类型的发展脉络。东北地区的大石器和小石器工业传统至少从旧石器时代中期开始，就应该是同时存在并行发展的。细石叶工业自旧石器时代晚期才开始出现，它很可能是从小石器工业传统中派生出来的一种新的“变体类型”，但是这种“变体类型”并没有完全取代原有的小石器工业传统，而是与其并行发展[37]。综上所述，在目前已发现的洞穴遗址石制品中，完整或比较完整的器物组合所占石制品比例较少，因此，准确地划分工业类型及归纳文化面貌是较为困难的。但根据东北地区旧石器时代晚期洞穴遗址的总体实际情况来看，其石器工业类型主要属于东北地区旧石器时代早期延续下来的小石器工业传统，但个别遗址有所不同，如抚松仙人洞遗址的石器较为粗大，属于大石器传统，与辽宁本溪庙后山遗址较为相似，而这可能存在着文化联系，但由于发现的石制品数量过少，其文化面貌还有待进一步探讨。

2. 关于东北地区旧石器时代晚期洞穴遗址的保护与开发利用的思考

遗址是人类历史发展过程中物质文化和精神文化的积淀，是人类重要的文化载体，传承着丰富的历史信息，具有深厚的历史、艺术和科学价值，这已经成为全社会的共识。与此同时，随着时间的流逝和社会的快速发展，遗址也面临着前所未有的威胁，它的保护尤其是与其紧密相关的生态环境及景观的保护必将成为日益提高的全民意识之一[38]。东北地区旧石器时代洞穴遗址的全国文物重点保护单位一共有 3 处，均位于辽宁省，分别为 1988 年公布的第三批国保单位名单中的营口金牛山遗址、2001 年公布的第五批国保单位名单中的海城仙人洞遗址以及 2006 年公布的第六批国保单位名单中的本溪庙后山遗址，其余均为省市级文物保护单位。

当前遗址保护的可持续发展已经从传统的一维生态环境观上升到二维环境观（生态环境、社会文化环境），从大环境的概念着手，可以实现遗址保护的可持续发展[39]。从遗址保护的自然环境来看，自然地理环境是遗址文化景观的重要组成部分，独特的地理环境形成了别具特色的文化景观，对自然的改造和利用又使环境具有人文和历史的内涵。东北地区旧石器时代晚期洞穴遗址主要分布于远离城市的山地地区或山前地带，地形。首先要保护洞穴遗址区域内现有的树木、草场等植被、绿化，清除枯树杂草、人为垃圾、杂物及与遗址环境不协调的建筑物[40~43]。严格控制遗址周边村落的建设规模，对已影响洞穴遗址区域历史环境、生态环境及景观的建筑物，应予以拆除，保持环境与遗址的协调。其次要注意保护遗址区周围的现有地形地貌，保护遗址区域内的山形水系，不得开山取土及填没湖泊，保留原有的空间格局和布局形态[40~42]，保持良好的自然生态环境。从社会文化环境来看，要通过各种传媒手段向公众宣传旧石器考古的科普知识，组织拍摄了一些纪录片，并通过遗址展示，博物馆的文字图片实物展示、发行有关旧石器遗址的邮品、明信片等多种方式传达着考古信息。例如，我国邮政部门为中国首批被列入世界文化遗产的周口店北京人遗址设计制作了1000版个性化邮票和3000枚邮资封，并同时配制了设计精美的邮折；2008年，一部展现几十万年前古人类生活情景的“三维动画科教片”在周口店遗址博物馆正式推出，博物馆每天免费滚动向公众播出。该片展示了几十万年前人类生活艰苦的自然环境和生物多样性，“北京猿人”、“山顶洞人”狩猎和采摘野果的场景，猿人洞坍塌等，让游客们更为直观地了解周口店猿人遗址的发掘历史和科学意义。此外，还针对于中小学生定期举行模拟发掘、动手制作石器和磨制骨针以及化石模型装架等科普实践活动；2008年4月，由宁夏电视台制作的科普系列宣传片《印象宁夏——探寻水洞沟》在黄金时间由宁夏卫视播出，获得了观众的一致好评，向公众们传达了旧石器考古的科普知识，更为值得称赞的是旅游公司举办的“考古体验”活动，让游客们真正、直观的了解了旧石器考古学。通过以上途径，旧石器时代考古遗存能够对整个社会产生巨大的文化吸引力，使得社会群体、政治形式和经济结构所产生的城市生态结构对旧石器时代洞穴遗址的保护产生重要的推动作用，相互依存，相互依托，形成一种抽象而具体的观念“氛围”。

综上所述，从东北地区旧石器时代晚期遗存的发现表明，该区域在晚更新世之末人类活动频繁，这些遗存不仅是研究旧石器时代晚期文化的重要资料，而且又将旧石器时代晚期和新石器时代早期连接起来。上述遗址或地点出土的石制品等遗物对于研究东北地区旧石器时代晚期以来人类生活的环境背景、旧石器文化内涵、东北亚地区旧石器文化之间的关系以及旧石器时代向新石器时代过渡具有重要的学术意义。同时，也为恢复古人类的生存环境，探讨人类与环境的互动关系、人类在特定环境下的行为特点和适应方式，提供了丰富的资料。同时，可以借助第三次全国文物普查工作的开展，通过野外调查获取更多的旧石器考古新材料。随着该区域旧石器考古调查和研究工作的深入，我们期待着能有更大的突破，使得东北地区的旧石器时代考古工作想着更深的层次发展；保护、利用好旧石器时代晚期洞穴遗址，不仅可以提升所在省市的文化形象和城市品位，同时通过对其旅游价值的开发利用可以推动物质文明建设和精神文明建设的发展，达到最终的双赢局面。

附记：本文得到国家重点基础研究发展规划资助项目（2006CB806400），教育部人文社会科学重点研究基地重大项目（06JJD780003），中国科学院知识创新工程青年人才领域前沿项目和国家基础科学人才培养基金（J0630965）的资助，特此致谢。

注 释

[1] 高星．解析周口店第15地点古人类的技术与行为．第八届中国古脊椎动物学学术研讨会论文集，北京：海洋出版社，2001：183－196.

[2] 赵宾福．东北石器时代考古．长春：吉林大学出版社，2003：435－444.

[3] 冯恩学．俄国东西伯利亚与远东考古．长春：吉林大学出版社，2002：40－53.

[4] 姜鹏．吉林省旧石器时代考古概说．东北亚历史与考古信息，1993（1、2）合刊：1－12.

[5] 辛占山，顾玉才．辽宁地区旧石器文化研究回顾与展望．东北亚旧石器文化．汉城：白山文化出版社，1996：215－225.

[6] 陈全家，霍东峰，赵海龙．图们下白龙发现的旧石器．边疆考古研究（第2辑）．北京：科学出版社，2004：1－14.

[7] 陈全家．延边地区图们江流域旧石器考古新发现．人类学学报，2003，22（1）：62.

[8] 陈全家，王春雪，方启，等．吉林和龙柳洞2004年发现的旧石器．人类学学报，2006，25（3）：208－219.

[9] 陈全家，赵海龙，霍东峰．和龙柳洞旧石器地点发现的石制品研究．华夏考古，2005（3）：50－59.

[10] 陈全家，张乐．吉林延边珲春北山发现的旧石器．人类学学报，2004，23（2）：138－145.

[11] 陈全家，王春雪，方启，等．延边地区和龙石人沟发现的旧石器．人类学学报，2006，25（2）：106－114.

[12] 陈全家，赵海龙，方启，等．吉林延边地区和龙石人沟2005年发现的旧石器．人类学学报，待刊．

[13] 陈全家，赵海龙，王春雪．抚松新屯子西山旧石器古营地遗址试掘报告．人类学学报，待刊．

[14] 陈全家，李有骞，赵海龙，等．吉林辉南邵家店发现的旧石器．北方文物，2006（1）：3－9.

[15] 陈全家，张立新，方启，等．延边安图立新发现砾石工业的旧石器．人类学学报，待刊．

[16] 陈全家，李有骞，方启，等．吉林安图沙金沟发现的旧石器．人类学学报，待刊．

[17] 陈全家，方启，李霞，等．吉林延边和龙青头旧石器遗址的新发现及初步研究．考古与文物，2008（2）：3－9.

[18] 于汇历．黑龙江神泉遗址发掘旧石器晚期原生文化层堆积．中国文物报，2003年3月19日1版．

[19] 张晓凌，于汇历，高星．黑龙江十八站遗址的新材料与年代．人类学学报，2006，25（2）：115－128.

[20] 姜鹏．吉林抚松仙人洞旧石器时代遗址．东北亚旧石器文化，汉城：白山文化出版社，1996：205－211.

[21] 陈全家，程新民．吉林市地区首次发现的旧石器．东北亚旧石器文化，汉城：白山文化出版社，1996：247－257.

[22] 姜鹏．吉林安图晚更新世洞穴堆积．古脊椎动物与古人类，1975，13（3）：197－198.

[23] 陈全家，李其泰．吉林桦甸寿山仙人洞旧石器遗址试掘报告．人类学学报，1994，13（1）：12－19.

[24] 陈全家，赵海龙，王法岗．吉林桦甸仙人洞旧石器遗址1993年发掘报告．人类学学报，2007，26（3）：222－236.

[25] 王春雪，赵海龙，陈全家．试析桦甸仙人洞旧石器遗址的石器技术．博物馆研究，2008（1）：40－46.

[26] 陈全家．吉林镇赉丹岱大坎子发现的旧石器．北方文物，2001（2）：1－7. 张森水教授最先将工具分为两类，即第一、第二类工具。本文在此基础上又将工具分为3类：1类工具，天然砾石未经加工而直接使用者（石锤等）；2类工具，石片未经加工而直接使用者（使用石片）；3类工具，毛坯经过第二步加工成工具者（刮削器、雕刻器等）.

[27] 张森水．管窥新中国旧石器考古学的重大发展．人类学学报，1999，18（3）：193－214.

[28] 史前．汪清蛤蟆塘乡发现的动物化石．吉林日报，1986年9月23日．

[29] 林一璞．辽宁省丹东地区旧石器末期人类化石的发现．辽宁省本溪丹东地区考古学术讨论文集（内部刊物），1985.

[30] 辽宁省博物馆，本溪市博物馆．庙后山——辽宁省本溪市旧石器文化遗址．北京：文物出版社，1986，21－30.

[31] 张镇洪，傅仁义，陈宝峰，等．辽宁海城小孤山遗址发觉简报．人类学学报，1985，4（1）：71－78.

[32] 周信学，孙玉峰，王志彦，等．大连古龙山遗址研究．北京：北京科学技术出版社，1990：1－94.

[33] 傅仁义．试论我国东北地区旧石器时代晚期文化及主要特征．钟侃，高星编：旧石器时代论集——纪念水洞沟遗址发现八十周年，北京：文物出版社，2006.

[34] 王曼华．我国东北平原晚更新世晚期植物群与古气候指标初探．东北平原第四纪自然环境形成与演化基金课题组编：中国东北平原第四纪自然环境形成与演化．哈尔滨：哈尔滨地图出版社，1990：51－59.

[35] 金昌柱，徐钦琦，郑家坚．中国晚更新世猛犸象扩散事件探讨．古脊椎动物学报，1998，（36）1：47－53.

[36] 叶启晓．黑龙江地区史前人类迁徙及其环境演变研究．环境考古研究（第二辑），北京：科学出版社，2000：89－94.

[37] 张博泉，魏存成．东北古代民族·考古与疆域．长春：吉林大学出版社，1998：171－197.

[38] 杨宝，宁倩．生态脆弱区域遗址的生态环境及景观保护——以元中都遗址保护为例．建筑与环境，2007（5）：11－14.

[39] 张祖群．环境保护——大遗址保护的可持续发展基点．天津城市建设学院学报，2005，11（3）：156－160.

[40] 隽成军．考古调查和大遗址保护．博物馆研究，2007（4）：44－49.

[41] 冯英，廖黎明．桂林甑皮岩的古人类遗址的旅游开发价值．技术与市场探索，2003（10）：61－62.

[42] 颜昌晋．开发巫山旅游文化的构想．重庆经济，2000（5）：43－44.

[43] 张祖群．保护与利用：大遗址可持续发展的互动整体．城市管理，2006（1）：68－71.

汉水上游早期旧石器文化

周振宇[1,2]　高　星[1]

（1. 中国科学院古脊椎动物与古人类研究所　2. 中国科学院研究生院）

摘要　汉水上游地区目前已发现旧石器早期遗址（地点）几十处，该地区旧石器时代早期文化面貌以砾石工业为主，基本属于中国南方砾石工业体系。砍砸器和刮削器是主要的器物类型，石球普遍存在。汉水流域作为中国旧石器南北两大石器工业的交流敏感区是早期人类生活、繁衍、进化的重要地区，而具有自身特点的区域旧石器文化面貌赋予了该地区古人类—旧石器研究巨大的潜力。

一、引　　言

汉水亦称汉江，是长江的最大支流，全长约1532公里，流域面积约15.1万平方公里，流域地势西北高，东南低。地质构造大致以淅川—丹江口—南漳为界，以西为褶皱隆起中低山区；东以平原丘陵为主。汉水流域位于我国南北方之间，是我国自然地理南北差异的过渡带。若以地貌为划分标准，则以丹江口为界可将汉水分为两大段[1]，丹江口以上区域峡谷与盆地交替分布，盆地内土地肥沃，水源充足；峡谷区内地质地貌条件多变，生态环境复杂多样，动植物资源丰富。汉水上游流域属于适宜人类生存、繁衍的地理单元。汉水流域旧石器时代文化遗存的发现与研究历史可以追溯到1951年，西北大学地质系郁士元在陕西省的梁山发现了旧石器时代的石制品[2]，从那时候起至今的半个多世纪中，汉水上游流域总共发现了旧石器遗址或地点66处，其中44处属于旧石器时代早期。针对这44处遗址，研究人员进行了多次的调查和发掘，获取了丰富的文化遗物及动物化石，为研究汉水上游流域的旧石器时代早期文化提供了珍贵的材料。本文的讨论范围集中于已经发表过的材料：陕西汉中盆地梁山遗址群（该遗址群包括十几个地点，由于这些地点均未经过发掘且文化面貌基本相同，因此本文将其材料放到一起讨论），主要包括梁山地点和南郑龙岗寺地点等、安康关庙地点、湖北郧县曲远河口“郧县人”遗址、郧县梅铺龙骨洞遗址、郧西县白龙洞遗址、湖北房县兔子洼、丹江口库区遗址群。

二、地质地理背景

汉水流域从震旦纪到近代，各个时期的地层都有露头，尤以古生代变质岩系的分布为最广，其次为新生代第三纪的红色岩系和第四纪的疏松沉积物。中生代地层面积最小，主要为侏罗纪棕色粗砂岩与页岩及三叠纪页岩与石灰岩。古生代及其以前的地层主要分布在上游，构成秦岭、大巴山和武当山等崇山峻岭。新生代和中生代地层大多数分布在山间盆地、地堑以及下游低洼地区。

汉水若以地貌为划分标准，则以丹江口为界分为两大段，每一大段又可分为若干小段。丹江口以上可以分为四小段：河源峡谷段、汉中盆地段、洋县至石泉深切峡谷段和石泉至丹江口峡谷盆地交替段。汉水流域的旧石器时代早期地点主要发现于丹江口以上的汉水及其支流的三级阶地上，即上文所指的汉中盆地段和石泉至丹江口峡谷盆地交替段。河源峡谷段及深切峡谷段大部分为石质河槽，在早、中更新世时期两侧山岭陡迫，水流湍急，水动力作用强烈，处于剥蚀阶段，因此到目前为止未发现旧石器时代早期地点。

汉中盆地在地质构造上为地堑，它和北面的秦岭与南面的巴山接触处均有大断层。汉水在汉中盆地段的河谷形状略呈东西狭长的椭圆形，最宽处在陕西南郑附近。石泉至丹江口峡谷盆地交替段基本上仍是一个大峡谷，但夹有四个小型的红色岩系所构成的盆地，从上游到下游依次为石泉盆地、安康盆地、郧县盆地、均县盆地，这些盆地东西长南北窄，长轴与河谷的走向一致。以上盆地内皆发育有四级阶地，各盆地的阶地可以相互比照。这四级阶地普遍表现为：高出河床 10 米以下的河漫滩阶地、10 ～ 15 米的冲积阶地、30 ～ 40 米的红色黏土阶地与 70 ～ 80 米的综合阶地。旧石器遗址多形成于第三级阶地上，组成物质为红色黏土，夹砾石及石灰质结核。

第三纪时汉水流域基本上是一个侵蚀区，但在盆地和宽谷里沉积了红色砾岩、砂岩和页岩，红色岩层中夹有石膏和岩盐，可见当时汉水流域是沙漠和半沙漠气候。而后，喜马拉雅造山运动在汉水流域造成了很多地堑和断块山，使汉水河谷局部向南移动，而且也有显著的挠曲作用，丹江口以上隆升，丹江口以下则下降。这些作用使汉水河谷形成了与现在大致相仿的河谷。

第四纪冰期以后，海平面升高，汉水流域的侵蚀基准面因此升高，以致在干流河床中发生沉积作用，沿汉水河谷还有很多湖泊，湖中沉积了红色黏土，含有相当数量的石灰质结核。红土沉积以后，汉水侵蚀基准面降低，河流从红土表面下切。这次下切作用非常强烈，从红土表面下切的深度一般在 50 ～ 60 米左右。这次下切以后，汉水河谷在岩石比较柔软的地区如均县、郧县老河口等红色系盆地内达到了壮年期，部分地区有冲积层[3]。

由于地理纬度、地形等因素，丹江口以上的汉水流域即旧石器地点分布比较密集的区域是一个相对独立的地区。在秦岭屏障作用尚未显现之前，该地区南北动物群混合，指示了亚热带湿润气候。此时，秦岭两侧的环境差异并不明显，华南的大熊猫—剑齿象动物群还可以生活在秦岭北侧的蓝田地区；另一方面，该区域的纬度高，邻近华北地区，因而又容易受到北方气候的影响，尤其是在更新世的冰期来临之际，所以该区域带有较多过渡地带的特点。更新世中期开始，由于秦岭的屏障作用，这里的气候与其周边地区明显不同，为亚热带气候，分布华南地区的大熊猫—剑齿象动物群，而秦岭北侧在此时则不分布该动物群。

汉水上游流域地貌条件多变，生态环境复杂，水源充足，动植物资源丰富，为古人类生存繁衍提供了良好的条件。汉水流域作为南北旧石器文化交流的敏感地带，长期受到南北旧石器文化的双重影响，近百万年来的环境变化对古人类的生计方式产生了重要影响，与之同时也伴随产生了具有不同特色的旧石器文化。

三、遗址的时空分布及性质

本文讨论的所有遗址大多埋藏于汉水的三级阶地中（郧县人遗址的研究者将遗址所在地的高河漫滩划为一级阶地，遗址埋藏于第四级阶地中，即相当于其余地点所处的汉水三级阶地），仅有郧县梅铺龙骨洞和郧西县白龙洞遗址埋藏于洞穴堆积中。郧县人遗址已经得到较为准确的测年数据，据古地磁测年人化石出土层位 80 万年左右，ESR 测年该层位为 60 万年左右。其他遗址（地点）根据埋藏的地貌部位及文化面貌的判别，基本可以认为其对应的地质年代为中更新世，即旧石器时代早期（表一）。

表一 汉水上游旧石器时代早期遗址信息统计表

遗址名称	埋藏部位	地质年代	石制品	备注
梁山遗址群	汉水三级阶地	中更新世	2000 余件	[4][5][6][7][8]
郧县人遗址	汉水四级阶地	80 万年	291 件（采集 84 件）	[9]
丹江口连沟遗址	汉水三级阶地	中更新世	105 件	[10]
安康关庙遗址	汉水三级阶地	中更新世	5 件	该遗址在汉水二级阶地亦有分布[11]
房县兔子洼遗址	汉水三级阶地	中更新世	20 件	该遗址在汉水二级阶地亦有分布[12]
北泰山庙遗址	汉水三级阶地	中更新世	277 件	
郧县梅铺龙骨洞遗址	洞穴堆积	中更新世	1 件	[13]
郧西县白龙洞遗址	洞穴堆积	中更新世	100 余件	[14]

旧石器时代早期，人类对于自然资源的依赖性较强，多选择古河畔、湖畔或向阳、近水源的洞穴作为栖息地。本文讨论的遗址大多属于具备以上条件的旷野型遗址，附近多存在石料产地。旷野型遗址之间的功能性质存在差别。阎嘉祺和魏京武在研究了陕西梁山旧石器地点发现的石制品之后提出，梁山可能为一处旧石器制造工场。郧县人遗址文化层中发现有可拼合石制品并伴生哺乳动物化石，在其第三层即中文化层发现两具古人类颅骨化石、丰富的哺乳动物化石、大量石英碎片（碎块）和相当多可拼合标本。第二层（下文化层）及第四层（上文化层）也都发现了一定数量的哺乳动物化石及可拼合石制品。以上发现可以说明，郧县人遗址在相当长的一段时间内都作为古人类的栖息之地，特别是第三层形成期间，这里既是郧县人的石器制造场，也是他们的狩猎场所，甚至还是他们最后的归宿地[15]。湖北丹江口北泰山庙旧石器遗址的发掘工作显示，98% 的石制品风化磨蚀为 I 级，表面棱脊清晰，刃缘锋利，几乎未经风化和磨蚀。出土

时未发现定向排列规律。埋藏状况和风化磨蚀程度可以说明石制品埋藏前并未经过长距离搬运和长时间暴露。该遗址石制品的平面分布范围广，发掘区内外上万平方米都有标本出土，垂直分布的范围也达 5 米以上，但石制品的数量相对较少，且没有集中分布的现象，而是零散分布。说明北泰山庙遗址并非古人类的集中活动区，可能是古人类的临时活动区，且在此区域的活动时间较长。石制品中石核和断块较多，而石片较少，且石器多为重型，可能与古人类活动的性质有关。因此推断该遗址为一处古人类活动场所，史前人类在该遗址进行简单的石器加工。丹江口彭家河旧石器遗址与北泰山庙遗址的埋藏条件及石制品分布状态相似，可能也具有相同的性质。丹江口双树遗址和郧县见沙坪遗址也都进行了系统发掘，材料尚未发表，相信能对本区的旧石器研究工作提供更加丰富的材料。其他遗址（地点）大多未经过发掘，仅凭采集的文化遗物不足以判断遗址性质。

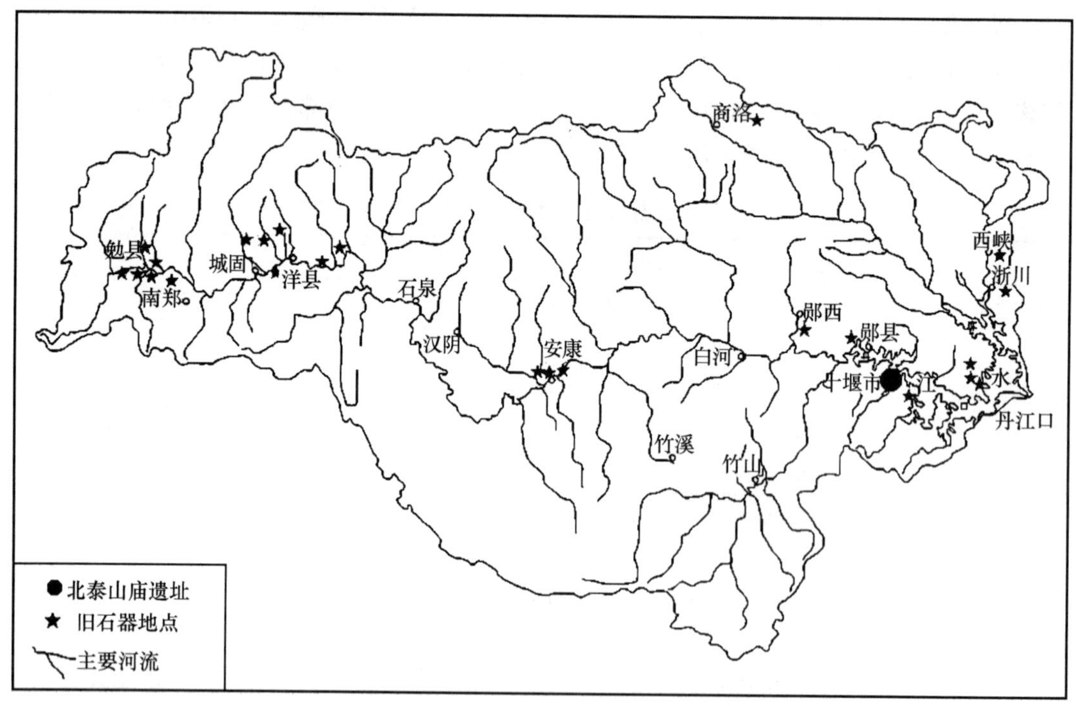

图一　汉水流域上游旧石器地点分布图

汉水上游旧石器时代早期地点多分布在古代河流附近（图一）。从目前掌握的材料来看，较为集中的有三个区域：以梁山为代表的梁山地点群，以郧县人遗址为代表的郧县盆地地点群和以丹江口 2006 年发掘的三处遗址为代表的均县盆地地点群。石泉盆地和安康盆地也发现了不同数量的旧石器地点。这些遗址（地点）集中分布于汉水流域动植物资源丰富的不同盆地之中，它们性质多样，既有古人类长期活动的加工石器和生活地点，也有临时加工石器的地点，表明了当时在此活动的古人类生存方式的多样性，同时也从侧面说明先民面对不同的环境条件会选择不同活动方式。

四、石器工业

从人类第一次使用石器至新石器时代的200多万年里，石器的使用与技术的发展不断推动着人类自身的体质、语言、文化的发展。作为旧石器时代最丰富的文化遗存，石制品承载了厚重的历史积淀，蕴含着丰富的历史信息。针对汉水上游流域早期旧石器时代石制品的研究，分析其原料的开发利用、石器类型、形态及打制技术可以帮助我们把握该地区文化发展脉络，了解古人类的行为模式，复原古人类的生存方式，更加准确地恢复远古人类的历史。

1. 原料的获取及利用

汉水上游地区旧石器时代早期古人类获取石制品原料遵从了“因地制宜，就地取材”的原则，多从河滩砾石中就近获取原料进行打制使用，并未发现古人类有选择大规模的远距离搬运石料。因此，石制品的种类和形态直接受到了原料形态和优劣的影响。但同时我们也要注意到，该时期汉水上游的古人类已经对原料有了一定的认知能力，对不同质地、不同形态的原料采取了不同的开发策略。比如在北泰山庙遗址中，石英岩类石料在石片、断块及轻型工具（主要为刮削器）中占了很高比例，而在以砾石作为毛坯的大型规整石器中所占比例较低。这与石英岩在打制时不易控制，为一种非理想的石料有关。大型规整的石器如手镐、砍砸器的原料以火成岩为主。梁山地点的石球大多挑选圆形砾石作为原料，扁平的砾石则更多的使用于砍砸器的生产[16]。目前还没有直接证据表明是石料的质地还是形态在古人类选择不同开发策略时起到更大的作用，比如有的遗址中形态符合要求的石英岩也作为大型规整工具的原料，因此，今后的工作中我们可以尝试在石核及石片中能够尝试分辨出试打片石核与试打片石片，更加全面的了解人类对原料的开发策略。

2. 剥片方法

根据目前已经发表的材料，汉水上游流域旧石器时代早期石制品全部采用直接法剥片，而在直接打击法中，硬锤锤击法占据了大多数。砸击法和碰砧法在大多遗址中都零星使用，陕西南郑龙岗寺发现的旧石器砸击法和碰砧法所占比例略高。锤击剥片法的大量使用显示出生活于该区域的古人类已经初步掌握该方法，但没有发现更复杂效率更高的锤击剥片技术大规模使用，大多数石核产片率低，相比来说效率较高的向心剥片、多向剥片和交互法剥片仅零星使用。郧县人遗址自然台面石核占多数，石核利用率相对较低[17]。其他遗址的材料也都显示出相同的特点，自然台面占大多数，人工台面的石核也未发现对台面进行修整的现象。

3. 加工方法和方式

本区域旧石器时代早期主要使用锤击法加工石制品，目前还未发现直接的证据显示其他的加工方法存在。加工方式主要为单向加工，有少量的交互加工、转向加工和两面加工。当地古人类使用锤击法加工，面对质地不佳不易控制的原料时，随意性比较强，加工程度相对较低，加工距离以近和中等为主，加工部位多集中在一侧，器物形态大多随原料的形态变化。两面加工的器物较少。块状毛坯占据了主导地位，不同的遗址比例稍有不同，如北泰山庙遗址、丹江口连沟遗址和郧县人遗址片状毛坯能够占到石器总数的 30% 左右，而梁山地点群、安康盆地地点群片状毛坯仅占到石器总数的 10% 左右，总体上片状毛坯所占的比例仍然相对较低。

4. 石器类型

在汉水上游的旧石器早期遗址中，砍砸器和刮削器是主要器型，几乎在所有遗址中，二者占石器总数的 80% 以上，而这其中又以砍砸器为最主要的器型（图二）。不同遗址砍砸器和刮削器的比例略有不同，北泰山庙遗址和丹江口连沟遗址，刮削器所占比例较高，而梁山地点群和安康盆地地点群，刮削器所占比例较低，砍砸器占绝大多数（图三）。这种类型上的变化，既有可能是文化差异造成，也可能与遗址的性质有关，也跟人类面对不同环境使用不同的石器组合的生存策略有关。手镐、尖状器、石球也为该地区普遍存在的器型，北泰山庙遗址发掘出土的石制品中未见石球，但在遗址附近调查时采集到 2 件。

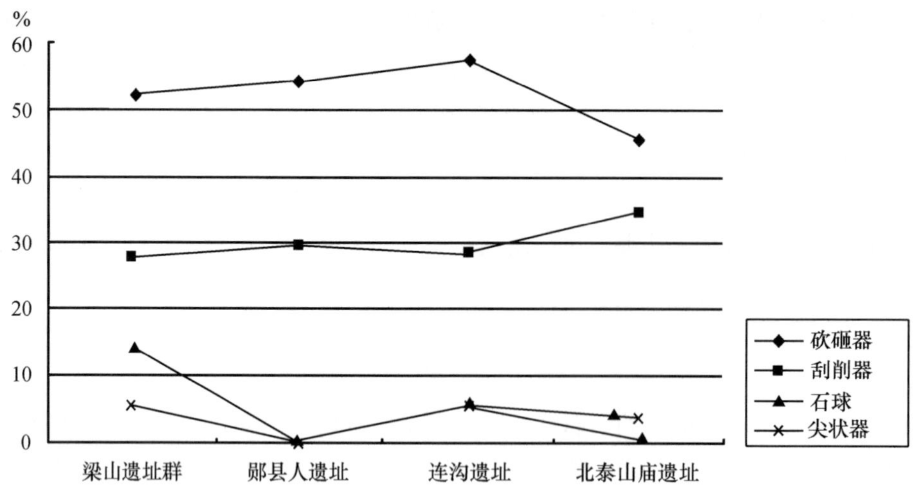

图二 汉水上游旧石器时代早期遗址石器类型百分含量统计

5. 石器大小和形态

该地区旧石器时代早期的石器器型普遍较大，且个体间差异比较大。梁山地点中器物重量在 1000～2000 克者为最多[18]，北泰山庙遗址中砍砸器的平均重量达到 860 克，手镐的平均重量 950 克，刮削器这类轻型工具平均重量近 200 克。连沟遗址中砍砸器的平均重量接近 1000 克。郧西白龙洞遗址中发现的石器虽然也以砍砸器和刮削器组合为主，但主要为小型的砍砸器和刮削器。旧石器时代早期，石器的形态多由毛坯的形态

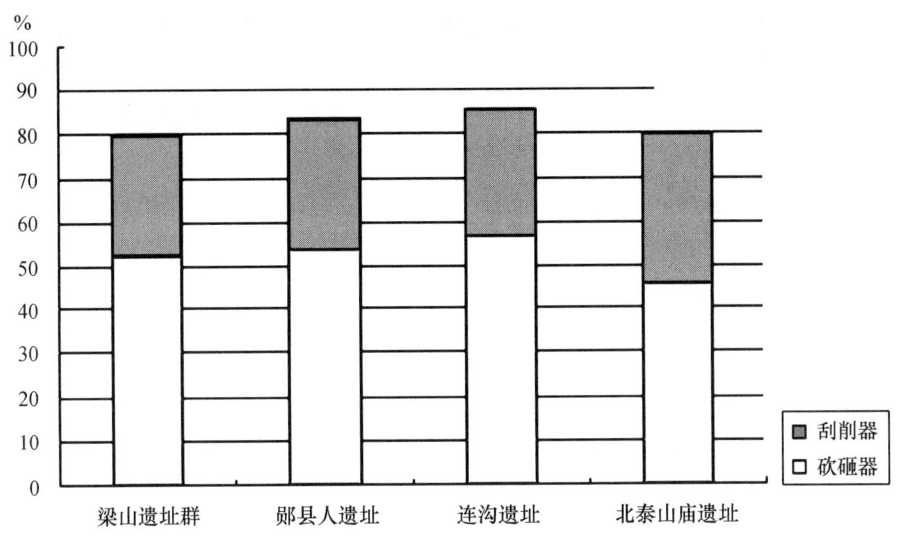

图三　汉水上游旧石器时代早期遗址刮削器/砍砸器比例

决定，因此石器形态整体不规范，仅针对毛坯的一侧或一端进行修理。但我们不应该因为石器形态的不规范就否定古人类在石器形态上的认知能力及控制能力。虽然古人类难以依靠掌握的打制技术熟练的控制石器形态，但他们可以在选择原料时挑选符合形态要求的石料，弥补技术上的不足。比如在北泰山庙遗址的石制品中我们可以发现，不同的石器所选用的毛坯都有一定的共性，手镐多选择具有一平坦面的长条形砾石作为毛坯，仅从平坦面向凸面稍作修整就能获得理想的刃缘和尖角，砍砸器则多选择扁平的圆形砾石作为毛坯。

汉水上游地区旧石器时代早期的石器工业基本属于中国南方砾石工业体系。当时生活在此的古人类就地取材获得石料，原料以石英岩类和火成岩为主，其他原料使用较少。锤击法为剥片的基本方法，打片时基本不对台面进行修整。石器毛坯以砾石为主。器型以大型为主，个体间存在较大差异。砍砸器和刮削器为石器的主要类型，此外还有尖状器和手镐。石器由锤击法加工而成，大多数向一面加工。虽然该地区的石器工业技术面貌略显粗放，但是这与古人类生活的环境相适应，能够满足古人类的生存需求。我们还应该注意到，石制品面貌所体现的形态上的不规则只是现代研究者意识中的不规则，并不代表史前人类对器物形态不作要求，在一部分石器组合中我们已经能够看到古人类在打制石器时脑中已经形成自己的模板，并在挑选原料及打制过程中体现了出来，整体不规则中隐藏了一定的规律。本区中，郧西白龙洞遗址的石器形态整体上相比其他遗址的石器相对较小，但是未发现可对比研究的材料，仅此孤例，相信将来会有其他的发现以进行深入研究。

五、小　　结

生活在汉水上游流域的早期先民在江河之畔产生了丰富的旧石器文化，他们使用河流冲刷形成的砾石作为打制原料，有选择地挑选那些具有符合自己目的的形态的石料，使用锤击法将毛坯打制成型，并用这些石器充分开发此地丰富的动植物资源。这种生存模式反映出旧石器时代早期的先民已经能够针对特定的环境选择适宜的生计方式了。

汉水流域的旧石器考古已经走过了半个多世纪的风雨历程，丰富的石制品和人类化石为我们复原远古历史提供了充足的材料，郧县人颅骨化石的发现更是可以证明古人类在早更新世就已经生活在该地区。郧县人颅骨化石的形态特征主要与中国古人类化石相一致，这是地区连续进化的结果；同时也反映出某些性状与非洲和欧洲发现的古人类化石有相似之处，这是产生基因交流的结果[19]。郧县人在人类进化中所处的地位表明了汉水流域作为中国旧石器南北两大石器工业的交流敏感区是早期人类生活、繁衍、进化的重要地区，具有自身特点的区域旧石器文化面貌赋予了该地区古人类—旧石器研究巨大的潜力。同时，旧石器时代中期和晚期地点在汉水上游流域也有较大范围的分布，并且与旧石器时代早期文化的面貌相比存在很大不同，已经有研究者做过相关工作并对这种现象给出了清楚的解释。在房县兔子洼地点、安康关庙地点、丹江口连沟遗址也都在同一个地点发现了埋藏于不同阶地的石制品，而这些石制品的文化面貌有很大的不同，早期的石制品与上文讨论的石器工业面貌一致，而低一级阶地上发现的石制品则以小型的石片工具为主，两种不同类型的石器工业在同一地点不同层位出现，形成了鲜明对照。种种证据显示，汉水流域存在着比较完整的具有独特内涵和变化的旧石器文化发展序列，相信随着更多考古工作的开展，汉水流域远古历史会更加完整地展现在我们面前。

附记：本研究得到国家重点基础研究发展规划项目（2006CB806400），国家自然科学基金（40602006，40672199），国家人才培养基金（J0630965）的资助，特此致谢。

注　　释

[1] 沈玉昌. 汉水河谷的地貌及其发育史. 地理学报，1956，22（4）：295－321.

[2] 冯小波. 试论汉水流域旧石器时代文化. 邓涛，王原主编：第八届中国古脊椎动物学会学术年会论文集. 北京：海洋出版社，2001：263－269.

[3] 沈玉昌. 汉水河谷的地貌及其发育史. 地理学报，1956，22（4）：295－321.

[4] 黄慰文，祁国琴. 梁山旧石器遗址的初步研究. 人类学学报，1987，6（3）：236－244.

[5] 阎嘉祺. 陕西梁山旧石器之研究. 史前研究，1983，创刊号：51－56.

[6] 阎嘉祺. 陕西省汉中地区梁山龙岗首次发现旧石器. 考古与文物，1980（4）：1－5.

[7] 陕西省考古研究所汉水考古队. 陕西南郑龙岗寺发现的旧石器. 考古与文物，1985（6）：1－12.

[8] 汤英俊，宗冠福，雷遇鲁. 汉水上游旧石器的新发现. 人类学学报，1987，6（1）：55－60.

[9] 李天元，冯小波. 郧县人. 湖北：湖北科学技术出版社，2001.

[10] 祝恒富. 湖北丹江口市连沟旧石器遗址调查. 华夏考古，2005（1）：3－22，46.

[11] 王社江，李厚志. 安康关庙旧石器地点. 考古与文物，1992（4）：1－10.

[12] 周国兴. 湖北房县古人类活动遗迹的初步调查. 考古与文物, 1982 (3): 1－3.

[13] 王幼平. 更新世环境与中国南方旧石器文化发展. 北京: 北京大学出版社, 1997.

[14] 王幼平. 更新世环境与中国南方旧石器文化发展. 北京: 北京大学出版社, 1997.

[15] 李天元, 冯小波. 郧县人. 湖北: 湖北科学技术出版社, 2001.

[16] 阎嘉祺. 陕西梁山旧石器之研究. 史前研究, 1983, 创刊号: 51－56.

[17] 冯小波. 郧县人遗址石核的研究. 人类学学报, 2004, 23 (1): 1－12.

[18] 阎嘉祺. 陕西梁山旧石器之研究. 史前研究, 1983, 创刊号: 51－56.

[19] 李天元, 王正华, 李文森, 等. 湖北郧县曲远河口人类颅骨的形态特征及其在人类演化中的位置. 人类学学报, 1994, 13 (2): 104－116.

泥河湾盆地晚更新世人类生存环境探讨

马　宁[1,2]　宋艳花[3]　裴树文[1]

（1. 中国科学院古脊椎动物与古人类研究所　2. 中国科学院研究生院　3. 山西大学考古学系）

摘要　泥河湾盆地地处山西东北部和河北西北部，是研究中国北方第四纪环境演变和人类对环境适应的重要地区。桑干河由西南向东北穿过泥河湾盆地，河流两岸相继发现多处古人类活动地点。晚更新世地球经历了从温暖湿润的末次间冰期向寒冷干燥的末次冰期转变，古人类的活动与环境变化是密切相关的，这一变化在泥河湾盆地桑干河流域得以具体体现。本文通过对晚更新世桑干河流域的生态环境演变的分析，结合古人类活动信息，探讨晚更新世桑干河流域环境演变和人类生存方式以及行为特点之间的关系。

泥河湾盆地位于山西东北部和河北西北部，地处山西高原、蒙古高原和冀北山地的过渡地带处，面积9000平方公里，桑干河自西南向东北蜿蜒穿过整个盆地。桑干河发源于山西省宁武县管涔山下名为恢河，向北经朔州市朔城区东北与来自左云县的源子河汇合后称桑干河。桑干河自西南向东北依次流经朔州市、山阴县、应县、怀仁县、大同县，在阳高县尉家小堡村东出山西进入河北境内。经河北省阳原县、张家口市宣化区、涿鹿县，在怀来县朱官屯与发源于内蒙古兴和县的洋河汇合后称为永定河。桑干河全长437公里，主要支流有黄水河、浑河、御河、壶流河等。以山西大同县西册田村（册田水库）和河北阳原县石匣村（石匣峡谷）为界，将桑干河划分为上、中、下游三段。本文研究的泥河湾盆地主要指桑干河上游和中游及其支流流经的区域，这个区域以册田水库分为东西两部分（图一）。

本文中以距今12.8万年作为中/晚更新世的界线，以距今1.1万年作为晚更新世/全新世的界线[1]。在晚更新世10万余年时间内，根据冰期—间冰期和深海氧同位素阶段又将晚更新世划分为末次间冰期（MIS5）（距今12.8万～7.5万年）和末次冰期（MIS4-2）（距今7.5万～1.1万年）两部分[2]。其中末次冰期可具体细分为冰阶Ⅰ（MIS4）（距今7.5万～5.8万年）、间冰阶（MIS3）（距今5.8万～3.2万年）、盛冰期（LGM）（MIS2）（距今3.2万～1.5万年）等阶段，末次盛冰期则包括冰阶Ⅱ（距今3.2万～1.5万年）和晚冰期（距今1.5万～1.1万年）两个阶段。为了便于叙述这里将晚更新世分为末次间冰期（MIS5）、冰阶Ⅰ和间冰阶（MIS4-3）以及末次盛冰期和冰后期间冰阶（MIS2）共三个阶段。依据有关人类活动与环境变化的对应关系[3]，MIS5和MIS4-3可与人类历史上旧石器时代中期对应，MIS2则对应于旧石器时代晚期。

桑干河流经的泥河湾盆地不仅是我国北方第四纪地层的标准剖面所在地，同时又是我国旧石器时代遗址比较集中和丰富的地区，是研究中国北方早期人类扩散、技术发展以及人类对自然环境适应最理想的地区[4,5]。早在更新世早—中期泥河湾盆地为湖水所占据，从中更新世晚期开始古湖在构造运动、气候和自身堆积等因素的影响下出现了不可逆的收缩，在泥河湾盆地的西部桑干河的雏形已经出现[6]。到晚更新世，古湖被分解为若干小湖并由桑干河相连，特别是晚更新世末期石匣峡谷被切开，导致湖水东流，湖泊彻底消失而沉积了泥河湾盆地水下黄土—河湖相沉积序列[7]。

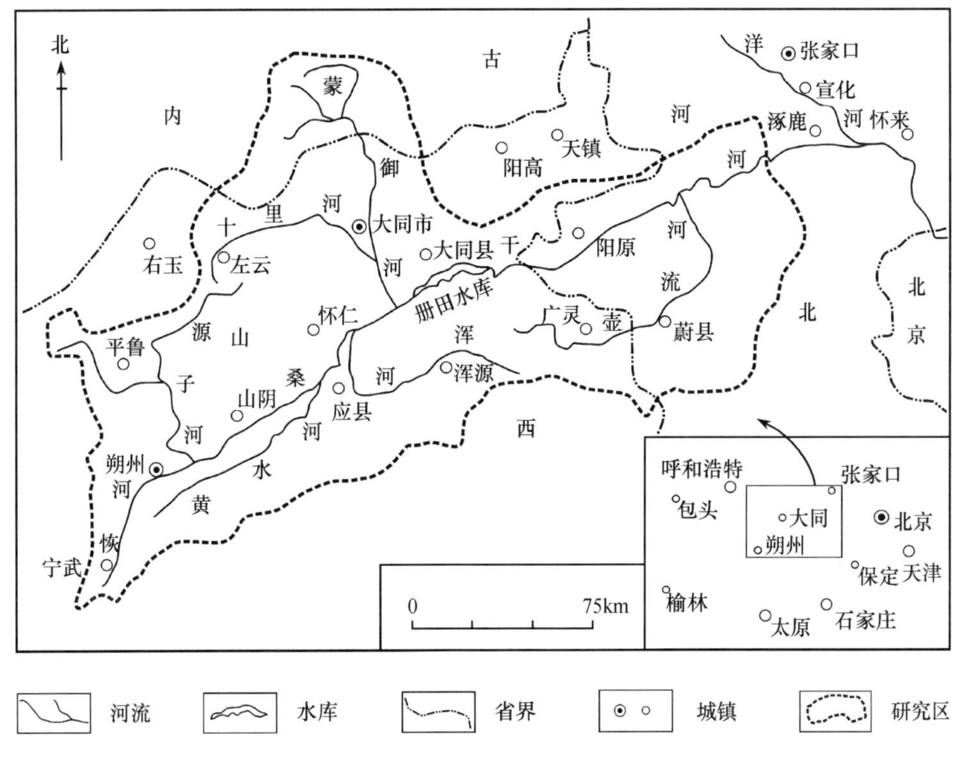

图一　研究区地理位置图

本文通过对泥河湾盆地晚更新世生态环境的分析研究，来探讨这一特定地区特定时期内人类对环境变化的适应，为重现我国华北地区晚更新世古人类的生存背景提供资料。

一、末次间冰期（MIS5）、冰阶Ⅰ和间冰阶（MIS4-3）泥河湾盆地环境分析

这个时期相当于深海氧同位素 MIS5-3 阶段，对应于人类活动的旧石器时代中期。大量的研究[6~10]表明，末次间冰期本区新构造运动活跃，差异性升降运动显著，地势逐渐由西低东高转变为西高东低，湖水开始出现第三次较大的收缩，受构造运动的影响大同火山群活动频繁特别是在距今 10 万～6.7 万年前，火山大规模喷发，火山物质的沉

降加速了湖泊的淤积、瓦解和干涸。至间冰阶（MIS3）时期，古湖已经被分割为若干个小湖，并由桑干河相连在山涧谷地中穿行东去。

这一时期泥河湾盆地的遗址和地点多位于泥河湾层顶部的许家窑组和桑干河两岸的第三级阶地堆积中，主要有盆地西部（桑干河上游）的朔州后圪塔峰[11]，盆地东部（桑干河中游）的阳高许家窑[12]、阳原雀儿沟[13]、板井子[14]、新庙庄[15]、漫流堡[15]等，此外阳原山兑村和蔚县细玄子村的泥河湾层顶部也有旧石器发现[16]。

1. 脊椎动物化石

本时期的遗址和地点多发现于整个泥河湾盆地桑干河中、上游地区。在上述遗址和地点中发现的动物化石大多比较破碎，可以鉴定出的种类[11~17]主要有：

鸵鸟（*Struthio* sp.）、天鹅（*Cygnus*）、鼠兔（*Ochotona* sp.）、中华鼢鼠（*Myospalax fontanieri*）、似布氏田鼠（*Microtus brandtioides*）、麝掘鼠（*Scaptochirus moschatus*）、黑鼠（*Rattus rattus*）、沙鼠（*Meriones* sp.）、翁氏野兔（*Lepus* cf. *wongi*）、西藏野兔（*Ochotona* cf. *chibetana*）、翁氏鼩（*Crocidura* cf. *wongi*）、狼（*Canis lupus*）、虎（*Panthera* cf. *tigris*）、诺氏古菱齿象（*Palaeoloxodon* cf. *noumanni*）、披毛犀（*Coelodonta antiquitatis*）、普氏野马（*Equus przewalskyi*）、野驴（*Equus hemionus*）、河套大角鹿（*Megaloceros ordosianus*）、赤鹿（*Cervus elapus*）、加拿大赤鹿（*Cervus Canadensis*）、葛氏梅花鹿（*Cervus nippon grayi*）、许家窑扭角羊（*Spirocerus hsuchiayaocus*）、裴氏扭角羊（*Spirocerus peii*）、普氏原羚（*Procapra picticaudata przewalskyi*）、鹅喉羚（*Grazella subgutturosa*）、原始牛（*Bos primigenius*）、牛（*Bos* sp.）、野猪（*Sus* sp.）等。

上述动物群种类丰富而复杂，既有生活于森林、灌丛中的种属，如虎、鼩、野猪、诺氏古菱齿象等；又有生活在草原或者森林草原中的动物，如普氏野马、野驴、普氏原羚、葛氏梅花鹿以及大量的啮齿类小型哺乳动物等；还有生活在荒漠边缘的鸵鸟和多见于荒草苔原地带的披毛犀。其中以适应草原、森林草原的动物最多。说明旧石器时代中期泥河湾盆地气候变化较大，大陆性气候明显，动物群中喜冷喜热的皆有也反映了气候波动明显，四季分明，夏季温暖湿润，冬季寒冷干燥，春秋凉爽，动物的季节性迁徙频繁。

2. 无脊椎动物化石

无脊椎动物的种类很多，其中软体动物、节肢动物和原生动物在第四纪地层中保存较好，在地层划分、古环境研究中具有重要的地位。目前对泥河湾盆地无脊椎动物化石的研究主要集中于桑干河流域中游地区[17~20]，为了解旧石器时代中期人类的生存背景提供了资料。

（1）软体动物

既有在黄土地层中常见的蜗牛化石，也有河湖相地层中常见的瓣鳃类和腹足类。桑干河流域常见的有：

同形慢形蜗牛（*Bradybaena similaris*）、塔形钻头螺（*Opeas pyrgula*）、间齿螺（*Metodontia hausaiensis*）、凸圆盘螺（*Pyramidula potanini*）、泥河湾螺（*Nihewanspira*）、钻子螺（*Opetiopsis*）、蓝蚬（*Corbicula*）等。

以上软体动物化石主要出现于古土壤层顶部，喜欢潮湿温暖的平静浅水或水边湿地环境，说明在晚更新世早、中期的相对暖期中有不少软体动物生活在桑干河流域的湖滨和河边浅水水域中。

（2）节肢动物

节肢动物是动物界中最大的一个门类，种属繁多，其中以介形虫研究的最为深入，晚更新世是介形虫的繁盛期。泥河湾盆地主要是陆相介形虫：

凝湖花介（*Limnocythere dbbiso*）、圣贵湖花介（*Limnocythere sanctipatricii*）、双瘤湖花介（*Limnocythere binoda*）、湖相陆花介（*Ytherissa lacustris*）、结节土星介（*Ilyocypris tuberculata*）、粗糙土星介（*Ilyocypris salebrasa*）、纯净小玻璃介（*Candoniella albicans*）等。

其中玻璃介和小玻璃介组合适应于淡水或微咸水环境中生存，而湖花介和土星介则多生活于半咸水—咸水环境中，如凝湖花介、双瘤湖花介、结节土星介和粗糙土星介等。上述介形虫组合在不同地层中的变化说明了泥河湾盆地气候的周期性变化导致了这里河湖水的盐度变化，即淡水—微咸水—半咸水—咸水的交替变化。

（3）原生动物

原生动物是单细胞动物，个体小，分类复杂，其中以有孔虫最具有意义。有孔虫绝大多数生活于海洋中但也有极个别在陆地水源中生活。在桑干河流域最有代表性的就是山西九字虫（*Nonion shansiensis*）。山西九字虫是广盐性的有孔虫，生活在半咸水环境中，表明在晚更新世早、中期泥河湾古湖存在大面积的萎缩，致使湖水盐度增大，适合有孔虫生存。

3. 孢粉组合

孢粉是植物孢子和花粉的总称，由于其具有产量大、个体小、外壁牢固特别是不同植物种属的孢粉具有不同的形状、结构和构造的特点，在第四纪环境研究中占有重要的地位。

泥河湾盆地 MIS5-3 时期地层中孢粉含量相当丰富[21~23]，虽然孢粉与其物种在数量上并不是正比关系，但也可以大致反映当时的植被面貌和生态环境。这一时期本区域内主要是草本植物和木本植物，二者在含量上的变化可以很好的指示气候的变迁。

（1）草本及小灌木植物

主要门类有：蒿属（*Artemisia*）、葎草属（*Humulus*）、唐松草属（*Thalictrus*）、麻黄属（*Ephedra*）、榛属（*Corylus*）、莎草科（Cyperaceae）、禾本科（Gramineae）、菊科（Compositae）、藜科（Chenopodiaceae）、毛茛科（Ranunculaceae）、伞形科（Umbelliferae）、蓼科（Polygonaceae）、唇形科（Labiatae）、木樨科（Oleaceae）、石竹科（Caryophyllaceae）、牻牛儿苗科（Geraniaceae）、川续断科（Dipsacaceae）、百合科（Liliaceae)、豆科（Leguminosea）、柽柳属（*Tamarix*）、胡颓子属（*Elaegnus*）、蔷薇属（*Rosa*）、玄参科（Scrophularia）、白刺属（*Nitraria*）等。

（2）木本植物

主要门类有：松属（*Pinus*）、冷杉属（*Abies*）、云杉属（*Picea*）、雪松属（*Cedrus*）、铁杉属（*Tsuga*）、落叶松属（*Larix*）、榆属（*Ulmus*）、柳属（*Salix*）、栎属（*Quercus*）、臭椿属（*Ailanthus*）、桦木属（*Betula*）、罗汉松属（*Podocarpus*）、椴属（*Tilia*）等。

（3）蕨类植物

主要门类有：水龙骨科（Polygodiaceae）、卷柏属（*Selaginella*）、铁线蕨属（*Adiantum*）等。

（4）藻类植物

狐尾藻（*Myriophyllum*）。

末次间冰期（MIS5）泥河湾盆地桑干河流域为草原或森林草原环境，有一定的针阔叶混交林，气候温和干燥。末次冰期中的冰阶Ⅰ（MIS4）为针叶疏林草原植被其间伴有少量的阔叶树种，气候开始转冷，温凉而干燥；间冰阶（MIS3）时旱生草本植物占优势并有少量的云杉、松等伴生而蕨类植物增多，反映了这时气候较前期温暖些，湿度也有所增加。总体上来说旧石器时代中期的泥河湾盆地是以耐干旱的草本植物占优势，例如藜科、蒿属、禾本科等，其次是云杉和松等为代表的耐阴寒的木本植物。在地层中以蒿属、藜科、禾本科为代表的温性草本植物花粉和以云杉、松为代表的耐阴寒木本植物花粉的多次交替出现，反映出这一时期本区气候的冷暖更替，这与对桑干河中游阳原槽村剖面下部、虎头梁剖面下部、小渡口剖面上部的孢粉分析结果是一致的。

4. 叠层石

叠层石是一种“准化石”，是原核生物（主要是蓝藻、光合细胞及其他微生物）所建造的有机沉积构造。在桑干河流域中游的阳原虎头梁村一套河湖相剖面上发现有上、下两层叠层石[20,24]。经鉴定藻丝遗体为席藻（*Phormidium* sp.），是一种广盐性的造席蓝藻，多发现于热带或亚热带地区，竖直生长，常构成层状或柱状叠层石。结合现代叠层石的生存环境推断虎头梁叠层石形成时期应该是温暖干燥环境。上、下叠层石的内部结构和形态非常相近，但也有细微的差别。上叠层石层中常见叠层石断片，说明当时风力较大湖浪作用比较强烈。下叠层石层均为柱状，与上层相比这时期的生态环境要相对稳定些。根据电子自旋共振法和不平衡铀系法测定下叠层石层年代为距今13万年，上叠层石层年代为距今9.3万年，相当于末次间冰期中的前两个高温期。

5. 氧碳同位素

目前对泥河湾盆地的氧碳同位素研究主要是集中在桑干河中游的虎头梁剖面[20,25]，其碳酸盐矿物主要是泥晶方解石，对碳酸盐 $\delta^{18}O$ 值和 $\delta^{13}C$ 值的测定表明 $\delta^{18}O$ 值和 $\delta^{13}C$ 值均在上、下叠层石层出现高值，而在两层叠层石之间为相对低值。

根据已有的研究[25~27]表明，$\delta^{18}O$ 和 $\delta^{13}C$ 的值与气温和盐度呈正相关关系。干燥炎热的气候环境使湖水蒸发作用加剧，湖泊蒸发量大于降水量加之地面径流补给导致湖水盐度增加，出现了较高的 $\delta^{18}O$ 和 $\delta^{13}C$ 值，同时 $\delta^{13}C$ 值高时也有利于藻类的大量繁衍。由于藻类的光合作用倾向于多消耗 ^{12}C，因此较高的 $\delta^{13}C$ 值可以指示温暖环境下藻类的生存。反之，在潮湿寒冷的环境下，蒸发作用减弱，湖泊的蒸发量小于降水量和地面径流补给致使湖水盐度降低，出现 $\delta^{18}O$ 和 $\delta^{13}C$ 的低值，藻类数量少。所以虎头梁剖面中 $\delta^{18}O$ 和 $\delta^{13}C$ 值均在上、下叠层石层出现高值，也说明了这一时期比较暖热，可以与末次间冰期相对应。

6. 地球化学

通过对虎头梁河湖相剖面样品的氧化物分析[20]，在旧石器时代中期泥河湾盆地常见的氧化物主要有 SiO_2、Al_2O_3、Fe_2O_3、FeO、CaO、MgO、K_2O 和 Na_2O 等，其主要成分是陆源碎屑，如石英、长石、黏土矿物和岩屑等，因此推断氧化物中的 SiO_2、Al_2O_3、Fe_2O_3、FeO、TiO_2、K_2O、Na_2O、MnO 和 P_2O_5 等可能来源于陆源碎屑。样品中的少量成分是碳酸盐类化学组分，CaO、MgO 主要来源于此。两者对于指示当时的环境具有完全不同的意义。

沉积物中来源于陆源碎屑的氧化物含量取决于地表径流带入湖水中碎屑量的多少，而入湖碎屑量又与植被覆盖率有着密切的关系。植被覆盖率越高，进入湖水中的陆源碎屑就越少，湖水的洁净度就会提高，从而有利于藻类和叠层石的生长。在虎头梁剖面中陆源碎屑的含量变化曲线在上、下叠层石层出现低值，说明在距今 13 万年和距今 9 万年，桑干河中游气候温暖适宜植被生长，湖水中来自陆地的碎屑较少。而在末次间冰期两个暖期之间的时期气温降低，植被覆盖率降低使湖水中的陆源碎屑含量增多。

7. 微量元素

对桑干河中游剖面的分析[20]表明，在上、下叠层石层 Sr/Ba 值较高，特别是上叠层石层 Sr/Ba 值最高，表明在末次间冰期的第二个暖期时气候炎热，湖水蒸发强烈。

8. 黄土磁化率

相关研究[28,29]表明，黄土中磁化率相对增大时，东亚夏季风增强，降雨量增多，发育古土壤；而黄土中磁化率的相对低值反映了东亚冬季风强盛，气候干寒，大量粉尘堆积。在对桑干河中游的小长梁、东谷坨和郝家台剖面的研究[30]中证实了上述情况。三个剖面中末次间冰期（MIS5）的堆积层磁化率相对高值是夏季风盛行的时期，降雨量增多，成土作用较强，发育古土壤层（S_1）。在该层中又可划分出 5 个亚层，变化清晰，反映此时季风波动明显。堆积于 MIS4-3 时期的部分磁化率值相对降低表示这一时期冬季风强盛，降雨量减少，粉尘堆积，形成黄土层（L_{1-3}和L_{1-2}）。

9. 黄土粒度

粒度的大小主要反映了搬运风力的强弱。中国黄土一般以粉砂（0.005～0.05 毫米）级颗粒占优势，细砂（0.05～0.25 毫米）次之。已有的研究工作[31,32]显示，细颗粒沉积的含量多代表了夏季风盛行，粗颗粒沉积含量为主则表示冬季风强盛。对泥河湾盆地东部的剖面进行粒度分析[30]显示，随着距地表深度的增加，大于 0.035 毫米的颗粒含量逐渐减少而小于 0.035 毫米的颗粒含量增多。这与黄土磁化率所反映的现象是一致的，在末次间冰期（MIS5）形成的堆积层中细颗粒含量高而粗颗粒含量少，为夏季风占主导时期；MIS4-3 的堆积层中则刚好相反，是冬季风盛行的时期。

综合以上各方面的材料可以大致认为旧石器时代中期泥河湾盆地古人类的生存背景是泥河湾古湖趋于枯萎，在桑干河中游可能仍有大面积的湖水存在，因此在这里集中发现了一些古遗址，植被以耐干耐旱的草本植物为主，气候冷暖交替这与冰期和间冰期的交替是一致的。具体来说，在末次间冰期时该区域内气候较为温暖干燥，湖水蒸发加剧，使得藻类大量繁衍，并形成叠层石，指示了温带森林草原环境。随着末次冰期的到来，气候开始转冷，桑干河流域冬季风盛行，粉尘大量堆积，黄土颗粒变粗，显示出针叶疏林草原的植被面貌。在末次冰期中的间冰阶时，气温回升湿度略有增加但强烈波动，这可能与全球性的 Henrich 事件和 Dansgaard-Oeschger 旋回[1]有关。

二、末次盛冰期和晚冰期间冰阶（MIS2）泥河湾盆地环境分析

末次盛冰期（MIS2）时期，石匣峡谷被切开，泥河湾湖水大量外泄，存在了两百万年的古湖消失，现代桑干河完全形成，并且强烈下切，在两岸形成三级阶地[7,9]。这一时期对应于旧石器时代晚期，时间短暂但是遗址众多，特别是在这一时期古人类的石器技术和类型发生了变化，从小石器向细石器转变，并进而发展到新石器时代的磨制石器和陶器。根据这一变化又可以把旧石器时代晚期划分为前、后两期。前期即末次冰期的冰盛期（冰阶Ⅱ），遗址出土石器以小石器为主，位于桑干河二级阶地底部或其支流相当于桑干河二级阶地底部的位置。主要遗址和地点有盆地西部（桑干河上游）的宁武杨庄[11]、朔州峙峪[33]、樊王寺[11]、右玉张家山[34]、左云冯家窑[11,35]、上山井火石梁[36]、大同市二后圪塔[11]、小站[37]、王龙沟[38]、狼道沟[39]、大同县山自造[40]等，盆地东部（桑干河中游）的阳高神泉寺[41]、阳原上沙嘴[42]、大田洼西沟[42]、西白马营[43]、豹峪[15]、西水地大西梁南沟[15]、蜜沟[44]、梅沟[44]、苇地坡[44]等。后期即冰盛期之后的晚冰期间冰阶，遗址中有较多的细石器存在，多发现于桑干河二级阶地上部或其支流相当于桑干河二级阶地上部的位置。主要遗址和地点有盆地西部（桑干河上游）

的朔州南磨[42]、厦格[42]、大同县鱼儿涧[42]等，盆地东部（桑干河中游）有阳高尉家小堡*、阳原油房[45]、油房火石沟[15]、虎头梁[46]、籍箕滩[47]、新庙庄大西沟[15]、西水地大西梁西沟[15]、于家沟[44]、马鞍山[44]、瓜地梁[44]、八十亩滩[44]、洞沟[44]、马蜂窝[44]和祁家湾[44]等。

旧石器时代晚期虽然在文化性质方面虽可分为前、后两期，但是在自然环境方面并没有太大的区别，可以作为一个整体进行分析。

1. 脊椎动物化石

末次盛冰期（旧石器时代晚期）的遗址和地点出土动物化石与旧石器时代中期相同或相近。在上述遗址和地点中发现的动物化石大多比较破碎，可以鉴定出的种类[11,15,33~47]主要有：

鸵鸟（*Struthio* sp.）、蛙（*Rana* sp.）、刺猬（*Erinacecus*）、鼠兔（*Ochotona* sp.）、中华鼢鼠（*Myospalax fontanieri*）、似布氏田鼠（*Microtus brandtioides*）、草原黄鼠（*Citellus dauricus*）、蒙古黄鼠（*Citellus citellus mongolicus*）、大仓鼠（*Cricetulus tritoni*）、变异仓鼠（*Cricetulus varians*）、斑鬣狗（*Crocuta* sp.）、犬（*Canids*）、狼（*Canis lupus*）、虎（*Panthera* cf. *tigris*）、纳玛古菱齿象（*Palaeoloxodon namadicus*）、披毛犀（*Coelodonta antiquitatis*）、普氏野马（*Equus przewalskyi*）、野驴（*Equus hemionus*）、河套大角鹿（*Megaloceros ordosianus*）、赤鹿（*Cervus elapus*）、扭角羚羊（*Spirocerus* sp.）、恰克图扭角羚羊（*Spirocerus kiakhtensis*）、普氏原羚（*Procapra picticaudata przewalskyi*）、鹅喉羚（*Grazella subgutturosa*）、黄羊（*Procapra gutturosa*）、原始牛（*Bos primigenius*）、牛（*Bos* sp.）、王氏水牛相似种（*Bubalus* cf. *B. wansijocki*）以及野猪（*Sus scrofa*）等。

末次盛冰期（MIS2）动物群种属和末次间冰期至间冰阶（MIS5-3）基本一致，没有明显的变化。这时期动物中以草原有蹄类所占比例大，构成上述动物群的主体，所指示的是干燥的草原环境。虽然这时正值末次盛冰期前后，大多数动物是耐寒喜冷的，但也有一些生活于温暖环境中的种属，如水牛等。这也反映出当时气候波动剧烈，年温差显著，是典型的大陆性气候。

2. 无脊椎动物化石

通过对桑干河流域无脊椎动物化石的研究[19,20,43,48]，有助于认识当时的环境，特别是在末次盛冰期古人类的生存背景复原方面可以提供有益的线索。

（1）软体动物

多为河湖相地层中常见的瓣鳃类和腹足类。泥河湾盆地常见的有：河蚬（*Corbicula fluminea*）、凸旋螺（*Gyraulus convediusculus*）、扁旋螺（*Gyraulus compressus*）、耳萝卜螺（*Radxi auricular*）等。这些软体动物化石具有抗干旱耐寒冷气候的生态学特征，主要出

* 参见：宋艳花．尉家小堡遗址石制品的初步研究．待刊．

现于厚层弱风化成土作用形成的黄土层中，代表干冷的荒漠草原或草原环境。

（2）节肢动物

晚更新世晚期介形虫繁盛，在我国北方沿海和内陆河湖中皆有分布并且与晚更新世早、中期基本相同。泥河湾盆地主要是陆相介形虫：

阳原斗星介（*Cypridopsis yangyuanensis* Huang）、邹县美星介（*Cyprinotus chiuhsienensis* Lee）、凝湖花介比较种（*Limnocythere* cf. *dbbiso* Daday）、布氏土星介（*Ilyocypris bradyi* Sars）、柯氏土星介（*Ilyocypris cornea* Mandelstam）、涿鹿土星介新种（*Ilyocypris zhuoluensis* sp. nov.）、双折土星介（*Ilyocypris biplicata* Koch）、纯净小玻璃介（*Candoniella albicans*）、小玻璃介（*Candoniella*）、扁玻璃介（*Candona compressa* Koch）、桑干河玻璃介（*Candona sangganheensis* Huang）、侯氏玻璃介（*Candona houae* Huang）、成熟金星介（*Cypris pubera* Muller）、短背介未定种（*Notodromas* sp.）等。

该组合中指示介形类多生活于淡水、浅水环境中，河水仍有一定的咸度但与MIS5-3时期相比有所下降，表明此时气候偏冷，蒸发减弱。

（3）原生动物

旧石器时代晚期在泥河湾盆地最有代表性的有孔虫和旧石器时代中期一样都是山西九字虫（*Nonion shansiensis*）。山西九字虫是广盐性的有孔虫，生活在半咸水环境中，也可以生活在淡化水域中，表明在晚更新世晚期桑干河河水盐度低，适合广盐性有孔虫生存。

3. 孢粉组合

泥河湾盆地名次盛冰期地层中孢粉含量也相当丰富[21~23,43]，主要是草本植物和木本植物，二者在含量上的变化可以较好的反映出环境的变化。

（1）草本及小灌木植物

主要种类有：蒿属（*Artemisia*）、唐松草属（*Thalictrus*）、麻黄属（*Ephedra*）、莎草科（Cyperaceae）、禾本科（Gramineae）、菊科（Compositae）、藜科（Chenopodiaceae）、毛茛科（Ranunculaceae）、唇形科（Labiatae）、百合科（Liliaceae）、豆科（Leguminosea）、柽柳属（*Tamarix*）、胡颓子属（*Elaegnus*）、蔷薇属（*Rosa*）、玄参科（Scrophularia）、白刺属（*Nitraria*）、旋花科（Convolvalaceae）、十字花科（Cruciferae）等。

（2）木本植物

主要种类有：松属（*Pinus*）、冷杉属（*Abies*）、云杉属（*Picea*）、栎属（*Quercus*）、臭椿属（*Ailanthus*）、桦木属（*Betula*）、胡桃（*Juglans*）、枫杨（*Pterocarya*）、柳属（*Salix*）等。

（3）蕨类植物

主要种类有：水龙骨科（Polygodiaceae）、卷柏属（*Selaginella*）、铁线蕨属（*Adiantum*）等。

（4）藻类植物

狐尾藻（*Myriophyllum*）。

末次盛冰期历时较短，期间可分为末次冰期的盛冰期（冰阶Ⅱ）和晚冰期间冰阶。盛冰期时期气候极端恶劣，木本植物花粉数量减少，而草本植物花粉有显著的增加，蕨类孢子则较前有明显的减少，反映了寒冷干燥的古气候环境。晚冰期气候波动剧烈，此时泥河湾盆地的植被类型是疏林草原景观，虽然气温仍然较低但总的趋势是慢慢转暖，温凉偏干。通过对阳原槽村剖面上部、虎头梁剖面上部、小渡口剖面顶部和西白马营遗址文化层的孢粉研究表明，与旧石器时代中期相比，旧石器时代晚期的泥河湾盆地仍是以蒿属、藜科、禾本科等耐干旱的草本植物占据主导地位，其次是云杉和松等为代表的耐阴寒的木本植物，而蕨类、藻类植物数量与旧石器时代中期相比更加少见。

4. 融冻褶皱

融冻褶皱是地表反复融冻，冻结面随着气温的降低向深层发展，致使介于永冻层上限与活动层冻结面下界之间的暂时尚未冻结的含水松散层遭受强大压力，在下融冻活动层底部产生塑性变形的现象[22]。在桑干河流域发现了不少由于融冻作用形成的地质—地貌现象[22,49,50]，其中尤以桑干河中游的虎头梁剖面最为典型。

在该剖面上融冻褶皱遗迹主要出现在距地表 0.4～2.4 米的砾石层中，由于砾石层中有晚更新世末期的黄土状土发现和它的钙质结核裹携在内，对其钙质结核进行^{14}C 测定为距今 27675 ± 175 年。由于融冻现象只有在一定的寒冷程度时才能发生，这就表明本区在晚更新世晚期—全新世初期时气温低寒相当于末次冰期的极盛期。

5. 氧碳同位素

泥河湾盆地末次盛冰期的氧碳同位素研究主要是在桑干河中游的于家沟剖面[51]，该剖面的沉积物主要是黄土物质，在黄土中碳酸盐的 $\delta^{18}O$ 值可以作为古温度的标志，$\delta^{13}C$ 值可以看做是相对湿度的指标，较高的 $\delta^{18}O$ 和 $\delta^{13}C$ 值说明气候炎热干燥，反之则寒冷潮湿。该剖面地层时代为距今 13700 年，所以根据于家沟剖面的氧碳同位素分析可以了解泥河湾盆地东部晚冰期的古环境。从下到上 $\delta^{18}O$ 值由低变高，而 $\delta^{13}C$ 值则相反由高变低。说明晚冰期开始阶段气候相当寒冷干燥，后期温度升高湿度增加，气候较早期温暖湿润些。

6. 地球化学

已有的研究[52]表明，在半干旱区 $CaCO_3$ 的形成主要取决于气候的蒸发强度，在干燥或高温的气候环境下蒸发强度大有利于 $CaCO_3$ 形成，反之则不利于 $CaCO_3$ 形成；有机碳含量也被认为是重要的古气候指标，温暖湿润的气候环境有利于植物生长，造成沉积物中有机碳含量较高，反之气候寒冷干燥不利于植物生长，沉积物中有机碳含量较低。末次盛冰期泥河湾盆地桑干河中游的于家沟剖面碳酸钙和有机碳含量分析[51]显示，桑干河中游冰阶Ⅱ时期气候酷冷，$CaCO_3$ 含量和有机碳含量低。晚冰期时 $CaCO_3$ 含量和有机碳含量明显呈上升趋势，说明气候由寒冷干燥逐渐向温暖湿润的方向转变。

7. 黄土磁化率

在对桑干河中游的小长梁、东谷坨和郝家台剖面的研究[30]表明，末次盛冰期的堆积层磁化率相对较低是冬季风盛行的时期，降雨量少，成土作用弱，堆积黄土（L_{1-1}）。这一时期的地层中可细分出些亚层，说明气候有一定的波动。

8. 黄土粒度

对桑干河中游小长梁、东谷坨和郝家台剖面进行的粒度分析[30]表明，距地表越近，大于0.035毫米的颗粒含量越多而小于0.035毫米的颗粒含量越少。这与黄土磁化率所反映的现象是一致的，末次盛冰期形成的堆积层中粗颗粒含量高而细颗粒含量低，为冬季风占主导时期。在更高频的粒度分辨方面又可以分出些次一级的粒度变化，而且变化显著，说明在晚更新世晚期特别是晚冰期气候波动剧烈。

综合以上的信息可以看出，整个旧石器时代晚期环境是相当恶劣的，盛冰期时期气温比今日要低10℃左右，即便是在晚冰期间冰阶时冰川开始消融后退气温回升之时，也并非是直线型的回升，期间冰川也有过小规模的前进气温下降，气候的不稳定骤冷骤热，严重地影响着动植物的生存和古人类的活动。但是在这一时期古人类的活动反而遍及整个泥河湾盆地的桑干河流域，除了人口的自然增加外，还应是由于末次冰期影响太大对于我国北方具有普遍性，而桑干河流域多山间盆地水源充足局部环境好于周边地区，因此遗址遍布桑干河两岸，特别是小石器工具向细石器工具的转变就是古人类适应环境变迁的很好例证。

三、人类活动对环境的响应

1. 晚更新世泥河湾盆地的人类生存环境

晚更新世我国北方泥河湾盆地根据不同时期的具体气候变化可以划分为末次间冰期（MIS5）、冰阶Ⅰ和间冰阶（MIS4-3）以及末次盛冰期和晚冰期间冰阶（MIS2）三个阶段（表一）。尽管气候有过冷暖的多次交替，但是不论是在温暖的间冰期还是在寒冷的冰期泥河湾盆地桑干河流域始终是以草原景观为主，在间冰期与森林草原相对应，在冰期时呈现疏林草原景观。

末次间冰期相当于深海氧同位素第5阶段（MIS5），这时期气候温暖湿润，其中又可以分为5期，三个暖期（5a、5c、5e）夹两个相对冷期（5b、5d）。在桑干河中游虎头梁剖面上形成的上、下两层叠层石层对应于5c和5e，这两个暖期气候炎热干燥特别是下叠层石层（5e）形成的时期暖湿程度最高。末次间冰期在我国北方黄土区普遍发育了古土壤层（S_1），古土壤是在气候比较温湿的条件下成土作用的产物，这也印证了末次间冰期时期的水热条件是比较好的。通过对黄土磁化率和粒度特征的分析，S_1层可以细分为五层S_{1-1}～S_{1-5}，这恰好可以和MIS_5的5期相对应。

末次冰期中的冰阶Ⅰ和间冰阶两部分，分别相当于深海氧同位素第4和第3阶段（MIS4和MIS3）。这一时期进入了末次冰期，气候总的趋势是向干冷的方向发展，冬季风盛行，大量粉尘堆积，开始形成黄土层（L_1）。冰阶Ⅰ（MIS_4）气候是寒冷干燥，黄土磁化率低而且粒度增大，因此此时的黄土堆积层对应于L_{1-3}。间冰阶（MIS_3）则是个特殊的时段，该期内气温虽有所回升高于同属末次冰期的MIS4和MIS2，但远未达到末次间冰期的程度，而且在这一阶段气候是强烈波动两个暖期（3a、3c）夹一个冷期（3b），不仅有万年尺度的Henrich事件还有千年尺度的Dansgaard-Oeschger旋回发生[1]，冷暖变化剧烈。与之对应的L_{1-2}又可进一步细分，和间冰阶中的冷暖变化相对应。

表一　晚更新世泥河湾盆地气候变化表

<table>
<tr><th>地质时代</th><th colspan="2">气候分期</th><th>气候特征</th><th colspan="2">黄土—古土壤序列</th><th colspan="2">深海氧同位素阶段</th></tr>
<tr><td rowspan="11">晚更新世（Q_3）</td><td rowspan="6">末次冰期</td><td>晚冰期间冰阶</td><td>总的来说向暖湿转化，但期间气候波动复杂，降温幅度大而且来去匆匆</td><td rowspan="6">L_1</td><td rowspan="2">L_{1-1}</td><td colspan="2" rowspan="2">MIS2</td></tr>
<tr><td>盛冰期冰阶Ⅱ</td><td>冬季风盛行气候极端恶劣，寒冷干燥，有融冻褶皱现象，其中极盛期在距今18000年</td></tr>
<tr><td rowspan="3">间冰阶</td><td rowspan="3">气温有所回升，但是有强烈波动，期间有全球性的H事件和D-O旋回发生</td><td rowspan="3">L_{1-2}</td><td rowspan="3">MIS3</td><td>3a</td></tr>
<tr><td>3b</td></tr>
<tr><td>3c</td></tr>
<tr><td>冰阶Ⅰ</td><td>气温开始向干寒方向转化</td><td>L_{1-3}</td><td colspan="2">MIS4</td></tr>
<tr><td colspan="2" rowspan="5">末次间冰期</td><td rowspan="5">气候总体上是温暖湿润，特别是在距今12.8万年和距今9万年时暖湿程度最高，古土壤发育并夹有上、下两层叠层石说明气候炎热</td><td rowspan="5">S_1</td><td>S_{1-1}</td><td rowspan="5">MIS5</td><td>5a</td></tr>
<tr><td>S_{1-2}</td><td>5b</td></tr>
<tr><td>S_{1-3}</td><td>5c</td></tr>
<tr><td>S_{1-4}</td><td>5d</td></tr>
<tr><td>S_{1-5}</td><td>5e</td></tr>
</table>

末次盛冰期和晚冰期间冰阶，即深海氧同位素第2阶段（MIS_2）。在经历了间冰阶的相对温暖期后，气候再次向干寒的方向发展，而且这次要比冰阶Ⅰ更为寒冷。冰川大规模前进，山地雪线高度降低，海平面大幅度下降。在桑干河流域多处有融冻褶皱现象，尤其是在距今18000年左右末次冰期达到极盛期，冬季风强劲，气候酷冷，环境恶劣。在极盛期过后，从距今15000～14000年冰川开始消融，到距今12000～11000年以后全球显著变暖，冰盖大规模消融，山岳冰川迅速后退。但是这一转暖的过程并非是直线上升的，期间仍有过数次变冷事件。此时的黄土堆积层对应于L_{1-1}。

2. 晚更新世泥河湾盆地人类对生存环境的适应

当把晚更新世泥河湾盆地的遗址按照时代早晚和地理位置大致分类（表二）后会发现，在末次间冰期遗址不多，冰阶Ⅰ和间冰阶遗址少见，而末次盛冰期则遗址众多；不论是时代的早晚，泥河湾盆地东部（桑干河中游）遗址最多，盆地西部（桑干河上游）遗址相对较少。这在很大程度上与测年技术的灵敏度和开展调查工作不多有一定的关系，但也从侧面反映出晚更新世泥河湾盆地桑干河流域古人类的行为方式和生存背景。

末次间冰期气候暖湿，植被茂盛，尽管泥河湾古湖在此时已经开始了不可逆的收缩，但是在水资源紧缺的泥河湾盆地来说仍具有动植物生存的理想条件，以采集和狩猎为生的古人类也必然是择水而居。桑干河上游已经成形，但是上游地形崎岖山地多水量不大，而中游盆地较大仍有湖水存在，因此在桑干河特别是其中游有一定的遗址存在。

表二　晚更新世泥河湾盆地桑干河流域考古遗址统计

<table>
<tr><th colspan="2" rowspan="2">考古时代</th><th rowspan="2">年龄（ka B. P.）</th><th rowspan="2">地质时代</th><th rowspan="2">深海氧同位素阶段</th><th colspan="2">泥河湾盆地考古遗址</th></tr>
<tr><th>西部（桑干河上游）</th><th>东部（桑干河中游）</th></tr>
<tr><td rowspan="4">旧石器时代</td><td rowspan="2">晚期</td><td>15～11</td><td rowspan="4">晚更新世</td><td rowspan="2">MIS2</td><td>朔州南磨、厦格、大同县鱼儿涧</td><td>阳高尉家小堡、阳原油房、火石沟、虎头梁、籍箕滩、新庙庄大西沟、西水地大西梁西沟、于家沟、马鞍山、瓜地梁、八十亩滩、洞沟、马蜂窝、祁家湾</td></tr>
<tr><td>32～15</td><td>宁武杨庄、朔州峙峪、樊王寺、右玉张家山、左云冯家窑、火石梁、大同市二后圪塔、小站、王龙沟、狼道沟、大同县山自造</td><td>阳高神泉寺、阳原上沙嘴、大田洼西沟、西白马营、豹峪、西水地大西梁南沟、蜜沟、梅沟、苇地坡</td></tr>
<tr><td rowspan="2">中期</td><td>75～32</td><td>MIS4～MIS3</td><td></td><td></td></tr>
<tr><td>128～75</td><td>MIS5</td><td>朔州后圪塔峰</td><td>阳高许家窑、阳原雀儿沟、板井子、新庙庄、漫流堡、山兑、蔚县细玄子</td></tr>
</table>

冰阶Ⅰ和间冰阶时期古人类的活动与末次冰期和末次盛冰期相比较少，这种现象与气候的变化密切相关。这一时期末次冰期来临，气候向干冷方向转变，特别是构造运动在这一时期又趋活跃，火山活动频繁，加速了泥河湾古湖的分解和萎缩。古人类面对这样的自然灾害时很有可能进行迁徙，寻找新的生存地。在间冰阶时气温回升，但回升是广大区域内的共同气候特征，并不是只局限于泥河湾盆地，因此古人类在没有生存压力的情况下没有必要再迁回泥河湾盆地。

末次盛冰期时末次冰期达到高峰，我国北方普遍受其影响冬季风盛行，冰川前进，呈现出寒冷干燥的大环境。在此背景下泥河湾盆地的桑干河流域由于多山间盆地，局域气候与临近的华北平原和黄土高原相比较为适宜生存，因此在桑干河流域又有古人类活动。在气候越来越恶劣的同时，石匣峡谷被切开，湖水外泄，使得桑干河全线贯通并保持稳定，因而在泥河湾盆地以外的桑干河下游也发现了人类活动的遗存[53]。值得一提的是，在间冰阶以前桑干河下游的遗存不多除了调查工作有限外，也应与湖水在此时的大规模外泄导致的冲刷以及水土流失有一定的关系。在环境恶化和生存压力的挑战下，古人势必采取的是“广种薄收”的生存方式，通过人口数量的增加来获取较多的食物资源。为了能够生存下去古人类也在试图改进生产工具，从居住地之外较远的地方搬运优质石料，提高工作效率，这一点已经可以从众多遗址发现的材料所证明[54,55]。所以在这一时期桑干河两岸较多的遗址和地点也有可能是同一群人类的不同活动地点。在旧石器时代晚期的后一阶段，细石器工具大量出现也反映了古人类对末次冰期极盛期极端环境的适应。在末次冰期极盛期过后气温开始向暖的方向发展，尽管期间发生过剧烈的气候波动，但历时短暂而且寒冷程度也未达到末次冰期极盛期的程度，所以桑干河流域的古人类依旧在这片土地上繁衍生息，并在环境和生存的压力下向新石器时代的农耕经济演进。

附记：该研究得到国家自然科学基金资助项目（40672119）；山西大学人文社会科学科研基金（0509003）；国家重点基础研究发展规划资助项目（2006CB806400）资助，特此感谢。

注　　释

[1] 刘嘉麒，王文远．第四纪地质定年与地质年表．第四纪研究，1997，17（3）：193－202.

[2] 刘嘉麒，刘强．中国第四纪地层．第四纪研究，2000，20（2）：129－141.

[3] Gao Xing，Norton C J. A critique of the Chinese “Middle Paleolithic”. *Antiquity*，2002，76：397－412.

[4] 吴文祥，刘东生．气候转型与早期人类迁徙．海洋地质与第四纪地质，2001，21（4）：103－109.

[5] 吴文祥．试论早期人类占据泥河湾盆地的时代．地球学报，2000，23（3）：249－254.

[6] 李润兰，朱峰，许清海．大同—阳原盆地的形成与演变．古地理学报，2000，2（2）：92－96.

[7] 夏正楷．大同—阳原盆地古泥河湾湖的岸线变化．地理研究，1992，11（2）：52－59.

[8] 夏正楷．大同—阳原盆地的新生代沉积和环境演变．王乃樑，杨景春，夏正楷等著：山西地堑系新生代沉积与构造地貌．北京：科学出版社，1996：1－72.

[9] 夏正楷，刘锡清．泥河湾层古地理环境的初步认识．海洋地质与第四纪地质，1984，4（4）：101－110.

[10] 杨景春．大同盆地东部地貌与第四纪地质．北京大学学报（自然科学版），1961，2（1）：31－42.

[11] 贾兰坡，王择义，邱中郎．山西旧石器．中国科学院古脊椎动物与古人类研究所甲种专刊（4）．北京：科学出版社，1961：32－40.

[12] 贾兰坡，卫奇．阳高许家窑旧石器时代文化遗址．考古学报，1976（2）：97－144.

[13] 河北省文物研究所．泥河湾盆地雀儿沟遗址试掘简报．文物季刊，1996（4）：3－9.

[14] 李炎贤，谢飞，石金鸣．河北阳原板井子石制品的初步研究．中国科学院古脊椎动物与古人类研究所编：参加第十三届国际第四纪地质大会论文集．北京：北京科学技术出版社，1991：74－99.

[15] 谢飞．泥河湾盆地旧石器文化研究新进展．人类学学报，1991，10（4）：324－332.

[16] 中美泥河湾考古队．飞梁遗址发掘报告．河北省文物研究所编：河北省考古文集．北京：东方出版社，1998：1－29.

[17] 卫奇．“许家窑人”的生活环境．山西文物，1982（3）：18－23.

[18] 王强，王景哲．泥河湾层的介形类、有孔虫化石群．见：陈茅南主编：泥河湾层的研究．北京：海洋出版社，1988：62－77.

[19] 黄宝仁．桑干河中下游流域更新世介形类初步研究．科学通报，1980，25（6）：277－278.

[20] 夏正楷，韩军青．泥河湾盆地虎头梁湖相叠层石的生态环境分析．第四纪研究，1998，18（4）：344－350.

[21] 王燕，王书兵，蒋复初，等．河北阳原槽村剖面孢粉组合特征及古气候意义．地质通报，2003，22（9）：665－669.

[22] 周廷儒，李华章，刘清泗，等．泥河湾盆地新生代古地理研究．北京：科学出版社，1991：1－162.

[23] 罗宝信，王毓钊，林泽蓉．河北第四纪孢粉与气候地层的探讨．王东方主编：国际交流地质学术论文集．北京：地质出版社，1984：123－128.

[24] 夏正楷，张昀，杨德军，等．泥河湾层中叠层石的发现及其古环境意义．中国科学（B辑），1993，23（8）：874－879.

[25] 夏正楷，韩军青，金德秋，等．泥河湾盆地末次间冰期气候变化的氧碳同位素记录．北京大学学报（自然科学版），1998，34（1）：119－124.

[26] Frakes L A，Sun J Z. A carbon isotope record of the upper Chinese loess sequence：estimate of plant types during stadials and interstadials. *Palaeogeography Palaeoclimatology Palaeoecology*，1994，108：183－189.

[27] 顾兆炎．黄土—古土壤序列碳酸盐稳定同位素组成与古气候变化．科学通报，1991，36（10）：764－770.

[28] 杨晓强，李华梅．陆相断陷盆地沉积物磁组构特征及环境意义——以泥河湾盆地为例．海洋地质与第四纪地质，2000，20（3）：43－52.

[29] Liu X M，Liu T S，Shaw J，*et al.* Paleomagetic and Paleoclimatic studies of Chinese Loess. In：Loess，*Environment and Global Change*. Beijing：Science Press，1991：61－81.

[30] 杨小强，李华梅，李海涛．华北泥河湾盆地黄土沉积及其古地理意义．古地理学报，2003，5（2）：209－216.

[31] 鹿化煜，安芷生．洛川黄土粒度组成的古气候意义．科学通报，1997，42（1）：66－69.

[32] 鹿化煜，安芷生．黄土高原黄土粒度组成的古气候意义．中国科学（D辑），1998，28（3）：278－283.

[33] 贾兰坡，盖培，尤玉柱．山西峙峪旧石器时代遗址发掘报告．考古学报，1972，（1）：39－58.

[34] 石金鸣，胡生．张家山旧石器的初步研究．人类学学报，1992，11（2）：117－125.

[35] 贾兰坡．察哈尔左云县冯家窑附近旧石器．科学通报，1951，2（5）：506－508.

[36] 陈哲英．山西左云县的两个石器地点．史前研究，1986，（3、4）：45－61.

[37] 李超荣，解廷琦，胡平．大同市小站的旧石器．人类学学报，1986，5（4）：336－345.

[38] 李超荣．大同市小站王龙沟的旧石器．考古与文物，1993，（4）：1－7.

[39] 陈哲英．大同狼道沟的石制品．人类学学报，2004，23（增刊）：174－178.

[40] 李超荣，任秀生．大同县山自造地点旧石器研究．人类学学报，1992，11（1）：79－85.

[41] 杜水生，陈哲英．山西阳高神泉寺遗址石制品的初步研究．人类学学报，2002，21（1）：50－58.

[42] 卫奇．泥河湾盆地旧石器遗址地质序列．见中国科学院古脊椎动物与古人类研究所编：参加第十三届国际第四纪地质大会论文集．北京：北京科学技术出版社，1991：61－72.

[43] 河北省文物研究所. 河北西白马营晚期旧石器研究. 文物春秋, 1989, (3): 13-26.

[44] 泥河湾联合考古队. 泥河湾盆地考古发掘获重大成果. 中国文物报, 1998年11月15日第1版.

[45] 谢飞, 成胜泉. 河北阳原油房细石器发掘报告. 人类学学报, 1989, 8(1): 59-68.

[46] 盖培, 卫奇. 虎头梁旧石器时代晚期遗址的发现. 古脊椎动物与古人类, 1977, 15(4): 287-300.

[47] 河北省文物研究所. 籍箕滩旧石器时代晚期细石器遗址. 文物春秋, 1993, (2): 1-22.

[48] 黄宝仁, 黄兴根. 桑干河流域晚更新世介形类. 古生物学报, 1991, 30(6): 728-738.

[49] 张兰生. 我国晚更新世最后冰期气候复原. 北京师范大学学报(自然科学版), 1980, 16(1): 101-118.

[50] 吴子荣, 高福清. 泥河湾组顶部冻融变形的机制分析和时代探讨. 见中国第四纪研究委员会全新世分会编: 史前地震与第四纪地质文集. 西安: 陕西科学技术出版社, 1982: 143-148.

[51] 夏正楷, 陈福友, 陈戈, 等. 我国北方泥河湾盆地新—旧石器文化过渡的环境背景. 中国科学(D辑), 1991, 31(5): 393-400.

[52] 卢演俦. 黄土地层中 $CaCO_3$ 碳酸钙含量变化与更新世气候旋回. 地质科学, 1981, (2): 122-131.

[53] 谢飞. 河北旧石器时代晚期细石器遗存的分布及在华北马蹄形分布带中的位置. 文物春秋, 2000, (2): 15-29.

[54] 杜水生. 泥河湾盆地旧石器中晚期石制品原料初步分析. 人类学学报, 2003, 22(2): 121-130.

[55] 杜水生. 泥河湾盆地旧石器中晚期以来人类行为的变化与环境变化的关系. 考古与文物, 2003, (2): 22-26.

试析石器的加工方式

李　锋[1,2]

（1. 中国科学院古脊椎动物与古人类研究所　2. 中国科学院研究生院）

摘要　以往旧石器研究中使用的加工方式，学者对其分类不甚相同，并有不少同名异质与异名同质的现象，还有一些相互包含的现象，这反映了学者们对加工方式的分类尚未达到统一认识，并出现了许多混淆，有必要进行深入研究和探讨，本文将石器加工方式划分为单向和双向修理。单向修理可分为正向与反向加工，双向修理可分为错向、交互及转向加工。正向与反向加工是古人类对毛坯适应的结果，不能作为区别石器工业传统的独立因素，只有与剥片技术等一整套石器生产工序结合起来才能作为石器工业的区别。

一、引　　言

中国旧石器时代考古自1920年法国古生物学家桑志华（E. Licent）在甘肃庆阳的发现开始，到今天已有近90年的历史了，在中国旧石器考古工作者的辛勤耕耘下，积累了大量关于早期人类及文化的资料，形成了中国独特的旧石器考古学研究道路，为世界瞩目。然而大量新发现层出不穷，致使学者们的研究多集中于新材料的发掘与整理，“以地层学、类型学与形态学为基本方法论，对器物的分类和描述为核心内容”[1]。又因中国地域广大，从事旧石器考古学研究的学者们对不同材料有自己的认识，因而在石器描述的术语方面产生了不少异名同质的现象。20世纪80年代以来，随着改革开放中国旧石器考古与国外交流不断加强，因术语的混乱，旧石器考古学研究者在交流中颇感不便，于是研究者们开始注意术语的统一以求与国际接轨，不断有学者讨论一些石器术语的名称与内涵[2~6]。但至今术语混乱的问题尚未得以解决，有的学者提出，旧石器时代考古学今后的工作首先要规范学术术语和石器分类[7]。旧石器研究中术语的混乱是在其发展过程中形成的，统一并非一时一人之力所能，这需要学者们在各自的工作与研究中，经常心平气和地进行学术讨论，以藉众人的智慧来解决一些久争不定的问题。

然而说统一也好，说与国际接轨也好，都应从材料出发，虽说旧石器时代考古学研究是无国界的，但不同地区的材料具有自身的特点，即使全世界的人类是由一个地区起源的，其所产生的物质遗存必存在迁徙过程中因适应（如环境、原料、生计方式等）而发生的变异与发展；更不论在人类多地区起源理论下地域特征的存在，因此统一与接轨也并非盲目的借用，否则便容易引起混乱，就像因“手斧”而引起的大争论。因此与国际接轨更本质的是与其研究方法和技术接轨，而非去盲目借用在国外材料基础上产生的术语与文化发展阶段，当然本文的目的并不在于讨论这些问题。本文就目前石器研究术语混乱的一个方面——加工方式进行讨论。

二、以往加工方式分类的剖析

加工方式是石器第二步加工中的一个描述项目，亦称“加工方向”或“修理方向”，当然关于第二步加工的名称也不尽相同[2,9]，在此暂不讨论。第二步加工有不同的加工技术，如锤击加工、砸击加工、碰砧加工等，但我们在这着重讨论锤击修理方法的不同加工方式，虽有不同的表述名称，但本质上描述的都是修理疤痕在石器边缘上的位置。首先我们回顾以往学者对“加工方式”进行系统综合分类的意见。在20世纪三四十年代，一般考古学家都认为，大多数石器是向一面加工的（由破裂面向背面加工或背面向破裂面加工，以前者为主），或向两面加工，也有少数是错向加工的。到50年代，Bordes提出了一种转向加工，法国学者Tixier归纳出加工方向有六种：正向、反向、错向、转向、两面和对向加工[8]。国内学者在20世纪80年代以后也多有这方面的讨论，李炎贤先生认为“关于加工方向的分类，经过近二十年的努力已形成了自己的系统”，将其分为正向、反向、转向、错向、复向、同向及异向加工；张森水先生[3]将其分为正向、反向、错向、复向、对向以及交互加工；卫奇先生[4]将加工方式分为修整方向（包括单向、双向交互、双向错向）和修整技术（包括锤击、砸击、碰砧、压制、琢制等），后又在最近的文章[23]中提出砾石石器按照加工方向分类时，加工方向有：①单向加工，又名单面加工或同向加工；②双向加工，又名双面加工或对向加工，或复向加工，或转向加工，或异向加工，又分为交互加工和错向加工。王幼平先生[5]认为修理方向分为单面，包括正向、反向、转向、错向、同向以及异向加工；两面加工；交互加工。张之恒先生等[6]则综合了李炎贤先生与张森水先生的看法。中国学者所用石器加工方式术语具体如表一。

其中王幼平认为正向、反向、转向、错向、同向以及异向加工，在同一段刃缘上却都朝一面加工可以统称为单面加工，与两面加工（同一刃缘朝两个方向进行打片，在坯材的腹、背两面均留下修理疤痕的修理方式）、交互加工区别。而张之恒等则认为错向、复向、转向、交互以及异向加工，在石器两面都留下石片疤，可以概括为两面加工。

从横向对比上来看，各种加工方式的含义并不统一。正向、反向加工在各学者的论述中内容较为统一，并且为以上学者所公认；其他加工方式在各学者的论述中也多相似，但并不统一。这表明上述学者在对加工方式分类时各有各的分类体系，然而这种同一描述项目的多种分类体系使研究者在描述加工方式时各执一词，造成术语的混乱。

表一　石器加工方式术语表

	李炎贤	张森水	卫奇	王幼平	张之恒等
正向加工	石片石器向背面加工，砾石石器由较平而宽大的一面向较凸而较窄的一面加工	石锤由破裂面向背面方向打击，修理痕迹或小石片疤仅见于背面	单向加工	由片状坯材的腹面向背面方向打击的方式，对于砾石或石块材料来说，则是指由较大而平坦的面向较小的面加工	石片石器向背面加工；砾石石器由较平而宽大的一面向较凸而较窄的一面加工
反向加工	石片石器向劈裂面加工，砾石石器由较凸较窄的一面向较宽大的一面加工	由背面向破裂面方向打击，修理痕迹见于破裂面		与正向加工正好相反	石片石器向劈裂面加工；砾石石器由较凸而较窄的一面向较宽大的一面加工
转向加工	同一边缘一部分为正向加工而另一部分为反向加工。过去有些文章用错向加工一词来描述，似宜用不同名称		双向加工	在同一边，一部分为正向一部分为反向	同一边缘一部分为正向加工而另一部分为反向加工
错向加工	一边正向加工而另一边反向加工	毛坯两端或一端两侧均有修理痕迹，但不同边其加工方向是相反的，如左侧是向背面，右侧是向破裂面	双向错向加工	在坯材相对的两边分别朝两个方向加工	一个边缘正向加工而另一个边缘反向加工，它是异向加工的一种
复向加工	同一边缘一部分为正向或反向加工；而另一部分为交互或两面或对向加工	修理方向不稳者，时而向背面转而向另一面再而转为原来的面，反复无常，刃缘显得相当曲折	双向加工		同一边缘一部分为正向或反向加工；而另一部分为交互或两面或对向加工
同向加工	两刃和两刃以上的石器，它们的边缘加工方向相同		单向加工	两刃和两刃以上的石器，它们的边缘加工方向相同	两刃和两刃以上的石器，它们的边缘加工方向相同
异向加工	两刃和两刃以上的石器，它们的边缘加工方向不同，错向也属此		双向加工	两刃和两刃以上的石器，它们的边缘加工方向不同，错向也属此	两刃和两刃以上的石器，它们的边缘加工方向不同
交互加工		在毛坯侧边左右有规律的向不同面打击，如第一下打击向背面第二下打击则向破裂面，如此有规律的交替进行，小石片疤虽见于两面，但从侧面看其侧缘成“S”形	双向交互加工	在坯材的同一边向两个方向交替打击的加工方式，后一次打击与前一次的打击方向相反，且以前一次打击的片疤为台面进行。修理出的刃口呈“S”形	在一个刃缘交替向背面和劈裂面加工，使刃缘呈“S”形，它是复向加工的一种

续表

	李炎贤	张森水	卫奇	王幼平	张之恒等
对向加工		在一窄边上进行左右相互打击，修理痕迹或相互叠压或交于被加工窄边的中部，使成较平缓的纵脊	双向加工		

注：表中空白说明著者无此项的专门论述。

从纵向对比上看，同一学者的分类中有相互包含的现象，李炎贤先生的分类中异向加工包含错向加工。卫奇先生的分类中将加工方式分为单向、双向加工，然而却没有将以往的转向、复向等重新定义，而是将同向等同于单向，将对向、复向、转向、异向等同于双向，然而这些加工方式仅是单向和双向的一种形式。王幼平先生的分类中单面加工包括了转向加工，而按其对两面加工的定义（同一刃缘朝两个方向进行打片，在坯材的腹、背两面均留下修理疤痕的修理方式），转向加工明显属于两面加工。交互加工与单面、双面加工相并列划分为一个等级，但交互加工在其定义之中同样属于两面加工。张之恒先生等认为错向加工也属异向加工，交互加工也属复向加工，是在同一个分类级别上相互包含。一个好的分类体系应建立在各个分类相互独立、不相重叠、和包容性强等三个原则之上[10]，而从我们上面的分析中可以看出以上的分类并不符合这些标准。

表一所显示的分类体系在分类标准上也不统一，分类应遵循一定的原则[23]，每次划分根据必须同一，不得有双重标准。正向、反向、转向、复向以及交互加工是从一个刃缘来看，而异向、错向、同向加工等则是以两刃或两刃以上为基础，这样的分类显然并没有依据同一前提，分类标准并非同一。

立足于两刃或两刃以上的分类是有待商榷的，如异向、错向、同向加工等。这种观点将所有刃上的疤痕分布当成一个类型的特征存在。如前面所说，中国的旧石器考古学研究在发展中形成了以类型学为基本方法的道路，将一件石制品看作一个类型，这个类型便是一件终了的静止物，然而石器的生产过程与陶器、青铜器等添加型的生产过程不同，石器的生产是一个减缩型的离心过程[11]，又因石料的不可塑性，在减缩过程中不可避免地会产生种种与工匠思想中的终极品不相符合的失误，而这种失误是不可挽回的，于是产生失误的产品要么废弃，要么改造成其他用途的产品，如迪布尔（Dibble）根据对莫斯特刮削器形变分析发现一件边刮器可以经不断的修锐而变成横刮器[11]。石器类型并非一件静止的终极品，而是石器生命轨迹的某一个阶段，这是最近动态类型学得出的认识，于是石器类型反映的是石器生产过程中所遗留下的工艺技术特点，石器类型包括所有制作阶段的产品[12]，其中有成品、次品、废品、改造品等。于是不考虑一件石器生产过程的动态变化将所有刃缘上的疤痕位置综合所得来的对向、同向等则显得不那么重要。如一件石器被用钝磨损时，其持有者有以下选择：①在原刃口上进行再加工；②开辟新的刃口；③将其遗弃另选毛坯制造新的工具[13]。在第二种情况下显然多个刃口的形成不是同时的，将其综合所得的加工方式完全忽略了它的动态发展。虽然这种情况在具体文化遗存的观察中不易分辨，但必须得考虑它们的存在。

微痕分析表明一件石器在存在有多个刃缘的情况下，每个刃缘可能有不同的功能，并且可以分辨出不同的使用单位[14]。一件石制品有可能经历一段时间的废弃再度使用，如《周口店新发现的北京猿人化石及文化遗物》中介绍了一件标本（P. 3741）曾推测为三度废弃三度使用[15]。从种种不确定因素来看，将所有刃缘综合起来描述疤痕位置从而来确定的加工方式对于探讨石器的加工技术、加工者的习惯以及使用方式都是没有太大帮助的，这种分类法是值得商榷的。

三、单个修理边缘为前提的分类

鉴于以上种种不确定因素，我们建议在具体的研究中将石器的单个刃缘作为一个分析单位，对于加工方式应以一个修理边缘（包括刃缘；非刃缘，如琢背小刀的背缘）为前提来描述疤痕在修理边缘上的分布，不同的修理边缘应分开描述。

修理边缘是指一个因修理而产生的为利用而形成的边缘，其上的石片疤痕应连续分布，且数目不应太少，若一件石器的边缘上的石片疤痕很少且各疤痕距离较大很大可能不是因加工而形成的修疤，这种石片疤或是埋藏过程中形成、或是使用形成。当然这里对修理边缘的定义，并不包括仅打击一个片疤就获得凹刃的凹刃刮削器。

1. 单向修理

单向修理指同一个刃缘上朝一个方向加工，疤痕分布在刃缘的一面。单向修理可分为正向、反向加工，正向加工对于片状毛坯而言是指由破裂面向背面方向打击，修理痕迹或小石片疤仅见于背面；对于砾石等块状毛坯而言是指由较大或平坦的面向另一面加工。反向修理对于片状毛坯而言是指由背面向破裂面方向打击，修理痕迹或小石片疤仅见于破裂面；对于砾石等块状毛坯而言是指由较小或不平坦的面向另一面加工。虽然有学者认为南方砾石石器的修理，因石器毛坯多为砾石，两面都较平，砾石石器的加工何有正向、反向[25]，但从不平的一面向另一面加工者也并非没有而只是很少，所以为了术语的包容性强、描述的方便与清楚，我们仍将砾石等块状毛坯的修理方向分为正向与反向修理。

从表一中可以看出，各位学者对于“正向加工”和“反向加工”的定义比较一致，然而这种正向与反向的描述正是基于一个修理边缘而言的，因此不易产生混乱。这也从另一个侧面说明以一个刃缘为前提来描述的必要与客观。

单向修理者不论是正向还是反向似乎皆是为了寻求从平的一面向不平的一面加工，现以不同的毛坯举例说明。

(1) 锤击石片毛坯

我们选取了《北京猿人石器研究》[16]中，第十层的工具中附有线图的三件标本以一个修理边缘为前提对其进行分析。

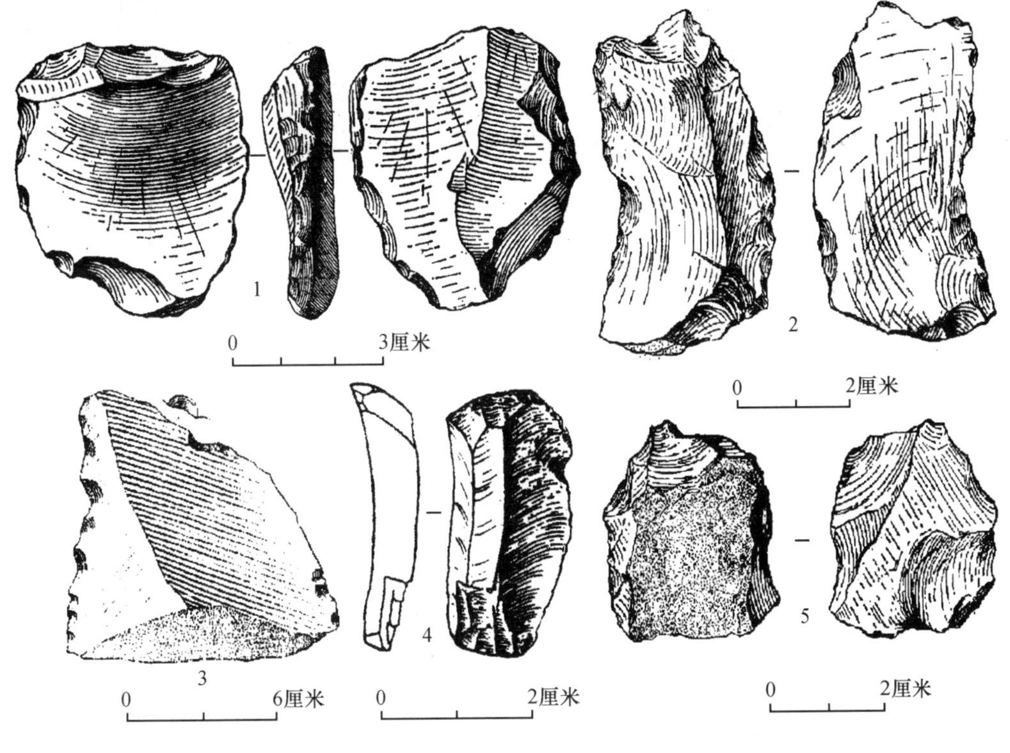

图一 石器（Tools）

1、2、5. 刮削器（Scraper） 3. 砍砸器（Chopper） 4. 端刮器（End scraper）

（1、2、5. 周口店第1地点[16] 3. 涉县新桥遗址[17] 4. 下川遗址[20]）

原图11c认为是复刃刮削器，是用石英石片制作的，先向破裂面打后转向背面，但因石片一面为砾石面，一面为破裂面，无论先向破裂面还是后向背面皆是由平坦的一面向不平的面打击。疤痕在两个面都有分布（图一，5）。

原图12认为是复刃刮削器，燧石石片制成，系复向加工而成，左侧先向破裂面后转背面，右侧基本上向背面，但以一个刃缘为前提，左刃为向背面加工，右刃为向破裂面加工，而左侧背面上的疤痕不能算作形成刃缘的修理痕迹。但无论左刃还是右刃皆由平坦的一面向不平的一面打击（图一，1）。

原图13认为是复刃刮削器，复向修理而成，左侧主要是向背面加工的，但其下两面都见修琢的痕迹，右侧基本上是向背面加工的，仅在中间向反面打了一下。但从图上看，左侧上段向背面，下段向破裂面，右侧向背面，但两面都有平坦的面供打击（图一，2）。

（2）砾石或块状毛坯

关于块状毛坯，我们选取了涉县新桥的一件标本9001（图一，3）[17]，原型为三角形大石块，一面平坦，修理疤痕留在不平坦的一面。对于砾石毛坯而言因砾石一般两面都较平，故多由平的一面向另一面加工。

（3）零台面石片毛坯

一种观点是锐棱砸击石片，其特点是在破裂面放射线末端，有一凹槽，呈弧形，而石片背面保留完整的砾石面，如白岩脚洞的刮削器，将近百分之四十是反向加工的[2]，与这种特点的石片是分不开的，虽是反向但也是为寻求从平坦的一面向不平的一面打击。一种认为是摔碰法产生的，破裂面多见一条或多条与同心波平行的圆弧状突起，背面主要为砾石面[18]，如羊安渡石制品中以石片为毛坯的石器皆为向破裂面加工，也应是为从平坦的一面向不平的一面加工。

（4）石叶或长石片毛坯

我国境内存在石叶技术已是不争的事实，且范围较广。由于背面脊的存在很少有向破裂面加工的，如水洞沟端刮器[19]、下川端刮器（图一，4）[20]。

从上面的举例分析可知，无论是正向还是反向加工，皆是从平坦的一面向另一面修理，反映的是对其功能的适应以及刃缘形态的要求。从平坦的一面修理，而石片疤则留在不平的一面，刃缘以平的一面与物体接触减少阻力（对于刮、削等垂直运动而言），同时从平的一面修理易于控制刃缘形态，因为只有从平坦的一面，向另一面修整才能做成平整的刃缘[20]。从原始人的角度，工具的制造者并不能像当代的研究者这样分出坯材的正反面，他们对石器的修理应是为了方便使用，于是我们以现在研究者的认知分辨出的正反向则似乎仅仅是原始人对坯材形态的适应。

以往学者认为正向与反向加工与文化传统有关，在一批石器的总体特征中往往列出其百分比，以比较文化关系。张森水先生认为在云贵高原，旧石器时代晚期的一些以零台面为特色的石器工业中，常常见以反向加工为主的现象，显然是受到文化或技术传统影响的结果[3]，然而如我们前面所述，正向加工与反向加工都是为了从平坦的一面向另一面修理，而云贵地区之所以存在如此多的反向加工这是因为其剥片技术特殊而产生大量零台面石片的缘故，而反向加工方式为主的特色是伴随零台面石片出现的。所以我们认为，无论正向抑或是反向都是对毛坯的适应，而不能作为石器工业传统的独立区别因素，只有将其与剥片技术等一整套石器生产工序结合起来才能作为石器工业的区别。正因如此，受石器毛坯多为锤击石片的影响，所以从加工方式看中国旧石器的发展变化，不免有这样的感叹，“从目前我国积累的旧石器时代的文化资料来看，除了向石片背面加工为主要特点以外，似乎很难看出其发展变化的趋势”[21]。

2. 双向修理

同一边缘朝两个方向进行打片，在坯材的两面均留下修理疤痕的修理方式，称之为双向修理。需要指出的是，有学者认为双向修理是两面修理或两面器。

在国外，认为在距今100多万年的奥杜韦工业中已有两面修理的砍砸器[5]，继而很快又出现了两面修理的阿舍利手斧，在中国两面修理的器物也不少见，如两面修理的砍砸器，尤其是近些年来被认为是“手斧”的两面修理工具，也有学者认为两面技术只有在晚更新世尤其是细石器工业中才真正发展起来[22]，然而我们认为两面修理并不能等同于双向修理，一般学者指出的所谓两面修理者多特指器物的两个面皆有修疤，且往往修疤有一定的加工距离，如用于加工细石叶的两面器、手斧等，而很少用于描述那些仅仅在边缘两面皆有修疤的器物，所以我们在此使用双向修理。而以往学者所用的两面修理应是双向修理中修理程度较高者。双向修理包括错向、交互、转向加工。

（1）错向加工

错向一词产生于20世纪60年代初，最初用来称呼周口店北京猿人的尖状器，在发展过程中有过不同的指代[23]，但目前一般认为一边正向加工而另一边反向加工。但我们仍以一个边缘为前提，将一个尖状器物的刃称之为尖刃（尖刃的形成有其目的性），所以错向的名称应沿用其最初定义时的含义，将其应用到有尖类的器物上。其他称为错向的两刃器，每刃应做不同的描述。这种错向加工方式或许是不同人群的差别，或许是同一人群不同人的偶然之作，当一组石制品的尖类器物多为错向加工时，则必定体现一定的功能需求，从而成为与其他技术传统的重要区别。

（2）交互加工

在坯材的同一边向两个方向交替打击的加工方式，后一次打击与前一次打击的打击方向相反，且以前一次打击的片疤为台面进行。修理出的刃口呈“S”形[3]。这种加工方式首先是经过预先思考过的，后一次打击以前一次打击的疤痕为台面进行，体现了对这种“S”形刃缘的特殊需要。旧石器时代早期以扁平砾石为坯材的石器组合中常见以此方法加工的砍砸器[3]。内蒙古呼和浩特四道沟遗址石器的加工方式一般是交互加工，这种大量使用交互加工的特点区别于其他石器工业，有学者将其命名为“四道沟文化类型”[24]。

（3）转向加工

在同一边缘，先向一面修理一段转而向另一面修理一段，依此反复，已形成的刃缘有不同加工方向的几段。以往学者只强调同一边缘上的不同方向的修理，未指出不同方向的修理皆应有一定的长度。这种加工方式也体现一种预先的思考，但因材料较少尚不能进一步讨论。

四、结　　语

从以上我们的初步分析，以往使用的“加工方式”术语产生了许多混乱，有必要进一步讨论，我们在以往研究的基础上，进行了新的分析与探讨。

我们以一个修理边缘为单位，将加工方式划分为两个层次。①修理方向可分单向、双向修理。②单向修理可分为正向、反向加工，但二者是古人类对毛坯的适应，不能作为石器工业传统的独立区别因素，只有将其与剥片技术等一整套石器生产工序结合起来才能作为石器工业的区别；双向修理可分为错向、交互以及转向加工。这些加工方式是古人类对所需边缘进行预先思考后的修理行为（如交互、转向加工），或者特殊使用功能的适应并与一定的工具类型相关（错向、交互加工），应是探讨石制品关系的重要依据，然而只有对这些加工方式量化分析并达到一定数量时，才能进行相互关系的探讨，任何孤立的标本都不能排除偶然产生的可能。

我们以一个修理边缘为基础的加工方式分类，分类标准一致，所得分类已不再有以往的同名异质、异名同质的现象。本文仅为对目前石制品研究中术语混乱状况一隅的不成熟思考，如有不当，敬请指正。

附记：本文是在吉林大学边疆考古研究中心陈全家教授指导的本科毕业论文的基础上修改而成的。在修改过程中得到中科院古脊椎动物与古人类研究所博士生王春雪的帮助，在此表示衷心的感谢。本文得到国家重点基础研究发展规划项目（2006CB806400）和国家基础科学人才培养基金（J0630965）的资助，特此致谢。

注　　释

[1] 高星．中国旧石器时代考古学的昨天、今天与明天．高星，侯亚梅主编：中国科学院古脊椎动物与古人类研究所20世纪旧石器时代考古学研究，北京：文物出版社，2002：3－9.

[2] 李炎贤．贵州白岩脚洞石器的第二步加工．江汉考古，1986（2）：56－63.

[3] 张森水．中国旧石器文化．天津：天津科学技术出版社，1987.

[4] 卫奇．石制品观察格式探讨．邓涛，王原主编：第八届古脊椎动物学术年会论文集．北京：海洋出版社，2001：209－218.

[5] 王幼平．石器研究——旧石器时代考古方法初探．北京：北京大学出版社，2006：99－101.

[6] 张之恒．中国旧石器时代考古．南京：南京大学出版社，2003.

[7] 吕遵谔．中国考古学的世纪回顾——旧石器考古学卷．北京：科学出版社，2004：25－26.

[8] 李炎贤．关于砾石石器分类的一些问题．封开县博物馆和广东省文物考古研究所编：纪念黄岩洞遗址发现三十周年论文集．广州：旅游出版社，1991：147－153.

[9] 李炎贤．关于丁村文化的几个问题．童永生等编：演化的实证——纪念杨钟健教授百年诞辰论文集．北京：海洋出版社，1997：39－49.

[10] 黄慰文．东亚和东南亚旧石器初期重型工具的类型学——评 Movius 分类体系．人类学学报，1993，12（4）：297－304.

[11] 陈淳．旧石器类型学的理论与实践．考古学的理论与研究，上海：学林出版社，2003：293－296.

[12] 沈辰．山东旧石器晚期石器工业传统的多样性和复杂性——类型学分析．山东大学东方考古研究中心编：东方考古（第1集）．北京：科学出版社，2004.

[13] 高星．周口店第15地点石器原料开发方略与经济形态研究．人类学学报，2001，20（3）：186－200.

[14] 陈淳．旧石器类型学的理论与实践．考古学的理论与研究．上海：学林出版社，2003：199－201.

[15] 邱中郎，顾玉珉，张银运，等．周口店新发现的北京猿人化石及文化遗物．古脊椎动物与古人类，1967，11（2）：109－131.

[16] 裴文中，张森水．北京猿人石器研究．北京：科学出版社，1985.

[17] 梅惠杰，程新民，陈全家，等．涉县新桥旧石器遗址发掘报告．人类学学报，2001，20（2）：19－23.

[18] 陈福友，冯兴无，高星，等．三峡洋安渡遗址石制品研究．人类学学报，2006，25（4）：38－52.

[19] 贾兰坡，盖培，李炎贤．水洞沟旧石器时代遗址的新材料．古脊椎动物与古人类，1964，8（1）：75－83.

[20] 王建，王向前，陈哲英. 下川文化山西下川遗址调查报告. 考古学报，1978（3）：259－288.

[21] 高星. 关于"旧石器时代中期"的探讨. 人类学学报，1999，18（1）：1－16.

[22] 高星，裴树文. 中国古人类石器技术与生存模式的考古学解释. 第四纪研究，2006，26（4）：504－513.

[23] 李炎贤，文本亨. 观音洞——贵州黔西旧石器时代初期文化遗址. 北京：文物出版社，1986：31－32.

[24] 张森水. 中国北方旧石器时代早期文化. 中国远古人类，北京：科学出版社，1989：97－158.

[25] 卫奇. 旧石器分类探讨. 考古学研究（七）——庆祝吕遵谔先生八十寿辰暨从事考古教学与研究五十五年论文集. 北京：科学出版社，2008：30－43.

贾兰坡简要年谱

贾彧彰　潘云唐

1908 年11 月 25 日，出生于河北省玉田县邢家坞村一个贫苦农民家庭。父名贾连弟，号荣斋，因家庭贫困，很早就去北京英美烟公司打工，挣钱寄回家中。母亲名戴明，聪明贤淑，注意子女之教育培养，使贾兰坡从小有好的素质。

1915 年，在外祖母家上了私塾，初读《三字经》、《百家姓》、《千字文》等启蒙读物，又学了《论语》及古典诗词等。

1921 年，全家到北京父亲工作地避难。同年，考上汇文高等小学校。

1929 年夏，毕业于汇文中学高中部。同年，与玉田县青庄坞的王栖桐女士结婚。

1930 年，在家自修。

1931 年春，被实业部地质调查所录取为练习生，并被派往周口店，协助裴文中发掘北京人遗址。

1933 年，在《世界日报》的《自然》副刊第 54 期上发表《鲁南考古队在人类学上的特别发见》一文（用笔名贾郁生）。

1934 年，继续周口店山顶洞发掘，并参加周口店第 13 地点的发掘。

1935 年，接替裴文中主持周口店发掘工作；除周口店第 1 地点外，还开始发掘了第 15 地点。晋升为“技佐”。

1936 年初，与技工杜林春一起去四川万县盐井沟发掘采集脊椎动物化石；1 月 19 日，在《世界日报》的《自然》副刊第 64 期上发表《周口店第十五地点开掘简单报告》一文；2 月 9 日，在《世界日报》副刊第 170 期上发表《周口店第十五地点开掘简单报告》（续）；4 月，继续领导北京人遗址发掘工作；10 月 22 日，在周口店第一地点 8～9 层间发现人的下颌骨；11 月 15 日，上午和下午各发现了一个人的头盖骨化石，分别编号为 L_1 和 L_2 号；11 月 26 日，在 L_1 和 L_2 这两个北京人头盖骨地点之南，又发现 L_3 号头盖骨，这个是北京人头盖骨中最完整的一个；12 月 19 日，中国地质学会北平分会在实业部地质调查所北平分所举行了学术报告会，邀请魏敦瑞和贾兰坡作报告。

1937 年1 月中旬，与卞美年、杜林春一同去云南考察，在富民县河上洞发现动物化石和几件石器；在《科学》第 21 卷第 3 期上发表《周口店最近发现之中国猿人述略》一文（与魏敦瑞合著）；晋升为“技士”；4 月下旬，在周口店第一地点继续发掘，在前一年 11 月发现第二个头盖骨的地方附近半米深处发现一个眉骨。送回北平交魏敦瑞研究后，确定该眉骨是属于第二个头盖骨的，并将它复了位；7 月上旬，日军在北平附近挑衅，战争危险迫在眉睫。贾兰坡召集技工和工人开会，决定分头行动，愿回北平的大家一起走，不愿走的留下慢慢发掘第 4 地点，并把挖掘过“北京人”的地点用土石填实并夯实，不给日寇留下蛛丝马迹；10 月，地质调查所北平分所的人员陆续南迁。杨钟健行前嘱咐贾兰坡，要守住这个摊子，因为新生代研究室的工作没有结束，万一待不住了，也南下去与他们会合；11 月下旬，留学法国并取得博士学位的裴文中回到北平，与贾兰坡等一起在协和医学院办公楼上班，裴文中担任新生代研究室负责人。

1938 年5 月中旬，在周口店发掘现场的工人赵万华、董仲元和肖元昌被日寇杀害于房山县城西广场。贾兰坡得知此消息后，将此噩耗报告了德日进，以及迁到湖南长沙的地质调查所领导。所领导致函贾办理抚恤之事，并以贾的名义致函协和医学院总务长，说明三位工人被害，为他们申请抚恤金；6 月 9 日，协和医学院总务长、美国人博文下发公函，特发给赵、董、肖三位死难者家属每人一年的工资。

1939 年春，魏敦瑞派贾兰坡到协和医学院学习人体解剖学、神经学等课程。

1941 年12 月 7 日，从前门火车站乘南下列车去浦口；12 月 8 日，抵达浦口，渡江到南京，在白下旅馆住下后，得知前一天日寇偷袭珍珠港，太平洋战争已正式爆发。于是又原路返回北平。

1942 年1 月 31 日，协和医学院被日军关闭。地质调查所新生代研究室亦于不久后解散。下半年，与协和医学院一些同事合伙开了一家“卉园”商行，自任经理，经营西药，兼营化妆品。同期，与夏景修认识，不久结婚。

1945 年秋，日寇投降，经济部“中央”地质调查所技正高振西来北平接收原地质调查所北平分所，转告杨钟健让他回该所上班的口信。不久，“中央”地质调查所所长李春昱也找到贾兰坡，让贾早日回该所上班。9 月 20 日，在《中新晚报》的《自然科学》栏内发表《发现北京人之前前后后》一文。10 月 12 日，在《中新日报》上发表《由解剖学谈到洗冤录》一文。

1946 年3 月 20 日下午 5 时 45 分，葛利普先生因胃病出血，病故于北平西四丰盛胡同 3 号寓所。与裴文中、高振西、田本裕等一起为葛利普入殓，并送到东郊火葬场火化；其骨灰埋于沙滩北京大学地质馆（1982 年 8 月迁葬到北京大学）。

1948 年5 月 28 日，受北平经济部“中央”地质调查所派遣飞抵兰州，加入到裴文中和“中央”地质调查所组成的甘肃河西走廊地质及史前考古调查队，8 月 23 日回到兰州；足迹遍及榆中、武威、民勤、永昌、山丹、张掖、酒泉、嘉峪关、老君庙，直抵安西，调查了河西走廊的大部分。

1949 年9 月 12 日起，主持因日本侵略中断 12 年之久的周口店发掘工作，至 11 月 4 日结束。

1950 年，科普著作《中国猿人》一书完稿，交付龙门联合书局出版，并着手编写《河套人》。

1951 年5 月，在《科学通报》第 2 卷第 5 期上发表《察哈尔左云县冯家窑附近石器遗址》一文，研究之石器是当地一地质调查队队长胡敏及队员廉小湖、郑直于 1950 年 9 月 3 日采集来的。年内发表的重要著作还有：《山顶洞人》，（北京）龙门联合书局出版；《我们的祖先（1）——我们二十万年前的祖先》，（北京）知识书店出版；《我们的祖先（2）——我们五十万年前的祖先》，（北京）知识书店出版；与刘宪亭合著《从鱼到人》，（北京）知识书店出版。

1952 年1 月，在《旅行杂志》1952 年新年号上发表《周口店龙骨山中国猿人产地巡礼》一文。5 月，与中国科学院古脊椎动物研究室张宏，从北京出发去江苏新沂河调查化石产地。12 月，在《科学大众》1952 年 12 月号上发表《由挖龙骨作副业生产谈起》一文。另外，发表重要著作《化石的发掘和修理》，（北京）商务印书馆出版。

1953 年2 月，在《科学通报》上发表《如何由碎骨片中辨认出人骨》一文。

1954 年3 月 27 日，在《北京日报》上发表《中国猿人》一文。9 月 20 日，率领中国科学院古脊椎动物研究室工作队（成员有本室裴文中、吴汝康等 8 人）从北京出发，乘火车到陕西潼关，乘船过黄河到山西风陵渡。转乘火车，于22日抵山西襄汾县丁村，与山西省文物管理委员会的王择义等九人一起，开始发掘工作。采获大批脊椎动物化石（鸵鸟、象、马、鹿、熊、鼠等）、人类化石（3枚牙齿，后命名为“丁村人”），以及文化遗物（石器等）。年内发表的重要著作有：《骨骼人类学纲要》，（北京）商务印书馆出版；《从猿人脑发展到现代人脑》，（北京）商务印书馆出版。

1955年1月，在《科学通报》1955年第1期上发表了《山西襄汾县丁村人类化石及旧石器发掘报告》及《中国发现的各种人类化石及在人类进化上的意义》（后一篇与吴汝康合著）两篇文章。年内发表的重要著作还有：《河套人》（增订本），（北京）龙门联合书局出版。

1956年，入选2月成立的中国科学院古脊椎动物研究室学术委员会成员，其他人包括杨钟健、裴文中、尹赞勋、秉志、吴汝康、周明镇、崔芝兰等。2月，任广西巨猿调查队副队长（队长为裴文中），队员有本研究室的黄万波、韩德芬、张森水、王存义、许香亭、乔全芳、乔岐、柴凤岐等，还有北京大学的吕遵谔、广西博物馆的何乃汉等。先后考察了崇左县和大新县；15日，在牛睡山黑洞里发现巨猿化石及很多其他化石。12月21日，与杨钟健一起出席中科院古脊椎动物研究室化石发掘与修理技术培训班结业典礼。

1957年2～3月，与中国科学院古脊椎动物研究所翟人杰、黄万波等会同湖北省文化局徐松俊、湖北省长阳县文化科龚发达等前往长阳县赵家堰区黄家塘乡下钟家湾一个洞穴中调查和发掘化石。采得“长阳人”化石（一件残破的左上颚骨，保存有第一前臼齿及第一臼齿，另有一件单独的左下第二前臼齿），还有脊椎动物豪猪、竹鼠、古豺、小熊、熊猫、虎、洞穴鬣狗、东方剑齿象、巨貘、中国犀等化石。9月，在《古脊椎动物学报》1卷3期上发表《长阳人化石及共生的哺乳动物群》一文。结论认为“长阳人”较“中国猿人”进化，共生动物属于“大熊猫—剑齿象动物群”，因此，这洞穴堆积之时代为中更新世后期。年内发表的重要著作还有：《旧石器时代文化》，科学出版社出版。《试述中国旧石器时代初期石器文化的相互关系》，考古通讯，1957（1）：1-6。

1958年8月6日，再赴北京周口店中国猿人遗址进行发掘工作。初与北京大学历史系考古专业师生合作进行；9月30日，挖至第9层。10月2日，领导周口店发掘工作，转由中国科学院古脊椎动物研究所单独进行；至11月28日止，发掘至第10层。年内发表的重要著作有：《“北京人”的故居》，北京出版社出版。发表《旧石器的研究对更新统地层划分的作用》，中国第四纪研究，6（1）：132-133。

1959 年12 月 21～24 日，出席在北京举行的“中国猿人第一个头盖骨发现 30 周年纪念会”。参加此会的有古生物学、人类学、考古学、地质学、博物馆学工作者共 141 人。中国科学院副院长竺可桢致开幕词。前苏联考古学家吉谢辽夫通讯院士致贺词。贾兰坡作的报告如下：“山西旧石器”（与王择义、邱中郎合著）、“中国猿人的石器和华北其他各地旧石器时代早一阶段的石器的关系”、“广西洞穴中打击石器的时代”（与邱中郎合著）。后来这三篇报告都发表在 1960 年 3 月出版的《古脊椎动物与古人类》第 2 卷第 1 期上。24 日，下午闭幕式上中国科学院秘书长裴丽生作了重要讲话。中科院地学部主任尹赞勋宣布大会胜利闭幕。

1960 年6 月，率领由中国科学院古脊椎动物研究所的王择义、顾玉珉、刘增、胡仲年、王奎昭、张引成、李毓杰和山西省文物管理工作委员会王建组成的研究队赴山西芮城县匼河从事野外考察与发掘，从 6 月 17 日开始，初期地质部的薛志照、常庆林、山西省地质厅朱殿卿等参加了一部分工作。7 月初在工作进行中，贾兰坡返回北京。

7 月 10 日，早 9 时去地安门第一宿舍访杨钟健，谈匼河工作，并把他与裴老有关中国猿人骨器问题的论文交与杨老。午后给王择义及王建二先生致函，谈匼河工作的重要，不能停止，并告之于本月 17 日返回。

7 月 11 日早 8 时半，与汤英俊、胡家瑞二同志到天桥长途汽车站乘 9 时半的车去周口店。午后至第 15 地点及第 1 地点看发掘。从中西部发现许多小动物骨骼，其中有一头骨，类似两栖类，这样的头骨在他记忆中尚为初次遇见。

7 月 12 日，早 8 时一行 5 人去东山口之北、梁家园之西的花岗岩小岗上在路旁的砂砾中找有擦痕的砾石。这层砾石由石灰岩、砂岩及深黄色细砂所组成，带擦痕者甚多，一般都是上宽下窄。这说明，在周口店存在冰川，是不成问题的；问题是在于冰川分布与它的时代。

7 月 13 日，早重新制定计划，野外工作 41 天，室内 30 天，共计 71 天。自 7 月 20 日起至 9 月 28 日止，调查面积共约 430 平方公里，参加人员 12 人，计划分 3 组，每组3～5人。即河北乡组、周口店组及黄山店组。10 时半后去第一地点，有十多人正在发掘。午后同冰川队同志去大洞底看砾石层，发现一件带有细擦痕之小砾石。于 5 时 20 分接王志成主任电话，次日下午 3 时人代会张苏副委员长要来此参观，命等候接待。

7 月 14 日，在本训练班学习之天津自然博物馆韩福云副馆长托写一封信，介绍他给耿继纯先生，商洽借阅步林和德日进等所著之水洞沟及萨拉乌苏的法文书。柴凤岐同志接到电话，被告之张苏副委员长不来了。于 2 时 10 分乘长途汽车同汤英俊、闵心恕等四位同志返回北京。晚预备次日北京地质学院发言词。

7 月 15 日，早 7 时 15 分离家，8 时半到达北京地质学院，谈了冰川调查的详细计划。午后到所，即请张爱伦代购 17 日去太原车票。4 时半同汤英俊到杨所长处汇报冰川队工作，计划得以批准。

7 月 16 日，早 8 时开会讨论野外工作和室内工作比例问题。午后讨论学报英文版是否保留及研究人员与行政人员之关系问题；次日去太原的 41 次车票已买好，并领路费 250 元。

7 月 18 日～8 月 5 日，在山西匼河、西侯度领导发掘工作。

7 月 27 日，去谭郭北 5 里之独夹村，途经伯夷叔齐墓。独夹村有 4 个文化遗址，有的在砾石层中，有的在泥灰层中。红土有清楚的侵蚀面，约与蓬蒂期者接近。早 9 时出发，午后 3 时半遇雨返回。6055 地点非常丰富，比丁村及中国猿人化石产地均丰富得多。

7 月 29 日，在家整理标本，午间王老和张行成又去 6055 地点发掘，两小时内发现 30 余件石器。

7 月 31 日，去涧口村调查，在一层砂砾中发现有丽蚌及碎骨。返回时经东王村，在南崖下发现了 2 件打制痕迹非常明显的石器及小颗丽蚌，午后 4 时余返回风陵渡旅社。

8 月 3 日，早到文管会会议室作了一次报告，题为“匼河附近旧石器遗址的发现在考古学上的意义”。到数十人，科学院分院徐院长、秘书长，文管会各委员，山西日报社，师大，科学院所属单位负责人等，共约 2 小时。

8 月 6 日，早 7 时抵京，下车后即雇汽车返家。午后 2 时半到所。适王主任来，谈了一下野外工作。午后 5 时见到吴汝康也谈了一下野外工作。

8 月 7 日，早赴杨所长家汇报了一下匼河工作。

8 月 8 日，早到办公室，清理桌上的标本，把山西垣曲的化石（鹿类和犀牛）及南梁的化石交王将克拿到高等组进行研究。其他已研究或不用的标本放入抽屉中。

8 月 9 日，早向图书室借了有关象化石的书，预备进行匼河的研究。黄慰文来谈了一下他的学习计划。王存义又来谈了一下标本室的计划。午后根据山西文管会的要求，开始写一篇题为《山西地下埋藏着最古老的文化遗物——旧石器》的短文。

8 月 10 日，早晨给黄慰文安排了一下学习计划，并刷洗了一些匼河的标本，并继续写《山西地下埋藏着最古老的文化遗物——旧石器》一文。午后接续写文章。晚把初稿写完，共 3200 字。早晨吴侬副所长来，就便汇报了一下工作。并提出王建同志拟来此共同研究匼河材料事。他表示欢迎。

8 月 11 日，早 7 时上班和裴文中谈了一下野外工作的情况。8 时后刷洗匼河的石器并写号码。10 时半去标本室谈了一下今后的工作与如何争取完成本年度的任务问题。午后把匼河的化石和石器送照相室照相，共送去 19 件。

《山西地下埋藏着最古老的文化遗物——旧石器》一文，刘增已抄好，加以修改后，用信寄给王择义和王建二位同志。

8 月 12 日，早晨代王择义为新华社写匼河工作的消息，共 800 字，题为《在晋南黄河岸边发现了和“北京人”同时的石头工具》。

8 月 13 日，乘早 9 时半长途车去周口店，吴克奇同行。午后去第 1 地点发掘工地，和队长谈以后应注意事项。晚和汤、王谈冰川工作。深夜与赵资奎、戴尔俭再谈冰川队一事至 1 时半才睡。

8 月 15 日，早 8 时半吴依副所长、王主任、王哲夫等来周口店。9 时举行训练班结业典礼，刘宪亭讲话之后，贾也讲了话。午后和吴所长、王主任谈了冰川队和发掘队的事。

8 月 16 日，乘早 6 时的车返回北京，9 时到家，午后到所。所内又贴了许多关于精简机构的大字报。

8 月 17 日，午后 2 时去地质学院（同汤英俊）在区域地质教研室见到了陈华慧，后又和陈华慧一起到袁复礼先生家，略谈周口店冰川问题后，因有许多事要解决，四个人一起又去象鼻沟地质力学所见孙殿卿副所长。李四光部长亦来了，即作了汇报。

8 月 18 日，工间操后接着写《匼河》引言部分。午后在小会议室讨论新生代研究室是否保留问题。

8 月 19 日，早晨请胡家瑞来核对 1959 年匼河文化地点与本年的编号统一问题，并把重要标本纳入本年编号之内，另贴“1959 发现”字样。

8 月 20 日，午前政治学习，讨论如何认识帝国主义的本性和发动战争的可能性与如何才能保卫世界和平等问题。午后接着写《匼河》“前言”。并和吴汝康谈了匼河的研究问题。

8 月 25 日，同袁老（复礼）及陈华慧去周口店。检查冰川调查工作。

8 月 28 日，6 时半去全聚德赴宴，至 8 时半返家，宴会由裴丽生副院长主持。依琳娜 · 朱哈依尔夫娜 · 格里勃娜娃要求去端王府参观她们在水洞沟采到的石器，郁文同志和王志诚主任均嘱去一下。

8 月 29 日，8 时到端王府，苏联女同志至 9 时始到。看完标本已近 10 时，她乘车送贾回所。11 时吃午饭。12 时去车站送她。午后绘地点剖面图。

8 月 30 日，早继本雄来参观匼河鹿类化石。午后接续整理剖面图。晚佟柱臣来家，谈到他已调往文化学院工作和借资料事。

8 月 31 日，早接续整理匼河剖面图，基本整理完。午后本室开会讨论 8 月份工作计划。传达室老谢送来历史博物馆一份聘书，聘贾兼职该馆研究员。

9 月 4 日，早 9 时去五老胡同找安阳发掘报告。翻了几个箱子才找到。

9 月 5 日，午前整理匼河文化地点分布图，午后 3 时半整理完毕。午前上班后为《中国旧石器时代文化分布图》绘出广西壮族自治区内的地点。

9 月 6 日，开始写《匼河》稿。下午开所务会议，讨论精简机构问题、十一献礼等事项。

9 月 7 日，和王建一起绘制《匼河》分布图。下午同王建去历史博物馆找陈鹏程秘书，与任馆长和韩馆长，略谈了一下工作，即和陈鹏程去五楼看安排给自己的办公室，室虽小而精雅。

9 月 8 日，下午 2 时半夏景修去派出所开会，号召妇女参加劳动，去万寿山附近林园工作。晚上协助她整理行装。

9 月 9 日，早起后帮助夏景修去派出所运送行李。下午 4 时开全体会议，公布精简机构事，我所应减 32～34 人。

9 月 12 日上班后，接到中国历史博物馆通知，聘邓拓、尹达、吴晗、翦伯赞、夏鼐、王冶秋、孙承佩、郭宝钧、贾兰坡、王振铎、阎文儒、高俊菁等为编委，要求贾次日上午 9 时到该馆外宾招待室开第一次编委会议。继续写《匼河》论文。4 时即把被聘为该馆兼职研究员事告知裴文中，裴文中甚支持。午后把匼河地层写完了。连引言在内共计有一万字。

9 月 17 日，午前到地质部礼堂听地质学会和古生物学会传达报告。午后到西郊饭店参加九三学社传达报告及大会总结会议。

9 月 18 日，午前仍到西郊饭店听九三学社传达报告——周总理和李维汉的报告，午后 1 时余才完。

11 月 10 日，下午 3 时向李四光副院长汇报周口店冰川工作。要求李副院长去周口店查看的地点有：梁各庄、周口店第一地点（中国猿人化石产地）、下砾石层、东山口附近。

11 月 11 日，贴石器图版。前后共贴齐 23 个图版。上午向杨所长汇报了昨日在地质力学研究所开会的情况。

1961 年2 月 4 日，午后 2 时吴晗报告国内情势问题。2 月 5 日，早九时人大礼堂听张劲夫副院长关于目前国内外形势的报告。

1962 年5 月，与王择义、王建合著的《匼河——山西西南部旧石器时代初期文化遗址》一书，作为“中国科学院古脊椎动物与古人类研究所甲种专刊第五号”，由科学出版社出版。

9 月，在《古脊椎动物与古人类》第 6 卷第 3 期上发表《和邱中郎同志讨论匼河文化遗址的时代》一文。对同期发表的邱中郎的《匼河文化遗址的时代问题》一文坦率地提出不同意见。

年内发表的重要著作还有：《中国猿人》，（北京）中华书局出版。《中国猿人不是最原始的人——与裴文中先生商榷》，新建设，1962（17）。

1963 年1 月，在英文刊物 *China Reconstructs*（《中国建设》）上发表 Cultural Site over 500，000 Years Old（《五十万年以前的文化遗址》）一文。

5 月，在《考古学报》1963 年第 2 期上发表了与颜訚合著的《西团山人骨的研究报告》一文。

1964 年春，任陕西蓝田新生界地层多学科综合考察队队长，成员有张玉萍、黄万波、汤英俊、计宏祥、尤王柱、丁素因、黄学诗、毕初珍等，另有赵资奎、潘悦容、郑家坚、黄慰文、戴尔俭、盖培、吴茂霖、韩德芬、张振标、柴凤岐、张宏、武英、邱子峰等参加各地点之发掘。

年内发表的重要著作有：《中国猿人及其文化》，北京：中华书局出版。

1965 年5 月 31 日，出席在北京举行的“蓝田中国猿人初步研究成果学术报告会”，在会上作了“蓝田公王岭猿人头骨发现经过及地层概况”的报告（此文后来发表于《科学通报》1965 年 6 月号）。大会共 200 多人出席。中国科学院院长郭沫若，副院长李四光、竺可桢，中国科学院学部委员（院士）乐森璕、尹赞勋、裴文中及著名学者袁复礼、周明镇、吴汝康、刘东生等均出席并作了重要发言。

1966 年，科学出版社出版《陕西蓝田新生界现场会议论文集》，内有贾兰坡与张玉萍、黄万波、汤英俊、计宏祥、尤王柱、丁素因、黄学诗合著的《陕西蓝田新生界》和贾兰坡与盖培、黄慰文合著的《陕西蓝田地区的旧石器》两篇文章。

1967 年2 月 26 日，写完了长达 61 页稿纸的自我检查文章——《谈谈我们过去的成绩和错误》。4 月 15 日，写完《谈谈古人类研究室的过去和将来》一文。5 月 20 日，写完《新生代研究室何去何从》一文。

1969 年，陆续写了一些文章，均未刊，如《谁先使用了热能?》《北京人遗址是怎样发现的?》《德日进是 20 世纪的达尔文吗?》等。

1970 年，陆续写了一些文章，均未刊，如《对山顶洞人狩猎油画的意见》、《人骨测量术语试译》、《怎样估计化石人的年岁?》等。

1971 年4 月 16 日，写出《对周口店新陈列馆方案的意见》供领导和同志们参考。6 月 22 日，写完《周口店陈列室的二个说明稿》（山顶洞人的墓葬、人工取火和原始艺术）。11 月 23 日，写出《泥河湾化石动物群》一文。

1972 年 5 月 6 日，写出《对北京自然博物馆古生物馆的一些意见》。

10月29日，在呼和浩特内蒙古自治区革委会礼堂作了题为“人类起源的发展以及内蒙古境内的原始文化”的报告。

11月15日，写出向图博口王冶秋同志和故宫、考古所等机构同志的汇报稿——《内蒙古自治区考古调查试掘简报》。

1973年9月，与黄万波合著的《中国犀的新材料》一文，发表于《古脊椎动物与古人类》第11卷第2期。

1974年7月30日，与谢骏义、卫奇乘火车离北京去内蒙古等地考察。

7月31日，到达呼和浩特，由内蒙古自治区博物馆接待。后与汪宇平、李荣等乘吉普车出发到四子王旗、集宁、包头、百灵庙、白云鄂博、苏尼特右旗、脑木根、二连浩特等地考察。

9月1日，返回呼和浩特。以后又考察了大同、云冈石窟、左云县、山阴县、朔县、应县、阳高县等地。

9月中旬，与谢、卫二人乘火车到宁夏银川市，参观了水洞沟遗址，又参观了西夏王陵。

9月下旬，从银川乘火车到兰州，考察了民勤、永昌、平凉等地。

10月18日，由兰州乘火车返北京。

1975年春，与本所李有恒、袁振新、卫奇等去京郊通县徐辛庄乡尹各庄村、河北省三河县燕郊镇刘斌屯村的泥炭层中调查和发掘。结果发现动物遗骸，有鲶鱼、鳢鱼、鲫鱼；鸭、鸡、鸽；东北鼢鼠、梅花鹿等。有角制工具，如角镐、角棒、角镞。由此研究而确定了北京东郊全新统的代表地层（从下部的“肖家河组”到上部的“刘斌屯组”），还推测了泥炭形成时期北京一带的自然环境。

7～8月，与张振标、魏正一、于凤阁等去黑龙江省考察。

年内出版的重要图书如下：*The Cave Home of Peking Man*. Beijing：Foreign Language Press（《北京人之家》，（北京）外文出版社出版，英文版）。《周口店——北京人之家》，人民出版社出版。

1976年3～6月，与本所卫奇、李超荣及郑州大学历史系的王丙祥等去山西省阳高县许家窑旧石器时代文化遗址进行发掘，共获人类化石9件，石器13650件，还有一批骨器、角器和20种脊椎动物化石。

7月，与本所及黑龙江省博物馆的研究人员一起赴该省北端塔河县东之十八站进行考察发掘。

1977年，4月，与李有恒、袁振新、卫奇合著的《北京东郊泥炭层中的动物遗骸和角质工具》一文发表于《古脊椎动物与古人类》15 卷 2 期。

12 月 1 日，出席在安徽合肥举行的“中国生物学史学术讨论会”，在会上作了题为“生物史与生物学史的辩证关系以及研究科学史的重要意义”的发言。

年内发表的重要著作有：《北京原人》，外文出版社出版（日文版）。

1978 年9 月 10 日，在江西九江市庐山举行的“中国地质学会第四纪冰川与第四纪地质学术会议”上作了题为“大力开展第四纪冰川调查和深入研究”的报告（与杨钟健合作）。

9 月，撰写的《中国大陆上的远古居民》一书，由天津人民出版社出版。

年内发表的重要著作还有：《西侯度——山西更新世早期古文化遗址》（与王建合著），北京：文物出版社出版。《北京人时代周口店附近一带气候》，地层学杂志，2（1）：53-56。

1979 年12 月 7～12 日，出席中国科学院举办的“隆重纪念北京猿人第一个头盖骨发现五十周年”学术讨论会，并在开幕式上讲话。出席者还有国务院副总理、中科院院长方毅，副院长钱三强、地学部主任尹赞勋以及裴文中、吴汝康等。

年内发表的重要著作有：《北京人》，（北京）中华书局出版。*Early Man in China*. Beijing：Foreign Language Press. [《中国远古人类》（英文版），（北京）外文出版社出版]。

1980 年 7 月 5 日，在日本国举行的“北京人展览会”开幕式上发表题为“北京人的生活和自然环境”的演说。

11 月 15 日，下午 6 时半，在日本东京朝日新闻社新礼堂发表题为“中国的旧石器时代”的演讲。

年底当选为中国科学部地学部学部委员。

1981 年9 月，在《九三北京社讯》上发表《为四化我要做些什么》一文；与甄朔南合著的《千里追踪猎化石》一书由天津科学技术出版社出版；发表的重要著作还有：*El Homber Primitivo en China*. Beijing：Edicionen en Langues Expranjeras（《中国远古人类》（西班牙文版），（北京）外文出版社出版）。

1982 年 2 月 1 日，上午为日本旧石器时代考古访华团做了“中国旧石器时代研究现状”的报告。

9 月 28 日上午，出席在北京八宝山殡仪馆大礼堂举行的裴文中追悼会和遗体告别仪式。追悼会由中国科学院院长卢嘉锡主持，副院长钱三强致悼词，出席者 600 多人，包括党和国家领导人方毅、许德珩、萧劲光、张劲夫等，中科院其他学部委员还有黄汲清、程裕淇、李春昱、郝诒纯、吴汝康、周明镇等。

10月4日，在香港《大公报》上发表《悼念古人类学家裴文中》一文。

1983年1月8日，“第二届全国人类学学术讨论会”在上海开幕，发去祝贺信。

1月，主编的《人类的黎明》一书由上海科学技术出版社与三联书店香港分店合作在香港出版。

6月，在《自然辩证法研究通讯》1983年第6期上发表了《历史的启发》一文。

1984年4月2～6日，中国古生物学会第十三届学术年会暨四届一次理事会议在浙江绍兴市举行，会上决定表彰10位从事古生物工作50年以上的老会员：黄汲清、乐森璕、陈旭、许杰、盛莘夫、赵金科、徐仁、杨遵仪、贾兰坡、王钰。

10月17～24日，在山东莱阳县召开“中国古脊椎动物学会成立大会暨第一次学术工作会议”，推举袁复礼、贾兰坡、刘东生、王存义为名誉理事。

12月20日，在北京民族文化宫出席中国科学院古脊椎动物与古人类研究所与北京历史学会联合召开的“纪念北京猿人第一个头盖骨发现五十五周年”大会，出席者还有方毅、卢嘉锡、吴汝康、张弥曼、吴新智等。

年内发表的重要著作还有：《贾兰坡旧石器时代考古论文选》（黄慰文、卫奇编），（北京）文物出版社出版。《周口店发掘记》（与黄慰文合著），天津科学技术出版社出版。《北京原人匆匆来去》（与黄慰文合著），北京外文出版社与东京日本经济新闻社合作出版（日文版）。

1985年9月18日，在《北京科技报》第3版上发表《要妥善保护化石》一文。

10月1日，《中国人类学会通讯》第111期发表了《我的一点建议》（在“第三届全国人类学学术讨论会”开幕式上的讲话）。

1986年3月10日，在《中国科技报》上发表了《我对野人的看法》一文。

4～5月，在儿子贾彧彰陪同下访问美国哈佛大学、斯坦福大学、伯克利加州大学等校，并进行学术讲演与交流。其中，4月16日在伯克利举行的“祝贺德斯蒙德·克拉克退休学术会议”上发表了题为“中国旧石器研究突破了三关”的演说。

1987年10月5日上午，出席在北京大学电教楼举行的“纪念丁文江先生100年章鸿钊先生110年诞辰及中国地质事业早期史讨论会”（即中国地质学会地质学史研究会第五届学术年会）开幕式，到会代表113人，其中有全国人大副委员长钱昌照、中国科学院学部委员黄汲清、李春昱、程裕淇、贾兰坡、杨遵仪、王鸿祯、郝诒纯、秦馨菱、孙殿卿、涂光炽等 22 人，还有教授 23 人，副教授 26 人。下午举行的创业史讨论会上，黄汲清、李春昱、贾兰坡等都作了发言。

10 月 7～10 日，出席中国科学院地学部学部委员大会，国务委员康世恩、全国政协副主席、中国科协主席钱学森出席了 7 日上午的开幕式，并与全体会议代表合影留念。钱学森还作了“关于地球科学发展中的一些问题”的报告。

1988 年10 月 31 日，出席在中国地质大学（北京）召开的中国地质学会地质学史研究会第六届学术年会，中心议题是中外学术交流史。出席大会开幕式共约 80 人，其中有中国科学院学部委员黄汲清、王鸿祯、袁见齐、贾兰坡等。贾兰坡在大会上作了“学术研究需要国际合作”的报告，此报告的摘要后来刊登在《地质学史通信》总第五期上。

年内发表的重要著作有：《偶然性与科学发现》，福州：福建科学技术出版社出版。《周口店无疑是北京人之家》，科学，40（1）：54-56。《关于周口店北京人遗址的若干问题——评宾福德等的新看法》，考古，1988（1）：77-84

1989 年4 月 21～25 日，“中国古生物学会成立 60 周年纪念大会”、“中国古生物学会第五届会员代表大会暨第 15 次学术年会”在湖北武汉市中国地质大学（武汉）举行，大会期间，于 24 日举行了该学会五届一次常务理事会议，决定授予卢衍豪、杨敬之、贾兰坡、徐仁、顾知微、黄汲清荣誉理事称号。

9 月 15 日下午，出席在北京市东黄城根南街民革中央礼堂举行的“翁文灏先生诞辰 100 周年纪念座谈会”，出席大会共 300 多人。其中有全国人大副委员长、民革中央主席朱学范，全国政协副主席、民革中央名誉主席屈武，全国政协副主席程思远，中共中央统战部副部长宋堃，以及民革中央、民革北京市委领导人、其他民主党派代表等，特别有中国科学院学部委员黄汲清、程裕淇、武衡、王鸿祯、贾兰坡、翁文波、秦馨菱、吴汝康、顾功叙、王仁、陈述彭、贾福海、程纯枢、侯仁之、董申保、谢学锦、柯俊等 17 人。

10 月 19～24 日，出席了在北京举行的“纪念北京猿人第一个头盖骨发现 60 周年暨古人类学国际学术讨论会”。

1990 年10 月 25 日，出席在中国地质大学（北京）举行的“第 15 届国际地质科学史讨论会暨中国地质学会地质学史研究会第七届学术年会”。出席代表约 120 人，其中有国际地质科学联合会副主席、中国科学院学部委员张炳熹，国际地质科学史委员会主席 M · 贡陶（德国），副主席 B · B · 齐霍米罗夫（前苏联）和秘书长 U · B · 玛尔文（美国），中国科学院学部委员涂光炽（地学部主任）、高振西、袁见齐、贾兰坡、杨遵仪、孙殿卿、程裕淇、陈国达、顾功叙、秦馨菱、王鸿祯、李星学、刘东生、周明镇、马杏垣、池际尚、郝诒纯、董申保。

年内发表的重要著作有：*The Story of Peking Man*. Hong Kong：Oxford University Press（《北京人的故事》英文版，与黄慰文合著，尹志琦译，香港牛津大学出版社出版）。

1991 年6 月 22～30 日，出席在北京市京西宾馆举行的中国科学院化学部、地学部、技术科学部第一轮学部委员候选人评审会议。

8 月 13 日，在《人民日报（海外版）》第二版上发表《从金牛山人的进化位置看人类进化的重叠现象》一文。

10 月 24日～11 月 2 日，出席在北京市京西宾馆举行的中国科学院五大学部联合召开的第二轮学部委员候选人评审会议，并进行终选投票，地学部新增选出 35 人。

1992 年 4 月 20～26 日，出席中国科学院第六次学部委员大会。

11 月，黑龙江科学技术出版社出版了《汉英考古分类词汇》一书，上有贾兰坡作的“序”。

1993 年8 月 26 日，在周口店为第七届全国运动会点燃“文明之火”的火种，交给第 13 届国际数学奥林匹克大赛金牌得主周宏，由周宏经一一传递，直到天安门广场，交到江泽民主席手中。

9 月 2 日，夫人夏景修因患结肠癌逝世，享年 79 岁。

12 月，中国地质大学出版社出版了《桃李满天下——纪念袁复礼教授百年诞辰》（杨遵仪主编）一书，有贾兰坡的文章《要像袁复礼先生那样做人》。

12 月，应邀到台湾“国立”自然科学博物馆参加国际学术研讨会，同行的还有周明镇院士、张弥曼院士。

1994 年4 月 26 日，美国科学院第 131 次会议上，贾兰坡被选举为外籍院士。

6 月 3～9 日，出席在北京市京西宾馆召开的中国科学院第七次院士大会。

10 月18 日下午，在中国科学院古脊椎动物与古人类研究所标本楼一层大厅出席了该所 65 周年所庆暨第一个“北京人”头盖骨发现 65 周年和中国古动物馆正式开馆的庆典活动。有来自亚、美、欧、非、澳洲 10 余个国家的 50 多名外宾及国内各高等院校、文化部门、科研单位和本所全体职工共 500 余人参加。其中有中科院院长周光召院士、副院长徐冠华院士、原副院长孙鸿烈院士、原资环局局长孙枢院士等。开幕式由副所长叶捷主持，会上宣读了中共中央书记处书记温家宝特发来的贺信。然后，邱占祥所长、周光召院长、贾兰坡院士、美国 Tedford 博士、南非 Tobias 教授、南非邵磊思先生等在大会上讲了话。会上还宣读了中外学术团体、学者的部分贺词。

1995 年4 月 12～15 日，出席美国国家科学院院士大会，并在院士名册上签名。

10 月 27 日，在北京出席由中法比较文化研究会和中国科学院古脊椎动物与古人类研究所联合召开的“纪念德日进逝世四十周年学术交流会”，并在会上致开幕词，以亲身经历和生动的实例讲述了德日进献身科学事业的精神及吃苦耐劳、平等待人和关心中国年轻学者的高尚情操。

1997 年6 月 1 日，在中科院古脊椎动物与古人类所出席“杨钟健教授百年诞辰纪念会”。出席大会的有中科院前领导人郁文、廖冰，中科院院士陈宜瑜（副院长）、贾兰坡、杨遵仪、孙殿卿、程裕淇、王鸿祯、刘东生、郝诒纯，中国工程院院士韩德馨等。该所所长邱铸鼎在会上介绍了杨钟健教授的生平业绩。会上举办了“杨钟健教授百年诞辰生平图片展”，展示了出版物《杨钟健教授与美国科学家学术交流简史》小册子。

12 月，撰写的回忆录《悠长的岁月》一书，由长沙湖南少年儿童出版社出版。

1998 年1 月 23 日下午，在中国科学院古脊椎动物与古人类研究所迎接国务委员、国家科委主任、两院（中国科学院、中国工程院）院士宋健的视察，陪同视察的有中科院院士、副院长陈宜瑜，中科院院士、国家自然科学基金委副主任孙枢等，迎接视察的除贾兰坡院士外，还有吴汝康院士、所党委书记关天开，副所长叶捷等。

1 月 25 日，中共中央政治局委员、中央书记处书记、国务院副总理温家宝与国务委员、国家科委主任宋健院士给贾兰坡拜年，陪同拜年的有中科院院长周光召院士、中国科协党组书记张玉台等。

6 月 1 日，在儿子贾彧彰陪同下出席于北京市京西宾馆举行的中国科学院第九次院士大会。

8 月 31 日，在中科院古脊椎动物与古人类所出席科普季刊《化石》京区作者及新闻媒体人士的笔会及工作研讨会，出席者 30 多人，除贾兰坡院士外，还有所长兼主编邱铸鼎、副所长叶捷、所长助理兼科技处长董军社、副主编潘云唐、编委刘时藩，原副主编张锋，各高等院校和科研机关的王宪曾、张维、吴根耀、胡柏林、胡雨帆及新闻媒体人士安琼玮、赵正元、隗瑞艳等。

11 月 25 日，“贾兰坡院士九十华诞庆贺会暨学术讨论会”在中科院古脊椎动物与古人类所举行，国家领导人温家宝、宋健、周光召、卢嘉锡等来电、来函或题词表示祝贺、中科院院士程裕淇、郝诒纯、侯仁之等出席，本所领导邱占祥、叶捷、关天开、董军社、朱敏等对贵宾们的光临表示热烈欢迎。国内及来自日本、韩国等国的科学家宣读了学术论文。全国各大媒体纷纷报导，特别是中央电视台、北京电视台的新闻节目等作了特别报导，社会反响强烈。

1999 年2 月 16 日，《中国国土资源报》“地矿版”第 3 版发表了该报记者田雪莲、特约记者潘云唐写的《世纪末的话题——寻找“北京人”》。盛赞了裴文中、贾兰坡的伟业丰功，也呼吁寻找“北京人”。

4 月 15 日，《中国国土资源报》“地矿版”第 4 版发表了该报记者丁全利、特约记者潘云唐写的《另一种诱惑——贾兰坡的道路》一文，文中有“入迷”、“发现”、“探索”、“收获”四个标题。该文当年获该报第一届新闻奖“通讯类”二等奖。

5 月 20 日，《化石》1999 年第 2 期 21 页上刊登了贾兰坡所写的《退休之后的佟柱臣先生》一文。

8 月 20 日，《化石》1999 年第 3 期第 9 页刊登了贾兰坡写的《我所知道的德日进》一文。

10 月 12 日，在北京人民大会堂新闻厅举行了“国际古人类学学术研讨会暨北京猿人第一个头盖骨发现 70 周年会议”。国内外代表、来宾近 400 人出席，原中共中央政治局常委、中央军委副主席刘华清、中科院院长、大会主席路甬祥院士、国家文物局局长张文彬、北京市委副书记李志坚等出席了会议。路甬祥、张文彬与中科院古脊椎动物与古人类研究所邱铸鼎所长、贾兰坡院士、刘东生院士等分别讲了话。纪念大会由叶捷副所长主持。为配合此次大会，在会前正式出版了贾兰坡主编的《周口店纪事》大型画册。

2000 年2 月 20 日，《化石》2000 年第 1 期第 8 页刊登了贾兰坡所写的《我的挚友卞美年先生》一文。

6 月 5～9 日，由儿子贾彧彰陪同出席了在北京市京西宾馆举行的中国科学院第十次院士大会。

2001 年7 月 8 日，在北京西直门人民医院逝世。

7 月 17 日，贾兰坡院士遗体告别在北京八宝山公墓大礼堂举行。前来告别的有中国科学院院士孙枢（地学部主任），杨遵仪、王鸿桢、叶笃正、刘东生、杨起、沈其韩、翟裕生、殷鸿福、任纪舜等，中国科学院古脊椎动物与古人类研究所领导朱敏、王元青、张良吉，中国书法家协会名誉主席爱新觉罗·启功等。

后　记

在中国古脊椎动物学会第11次学术年会、中国第四纪古人类—旧石器专业委员会第3次年会暨纪念贾兰坡先生百年诞辰会议于金秋九月在太原隆重召开之际，中国科学院古脊椎动物与古人类研究所和山西博物院联合编撰了这部《天道酬勤桃李香——贾兰坡院士百年诞辰纪念文集》，以此纪念中国旧石器时代考古学的奠基人之一、北京猿人化石的重要发现者、享誉世界的中国科学院院士、美国科学院外籍院士、第三世界科学院院士贾兰坡先生诞辰100周年，为贾老的亲朋好友和同事、学生们提供了一个追溯这位杰出的科学家不平凡的人生旅程，评述他对科学和社会的卓越贡献，缅怀他慈祥的教诲和隽永的人格魅力的契机。征稿通知发出后，同仁们积极响应，踊跃投稿，在很短时间内汇成了这部包含着大家情感与心血的文集。九泉之下的先生若能读到这部著作，感受到大家的挚情，看到他与裴老开创的事业在不断发展，定会欣喜和释怀。

这部书取名“天道酬勤桃李香”，是为表达三重含义：贾老一生勤奋刻苦，兢兢业业，终成大家，苍天不负耕耘者；先生终身不图名，不争利，然“桃李不言，下自成蹊”；老人家慈爱热情，助人育人，诲人不倦，桃李遍地。这样的成就，这样的人格力量，使这部书不仅成为大家情感的寄托，也将成为我们继续踏着前辈的足迹前行，不断进取，不断攀登的动力。

为这部书的编辑出版，许多同仁付出了巨大的心血。王建先生作为贾老的弟子和挚友，不顾高龄体病，欣然应允为此书作序；贾彧彰、潘云唐先生提供了贾老年谱的重要素材；林圣龙、黄慰文、卫奇先生对部分稿件进行了校对和修订；贾彧彰、谢骏义、陆庆五、傅仁义、李超荣、陈淳、魏海波、吉学平等诸公提供了珍贵的贾老生平和工作照片；谢飞、陈淳、王益人等先生对文集的编辑提供过重要的指导意见；石金鸣院长在策划、组稿等方面做了大量工作，并提供了出版经费；冯兴无和科学出版社文物考古分社曹明明对文集精心设计、编排，对所有稿件几经审阅、校改。由于他们的辛勤工作和无私奉献，这部书能赶在年会之前付梓出版，能在纪念贾老百年诞辰会议期间让大家捧览存念。

由于篇幅所限，我们未能对所有稿件加以录用；对有些过长的稿件我们进行了适当删减；对作者提供的与贾老的合影照片，我们未能全部刊登。由于一些人员单位和通讯地址的变化，我们未能将征稿通知发送到每一位热爱贾老的人员手中，致使一些朋友未能借此表达对先生的追思和怀念。由于时间紧张和水平有限，书稿中定会有一些错误、不当之处。对此我们表示由衷的歉意，并诚恳希望大家批评指正。

最后，请允许我代表本书的编者，对所有为本文集的编辑出版作出贡献的朋友、同仁表示衷心的感谢！

高　星

2008年7月22日